Посвящается
Деборе и Лео

THE BEAUTY MYTH

How Images of Beauty Are Used Against Women

Naomi Wolf

PERENNIAL

МИФ О КРАСОТЕ

Стереотипы против женщин

Наоми Вульф

Перевод с английского

4-е издание

АЛЬПИНА НОН-ФИКШН

Москва, 2022

УДК 159.923; 316.61
ББК 88.323.1
В88

Переводчики Анастасия Графова, Татьяна Графова
Редактор Наталья Нарциссова

Вульф Н.

В88 Миф о красоте: Стереотипы против женщин / Наоми Вульф ; Пер. с англ. — 4-е изд. — М.: Альпина нон-фикшн, 2022. — 576 с. — (Серия Alpina Popular Science).

ISBN 978-5-00139-024-4

«Миф о красоте» — культовое произведение американской писательницы и журналистки Наоми Вульф. В нем автор рассказывает о том, откуда берутся стереотипные представления о женской красоте и почему они ограничивают свободу женщин не меньше, чем патриархальное «домашнее рабство».

Физическое совершенство становится для женщин навязчивой идеей, а несоответствие ему — источником страданий. Но даже достигнув идеала, женщина все равно проигрывает, поскольку приносит в жертву общепринятому стандарту внешности свою природную красоту, здоровье, энергию, сексуальность, а порой и жизнь. Автор утверждает, что в современном мире женщина сама способна решать, как она хочет жить и выглядеть, без оглядки на диктат безжалостного «мифа о красоте». Несомненно, книга может оказаться увлекательной и полезной и для мужчин, ведь в процессе своей трансформации миф все больше вовлекает и их в сферу своего влияния, навязывая уже им подчас жесткие и бессмысленные правила.

Книга «Миф о красоте», переведенная на десятки языков, стала бестселлером во многих странах мира. На сегодняшний день это самое громкое, цитируемое и обсуждаемое феминистское произведение.

УДК 159.923; 316.61
ББК 88.323.1

ISBN 978-5-91671-297-1
(Серия Alpina Popular Science)
ISBN 978-5-00139-024-4 (рус.)
ISBN 978-0-06-051218-7 (англ.)

Содержание

Гораздо сложнее убить призрак, чем реальность.

Вирджиния Вульф

Введение

Когда больше 10 лет назад эта книга была впервые опубликована, у меня появилась возможность познакомиться с тысячами реальных жизненных историй. В письмах и беседах женщины рассказывали мне о тех трудностях, через которые им пришлось пройти, чтобы в результате нелегкой внутренней борьбы избавиться от гнета того, что они называли «мифом о красоте». С точки зрения внешности между этими женщинами не было ничего общего. Молодые и не очень, они говорили о том, что боятся состариться; и худые, и полные рассказывали, сколько им пришлось пережить ради того, чтобы соответствовать идеалу стройности; представительницы разных рас, в том числе женщины с модельной внешностью, признавались, что всегда знали: идеал красоты — это высокая стройная блондинка с правильными чертами лица и безупречной кожей, иными словами, «совершенное» создание, которым, как они чувствовали, они не были.

Я благодарна судьбе за то, что мне посчастливилось написать книгу, которая обогатила мой жизненный опыт опытом других женщин, живущих в самых разных уголках нашей планеты, а точнее — в 17 странах мира. Но еще больше я признательна судьбе за то, что моя книга оказалась полезна читательницам. Я часто слышала от них: «Ваша книга помогла мне избавиться от расстройства пищевого поведения», «Теперь я совсем по-другому читаю женские журналы», «Я перестала ненавидеть свои ноги, которые раньше казались мне “гусиными лапками”». Многим женщинам моя книга помогла обрести внутреннюю силу и уверенность в себе, разглядеть и уничтожить свои собственные мифы о красоте.

Эта книга не только нашла отклик у широкого круга читательниц самого разного происхождения и социального статуса, но и вызвала большой общественный резонанс. Женщины-телеведущие ополчились на меня за слова о том, что их зарплаты напрямую зависят от их внешних данных. Радиоведущие, придерживающиеся правых взглядов, утверждали, что раз я не могу соответствовать представлениям о том, *как* должна выглядеть женщина, то, наверное, со мной что-то не так. А журналисты, бравшие у меня интервью, намекали на то, что моя озабоченность проблемой анорексии есть не что иное, как следствие психологической драмы белой девушки из привилегированной семьи, которая не нашла своего места в жизни. На какую бы передачу я ни пришла, адресованные мне вопросы звучали почти враждебно, и не исключено, что причиной тому было воздействие транслируемой после передачи рекламы, оплаченной многомиллиардной индустрией красоты. Нередко комментаторы преднамеренно или случайно, но всегда безосновательно обвиняли меня в том, что я якобы призываю женщин не брить ноги и не пользоваться губной помадой. В действительности это не так, поскольку то, что я действительно отстаиваю в своей книге, так это право женщины самой выбирать, *как* она хочет выглядеть и *кем* хочет быть, а не подчиняться законам, диктуемым рыночной экономикой и индустрией рекламы.

Складывалось впечатление, что радиослушатели и телезрители (правда, в бóльшей степени на публике, чем наедине с собой) считали: ставить под сомнение идеалы красоты не только неженственно, но и непатриотично, даже как-то не по-американски. В XXI в. читателю может быть трудно в это поверить, но тогда, в 1991 г., оспаривать идеал красоты казалось недопустимым. В те годы мы только приходили в себя после периода, который я назвала «жестокие восьмидесятые», когда в нашей культуре ярко выраженный консерватизм тесно переплетался с сильнейшим антифеминизмом, что делало обсуждение идеалов женственности признаком невоспитанности и даже эксцентричности. Только что закончился президентский срок Рональда Рейгана, поправка о равных правах так и не была ратифицирована, активность женского движения пошла на убыль, и женщинам открыто заявляли, что они не могут «получить все и сразу». Как очень точно подметила в своей книге «Обратная реакция» (Backlash) Сьюзен Фалуди, журнал *Newsweek* убеждал женщин в том, что у них значительно больше шансов погибнуть от рук террористов, чем выйти замуж на пике карьеры. Слово «феминизм» стало ругательством. Считалось, что женщины, недовольные представлениями о красоте, которые навязывались им обществом, сами далеки от совершенства: они толстые, некрасивые, неспособные удовлетворить мужчину, «нацисты в юбке» или даже — о ужас! — лесбиянки. Идеал того времени — стройная и при этом полногрудая женщина белой расы, что в природе встречается не часто, — воспринимался как вечный и неизменный не только средствами массовой информации, но и — нередко — читателями и телезрителями. И казалось бесспорно важным пытаться соответствовать этому идеалу.

Когда в своих публичных выступлениях я говорила, например, об эпидемии расстройств пищевого поведения или об опасности силиконовых имплантатов груди, мне часто отвечали цитатами из «Пира» Платона, произнося что-нибудь вроде: «Женщины всегда страдали во имя красоты». Иными словами, в то время еще не сформировалось всеобщее понимание того, что идеалы красоты не просто падают с неба, что на самом деле они кем-то создаются, причем создаются с вполне определенной целью. Такой целью, как я пыталась объяснить, часто бывают деньги, а точнее — рост прибыли рекламодателей, которые платят деньги средствам массовой информации, а те, в свою очередь, и создают нужные идеалы. Я доказывала, что идеал красоты служит также и политическим целям. Чем более прочные позиции занимали женщины в политической жизни, тем сильнее давили на них идеалы красоты, главным образом для того, чтобы отвлечь их внимание и перенаправить их энергию в другое русло, остановив их движение вперед.

А как обстоит дело сейчас, 10 лет спустя? Что представляет собой миф о красоте сегодня? Он несколько видоизменился, и потому на него можно посмотреть свежим взглядом.

Радует то, что в наше время уже трудно найти 12-летнюю девочку, которая не понимала бы, что «идеалы» ложатся на девушек слишком тяжким бременем. Они противоестественны, и слепо, рабски следовать им не только вредно для здоровья, но и совсем не круто. Журнал *American Girl*, целевая аудитория которого — девятилетние девочки, учит относиться к своему телу с любовью и объясняет, что стремление выглядеть как Бритни Спирс не сделает счастливой. Средние школы приглашают специалистов читать лекции о расстройствах пищевого поведения и развешивают в коридорах плакаты на тему пагубного и разрушительного влияния мифов о красоте. Идеи, первоначально воспринимавшиеся как спорное мнение аутсайдеров, стали общепринятыми взглядами, и это, безусловно, признак эволюции сознания. Время пришло: девушки и женщины готовы сказать «нет» тому, что они расценивают как тиранию. Это явный прогресс.

Однако, несмотря на эту недавно появившуюся тенденцию, я заметила, что идеал женской красоты становится все более сексуальным и девушки все более юного возраста ощущают необходимость соответствовать ему. Когда я была подростком, нашумевшие рекламные кампании Calvin Klein представляли в эротическом свете 16-летних моделей. В начале 1990-х гг. им на смену пришли 14-летние, а в конце века — 12-летние. Сейчас в рекламе GUESS Jeans снимаются уже девятилетние модели в провокационных и соблазнительных позах. А последние образцы модной одежды для семи- и восьмилетних девочек воссоздают наряды поп-звезд, которые одеваются как проститутки. И это называется прогрессом? Сомневаюсь.

Многие из известных мне проектов для средних школ и колледжей, начиная от компакт-дисков, посвященных тому, как «хорошо выглядеть», до диссертаций на тему мифа об афроамериканской красоте, анализировали созданные СМИ идеалы женского образа и развенчивали их. Даже поп-культура откликнулась на озабоченность женщин этой проблемой: возьмем, к примеру, музыкальный видеоклип группы TLC к песне «Некрасивая» (Unpretty), в котором женщина готова пойти на операцию груди просто ради того, чтобы угодить своему бойфренду. Но потом она все-таки решает, что делать этого не стоит. И все же, несмотря на то что книга «Миф о красоте» помогла многим девушкам и женщинам критически оценить идеалы, создаваемые массовой культурой, это достижение может быть очень легко сведено на нет.

В 1991 г., когда эта книга впервые увидела свет, операции по вживлению в грудь силиконовых имплантатов были обычным и весьма распространенным явлением. Влияние порнографии на массовую культуру привело к тому, что миллионы женщин стал волновать вопрос о размере и форме их груди. Если это кажется вам странным, подумайте, насколько сильно воздействуют на психику визуальные образы сексуального характера. Из-за влияния порнографии на моду миллионы женщин постоянно и повсюду видели «идеальную грудь» и, естественно, начинали беспокоиться по поводу своей собственной «неидеальной» груди. Отвечая на вызов нового идеала красоты, многие женщины стали записываться на операции по увеличению груди. Реклама силиконовых имплантатов создала новый рекламный рынок и превратилась в важную статью доходов для женских журналов, публиковавших, помимо рекламы, одну хвалебную статью об операциях на груди за другой. Когда книга «Миф о красоте» забила тревогу по поводу побочных эффектов воздействия на организм силикона и осложнений после самих операций, мало кто из женщин представлял себе степень и размеры грозившей им в результате подобного хирургического вмешательства опасности.

Сейчас, 10 лет спустя, все риски, связанные с вживлением силикона, документально подтверждены. У производителей имплантатов груди уже не раз возникали проблемы с законом, а с середины 1990-х в прессе появились тысячи статей, разоблачавших опасность подобных операций. К 2000 г. силикон почти исчез из широкой продажи. Неудивительно, что сегодня публикации на тему обеспокоенности женщин размером груди встречаются крайне редко. Почему? Потому что внимательное изучение вопроса привело к возбуждению уголовных дел и началу судебных расследований. Рекламодатели больше не оплачивают статьи на эту тему — те самые статьи, которые в свое время разжигали в женщинах эту озабоченность, создавая таким образом повышенный спрос на силиконовые имплантаты.

Это если говорить о наполовину полном стакане.

А теперь о стакане наполовину пустом. Влияние порнографии на восприятие женщинами своей сексуальности, которое только начинало распространяться, когда эта книга была впервые опубликована, в наше время стало всепоглощающим. Поэтому сегодня молодым девушкам очень трудно отделить образы, навязанные порнографией, от естественных порывов и представлений о том, как себя вести, выглядеть и двигаться во время секса. И это тоже называется прогрессом? Я так не думаю.

Когда эта книга только вышла в свет, случаи заболевания булимией и анорексией считались маргинальным явлением, вызываемым личностным кризисом, нездоровым перфекционизмом, недостатком родительского внимания и заботы или иными формами индивидуальных психологических расстройств. Общество отказывалось брать на себя ответственность за возникновение этого явления, которое появилось в результате навязывания этим самым обществом идеалов красоты и требований соответствовать им. Но на самом деле от этих заболеваний больше всего страдали девушки из самых обычных семей, пытавшиеся просто-напросто вписаться в существующие рамки и удержать себя в неестественной «идеальной» форме. Наблюдая за тем, что происходит в школах и колледжах, я поняла, что расстройства пищевого поведения широко распространены среди девушек с немодельным типом конституции, которые при этом идеально сложены для своих природных данных, и в основе возникновения и распространения этих заболеваний лежит общественное давление. Американская национальная ассоциация по предотвращению расстройств пищевого поведения приводит статистику национальных институтов здравоохранения, согласно которой от анорексии страдают 1–2% американок, что составляет 1,5–3 млн женщин, и большинство из них приобрели это заболевание в юности. Национальные институты здравоохранения также подчеркивают, что показатель смертности от анорексии, составивший за прошедшее десятилетие 56%, в 12 раз превышает уровень смертности среди девушек в возрасте от 15 до 24 лет по любым другим причинам. Анорексия — главный «убийца» девушек-подростков. Из личного опыта наблюдения за женщинами я знаю, что расстройства пищевого поведения создают порочный круг. Голодание или искусственное вызывание рвоты быстро превращаются в привычку. Я знаю, что общественное мнение требовало от девушки быть настолько худой, что это порой приводило к нарушению менструального цикла, и что для того, чтобы не обмануть ожиданий социума, приходилось и в самом деле доводить себя до болезни. Нездоровое питание, служившее цели достижения нездорового идеала, было одной их главных причин возникновения болезни, которая совсем необязательно, как пыталось доказать общественное мнение того времени, являлась следствием невроза.

Безусловно, сегодня знания об опасностях, которыми грозят строгие диеты и чрезмерные физические упражнения, всемерно распространяются. Информацию о расстройствах пищевого поведения и способах их лечения можно найти в любом книжном магазине, а также в средних школах, кабинетах врачей, спортивных клубах, колледжах и студенческих общежитиях. Вот *это* действительно прогресс.

Но с другой стороны, сейчас эти недуги настолько распространены — во многом с подачи средств массовой информации, — что стали восприниматься обществом почти как норма жизни. Булимия стала типичным явлением не только в женских студенческих сообществах. Девушки из мира моды в своих интервью начали открыто говорить о своих режимах голодания. Журнал *Glamour* поместил на первой полосе статью о худых и амбициозных молодых девушках, которые обсуждали вопросы веса, и процитировал одну из них: «А что плохого в том, чтобы вызывать рвоту?» А в интернете появились специализированные сайты для девушек, которые считают анорексическую внешность привлекательной и стремятся выглядеть соответствующе. И это определенно прогрессом не назовешь.

В начале 1990-х, когда миф о красоте был впервые осмыслен и проанализирован, идеал красоты был достаточно жестким. Лица женщин постарше на обложках журналов просто не появлялись, в крайнем случае — после компьютерной обработки фотографии, чтобы они выглядели значительно моложе своих лет. Цветные женщины выступали в роли моделей крайне редко, исключение составляли такие, как Беверли Джонсон, — имеющие черты лица белой женщины.

Сегодня миф о красоте отличается бо́льшим плюрализмом, можно даже сказать, что сейчас существует множество разновидностей мифа о красоте. Семнадцатилетняя афроамериканская темнокожая модель стала «лицом дня» по версии газеты *The New York Times*. В рекламе компании Benetton представлены молодые люди разной расовой и этнической принадлежности. Пятидесятилетняя Сибилл Шеперд продолжает оставаться лицом с обложки, а всеми обожаемая полная модель Эмми ведет собственную телепередачу «Модная скорая помощь». Цветные женщины могут свободно носить на работу традиционную национальную одежду и делать традиционную этническую прическу — им больше не нужно постоянно выпрямлять волосы, как в начале 1990-х. Даже кукла Барби стала выглядеть более реалистично и выпускается теперь в нескольких вариантах — с разным цветом кожи. Можно сказать, что сейчас у женщин появилось больше возможностей для того, чтобы быть самими собой.

К тому же заметно развилась сфера защиты интересов потребителей. Сегодня производители антивозрастных кремов уже не дают невыполнимых обещаний, как это было 10 лет назад. Тогда косметические компании заявляли, что их омолаживающие кремы «уничтожают» признаки возрастных изменений, «реструктурируют» кожу на «клеточном» уровне, «обновляют» ткани изнутри, то есть якобы делают все то, что физически сделать невозможно, потому что ингредиенты этих кремов просто не могут проникнуть глубже слоя эпидермиса.

Дело зашло так далеко, что в конце концов в ситуацию пришлось вмешаться Управлению по санитарному надзору за качеством пищевых продуктов и медикаментов.

В то же самое время Федеральная торговая комиссия всерьез взялась за назойливую рекламу диетических программ. Она предупредила рекламодателей, что те не должны вводить людей в заблуждение, обещая потерю веса раз и навсегда, если у них нет достаточного количества обоснованных исследовательских данных, подтверждающих заявленные результаты. Общество защиты прав потребителей добилось снятия с производства таблеток для снижения веса «Фен-фен», которые вызывали сердечные заболевания, в ряде случаев приводившие к летальному исходу.

Действия Общества защиты прав потребителей и Федеральной торговой комиссии не только сэкономили женщинам деньги, но и избавили их от стресса, связанного с беспокойством по поводу своего возраста. Теперь движущей силой рекламы стали не производители кремов от морщин, а новые потребительские возможности женщин среднего возраста, представляющих собой наиболее быстро растущий сегмент платежеспособного населения США. Женские журналы, телевизионные программы и даже голливудские режиссеры вдруг обнаружили, что на свете существует огромное количество потрясающе харизматичных женщин старше 40 лет, которых вполне можно рекламировать. Вследствие «старения» ролевых моделей общества женщины теперь меньше переживают по поводу приближения своего 40-летнего или 50-летнего юбилея, уже не ассоциируют процесс старения с непременной утратой индивидуальности и сохраняют за собой право в любом возрасте оставаться энергичными и чувственными, достойными любви и высокого стиля жизни. Стремительно растет количество «нестандартных» полных моделей, которые занимают все более прочные позиции в мире моды и индустрии косметики. А представительницы монголоидной и негроидной рас входят в число наиболее востребованных «икон» моды и вызывают всеобщее восхищение.

Но означает ли это, что теперь в мифе о красоте наконец возобладал плюрализм? Нет. Это далеко не так. Миф о красоте, как и многие другие представления о женственности, трансформируется и адаптируется к новым условиям, стремясь свести на нет все попытки женщин укрепить свое влияние в обществе. Кейт Беттс призналась в рубрике «Стиль» газеты *The New York Times*, что она вытеснила известную актрису Рене Зеллвегер с обложки журнала *Vogue*, потому что та стала «слишком толстой», когда набрала вес для съемок в фильме «Дневник Бриджит Джонс», то есть приобрела формы обычной средней женщины. Газеты также высказывали предположение, что модель Элизабет Херли перестала быть лицом бренда Estée Lauder, потому что в свои 36 лет оказалась «слишком стара» для этого. При этом современная среднестатистическая модель в сравнении с «коллегами» из 1980-х и 1990-х отличается еще большей худобой.

В процессе трансформации миф о красоте вовлек в сферу своего влияния и мужчин. Правда, применительно к последним его движущей силой являются скорее законы рыночной экономики, чем факторы социально-культурного плана. Как я и предсказывала, в прошлом десятилетии возник миф о мужской красоте. Выйдя за рамки гомосексуального сообщества, он распространился по всем газетным киоскам страны и озадачил живущих в пригороде отцов семейств новой для них проблемой — обеспокоенностью по поводу своих животиков, с которыми они раньше преспокойно жили и великолепно себя чувствовали. К тому же на полках ванных комнат обывателей из пригорода с зубной пастой теперь неизменно соседствует «Миноксидил»*. В результате усиления влияния женщин на экономическую и социальную сферы жизни разрыв между полами продолжает сокращаться, и мужчины вытесняются с позиций ценителей сексуальной привлекательности и красоты. Неизбежным следствием этого стал повышенный спрос на «Виагру». Начали выходить журналы, посвященные мужской моде, мужскому здоровью и уходу за собой. Объем услуг эстетической хирургии для мужчин побил все прежние рекорды. Сегодня они составляют треть рынка клиентов, пользующихся косметическими процедурами, и 10% от числа студентов колледжей, страдающих от расстройств пищевого поведения.

---

* Препарат от выпадения волос. — *Прим. ред.*

В наше время мужчины всех возрастов и уровней достатка (независимо от сексуальной ориентации) беспокоятся по поводу своей внешности значительно больше, чем каких-нибудь 10 лет назад. Но разве можно назвать прогрессом то, что представители обоих полов превращаются в товар и оцениваются как предметы?

Один-единственный твердый вывод, который на данный момент можно сделать, это тот, что по прошествии 10 лет у женщин появилось немного больше свободы, чтобы делать то, к чему я призывала их в заключительной части книги «Миф о красоте», а именно: создавать свой собственный миф о красоте. Сегодня многие женщины чувствуют себя достаточно свободными и независимыми для того, чтобы одеваться нарядно или повседневно, пользоваться губной помадой или нет, наряжаться, выставляя свое тело напоказ, или носить спортивные майки, и даже… даже… иногда поправляться или худеть, не опасаясь, что при этом пострадает их женская самооценка или целостность их личности. Не так давно принимать подобные решения было куда сложнее и страшнее. В наше время трудно поверить, что еще десятилетие назад слишком многие из нас задавались вопросами: «Будут ли меня воспринимать на работе серьезно, если я буду выглядеть “слишком женственно”?», «Станут ли меня вообще слушать, если я буду выглядеть чересчур неприметно, как серая мышка?», «Буду ли я “плохой”, если наберу вес?», «Стану ли я “хорошей”, если избавлюсь от лишних килограммов?». Если женщины больше так не думают или по крайней мере знают, что думать так — в корне неверно, это свидетельствует о внутренней силе убеждения, укоренившегося в сознании многих женщин, и доказывает их способность меняться и позволять себе чуть больше свободы действий.

У вас есть возможность еще больше укрепить и расширить границы этой свободы. И я надеюсь, что вы воспользуетесь этой книгой совершенно по-новому — так, как никто до вас еще не додумался сделать.

Наоми Вульф

Нью-Йорк, апрель 2002 г.

1
Миф о красоте

Наконец после долгого затишья женщины снова вышли на улицы. Два десятилетия активных действий, сопровождавших возрождение феминизма в начале 1970-х гг., привели к тому, что женщины западных стран добились для себя политических свобод и законодательных прав, включая право выбора в вопросах планирования семьи и рождения детей. Они стали получать высшее образование, полноценно работать, заниматься предпринимательской деятельностью и тем самым перевернули устаревшие традиционные представления об их роли в общественной жизни. Но чувствуют ли себя свободными женщины сейчас?

Они материально обеспечены, образованны и обладают прежде недоступными для них правами, но по-настоящему свободными себя не ощущают. И им все труднее загонять вглубь подсознания чувство, что это отсутствие свободы каким-то образом связано с вопросами, на которые вообще не стоило бы обращать внимания. Многим женщинам стыдно даже самим себе признаться в том, что тривиальные проблемы с внешностью, телом, лицом, волосами или одеждой играют для них столь важную роль. Однако, несмотря на стыд, чувство вины или полное отрицание существования этих проблем, все больше и больше женщин задаются вопросом:

а что, если дело вовсе не во мне, не в том, что я безнадежная неврастеничка, а в том, что на карту поставлен выбор между моей свободой быть самой собой и навязываемыми мне обществом стандартами красоты?

Чем больше препятствий правового и материального характера преодолевают женщины на своем пути к освобождению, тем сильнее давит на них идеальное представление о красоте. Многие из нас ощущают, что прогресс женского сообщества приостановился. На смену поступательному движению пришли замешательство, разобщенность, цинизм и, что хуже всего, — изнеможение и упадок сил. После многих лет ожесточенной борьбы в отсутствие признания многие женщины старшего возраста чувствуют себя измученными и опустошенными. А молодежь, привыкшая воспринимать достижения феминизма как нечто само собой разумеющееся, не стремится вновь зажечь погасший факел борьбы за свое освобождение.

В течение последнего десятилетия женщинам удалось пробить брешь в существовавшей ранее структуре власти. Однако при этом число случаев нарушений пищевого поведения растет в геометрической прогрессии, а эстетическая хирургия превратилась в самую востребованную медицинскую специальность. За последние пять лет потребительские возможности населения удвоились и порнография превратилась в самое влиятельное средство массовой информации, обогнав кинематограф и индустрию звукозаписи. А 33 000 американок в ходе опроса заявили, что у них нет более желанной цели, чем похудеть на 10–15 кг. Никогда еще столько женщин не добивались материального благополучия, высокого положения в обществе и официального признания, как сейчас, однако, несмотря на это, с точки зрения наших *физических* ощущений мы, судя по всему, находимся в состоянии еще более плачевном, чем наши бабушки, никогда не имевшие таких прав и свобод, какие есть у нас. Результаты последних социологических исследований показывают, что в сознании большинства внешне привлекательных и успешных работающих женщин западных стран, которые, казалось бы, полностью контролируют свою жизнь, неизменно присутствует «подводное течение», лишающее их ощущения подлинной свободы. Это чувство ненависти к себе, навязчивые комплексы по поводу своей внешности, страх перед старением и утратой контроля над своей жизнью, которые возникают под воздействием навязываемых нам представлений о красоте. Так много сильных, с большим внутренним потенциалом женщин испытывают нечто подобное вовсе не случайно. Ведь мы находимся в эпицентре ожесточенной борьбы против феминизма и продвижения женщин вперед, борьбы, в которой главным политическим оружием являются образы женской красоты, иными словами, миф о красоте. Это современная разновидность общественного давления, появившаяся после промышленной революции. Когда женщины освободились из-под домашнего ареста и перестали быть исключительно домохозяйками, миф о красоте обрел новую силу и начал активно укреплять свои позиции, взяв на себя функцию общественного контроля над жизнью женщин.

Небывалый натиск мифа о красоте объясняется тем, что это последняя из прежних идеологий, которая еще может удерживать женщин в повиновении. В противном случае под воздействием второй волны феминизма они стали бы действительно независимыми и вышли бы из-под контроля. Миф о красоте стал средством давления и принуждения, заменив собой утратившие актуальность мифы о материнстве, домашнем очаге, непорочности и пассивности. И сейчас он стремится свести на нет все то, чего женщинам удалось добиться благодаря феминистскому движению.

Эта сила имеет своей целью уничтожить всякое наследие феминизма во всех аспектах жизни женщин западных стран. Феминистское движение добилось принятия законов, запрещающих дискриминацию по признаку гендерной принадлежности в профессиональной сфере, но, как прямое следствие этого, в Великобритании и США незамедлительно появилось прецедентное право, которое превратило в общепринятую практику при приеме на работу дискриминацию женщин по признаку внешности. Старые патриархальные взгляды отжили свое, но им на смену пришла новая догма, которая взяла на вооружение проверенные временем техники манипулирования женским сознанием, применив их к вопросам возраста и веса. Стоило феминисткам, вдохновленным Бетти Фридан, развенчать «тайну женственности», как почти сразу роль новых культурных цензоров в отведенном для женщин интеллектуальном пространстве взяли на себя индустрия похудения и косметическая промышленность. Под их давлением эталоном успешной женщины стала стройная молоденькая модель, вытеснившая образ счастливой домохозяйки. Сексуальная революция освободила женскую сексуальность, но «красивая» порнография тут же связала с ней превращенную в товар красоту, и эта идея, завладев сознанием масс, превратилась в господствующее мировоззрение и подорвала еще полностью не сформировавшуюся и потому уязвимую сексуальную самооценку женщин. Обретение прав в вопросах деторождения предоставило западным женщинам возможность контроля над своим телом, но это привело лишь к тому, что вес моделей стал на 23% ниже веса обычной среднестатистической женщины, а нарушения пищевого поведения превратились в повсеместное явление. Делается все возможное для того, чтобы усилить массовый психоз на тему питания и веса и таким образом вновь лишить женщин ощущения контроля над собой и своей жизнью.

Каждому поколению, начиная примерно с 1830-х гг., приходилось бороться со своей разновидностью мифа о красоте. В 1855 г. суфражистка Люси Стоун сказала: «Мне недостаточно иметь право голоса, право собственности и т. п., если я не могу быть полноправной хозяйкой своего тела». Восемьдесят лет спустя, после того как женщины добились права голоса и первая волна организованного женского движения пошла на убыль, Вирджиния Вульф писала, что пройдут десятилетия, прежде чем женщины смогут говорить правду о своем теле. В 1962 г. Бетти Фридан процитировала молодую женщину, которая попалась в ловушку «тайны женственности»: «Последнее время я смотрю на себя в зеркало и страшно боюсь, что стану похожа на свою мать». Восемь лет спустя провозвестница второй волны феминистского движения Жермен Грир так описала стереотип восприятия женщины: «Ей принадлежит все красивое, даже само слово красота… Она — кукла… Меня тошнит от этого маскарада».

Несмотря на великую революцию второй волны феминизма, мы пока еще не обрели подлинной свободы. Но теперь мы можем выглянуть из-за разрушенных баррикад. После той революции многое изменилось, поколение девочек выросло и превратилось в женщин, но нам еще только предстоит добиться полноценной и окончательной свободы.

Суть мифа о красоте заключается в следующем: свойство, которое называется красотой, существует объективно и повсеместно. Женщины должны хотеть обладать им, а мужчины должны стремиться обладать женщинами, которые его в себе воплощают. «Воплощение в себе красоты является обязательным для женщин, но не для мужчин, и эта ситуация вполне естественна, так как имеет биологическое, сексуальное и эволюционное обоснование. Сильные мужчины борются за красивых женщин, а красивые женщины более успешны в плане продолжения рода. Женская красота должна находиться в определенной взаимосвязи с их способностью к деторождению, и, поскольку эта система основана на законе сексуального отбора, она неизбежна и неизменна».

Ничто из вышесказанного не соответствует действительности. «Красота» — это валютная система, подобная золотому стандарту. Как любая другая экономическая система, она определяется политическими интересами, и в современном западном мире это последняя и самая совершенная мировоззренческая доктрина, способная сохранить незыблемость мужского господства. Определение ценности женщин в вертикальной иерархии в соответствии с навязанным обществом стандартом внешности является выражением отношений силы и власти, в которых женщины вынуждены, как в спортивном соревновании, соперничать между собой и бороться за ресурсы, которые уже присвоили себе мужчины.

«Красота» не является понятием универсальным или неизменным, хотя на Западе делают вид, что идеалы женской красоты восходят к платоновскому идеалу женщины. Например, полинезийская народность маори восхищается женской полнотой, а народность падунг — обвисшей грудью. Не является «красота» и результатом эволюции — ее идеалы меняются намного быстрее. Даже сам Чарльз Дарвин не был до конца убежден в правоте своей теории о том, что «красота» — это результат «сексуального отбора», который, в свою очередь, является отступлением от закона естественного отбора. Конкуренция женщин между собой с использованием «красоты» как оружия борьбы представляет собой прямую противоположность процесса естественного отбора, в котором участвуют все другие виды млекопитающих. Антропология перевернула представление о том, что особи женского пола должны быть «красивыми», чтобы их выбрал самец. Эвелин Рид, Элейн Морган и другие социобиологи опровергли теорию о якобы заложенной природой мужской полигамии и женской моногамии. Так, например, самки высших приматов являются инициаторами секса: они не только стремятся к сексу, но и занимаются им со многими партнерами, более того, «каждая небеременная самка в определенный момент становится самой желанной и востребованной из всего племени. И эта цикличность наблюдается в течение всей ее жизни».

Нельзя сказать, что миф о красоте всегда существовал в своем нынешнем виде. Сегодня «спаривание» пожилых мужчин с «красивыми» молодыми женщинами воспринимается как нечто само собой разумеющееся. Но в матриархальных обществах, поклонявшихся женскому божественному началу, которые существовали в странах Средиземноморья в период между 2500 и 700 г. до н. э., ситуация была диаметрально противоположной: во всех культурах у богини было много молодых любовников. Вырисовывается четкая модель: зрелая женщина и красивый юноша, предназначение которого — служение «священному лону»: Иштар и Таммуз, Венера и Адонис, Цибела и Аттис, Исида и Осирис.

И такая модель поведения, в которой мужчины выступают «на вторых ролях», встречается до сих пор.

В нигерийском племени водаабе женщины обладают экономической властью, и при этом существует культ мужской красоты. Мужчины этого племени часами занимаются сложным вычурным макияжем, и в этом соблазнительном макияже и в одеждах, подчеркивающих их сексуальную привлекательность, покачивая бедрами и с томным видом обольстителя, участвуют в конкурсах красоты, которые судят женщины.

Итак, достоверного исторического или биологического обоснования мифа о красоте не существует. Единственное, на чем он зиждется, — на потребности современных структур власти, экономики и культуры начать развернутое контрнаступление на прекрасный пол.

Но если возникновение мифа о красоте не объясняется ни эволюционным процессом, ни сексуальными потребностями, ни соображениями эстетики или веры в Бога, что же тогда лежит в его основе? Он претендует на то, что имеет отношение к интимной близости, сексу и к жизни вообще и якобы символизирует торжество женщин. Но на деле он замешен на эмоциональной отчужденности, политических и финансовых интересах и, наконец, на сексуальном подавлении. Фактически миф о красоте вообще не имеет никакого отношения к женщинам! Если он с чем и связан, так это с институтами власти и могуществом, которым обладают мужчины.

Женские качества, в определенный исторический период считавшиеся «красивыми», представляют собой не что иное, как стереотипы женского поведения, которые в данную конкретную эпоху были наиболее желательными. *В сущности, миф о красоте всегда предписывает определенные стандарты скорее поведения, чем внешности.* Конкуренция женщин между собой была специально и вполне осознанно сделана неотъемлемой составляющей этого мифа для того, чтобы внести раскол в их ряды и настроить их друг против друга. Молодость и (до недавнего времени) девственность считаются «красивыми», поскольку они предполагают отсутствие у женщины жизненного опыта и сексуальную безграмотность. Старение же воспринимается как «некрасивое», так как с возрастом женщины приобретают больше силы и власти. Поэтому связи между разными поколениями женщин должны постоянно разрушаться. Женщины постарше опасаются конкуренции со стороны молодых, молодые сторонятся старших, и таким образом миф о красоте калечит и тех и других на протяжении всей их жизни. Важно, чтобы личностная ценность и целостность женщины не основывались на ее «красоте», чтобы мы оставались независимыми от внешнего одобрения и чтобы влияние общества не подрывало нашу самооценку.

Безусловно, миф о красоте в той или иной форме существовал всегда, на протяжении всего периода господства патриархального уклада жизни. Однако в своем современном виде он — изобретение относительно недавнее. В полной мере миф о красоте расцветает тогда, когда снимаются проблемы материального характера. До промышленной революции обычная средняя женщина не могла относиться к «красоте» так же, как наши современницы, которые испытывают постоянное давление мифа, поскольку общество заставляет их сравнивать себя с распространяемым в массовом порядке образом физического идеала. До появления новых технологий массового производства — дагеротипов, фотографий и т. п. — обычная женщина очень редко подвергалась такому воздействию и почти не сталкивалась с примерами идеальных образов за пределами церкви. Семья представляла собой производственную ячейку общества, и работа, которую выполняли женщины, дополняла работу мужчин, а потому ценность женщины (если она не была аристократкой или проституткой) зависела от ее умения работать, от физической силы и способности к деторождению. Внешняя привлекательность, несомненно, играла свою роль, но «красота» в ее нынешнем понимании не была для обычной женщины чем-то сверхважным, определяющим ее место на ярмарке невест.

Миф о красоте в его современном виде стал играть значительно бóльшую роль после промышленной революции. Семья перестала быть «рабочей» ячейкой общества, и урбанизация и появление новой системы фабричного производства потребовали создания того, что социологи того времени назвали жизненным предназначением женщины. Отныне она была призвана поддерживать новую категорию труженика — «кормильца семьи», который уходил из дома на работу на весь день. Увеличилась прослойка среднего класса, вырос уровень жизни и грамотности, семьи стали малочисленнее, и появился новый тип образованных неработающих женщин. От их привязанности и подчиненности домашнему быту зависело формирование зарождавшейся системы промышленного капитализма. Неудивительно, что представление о «красоте» как о чем-то, чему женщины всегда придавали большое значение, появилось именно в 1830-е гг. Именно тогда укрепился культ семейной жизни и были придуманы критерии «красоты».

Впервые в истории новые технологии смогли воспроизводить — в виде цветных иллюстраций, дагеротипов и ротогравюр — образы того, *как* должна выглядеть женщина. В 1840-х гг. появились фотографии обнаженных проституток, а десятилетие спустя возникла реклама с образами «красивых» женщин. Копии классических произведений искусства, фотографии светских красавиц и любовниц царственных особ, знаменитые литографии компании Currier and Ives и фарфоровые фигурки наводнили ту самую «отдельную сферу», которой была ограничена жизнь женщин среднего класса.

Именно они зависели от идеалов и стереотипов не меньше, чем от ограничений материального характера. Появление мифа о красоте стало одним из тех новых социальных «изобретений», которые выдавались за естественные составляющие жизни женщины, чтобы надежнее ограничить ее рамками семьи и домашнего быта. Но одновременно с этим появились и другие подобные мифы: о том, что ребенок постоянно нуждается в материнской заботе и опеке; о том, что по своей физиологии женщина среднего класса просто-таки должна быть истеричкой и ипохондриком; о том, что респектабельные добропорядочные женщины должны быть равнодушны к сексу, а также о том, что «женская» работа сводится к однообразным и утомительным занятиям типа вышивания и плетения кружев. Все эти «изобретения» викторианской эпохи выполняли двойную функцию: с одной стороны, они направляли силы, энергию и интеллект женщин в «безопасное» русло, а с другой, женщины зачастую действительно использовали эти занятия для эмоционального самовыражения и реализации своего творческого потенциала.

Но каким бы творческим ни был подход женщин среднего класса к вопросам моды или к воспитанию детей, основная цель оказалась достигнута: на протяжении полутора столетий эти мифы служили надежной защитой от тех опасностей, которыми грозили появление у женщин свободного времени, досуга, образования и относительной материальной свободы.

Со временем эти выдумки на тему «предназначения» женщин, рассчитанные на то, чтобы занимать все их время и мысли, адаптировались к новым условиям и в послевоенный период вновь всплыли на поверхность в виде теории о «тайне женственности». Однако вторая волна феминизма разбила в пух и прах иллюзорные представления женских журналов о «романтике», «науке» и «увлекательном приключении», которые якобы заключены в процессе создания домашнего уюта и обустройства семейной жизни в пригороде, и они перестали выполнять свои функции. Набившая оскомину «фантазия» о «единстве душ и духовной близости в семье» утратила свою былую привлекательность, и женщины среднего класса стали дружными рядами покидать уютные семейные гнездышки и вступать в большую жизнь.

Но «выдумки» в очередной раз трансформировались и модифицировались применительно к новым условиям. Поскольку женское движение успешно расправилось с бóльшей частью мифов о женском предназначении, все функции общественного контроля, которые раньше распределялись по целой сети таких «выдумок», теперь должен был выполнять единственный из оставшихся на плаву мифов, что, естественно, усилило его влияние во сто крат. Этот миф вновь навязал освобожденным было женщинам все те ограничения и табу, которые, казалось, уже утратили былую силу. На смену неустанной работе по дому пришла неустанная работа над эфемерной красотой. В то время как сферы экономики, права, религии, секса, образования и культуры были вынуждены пусть и неохотно, но открыть свои двери для участия в них женщин на более справедливой и равноправной основе, в сфере частной жизни произошла настоящая «колонизация» женского сознания. При помощи идеологии «красоты» был заново выстроен новый женский мир со своими законами, экономикой, религией, сексуальной сферой, образованием и культурой, и каждая из составляющих этого мира оказалась не менее репрессивной, чем это было десятилетия назад.

Поскольку материальное положение женщин среднего класса упрочилось, проще стало воздействовать на нас психологическими методами, и поэтому миф о красоте в его новой редакции был вынужден прибегать ко все более изощренным и реакционным способам влияния. Главное оружие этого мифа — многомиллионное тиражирование образов современного идеала красоты. И хотя этот «артиллерийский обстрел» обычно представляет собой коллективную сексуальную фантазию, в сущности, в ней очень мало сексуального. Миф о красоте стал порождением социальных и политических институтов, где господствуют мужчины, институтов, для которых женская свобода представляет собой угрозу, и поэтому он использует в своих интересах наше чувство вины и наш собственный скрытый страх того, что в борьбе за свободу мы можем зайти слишком далеко. Эта лавина визуальных образов представляет собой «массовую галлюцинацию», созданную как мужчинами, так и женщинами, потрясенными и сбитыми с толку теми стремительными изменениями, которые происходят в отношениях между полами. Это своего рода надежный оплот в бурном потоке перемен.

Представлять современную женщину как «красавицу» — явное противоречие: в то время как мы растем, меняемся и разными способами выражаем свою индивидуальность, «красота» по определению инертна, неизменна и универсальна. Но очевидно, что возникновение этой «массовой галлюцинации» отнюдь не случайно — оно вызвано необходимостью, продумано и тщательно спланированно, поскольку «красота» прямо противоречит реальности жизни.

Влияние этой «массовой галлюцинации» все больше усиливается и распространяется при помощи вполне осознанных манипуляций рынка. Самые доходные и могущественные индустрии — это индустрия похудания с ежегодным доходом $33 млрд, индустрия косметики с ежегодным доходом $20 млрд, индустрия эстетической хирургии с доходом $300 млн в год и индустрия порнографии с доходом $7 млрд в год. Все они были созданы и процветают за счет подсознательных страхов, и все они благодаря своему воздействию на массовое сознание не просто используют, но и подстегивают и укрепляют их.

И теория заговора тут ни при чем — в ней нет необходимости. Общество само создает нужные ему мифы, точно так же, как их создают отдельные люди и семьи. Генрик Ибсен называл такие мифы «жизненно важной ложью», а психолог Дэниел Гоулман разъясняет, что в социуме они работают точно так же, как в рамках отдельной семьи: «“Фантазия” поддерживается ради того, чтобы отвлекать внимание от пугающего факта или представлять его в ином, приемлемом виде». За нежелание признавать какие-то факты общество расплачивается тем, что находится во власти разрушительных иллюзий. Когда возможности женщин стали настолько безграничными, что это начало угрожать привычным, построенным на господстве мужчин общественным институтам, коллективная паника, охватившая общество, потребовала создания новых прототипов и образов. Появившаяся в результате этого «массовая галлюцинация» материализовалась и для женщин превратилась в нечто вполне реальное и осязаемое, определяющее, как они живут и как не живут. Абстрактная идея обратилась в «железную деву». Когда-то так называлось изобретенное в Германии орудие пыток, которое представляло собой железный ящик, повторяющий форму человеческого тела. Снаружи на нем была изображена красивая, молодая, улыбающаяся женщина. Несчастная жертва помещалась в этот ящик, его крышка плотно закрывалась, лишая человека возможности двигаться, и в итоге жертва умирала либо от голода, либо от ран, полученных от находившихся внутри ящика металлических шипов. Современная «массовая галлюцинация», в ловушку которой женщины то ли попались, то ли загнали себя сами, напоминает этот ящик. Общество видит лишь ее внешнюю сторону, но за «красивой картинкой» скрывается орудие пыток для настоящих, живых женщин.

Почему наше общество ощущает потребность защищать себя, не желая ничего знать о реальных живых женщинах, их лицах, голосах и телах и сводя женскую сущность к этим формализованным и постоянно воспроизводимым «красивым» образам? Если подсознательная тревога отдельных личностей может породить «жизненно важную ложь», то экономическая необходимость практически гарантирует ее. Экономика, основанная на рабстве, нуждается в пропаганде, которая оправдывала бы его существование. Сегодня западные экономики в значительной мере зависят от практики недоплаты работающим женщинам. Когда благодаря феминистскому движению женщины начали ощущать себя более ценными членами общества, чем раньше, ради того чтобы противодействовать этому, немедленно стало вырабатываться мировоззрение, которое заставило бы женщин снова почувствовать, что они «не представляют собой ценности». И для этого не нужно было организовывать заговор — достаточно оказалось просто создать в обществе соответствующую атмосферу.

Современная экономика очень зависит от того, сумеет ли миф о красоте сохранить свое господство. Экономист Джон Гэлбрайт нашел объяснение живучести представления о том, что создание домашнего очага — это «высшее предназначение» женщины. По его мнению, теория о том, что пребывание женщин в тюрьме домашнего рабства совершенно естественно, была навязана нам популярной социологией, женскими журналами и художественной литературой, чтобы замаскировать тот факт, что женщины как потребители играли очень важную роль в развитии индустриального общества. «Поведение, выгодное с точки зрения экономики, превращается в общественную добродетель». Когда ценность женщины уже нельзя было свести исключительно к добродетельной роли хранительницы домашнего очага, миф о красоте придумал новое определение женского предназначения — стремление к достижению «добродетельной» красоты. При этом преследовалась цель не только удовлетворить новые экономические потребности общества, но и оправдать экономическую несправедливость в профессиональной сфере, где прежние представления утратили былое влияние, столкнувшись с новым поколением эмансипированных женщин.

Чтобы успешнее противостоять женскому движению, общество в дополнение к «железной деве» вновь оживило образ «уродливой феминистки». Это карикатурное изображение вовсе не ново и не оригинально — оно было создано, чтобы высмеивать феминисток XIX и XX вв. Даже Люси Стоун, которую ее последовательницы считали «идеалом женской грации и изящества» и о которой говорили «Она свежа и прекрасна как утро», осмеивалась и изображалась как «типичная» феминистка викторианской эпохи: «крупная мужеподобная женщина, которая носит мужские ботинки, курит сигару и ругается, как сапожник». Как пророчески сказала в 1960 г., еще до возрождения образа «уродливой феминистки», Бетти Фридан: «Представление о феминистках напоминает не столько самих представительниц женского движения, сколько некий абстрактный образ, навязываемый заинтересованными кругами, которые активно выступают против предоставления женщинам права голоса».

Сейчас, спустя 30 лет, эти слова звучат актуально, как никогда прежде. Это возвращенное к жизни карикатурное изображение, призванное нанести удар по самооценке женщин и тем самым наказать их за активную позицию, вызвало волну новых репрессий против тех из них, кто стремится к самореализации и свободе. После успехов второй волны феминистского движения миф о красоте был усовершенствован, чтобы вновь ослабить влияние женщин во всех сферах жизни. Вызываемый этим мифом психоз распространяется среди женщин со скоростью эпидемии. Медленно, незаметно, без явной демонстрации своей разрушительной силы он сводит на нет все то, чего женщины добились в результате долгой, трудной и честной борьбы.

Скрытые методы воздействия делают современный вариант мифа о красоте еще более хитрым и коварным, чем все его «предшественники». Сто лет назад Нора ушла из дома, хлопнув дверью своего кукольного домика. Поколение назад женщины отказались от потребительского рая в виде изолированного от мира и напичканного бытовой техникой дома, но тюрьма, в которой они оказались сегодня, не имеет даже двери, которой можно было бы хлопнуть уходя. Современный миф о красоте разрушает женщин и физически, и психологически. И если мы хотим освободиться от мертвого груза ложных представлений о женской сущности и природе, нам в первую очередь нужны не право голоса, не лоббисты или плакаты, а новый взгляд на мир.

2

Работа

С древних времен мужчины использовали женскую красоту в качестве одной из валют в денежном обращении. С началом промышленной революции теории о женской красоте развивались параллельно с теориями о деньгах. Неудивительно, что понятия «красота» и «деньги» столь тесно взаимосвязаны в современной экономике потребления: «женщина, выглядящая на миллион», «первоклассная красотка», «ее лицо — ее богатство». На буржуазной ярмарке невест последнего столетия женщины привыкли ассоциировать себя с частью рыночной экономики.

Когда женское движение ворвалось на рынок труда, и женщины, и мужчины стали приравнивать наличие красоты к материальному благополучию. Но и те и другие подготовились к надвигавшимся изменениям по-своему: раз женщины получили доступ к власти, структуры власти начали использовать миф о красоте в качестве средства, с помощью которого можно затруднить продвижение женщин к карьерным вершинам.

Трансформатор регулирует электрический ток в зависимости от потребностей машины. За два прошедших десятилетия миф о красоте стал своего рода трансформатором. Он соединяет энергию женщин с машиной власти, и при этом работа машины меняется минимально, а уровень энергии женщин в исходной точке понижается. Машина преобразует усилия женщин в ту форму, которая устраивает властные структуры.

Едва миф о «тайне женственности» был развеян, все больше женщин стали выходить на работу. Если после Второй мировой войны в США работали 31,8% женщин, к 1984 г. их было уже 53,4%, то есть среди женщин в возрасте от 25 до 44 лет работу имели две трети. В Швеции работали 77% женского населения, во Франции — 55%, в Великобритании к 1986 г. — 63%. Западные женщины пополнили ряды рабочей силы, но система семейных ценностей осталась прежней, и она стала работать против женщин в их стремлении достигать карьерных высот. А то, как активно рынок труда стал придавать финансовую ценность параметрам красоты, существовавшим на брачном рынке, доказывает, что миф о красоте был вызван к жизни интересом не сексуального, а политического характера: рынок труда взял его на вооружение, чтобы узаконить дискриминацию женщин на работе.

Когда в 1980-х гг. женщины пробились-таки к власти, «красота» и «деньги» окончательно стали тождественными понятиями. Из символической валюты красота превратилась в деньги *буквально*. Неформальная валютная система, в которой ценность женщины на брачном рынке определялась ее красотой, стала официальным правилом при приеме на работу, к тому же закрепленным законодательно. Женщинам удалось стать экономически независимыми и избавиться от того, чтобы их продавали на ярмарке невест, но ценой этому стало формирование очень похожей, почти идентичной бартерной системы. В этот период чем выше женщина поднималась по карьерной лестнице, тем сильнее воздействовал на нее миф о красоте, постоянно вставая на ее пути.

Никогда прежде общество не сталкивалось с такой потенциально опасной группой «иммигрантов», требующей равных возможностей в конкурентной борьбе за доступ к власти и грозящей нарушить сложившееся равновесие. Что обычно представляет угрозу для властных структур со стороны иммигрантов? Евреи отстаивают свои традиции и обычаи в воспитании и образовании. Азиаты в США и Великобритании, алжирцы во Франции, турки в Германии — все стремятся к тому, чтобы с ними не произошло того же, что и в странах третьего мира, где за изнурительный труд они получают гроши. Наконец, беднейшие слои афроамериканцев угрожают благополучию общества тем, что не хотят мириться с допущенной по отношению к ним несправедливостью и сохраняют приверженность своим убеждениям. Но именно в женщинах властные структуры увидели проблему, сочетающую в себе все возможные угрозы. Дискриминация женщин по признаку внешности возникла не потому, что они могли оказаться недостаточно хороши в работе, а как раз потому, что они были, есть и будут исключительно хороши!

Общество с его сложившимися устоями, столкнувшись с этой группой «иммигрантов», увидело в ней монстра куда более опасного, чем те, что виделись ему в других этнических меньшинствах, потому что женщины — далеко не меньшинство. Они составляют 52,4% населения, то есть большинство.

Именно этим и объясняется жесткость мифа о красоте и то, почему он развивался столь стремительно и всеохватно. Представьте себе ситуацию, в которой меньшинство осознало свою силу, всколыхнуло общество и стало оказывать давление на властные элиты! Ведь даже при меритократии в истинном значении этого слова накапливающееся влияние событий очень быстро и необратимо меняет не только людей, стоящих у власти, но и саму ее структуру и цели, которые она преследует.

Компании придумали миф о красоте не просто для того, чтобы украсить свои офисы. Это произошло из-за страха. Страха, который, по мнению властей, очень даже обоснован. На самом деле миф о красоте просто необходим им для того, чтобы сохранить свои позиции.

Женщины много и упорно работают — в два раза больше, чем мужчины.

Так было во всем мире с давних времен. Историк Розалинда Майлз обращает внимание на то, что еще во времена первобытно-общинного строя «труд женщин был тяжелым, даже изнурительным, разнообразным и при этом не прекращался ни на минуту. Если перечислить виды работ, которые в то время выполняли люди, то на пять занятий у женщин у мужчин нашлось бы всего одно». Кроме того, она добавляет, что в современных племенных сообществах, «работая без устали в течение всего дня от рассвета до заката, женщины добывают и выращивают 80% пищи, потребляемой племенем. В то время как мужчины ежедневно выполняют лишь одну пятую часть работы, необходимой для его выживания, остальные четыре пятых лежат на женских плечах». В XVII в. в Англии герцогиня Ньюкасл упомянула в своих записях, что женщины «трудятся как пчелы». До промышленной революции «не было такой работы, такого сложного или напряженного труда, который они не смогли бы вынести». В XIX в., в период появления фабричной системы, «женщины были универсальными работниками, трудившимися больше и получавшими меньше», чем мужчины. «Работодатели всего мира соглашались, что женщины легче переносили физическое напряжение и усталость, чем мужчины». Сегодня «первобытно-общинное» соотношение женской и мужской работы — пять к одному — сменилось на «цивилизованное»: два к одному. Это зафиксированный международный коэффициент. Согласно докладу Института Хамфри по связям с общественностью, «женщины составляют 50% населения земного шара, а время, в течение которого они работают, составляет две трети рабочих часов, и при этом они получают лишь одну десятую мирового дохода и владеют менее чем 1% недвижимости в мире». Согласно отчету всемирной конференции Организации Объединенных Наций, посвященному «Десятилетию женщины»*, если брать в расчет домашнюю работу, «женщины по всему миру работают в два раза больше, чем мужчины».

---

* «Десятилетие женщины ООН» было объявлено в 1976–1985 гг. — *Прим. ред.*

Итак, женщины трудятся усерднее мужчин — неважно, на Востоке или на Западе, является ли женщина домохозяйкой или имеет, кроме этого, официальную работу. Пакистанские женщины тратят на уборку 36 часов в неделю, в то время как западные домохозяйки, несмотря на наличие современной бытовой техники, тратят на выполнение работы по дому лишь на шесть часов меньше. «В современном понимании уход за домом — это не работа», — пишет Энн Оукли. Недавние исследования показывают, что если бы замужним неработающим женщинам оплачивали домашний труд, то семейный доход вырос бы на 60%. Во Франции работа по дому в целом составляет 40 млрд трудовых часов. В США добровольный женский труд оценивается в $18 млрд в год. Экономики развитых стран потерпели бы полный крах, если бы женщины потребовали оплаты за домашнюю работу: по мнению экономиста Мэрилин Уоринг, на Западе она составила бы 25–40% валового национального продукта.

А как насчет современной женщины с ее профессиональной деятельностью, которой она занимается полный рабочий день? Экономист Нэнси Бэррет говорит, что «очевидных и сколько-нибудь заметных сдвигов в разделении домашних обязанностей в семье в связи с тем, что женщины стали все больше заниматься профессиональной деятельностью, не происходит». Даже если женщина имеет оплачиваемую работу и трудится полный рабочий день, она все равно продолжает выполнять все или почти все домашние дела. В США мужья работающих женщин помогают им *меньше*, чем мужья домохозяек — всего 36 минут в день, в то время как мужья домохозяек тратят на это 1 час и 15 минут в день. При этом 96% жен и 85% мужей считают, что женщина должна делать «всю или бóльшую часть» работы по дому. Социолог Арли Хочшилд выяснила, что в супружеских парах, где оба партнера работают, на женщине лежит 75% домашних забот. Современные американские мужья оказывают женам помощи лишь на 10% больше, чем 20 лет назад. Таким образом, рабочая неделя американской женщины длится на 21 час дольше, чем у мужчин. По подсчетам экономиста Хайди Хартманн, «мужчины требуют к себе на 8 часов больше времени в течение недели, чем отдают сами». В Италии 85% женщин с детьми работают полный рабочий день, будучи замужем за мужчинами, которые вообще не помогают им по дому. Среднестатистическая работающая европейка имеет на 33% меньше свободного времени, чем ее муж. А в африканской Кении при условии неравных сельскохозяйственных ресурсов женщины собирают такой же урожай, как мужчины, а при равных исходных данных — больший, работая эффективнее, чем представители «сильного» пола.

По подсчетам Chase Manhattan Bank, жительницы США работают в среднем по 99,6 часа в неделю. И хотя на Западе законодательно установлена 40-часовая рабочая неделя, нельзя не учитывать того, что женщины, относительно недавно влившиеся в ряды рабочей силы, являются частью социальной группы, привыкшей работать в два раза усерднее и в два раза больше мужчин. И не только за меньшие деньги, но и вовсе бесплатно.

Вплоть до 1960-х гг. считалось, что неоплачиваемая работа по дому «вообще не является работой» в полном смысле этого слова. Никто не желал признавать, как много и усердно трудились женщины из поколения в поколение, заботясь о доме. Но эта тактика перестала работать, как только женщины начали выполнять работу, которую мужчины считали чисто мужской, получать заработную плату и стали штатными сотрудниками.

Большинство западных женщин последнего поколения получили равное с мужчинами образование. Если в 1950-х гг. только 20% выпускников колледжей в США составляли женщины (и из них только треть получала диплом), то теперь эта цифра составляет 54%. К 1986 г. две пятых студентов дневной формы обучения в Великобритании составляли женщины. С чем же столкнулось наше считающееся меритократическим общество, когда женщины постучались в его двери?

Учитывая то, что на протяжении многих поколений женщинам приходилось тяжело трудиться, их опыт дал им значительные преимущества. Даже загруженные в «вечернюю смену» домашними обязанностями, они все равно умудрились пробиться к власти. И если бы появившееся у них чувство собственного достоинства заставило бы их наконец потребовать плату за свою «вторую смену», работодателям и правительству пришлось бы несладко. Поэтому-то общество и нанесло превентивный удар.

В США между 1960 и 1990 гг. число женщин, занимающих должности юристов и судей, возросло с 7500 до 180 000; женщин-врачей — с 15 672 до 108 200; инженеров — с 7404 до 174 000. За последние 15 лет втрое больше американок стали работать на муниципальных выборных должностях, их число составило 18 000. Сегодня среди низшего руководства женщины занимают 50% позиций, а среди руководителей среднего звена — 25%. Также они составляют половину дипломированных бухгалтеров, треть обладателей степени MBA, половину дипломированных юристов, четверть врачей, половину сотрудников и руководителей 50 крупнейших коммерческих банков. По рейтингу журнала *Fortune*, 60% женщин, служащих в крупных компаниях, имеют годовой доход около $117 000. То есть даже работая в две смены, женщины все равно сумели бросить вызов привычному порядку вещей. *И поэтому кому-то пришлось поскорее придумать для них еще и третью смену.*

Возможно, женщины недооценили вероятность жесткой ответной реакции общества на их действия, потому что американский образ мыслей направлен на победу и не принимает во внимание того, что, когда один побеждает, кто-то другой должен проиграть. Экономист Мэрилин Уоринг считает, что «мужчинам трудно отказаться от системы, в которой половина населения земного шара работала на благо другой половины, причем почти бесплатно», и признает, что «именно потому, что женщины работали за такую малую плату, у них может не хватить сил бороться за что-то еще».

С этим согласна и Патрисия Айлэнд из Национальной организации женщин: настоящая меритократия подразумевает, что у мужчин должна быть «бóльшая конкуренция на работе и больше обязанностей по дому». Однако если бы женщин оценивали по достоинству и они могли бы свободно продвигаться по карьерной лестнице, половина правящей элиты, занимающая должности, которые по праву должны принадлежать женщинам, вынуждена была бы сдать свои позиции.

Потенциал, которым наделены женщины, внушает страх, и поэтому их продвижение вперед должно быть остановлено. В противном случае элита, традиционно стоящая у власти, окажется в проигрыше: белый мальчик, происходящий из высшего общества, не привык работать на двух-трех работах одновременно, он не так сильно нацелен на получение высшего образования, поскольку над ним не довлеет наследие вековой неграмотности, и не готов по-настоящему бороться за место под солнцем.

Но как власти могут защитить себя от нависшей угрозы? Во-первых, они должны укрепить «вторую смену». В Америке 68% женщин, имеющих детей в возрасте до 18 лет, работают, и это на 28% больше, чем в 1960 г. В Великобритании 51% женщин с детьми имеет оплачиваемую работу. При этом 45% работающих женщин в США не замужем, разведены, являются вдовами или живут отдельно от мужей и вынуждены сами обеспечивать своих детей. Недостаток финансовой поддержки государства по уходу за детьми в Америке и даже в Европе существенно осложняет жизнь этим «иммигрантам». Но среди них есть те, кто может позволить себе нанимать более бедных женщин для помощи по дому или ухода за детьми. Так что в отношении этого, наиболее опасного типа женщин тактика властей оказалась уже недейственна. И поэтому возникла необходимость возвести вместо тех преград, с которыми женщины научились справляться, другие — создать новую идеологию, истощающую их силы, лишающую уверенности в себе, помогающую сделать из них таких работников, которые устраивали бы существующую систему.

В период перехода западной экономики от индустриальной к постиндустриальной эре, в которой преобладают сфера услуг и информационные технологии, женщин стали нанимать на работу все активнее. Низкая рождаемость в послевоенные годы привела к сокращению численности квалифицированных кадров, и поэтому женщины стали желанной рабочей силой — не защищенные профсоюзами, получающие низкую зарплату, обслуживающий персонал вроде работяг из гетто. Экономист Марвин Харрис описывает женщин как «образованных и покладистых» работников, поэтому они стали желанными кандидатами на рабочие места, созданные современной сферой услуг. Женщины обладают именно теми качествами, которые так подходят работодателям в этой области, — их отличают низкая самооценка, терпение, помогающее выполнять тупую однообразную работу, отсутствие амбиций, умение подчиняться, привычка к бесправию и к тому, чтобы уважать мужчин, которые ими управляют, больше, чем женщин, которые работают вместе с ними. Женщины-руководители среднего звена вполне приемлемы, если они становятся мужеподобными и не пытаются пробиться выше, а женщины, находящиеся на самых высоких должностях, могут быть очень полезны, если сумеют полностью подавить в себе женские качества. Миф о красоте — самый лучший способ создать такую рабочую силу, которая будет выполнять все, что должна делать женщина на протяжении рабочего дня, а потом в свое свободное время выходить на «третью смену».

Суперженщина, которая даже не подозревает о том, что ее намеренно впутали во все это, должна добавить к списку *профессиональных* обязанностей еще и ежедневный труд на поприще «красоты». Новая задача, поставленная перед ней, оказалась еще более сложной: ее выполнение требует денег, навыков, мастерства, даже искусства, и ее результат не менее важен, чем все остальные задачи, которые ставились перед ней ранее — до того, как женщины стали пробиваться во власть. Эта задача — в том, чтобы выглядеть не хуже тех женщин, от которых красоты требует профессия. Женщина взяла на себя все роли: профессиональной домохозяйки, профессионала в карьере и профессиональной красавицы.

Профессиональная квалификация красоты

Еще до того, как женщины стали массово выходить на работу, среди них были те, кому платили именно за «красоту»: манекенщицы, актрисы, танцовщицы, некоторые труженицы секс-индустрии, например девушки, предоставляющие эскорт-услуги. До эпохи женской эмансипации «профессиональные красавицы» не пользовались ни известностью, ни уважением, и их труд был низкооплачиваемым. Но чем больших высот достигали женщины в других профессиональных областях, тем больше престижа, славы и денег получали те из них, кто имели работу «напоказ».

В результате в наши дни во всех профессиях, в которых женщины добились успеха, к их внешности предъявляются те же требования, что и в подобных профессиях, *причем чем большего женщины достигли, тем эти требования выше*. Проникая в профессиональную деятельность во всех сферах, «красота» подразделилась на категории. В законе о сексуальной дискриминации в США есть понятие ППК (подтверждение профессиональной квалификации), а в Великобритании существует понятие «подлинность профессиональной квалификации», и они допускают исключения из закона в случаях, связанных с такими чисто женскими профессиями, как молочная кормилица, или чисто мужскими — как донор спермы.

В законодательных актах о сексуальном равноправии указано, что ППК — это исключительный случай, при котором сексуальная дискриминация при приеме на работу обусловлена спецификой работы и требует определенного гендерного признака, и это исключение описано очень четко. Но то, что происходит сейчас, — пародия на ППК. Вместо него повсеместно распространяется то, что я называю ПКК — «профессиональная квалификация красоты», которая все чаще выступает в качестве условия приема на работу и продвижения по службе. Недобросовестно беря на вооружение язык ППК, работодатели, использующие характеристики красоты, могут защищаться, утверждая, что она необходима для того, чтобы работа была выполнена должным образом. То, что работодатели стали злоупотреблять ППК применительно к женщинам, но не к мужчинам, является по сути дела сексуальной дискриминацией, которая должна быть расценена как нарушение, описанное в главе VII Закона США о гражданских правах 1964 г. и в британском Акте о сексуальной дискриминации 1975 г. Однако идеология «красоты» породила три новых ложных тезиса, чтобы скрыть тот факт, что на самом деле ППК помогает работодателям ущемлять права женщин и избегать при этом судебных тяжб.

Эти три тезиса заключаются в следующем: 1) «красота» должна быть узаконена как необходимое условие роста и развития женщин в управляющих структурах; 2) «красота» может быть достигнута каждой женщиной, стоит ей захотеть и приложить усилия, — это формальное соответствие «американской мечте» маскирует дискриминирующую суть «лжи № 1» (что особенно важно для Соединенных Штатов с их бурной реакцией на вопрос о равных правах). Вместе эти две лжи позволили нанимателям вполне «обоснованно» оценивать женщин при приеме на работу с точки зрения ПКК в дополнение к оценке их профессиональных качеств. И наконец,

3) работающих женщин убедили в том, что они должны заботиться о «красоте» в таком ее аспекте, что это постепенно, шаг за шагом, подрывает их мировоззрение, сформированное в результате успехов женского движения.

Последнее отражает главное правило мифа о красоте: каждый шаг вперед феминистского движения сопровождается ответным ударом со стороны «мифа о красоте». Как только в 1980-е гг. стало очевидно, что женщины начали играть более важную роль в жизни общества, «красота» была поднята на знамена. Чем больше власти получали женщины, тем больших жертв от них требовали. «Красота» превратилась в необходимое условие продвижения женщины вперед. Раз вы стали так сильны, то обязаны соответствовать!

Одержимость «красотой» в 1980-е гг. стала прямым следствием того, что женщины начали входить во власть. Триумф идеологии красоты был порожден страхом ряда общественных институтов, испугавшихся того, что может произойти, если свободные женщины, свободно воспринимающие себя такими, каковы они есть, будут свободно добиваться прогресса в системе, называющей себя меритократией. Возвращаясь к метафоре о трансформаторе, это был страх того, что сила неослабленной женской энергии разрушит привычную, но неустойчивую систему.

Среднее звено трансформатора — идеология, создаваемая женскими журналами и нацеленная на тех, кто мечтает разбогатеть и занять более высокое положение в обществе. Эти журналы берут на вооружение язык меритократии: «Получи тело, которого ты заслуживаешь!», «Великолепной фигуры невозможно добиться, не прилагая усилий». Они играют на духе предпринимательства: «Выжми максимум из того, что отпущено тебе природой!» — и подчеркивают, что каждая женщина должна иметь тело определенных параметров и выглядеть молодо: «Вы можете полностью изменить свое тело», «Морщины на вашем лице теперь у вас под контролем!». Они даже выдают настоящие откровения: «Наконец вы сможете узнать секреты красавиц, остававшиеся тайной много лет!» — и заставляют читательниц покупать товары рекламодателей ради того, чтобы полностью изменить себя и, соответственно, свой статус.

С одной стороны, многообещающие заявления женских журналов о том, что женщины могут сами достичь всего, чего захотят, обращены к тем, кому еще совсем недавно говорили, что сами по себе они не могут ничего. С другой стороны, как отмечает социолог Руфь Сайдел, американская мечта в конечном счете защищает статус-кво: «Она не дает людям, находящимся внизу социальной иерархии, здраво воспринять и проанализировать существующую в Америке экономическую и политическую систему [читай: миф о красоте], обвиняя жертв этой системы и заявляя, что, если бы каждый из них старался быть лучше и работал более упорно, он [она] мог бы получить все, о чем мечтает». И точно так же, как американская мечта заставляет страдать мужчин, так миф о том, что красоты можно добиться, даже нарушая законы природы, травмирует женщин.

Итак, переход завершен, и теперь, идя к осуществлению своей мечты, женщины вынуждены балансировать между своими желаниями и самоуважением, а также необходимостью четко соответствовать ущемляющим их права требованиям. За ошибки системы они расплачиваются в одиночестве.

Обычно рабочая сила реагирует на неразумные и чрезмерные требования работодателей куда более бурно, но женщины покорно приняли требование отвечать «профессиональной квалификации красоты». Причиной тому — еще не изжитое чувство вины: для более удачливых женщин-профессионалов это может быть чувство вины за факт обладания властью или за «эгоистичное» желание выполнять творческую работу. А значительное большинство, которому мало платят и которое в одиночку или совместно с мужьями обеспечивает своих детей, чувствует вину за неспособность обеспечивать их лучше. ПКК усиливает и другие традиционные женские страхи: у представительниц среднего класса, которых еще недавно ценили исключительно за готовность сидеть дома, жизнь вне дома — в обществе, на работе — вызывает смутное беспокойство. Ведь они становятся объектами пристального внимания со стороны общества, чего их мамы и бабушки чрезвычайно боялись. Кроме того, работающие женщины всегда подвергались жестокой эксплуатации, а «красота» позволяет избежать этого. Наконец, женщины из всех слоев общества знают, что их успех не приветствуется и даже наказывается и что у очень немногих представительниц их пола когда-либо была возможность распоряжаться большими деньгами.

Привыкнув воспринимать красоту как богатство, женщины оказались внутренне готовы признать систему прямого финансового вознаграждения, которая заменила систему косвенного вознаграждения, существовавшую на рынке невест. В сущности, приравнивание понятия красоты к понятию денег обещает женщинам получение с помощью внешности всего того, что достается мужчинам с помощью кошелька. Очень быстро женщины поняли, что противостоять существующей «меритократической» системе поодиночке им не по силам. И при этом, с одной стороны, женщинам хотелось, чтобы другие увидели и оценили, сколько труда, таланта и денег им пришлось вложить в создание своего имиджа. А с другой стороны, в условиях однообразной и далеко не гламурной работы, которую выполняло большинство женщин, ПКК вносила толику креативности, радости и гордости собой в деятельность, которая сама по себе этого не предполагала.

Итак, в 1980-е красота стала играть для женщин ту роль, которую для мужчин выполняют деньги, обеспечивая положение в обществе и служа защитой от конкурентов. Однако, придерживаясь такой упрощенной системы ценностей, в которой полученных результатов никогда не бывает достаточно, люди быстро теряют связь с реальными жизненными ценностями. Те цели, ради которых стоит стремиться к деньгам, — возможность покупать комфорт и удовольствия — оказались в это десятилетие забыты ради погони за успехом во имя самого успеха. И то же произошло в борьбе за «красоту»: все, что раньше представлялось ее целью — секс, любовь, близость, самовыражение, — было потеряно из виду и отошло в область воспоминаний.

Подноготная ПКК

Откуда взялась ПКК? Как и миф о красоте, она развивалась рука об руку с женской эмансипацией, чтобы отравить женщинам радость от долгожданного получения прав и свобод в их профессиональной деятельности. Она распространялась параллельно с процессом занятия женщинами рабочих мест, проникая из больших городов Америки и Западной Европы в городки поменьше, из промышленно развитых стран «первого мира» в развивающиеся страны «третьего мира», с запада на восток. С поднятием железного занавеса она охватила и страны Восточного блока. Но ее эпицентром был и остается Манхэттен, где сконцентрировано больше всего женщин, поднявшихся в своих профессиях на самые высокие ступени иерархической лестницы.

ПКК возникла в 1960-е гг., когда образованные женщины из среднего класса начали массово переезжать в большие города и до замужества жить самостоятельно. Загадочный образ стюардессы, модели или секретаря тут же был сексуализирован и стал тиражироваться в коммерческих целях. Молодых работающих женщин быстро загнали в рамки стереотипа, ставящего во главу угла красоту и умаляющего важность и серьезность выполняемой ими работы, принижая тем самым значение недавно обретенной ими независимости. Вышедший в 1962 г. бестселлер Хелен Браун «Секс и одинокая девушка» стал путеводителем, помогавшим выжить в этих новых условиях. Но его название превратилось в знаковую фразу, искажающую истинный смысл книги. Одинокая работающая девушка должна была выглядеть «сексуальной», чтобы ее работа и ее одиночество не воспринимались так, как должны были бы: как серьезная проблема. И в то же время если работающая девушка выглядела сексуально, то ее работа выглядела как нечто нелепое и ненужное, потому что в скором времени девушке предстояло выйти замуж и утратить независимость.

В июне 1966 г. в Америке была основана Национальная организация женщин, и в тот же год ее члены организовали демонстрацию протеста против увольнения стюардесс, достигавших возраста 32 лет или выходивших замуж. В 1967 г. до Комиссии по обеспечению равных возможностей при найме на работу начали доходить слухи о сексуальной дискриминации. В феврале 1969 г. женщины вторглись на «исконно мужскую территорию» — в Дубовую гостиную нью-йоркского отеля Plaza. В 1970 г. журналы *Times* и *Newsweek* были обвинены в сексуальной дискриминации, а 12 стюардесс авиакомпании TWA выиграли судебное дело против авиакомпании на несколько миллионов долларов. Начали формироваться группы по повышению уровня женского самосознания. Девушки, которые еще студентками начали участвовать в политической жизни, вступили на рынок труда с твердым намерением заниматься решением ключевых проблем женщин, а не только антивоенными выступлениями и вопросом свободы слова.

Однако политики, хорошо информированные о деятельности этой социальной группы, постепенно создавали соответствующее законодательство. В 1971 г. судья постановил, что женщина должна потерять за неделю 1 кг 300 г или сесть в тюрьму. К 1972 г. «красота» была узаконена в качестве условия, по которому женщина может получить или потерять работу: Апелляционный суд по правам человека штата Нью-Йорк принял решение по делу «Сент-Кросс против клуба "Плейбой"», согласно которому в одной из профессий, где женщины все время находятся на виду, «красота» является критерием найма на работу.

Маргарита Сент-Кросс работала официанткой в клубе «Плейбой» и была уволена, «потому что больше не соответствовала образу "зайки"». Руководство клуба разработало собственную шкалу оценки работниц:

1. Безупречная красотка (лицо, фигура, ухоженность).
2. Достаточно красивая девушка.
3. Маргиналка (стареет или приобрела корректируемые проблемы с внешностью).
4. Утратила имидж «зайки» (из-за старения или некорректируемых проблем с внешностью).

При этом мужчины-коллеги Сент-Кросс, выполнявшие ту же работу, «не подвергались какой-либо оценке».

Маргарита Сент-Кросс пыталась убедить правление компании в том, что, достигнув, по ее словам, «физиологического перехода от свежей, юной, приятной внешности к более зрелой и женственной», она осталась достаточно красива для того, чтобы сохранить работу. Представитель компании, выступавший от лица Хефнера, отказал ей. Правление приняло решение на основании того, что слово Хефнера для них оказалось весомее, чем мнение Сент-Кросс, а также потому, что работодатели по определению более компетентны в вопросах женской красоты, чем сама женщина, и решение об оценке ее внешности было «в рамках компетенции» клуба «Плейбой».

В обычном конфликте между работником и работодателем работодатель пытается доказать, что работника уволили заслуженно, в то время как работник пытается доказать, что имеет право сохранить работу. Но когда необходимым условием подтверждения профессиональной квалификации становится «красота», женщина может сколько угодно говорить, что в состоянии продолжать работать, но если работодатель считает, что это не так, то он автоматически выиграет.

Апелляционный суд выработал на основе этого правила понятие «стандартов, близких к совершенству». Если о чем-то несуществующем, воображаемом говорить как о чем-то реальном в суде, то это *станет реальностью*. С 1971 г. закон постановил, что эти стандарты могут служить критерием оценки профессиональных качеств и что если женщина в чем-то им не соответствует, то она может быть уволена. При этом для мужчин подобных «стандартов совершенства» никогда законодательно не устанавливали. И хотя существование стандартов женской красоты было признано фактом, сами по себе эти стандарты никогда не были четко определены. Это несоответствие в законе лежит в основе развития и распространения ПКК: женщина может быть уволена, если она выглядит не так, но то, как она должна выглядеть, может быть интерпретировано по-разному.

Глория Стайнем как-то сказала: «Все женщины — "зайки"». Дело Сент-Кросс показало, что ждало нас в будущем: может быть, «зайке» и нужно быть красивой, чтобы хорошо выполнять свою работу, но этот *принцип* стал основой при найме женщин на работу во всех остальных сферах. Слова Стайнем отражают тот факт, что за последние два десятилетия ПКК глубоко проникла во все сферы профессиональной деятельности, где бы ни пыталась удержаться женщина.

В 1971 г. вышел в свет первый номер журнала *Miss*. В 1972 г. в Соединенных Штатах был принят Закон о равных возможностях при трудоустройстве: глава IX запрещала дискриминацию по половому признаку при получении образования. К 1972 г. 20% управленческих позиций в Америке занимали женщины. В 1975 г. Кэтрин Макдермотт вынуждена была покинуть корпорацию Xerox, потому что с ней разорвали контракт по причине ее излишнего веса. В 1970-е гг. женщины стали принимать настолько активное участие в профессиональной деятельности, что их работу нельзя было больше расценивать в качестве периодической, временной или второстепенной по отношению к их главной роли жен и матерей. В 1978 г. в США они составляли шестую часть всех обладателей степени MBA и четверть дипломированных бухгалтеров. При этом Национальные авиалинии уволили стюардессу Ингрид Фи, потому что она была «слишком толстой» — ее вес был почти на 2 кг больше положенного. В 1977 г. Розалин Картер и две бывшие первые леди Америки выступили на съезде Национальной женской организации в Хьюстоне. В 1979 г. была основана Национальная женская ассоциация предпринимательства, созданная для поддержки бизнеса, организованного женщинами. В том же году федеральный судья постановил, что наемные работники должны соответствовать стандартам внешности. С началом нового десятилетия политика правительства Соединенных Штатов взяла курс на то, что работающая женщина должна восприниматься серьезно, но при этом закон постановил, что ее внешность тоже должна восприниматься крайне серьезно. Политическая функция мифа о красоте становится очевидной, если учитывать, когда именно сформировалось прецедентное право по вопросам красоты. Пока женщины не оказывали давления на общество, его не существовало, но стоило ситуации измениться, как стали рождаться и множиться соответствующие законы о внешности.

Как же должно выглядеть это создание — серьезная профессиональная женщина?

Тележурналистика тут же дала наглядный ответ на этот вопрос. К представительному мужчине присоединилась привлекательная девушка-телекомментатор значительно моложе его.

Такой двойственный имидж — авторитетный мужчина постарше с морщинами и легкой сединой и сидящая рядом цветущая, сильно накрашенная молодая девушка — стал парадигмой в отношениях между мужчиной и женщиной на работе. ПКК проникла повсюду: изначально выработанная для того, чтобы подсластить тот неприятный факт, что женщины приобретают все больший вес в обществе, она зажила собственной жизнью. В 1980-е гг. кадровые агентства, занимавшиеся поиском будущих дикторов, отбирали кандидатов-мужчин в возрастной категории «от 40 до 50 лет», а женщин-дикторов — по совсем иным критериям, придавая больше значения их внешности, чем профессиональным навыкам или опыту.

Послание, транслировавшееся программами новостей, понять было нетрудно: сильный, обладающий властью мужчина является индивидуальностью, и не беда, если эта индивидуальность имеет асимметричные черты лица, морщины, седину, лысину, парик или лишний вес. Все это признаки зрелости, которая является частью его силы. И если бы существовал единый стандарт для мужчин и женщин-тележурналистов, то большинство мужчин остались бы без работы. Но женщинам, чтобы войти в тот же самый съемочный павильон, необходимы молодость и красота. Однако молодость и красота наряду с ярким макияжем делают женщину-телекомментатора «телеклоном», как их называют на профессиональном сленге, то есть ничем не примечательной «куклой». А то, что ничем не примечательно, всегда можно заменить. С молодостью и красотой работающая женщина заметна, но она не чувствует себя уверенно, поскольку качества, которыми она обладает, не уникальны. Но без них она становится невидимой она буквально «теряется на экране» («выпадает из картинки»).

Ситуация на телевидении символизировала и укрепляла профессиональную квалификацию красоты в целом: возраст не означал престиж, он означал исчезновение — 97% телекомментаторов в возрасте после 40 и сейчас составляют мужчины, а остальные 3% — это, как говорит Кристин Крафт, «женщины, которые не выглядят на свой возраст». Именно Кристин Крафт рассказала о том, что женщины-телекомментаторы постарше проходят через «настоящий кошмар», потому что становятся «недостаточно привлекательными для того, чтобы передавать новости». Но если женщина «красива», то все считают, «что она получила должность только благодаря внешности».

Итак, послание было сформулировано окончательно: работающие женщины на Западе становятся яркими и заметными, только если они «красивы», даже если они не отличаются профессионализмом или просто плохо выполняют свою работу. Если же они умеют хорошо делать свою работу, но при этом «некрасивы», их никто не заметит и их достоинства не принесут им никакой пользы. Но в конечном счете они могут быть и хороши в работе, и красивы, и все, что пожелаете, но по прошествии какого-то времени, постарев, они все равно исчезнут из виду.

Этот двойной стандарт по отношению к внешности мужчин и женщин каждое утро и каждый вечер давил на работающих женщин, всякий раз, когда бы они ни пытались участвовать в событиях «их» мира. Окно, через которое они смотрели на ход истории, было ограничено рамками их собственной проблемы. Любая попытка выяснить, что происходит в мире, приводила к тому, что женщинам напоминали: в мире происходит вот *это*.

В 1983 г. женщины получили убедительные доказательства того, что ПКК установлена официально, и вопрос только в том, как далеко дело может зайти на уровне законодательства. В возрасте 36 лет Кристин Крафт подала иск на своих бывших работодателей Metromedia Inc. в Канзас-Сити, обвинив их в дискриминации. Она была уволена на основании того, что стала «слишком старой, слишком непривлекательной и слишком непочтительно относится к мужчинам», цитирует Кристин Крафт своего нанимателя.

Процесс ее увольнения растянулся на месяцы, в течение которых от нее требовали соответствовать ПКК за счет ее личного времени и на ее собственные средства. В итоге с ней все равно разорвали контракт, сыграв на ее чувстве собственного достоинства. Каждый день в определенное время ее гримировали и подгоняли на ней одежду, которую она сама никогда бы себе не выбрала и за которую потом ее попросили заплатить. Ни одному из ее коллег-мужчин не пришлось проходить через что-либо подобное.

Но другие женщины были согласны проходить через такие испытания. Крафт была публично унижена своими коллегами перед камерой. Одна предположила, что та лесбиянка. Диана Сойер (шесть лет спустя, когда она стала получать шестизначную зарплату, ее фотографию поместили на обложку журнала *Times* с заголовком: «Она того стоит?») спросила Крафт в одном из выпусков новостей, действительно ли та является «уникальной женщиной, которая не может ничего сделать со своей внешностью». Ее работодатели посчитали, что останутся безнаказанными, потому что реакция на дискриминацию такого рода обычно одинакова: чувство стыда, которое гарантирует молчание. Но в одном Metromedia ошиблись: они думали, женщина никогда не признается в том, что ее обозвали «уродиной».

Рассказ Крафт показывает, насколько глубоко в душу просачивается дискриминация, отравляя ее внутренний источник, откуда женщина черпает самоуважение: «На сознательном уровне я могла не реагировать на заявления о том, что я слишком непривлекательна, но тем не менее в глубине души я чувствовала, что в моем лице было что-то неприятное, если не сказать уродливое, что невозможно не заметить. Это довольно трудно — мило кокетничать, когда над тобой издеваются, выискивая в тебе одни лишь недостатки».

Наниматель не может доказать работнику, что тот некомпетентен, просто заявив, что это так. Но понятие «красота» коренится глубоко в нашей психике, там, где сексуальность смешивается с чувством самоуважения, и границы ее очень удобно очерчены, как что-то дарованное извне, что может легко исчезнуть. Поэтому, если все время говорить женщине, что она некрасива, то она может и впрямь почувствовать себя некрасивой, начать двигаться некрасиво и в конце концов, когда урок будет усвоен, *стать* некрасивой, особенно в ситуации, когда действительно важно ощущать себя красавицей.

Ни одна женщина не является красивой настолько — по определению, — чтобы быть уверенной в том, что она спокойно переживет судебный процесс, подобный тем, каким подвергались другие женщины: когда ее оглядывают с ног до головы, чтобы убедиться в том, что то, что с ней произошло, виновата исключительно она сама. Поскольку в красоте нет ничего «объективного», власть может там, где ей это нужно, с всеобщего согласия лишить вас «красоты». Чтобы добиться этого, женщину публично ставят на трибуну и приглашают свидетелей, которые должны подтвердить ее «некрасивость». И этот унизительный публичный спектакль может быть сыгран с любой женщиной любой профессии, стоит ей выдвинуть обвинение в дискриминации по признаку красоты.

Кристин Крафт проиграла процесс, хотя двое присяжных были за нее, но мужчина-судья отменил их решение. За то, что она решилась в открытую выйти на битву с законом, ее занесли в профессиональный черный список. Повлиял ли ее пример на других женщин, работающих на телевидении? «Существуют тысячи таких, как Кристин Крафт, — сказала мне одна женщина-репортер. — Но мы молчим. Ведь если тебя занесут в черный список, тебе не выжить».

Защитники решения судьи Стивенса оправдывают его тем, что это была не сексуальная дискриминация, а лишь логика рынка. Если телеведущий не привлекает аудиторию, он или она профнепригодны. Но скрытое послание, которое содержится в этом судебном решении, таково: женщины должны привлекать аудиторию, клиентов, студентов или увеличивать продажи *при помощи своей «красоты»*. Именно это стало понятно всем женщинам, вне зависимости от их места работы, после дела Крафт.

Этот судебный процесс стал одним из знаковых событий 1980-х гг. Наблюдая за ним, каждая женщина чувствовала, как петля все туже затягивается у нее на шее, и знала, что ей нужно помалкивать. Ей не надо думать о том, что она может оказаться на месте Кристин Крафт. Вместо этого лучше сесть на жесткую диету, или купить новую дорогую одежду, или сделать операцию по подтяжке век. Осознавала ли она, что ее на это толкает, или нет, но что-то из перечисленного она, скорее всего, делала: недаром за это десятилетие количество «имидж-консультантов» увеличилось в восемь раз. Женщины, работа и красота слились воедино за пределами секс-профессий в тот день, когда Крафт проиграла свое дело.

«Этого не должно случиться со мной», — сказала себе тогда каждая женщина.

Законодательная поддержка «красоты»

Но это случалось с работающими женщинами вновь и вновь, так как закон поддержал работодателей серией постановлений, благодаря которым ПКК все шире распространялась и использовалась в качестве инструмента дискриминации. В деле «Миллер против Банка Америки» суд в своем постановлении смешал понятия сексуальной привлекательности и сексуального домогательства, а кроме того вынес решение о том, что закон не имеет никакого отношения к производственным конфликтам, вызванным подобными домогательствами. («Привлекательность, — постановил судья, — является естественным сексуальным феноменом, который играет трудно определимую роль в большинстве личных решений». И, раз это так, то судье нет смысла углубляться в «подобные материи».) В другом деле, «Барнс против Костл», судья вынес следующее решение: если работодатель называет в качестве причины сексуального домогательства уникальные физические характеристики женщины, такие, например, как рыжие волосы или большая грудь, то проблема заключается не в принадлежности истицы к женскому полу, а в ее персональных внешних данных, и поэтому она не может рассчитывать на защиту в соответствии с главой VII Закона США о гражданских правах 1964 г. После этого судебного решения красота стала для женщины одновременно и профессиональной необходимостью, и провинностью.

Законодательство США развивалось так, чтобы защитить интересы властных структур, создавая правовой лабиринт, в котором миф о красоте преграждал женщине путь в любом случае, так что она ни в какой ситуации не могла «выглядеть правильно» и выиграть. Сент-Кросс потеряла работу, потому что была слишком «старой» и «некрасивой». Крафт потеряла работу, потому что была слишком «старой», «некрасивой», «неженственной» и неправильно одевалась. В результате женщина могла подумать, что при конфликте на работе закон отнесется к ней справедливо, только если она будет правильно себя вести, хорошо выглядеть и женственно одеваться.

Но нет — это было бы ошибкой! Представим себе американскую работающую женщину, стоящую перед своим гардеробом, в то время как юрист-консультант дает ей совет по поводу каждой вещи, на которую падает ее выбор.

— Значит, женственное? — спрашивает она, памятуя о деле Крафт.

— Так вы сами напроситесь на неприятности. В 1986-м в округе Колумбия Мишель Винсон подала иск против своего работодателя, компании Meritor Savings Bank, на основании того, что босс ее сексуально домогался, подвергал ее нежелательным ласкам, раздевал и насиловал. Винсон была молода, красива и хорошо одевалась. Окружной судья постановил, что ее внешность сыграла против нее: свидетельства о том, что она носила «провокационные» наряды, были расценены как то, что домогательства ею «приветствовались».

— А она одевалась провокационно?

— Как раздраженно выразился ее адвокат, Мишель Винсон носила *одежду*. То, что в этой одежде она выглядела красиво, послужило доказательством того, что она приветствовала сексуальное насилие со стороны своего нанимателя.

— Хорошо, тогда женственно, но не слишком.

— Осторожно! В деле «Хопкинс против Price-Waterhouse» мисс Хопкинс отказали в партнерстве, потому что ей нужно было научиться «более женственной походке, более женственно разговаривать и более женственно одеваться», а также «пользоваться косметикой».

— Может быть, она не заслуживала того, чтобы стать партнером?

— Она приносила компании больше денег, чем любой другой сотрудник.

— Хм-м, ладно, тогда все-таки немного поженственнее.

— Не торопитесь. Женщина-полицейский Нэнси Фадл была уволена, потому что выглядела «как леди».

— Хорошо, значит, меньше женственности. Пойду смою румяна.

— Нет, если не пользоваться косметикой, вы можете потерять работу. Взгляните на дело «Тамини против Howard Johnson Company».

— Как насчет вот этого наряда — вроде бы... похоже на женское?

— Простите, но вы можете потерять работу, если будете одеваться как женщина. В деле «Андрэ против Bendix Corporation» суд постановил, что «неуместно одеваться как женщина, работая администратором, который курирует работу других женщин».

— Что же я должна надеть? Балахон?

— Ну, в деле «Бюрен против City of East Chicago» суд вынес решение, что женщины должны «носить одежду, закрывающую их с головы до пят», если в ином случае мужчины ведут себя на работе «непристойно».

— Может, мне ориентироваться на дресс-код?

— Не факт. В деле «Диаз против Колман» установленный работодателем дресс-код подразумевал короткие юбки. Этот работодатель, по неофициальным данным, приставал к своим коллегам-женщинам, и суд оправдал его, потому что они сами согласились на этот дресс-код!

Это было бы смешно, если бы не было правдой. И когда мы видим, что британские законы поставили женщин примерно в такое же безвыходное положение, принцип действий властей начинает проясняться.

Британкам и вовсе нет смысла перебирать свой гардероб: в этой стране ситуация такая же, если не хуже. ППК разрешает «дискриминацию по половому признаку», если работа подразумевает среди прочего наличие определенной «физической формы или аутентичность личности — например, если речь идет о модели или актере». Но после дела 1977 г. «Шмидт против Austics Bookshops» наем или увольнение женщины на основе такого критерия, как ее внешность, стали вполне законными. Мисс Шмидт потеряла работу в книжном магазине, потому что носила брюки. Апелляционный суд прекратил дело на том основании, что для женщин установлен более строгий дресс-код, чем для мужчин. Суд постановил, что работодатель «имеет право в значительной степени контролировать имидж своих сотрудников», и более того: весь этот вопрос в целом является малозначимым. Судьи решили, что указывать женщине, как ей сто́ит одеваться, вполне нормально.

В деле «Джереми против Министерства обороны» работодатели избегали нанимать женщин на высокооплачиваемые должности из тех соображений, что эта работа может ухудшить их внешний вид. Принимая решение по делу, лорд Деннинг рассуждал таким образом: «Для женщины волосы являются главным ее украшением… Ей не нравится, когда что-то может испортить только что сделанную прическу». При этом адвокат работодателей утверждал, что принуждение женщин портить свою прическу ради более высокой зарплаты может привести к производственным конфликтам.

На авиакомпанию Dan Air подали в суд в 1987 г. за то, что она нанимала в стюардессы только молодых привлекательных девушек. Авиакомпания защитилась на основании того, что именно таким девушкам отдают предпочтение их клиенты. (Два года спустя издатель *USA Today* опубликовал передовицу, в которой, прибегая к той же самой логике, призывал вернуться к тем временам, когда в стюардессы брали только молодых и красивых и увольняли их с наступлением зрелого возраста.)

В деле «Маурин Мерфи и Элен Дэвидсон против Stakis Leisure» официантки высказали протест против смены «имиджа», согласно которому они должны были одеваться в «более откровенную» униформу, носить макияж и красить ногти. Одна официантка описала эту униформу как «костюмы из фильма "История О"»: они состояли из мини-юбки и блузки с глубоким декольте, поверх которой надевался корсет, настолько узкий, что натирал под мышками до крови. Одна из судившихся женщин была беременна, когда ее заставили это носить. Управление ресторана признало, что изменения, которых потребовали от женщин, имели своей целью произвести впечатление на посетителей-мужчин. Соответственно к официантам никаких требований по смене имиджа не предъявляли. (Кстати, обязанность официанток появляться полуодетыми перед противоположным полом противоречит постановлению по делу «Сислей против Britannia Security Systems», в котором говорится, что Акт о сексуальной дискриминации 1975 г. призван «охранять правила приличия и частную жизнь», которые нарушаются, когда «находишься в полураздетом виде» при представителях противоположного пола.) Однако адвокат, защищавший женщин, ничего не добился, хотя и обращал внимание судьи на то, что макияж, маникюр и откровенные наряды сексуализируют дресс-код таким образом, что он *не может* быть применен к мужчинам. Это дело также было прекращено в связи с тем, что оно было слишком малозначительным — слишком тривиальным для рассмотрения. Женщины проиграли судебное дело, но сохранили работу — на полтора месяца. После этого обе они были уволены и подали иск в суд теперь уже в связи с неоправданным увольнением.

Так что если вы отказываетесь надевать откровенно сексуальные наряды на работу в Великобритании, то можете потерять свое место. Однако в разбирательствах «Сноуболл против Gardner Merchant» и «Уайлмен против Minilec Engineering» явная сексуальность женщин была расценена как основание для того, чтобы признать незначительным ущерб, нанесенный им сексуальными домогательствами. В частности, мисс Уайлмен была присуждена смехотворная сумма £50 ($75) за четыре с половиной года домогательств, потому что, по мнению судьи, ее чувства не могли быть сильно задеты, раз она носила на работу «откровенную и провокационную одежду». «Если девушка приходит в провокационной одежде и выставляет себя напоказ, то последствия очевидны», — постановил суд. Он принял свидетельства мужчин, которые характеризовали наряды мисс Уайлмен как сексуально возбуждающие, а протест адвоката, утверждавшего, что ее одежда определенно *не была* «откровенной и провокационной», был проигнорирован и не включен в постановление суда.

Благодаря таким судебным решениям ПКК получила санкцию общества на то, чтобы идти дальше, проникая во все мыслимые профессиональные сферы. Она распространилась на административный персонал и сотрудниц галерей и аукционных домов, на женщин, работающих в сфере рекламы, мерчандайзинга, дизайна и продажи недвижимости, на индустрию звукозаписи и кинематограф, на журналистику и издательское дело.

Она внедрилась в сферу обслуживания, став обязательной для официанток, девушек, работающих за барной стойкой, хостес. Эти «красотоемкие» профессии обеспечивают работой привлекательных девушек из провинции, стекающихся в большие города и мечтающих стать моделями — лучше всего одной из 450 ведущих американских моделей, работающих на элитные корпорации, которые держат в узде все 150 млн американок. (Работать в модельном бизнесе — это, наверно, самая распространенная среди современных молодых девушек мечта вне зависимости от их происхождения.)

Наконец ПКК стала частью любой профессии, в которой женщины общаются с людьми. Я знаю женщину-менеджера, работающую в одном из магазинов торговой сети British John Lewis Partnership stores, которая говорит, что работа «для нее все». Однажды ее подозвал к себе супервайзер и сказал, что очень доволен ее работой, но «ей необходимо улучшить свой внешний вид». Он хотел, чтобы она делала макияж, которой она назвала «маской», чтобы осветлила волосы и сменила прическу. «Это заставило меня почувствовать, — сказала она, — что вся работа, которую я делала, не имеет значения. Важно лишь то, как я буду выглядеть, стоя разодетая словно кукла. Нет никакого смысла в том, чтобы стараться работать хорошо. А мужчинам, — добавила она, — не приходится ничего менять в своей внешности».

Больше того, ПКК стала значима в любой работе, на которой женщина сталкивается хотя бы с одним мужчиной: 54-летняя американка, которую процитировали в книге «Сексуальность в организации» (Sexuality of Organisation), рассказала, что однажды ее босс без предупреждения взял на ее место другую работницу. Он сказал ей, что «хочет смотреть на более молодую женщину», потому что его это будет воодушевлять. Ей оставалось лишь ответить, что «ее возраст никогда не беспокоил ее до того момента, как он о нем упомянул». Так что теперь ПКК учитывается при любой работе, если только женщина не трудится в полном одиночестве.

К сожалению, женщины не имеют возможности получить совет юриста, когда по утрам одеваются, собираясь на работу. Но они интуитивно чувствуют, что проблема существует. После такой чехарды судебных постановлений по этому поводу неудивительно, что работающие женщины сходят с ума по поводу своей внешности. И дело тут вовсе не в неустойчивости женской психики — это здоровая реакция на сознательные манипуляции. По закону получается, что женщинам действительно *нечего* надеть.

В своей книге «Сексуальность в организации» социолог Дебора Шеппард пишет: «Неформальные правила и нормы касательно внешнего вида женщин постоянно меняются, что объясняет непрерывное появление книг и журналов, которые говорят о том, как женщинам сто́ит выглядеть и вести себя на работе». Но социологи в организациях не задумывались над тем, что эти нормы все время меняются, *потому что они и создаются для того, чтобы меняться*. «Женщины, — продолжает Шеппард, — понимают, что они постоянно сталкиваются с двойственной и противоречивой задачей — выглядеть "женственно" и при этом "официально", в то время как мужчинам не приходится сталкиваться с подобным противоречием».

«Деловая и в то же время женственная» — это любимое описание одежды, продаваемой через почтовые каталоги и предназначенной для работающих женщин. Именно этот неясный дуализм вызвал в Соединенных Штатах бурную реакцию на серию рекламных роликов, в которых деловой костюм распахивался и под ним оказывалось кружевное нижнее белье. Но, как мы видим, слова «женственный» и «официальный» используются для манипулирования женщинами, которые застряли где-то посередине между ними. «Женщины, — подытоживает Шеппард, — понимают, что они беззащитны перед непредсказуемыми нарушениями этого шаткого равновесия... Внешность кажется той сферой, в которой им легко контролировать реакцию на себя других людей. И именно поэтому они чувствуют себя ответственными за то, что спровоцировали такие нарушения».

Итак, женщины чувствуют себя виноватыми за то, что провоцируют «нарушения равновесия». Что же это за нарушения? Опрос, проведенный американским журналом *Redbook*, выявил, что 88% респондентов подвергались сексуальным домогательствам на работе. В Великобритании с этим сталкивались 86%

женщин-руководительниц и 66% рядовых работниц. В британских государственных учреждениях сексуальным домогательствам подвергались 70% опрошенных, а среди членов шведских женских профсоюзов — 17%, то есть 300 000 женщин по всей стране. При этом выяснилось, что эти женщины чувствовали себя виноватыми, потому что опасались, что они «возможно, сами спровоцировали это, одеваясь неподобающим образом». Другое исследование показывает, что жертвам сексуальных домогательств почти никогда не удавалось прекратить это, просто сказав мужчине, чтобы он остановился.

Получается, что, одеваясь официально, но при этом женственно, женщины ходят по краю пропасти и неизбежно соскальзывают в нее: от двух третей до почти девяти десятых тех, кто столкнулся с сексуальными домогательствами, винят себя в том, что они недостаточно контролировали свой внешний вид. Но могут ли женщины выразить тем, как они одеты на работе, что они на самом деле имеют в виду? Нет. Согласно книге «Сексуальность в организации», результаты пяти исследований выявили, что «поведение женщины отмечается и воспринимается как сексуальное, даже если оно таковым не является». Дружеские проявления со стороны женщин часто интерпретируются как сексуальные посылы, особенно если «невербальные сигналы кажутся двусмысленными или женщина носит откровенную одежду». Но как мы видим, женское и мужское определение «откровенной одежды» различается. Поэтому-то женщины, пытающиеся «заявить о себе при помощи одежды», чувствуют, что не владеют ситуацией.

И ПКК, и судебные решения о том, что жертвы сексуальных домогательств сами провоцируют их своей одеждой, объясняются тем, что женщины в отличие от мужчин не имеют рабочей «униформы». В 1977 г., когда женщины были еще новичками в профессиональной сфере, на свет появилась книга Джона Моллоу «Женская одежда, ведущая к успеху» (The Woman's Dress for Success Book), которая быстро стала бестселлером. Моллоу провел обширное исследование и установил, что без легко узнаваемой профессиональной одежды женщинам трудно завоевать авторитет. Год спустя после того, как тест-группа стала носить «униформу», отношение к женщинам со стороны их боссов в целом «заметно улучшилось» и вдвое больше женщин были рекомендованы к повышению по службе. В другой контрольной группе изменений не наблюдалось. Моллоу исследовал «униформу» более тщательно и обнаружил, что «одежда, ведущая к успеху», — это костюм, состоящий из жакета и юбки. Именно такой наряд Моллоу и порекомендовал женщинам-профессионалам. «Без униформы, — заявил он, — не может быть равноправия в имидже».

Искренне желая женщинам успеха, он призвал их носить «униформу» в знак женской солидарности и процитировал письменное обещание женщин, работающих в корпорациях, в котором говорится: «Я делаю это, чтобы женщины могли иметь такую же рабочую униформу, как и мужчины, и, соответственно, могли бы конкурировать с ними на равной основе».

При этом Моллоу предупредил о том, что может случиться, если женщины примут решение носить «рабочую одежду»: «Вся модная индустрия поднимет тревогу! Они увидят в этом угрозу своему господству над женщинами. И будут правы. Если женщины примут идею ношения униформы и при ее выборе будут игнорировать абсурдные требования индустрии моды, заботящейся исключительно о получении прибыли, то ее власти придет конец». Моллоу даже спрогнозировал, к каким мерам может прибегнуть модная индустрия, чтобы предотвратить принятие профессиональной униформы для женщин.

Дело закончилось тем, что *The New York Times Magazine* опубликовал статью, заявляющую: стратегия Моллоу устарела и женщины теперь настолько уверены в себе, что могут отказаться от костюма и снова начать демонстрировать свою «женственность». Многие СМИ, зависящие от рекламодателей из модной индустрии, поспешили сделать то же самое. Они стали писать о том, что вопросы красоты, фигуры, моды и вкуса должны быть в компетенции женщин, а профессиональная униформа не способна решить все их проблемы. Однако, к сожалению, согласно данным, собранным Моллоу, одеваться для успешной работы и одеваться сексуально привлекательно — это почти взаимоисключающие понятия, потому что явно демонстрируемая женская сексуальность «затмевает» все остальные качества. Сегодня от женщин-профессионалов ожидают, что они должны подражать моделям. Но в проведенном Моллоу исследовании, выбирая эталон внешности, отражающий профессиональную компетенцию, из 100 опрошенных мужчин и женщин-профессионалов 94 отдали предпочтение не нарядной модели, а женщине, одетой в деловой костюм.

В 1980-е гг. инициатива Моллоу открыто осуждалась под тем предлогом, что он заставлял женщин одеваться мужеподобно, — хотя предложенный им образ с его цветовой палитрой, туфлями-лодочками на высоких каблуках, чулками, макияжем и украшениями был маскулинным только в том смысле, что для женщин был установлен профессиональный дресс-код. Однако модная индустрия ограничила этот эксперимент по созданию деловой одежды для женщин, и они потеряли возможность демонстрировать мгновенно узнаваемый профессиональный статус и тот умеренный сексуальный камуфляж, который обеспечивала униформа. В результате модная индустрия не пострадала, а женщинам пришлось снова усердно трудиться над тем, чтобы быть «красивыми» и чтобы при этом их воспринимали серьезно.

Как гласит закон, красота провоцирует сексуальные домогательства, но он смотрит глазами мужчин, когда определяет, что же именно их провоцирует. Женщина-работодатель может счесть отлично сшитый костюм, прекрасно сидящий на мужчине с хорошей фигурой, ужасно провокационным, особенно потому, что он говорит о мужской силе и статусе, которые наша культура эротизирует. Однако закон не имеет возможности посмотреть на сшитый на Сэвил-Роу* мужской костюм ее глазами и отнестись с пониманием к тому, что она скажет владельцу этого костюма: «Вы должны удовлетворять меня сексуально или потеряете работу».

Если бы над женщинами не довлела необходимость быть «украшением офиса», в отличие от их ухоженных коллег-мужчин, одетых в деловые костюмы в тонкую полоску, удовольствий на работе было бы гораздо меньше, но при этом меньше стало бы и случаев дискриминации. Но поскольку женская внешность используется в качестве оправдания для сексуальных домогательств, а также увольнения работниц, впечатление, производимое женской одеждой, снова и снова истолковывается превратно, причем с умыслом. Высокие каблуки, чулки, макияж, украшения, не говоря уже о волосах, груди, ногах и бедрах — все это уже давно получило статус порнографических символов, и судья, глядя на любую молодую девушку, может считать, что видит перед собой проститутку, к которой можно приставать, а глядя на женщину постарше, он видит старуху, которую не грех уволить.

Женщинам *действительно* трудно в своей одежде подражать мужской униформе. Им хочется — и это доставляет им удовольствие — делать традиционно мужское пространство менее серым и асексуальным и видеть

---

* Знаменитая улица в центре Лондона, на которой с XIX в. располагаются лучшие в мире ателье по пошиву мужских костюмов. — *Прим. пер.*

результаты этого. Но от этого правила не меняются. Мужчины не откликнулись на их призыв и не стали носить костюмы других фасонов или цветов. Результатом того, что мужчины носят деловую униформу, а женщины нет, стало то, что последние несут всю ответственность за свою физическую привлекательность и шарм, продемонстрированные на работе, и, соответственно, могут быть на законных основаниях наказаны или продвинуты по службе, оскорблены или изнасилованы.

Женщины пока не решаются отказаться от этих «преимуществ», которых они удостоились в результате неравенства в одежде. Люди добровольно надевают униформу, когда верят в справедливое вознаграждение со стороны системы. Они не откажутся от «привилегий» красоты до тех пор, пока не будут уверены в том, что это даст им другие преимущества. А работодатели не откажутся от ПКК, пока не будут уверены в том, что женщины уже полностью деморализованы и не способны всерьез сопротивляться тому, что происходит. Это шаткое перемирие, в котором каждая из сторон пытается выиграть время. Однако, когда женщины пытаются сделать это, играя по правилам мифа о красоте, они всегда проигрывают.

А как насчет распространенного мнения о том, что женщины используют свою красоту, чтобы преуспеть? Социолог Барбара Гутек нашла крайне мало доказательств того, что женщины хотя бы время от времени используют свою сексуальность, чтобы получить за счет этого некие бонусы. Как она обнаружила, это свойственно, скорее, мужчинам: «Меньшая часть опрошенных мужчин говорит, что одеваются на работу сексуально». Но для сравнения только одна женщина из 800 сказала, что использовала свою привлекательность, чтобы получить повышение. Согласно другому исследованию, 35% мужчин по сравнению с 15% женщин говорят, что используют внешность для получения поощрений на работе.

Разумеется, женщины любят хорошо выглядеть. Но нужно ли винить их за это? Мне не раз приходилось слышать разговоры попечителей Лиги плюща, судей, участников научных дискуссий и других мужчин, которые, по идее, должны были бы отстаивать справедливость и верить в нее, когда они самодовольно рассуждали о том, как женщины используют свои «женские хитрости» — эвфемизм, обозначающий использование красоты для достижения своих целей. Наделенные властью мужчины отзывались об этих женских хитростях с невольным восхищением, как будто красота — это непреодолимая сила, которая повергает их в ступор и обезоруживает, превращая в податливую глину в руках чародейки. Такое восприятие, несомненно, вселяет в женщин убеждение, что им нужно продолжать применять свои «хитрости», пытаясь добиться того, что иначе им довольно редко удается получить.

Но за галантным мужским восхищением кроется незыблемый закон: правила игры диктует сильный. Так, взрослым, которые, играя, борются с детьми, нравится дать ребенку почувствовать, что он якобы победил.

Красота перекидывает мостик между женщинами и общественными институтами, и женщин учат этим пользоваться, чтобы потом это стало доказательством их вины. Но чтобы вступить на этот мостик, женщина должна подавить в себе то, что она знает наверняка: сильные мира сего требуют, чтобы она вела себя именно таким образом. Это требование заложено в сценарии, и она должна «соответствовать» — чтобы получить шанс хотя бы попасть туда, где она, может быть, будет оценена по достоинству.

Это требование выставлять себя напоказ — негласное правило, о котором никогда не говорят вслух. Поэтому женщина не может доказать его существование, как не может доказать и того, что подверглась домогательствам, — для того чтобы ей поверили, она должна выглядеть так, чтобы ее могли домогаться, а это сразу подрывает доверие к ней. Это не оставляет женщинам никакого выбора, кроме как уйти в себя, и потому им приходится играть в эту игру. Играть — значит усилием воли заставлять свое тело расслабиться, а не напрячься, когда слышишь неуместный комплимент, или просто выпрямиться и расправить плечи, или откинуть волосы с лица так, как она знает, ей идет. Женщина знает, что ей делать в такой ситуации, даже если ей никто никогда об этом не говорил, потому что видит производимое ею впечатление и читает сигналы, посылаемые наделенными властью мужчинами, от которых зависит ее будущее.

Если блестящий критик и красивая женщина (таков мой, а не мужской порядок расстановки приоритетов) надевает черные замшевые шпильки и красит губы красной помадой перед тем, как попросить влиятельного профессора быть ее научным руководителем, значит ли это, что она шлюха? Или же она выполняет таким образом долг перед самой собой, объективно оценивая ситуацию в окружающем мире, и пытается использовать внешние данные, чтобы не дать погибнуть главному своему таланту? Превращая губную помаду в стрелу Купидона, делает ли она это по доброй воле?

Она не обязана это делать.

Такой ответ понравился бы ревнителям мифа о красоте, потому что тогда *другая женщина* становится врагом. Но в действительности должна ли она это делать?

Целеустремленная женщина не должна этого делать, если у нее есть выбор. А выбор появится тогда, когда перед ней распахнут свои двери научные учреждения, возглавляемые женщинами и на протяжении нескольких поколений щедро спонсируемые женщинами-магнатами; когда выдвигать свои требования к знаниям и навыкам молодых выпускниц университетов будут многонациональные корпорации, возглавляемые женщинами; когда будут *другие* университеты и в их зданиях будут стоять бронзовые бюсты прославленных женщин, получавших классическое образование на протяжении половины тысячелетия; когда возникнут *другие* научно-исследовательские фонды, существующие на средства от доходов женщин-изобретательниц, где половина рабочих мест будет занята женщинами-учеными. У нее появится выбор, когда ее труд будет оцениваться объективно, без привязки к полу.

У женщин появится возможность не «прогибаться», и те, кто все-таки станет унижаться, будут заслуживать осуждения. У них появится и возможность обдумать требования, предъявляемые к их красоте, но при этом они будут знать, что могут рассчитывать на справедливую долю — что 52% мест среди высших должностных позиций открыты для них. И только если они будут уверены в том, что заветная мечта всей их жизни не разобьется о стеклянный потолок, не будет сослана в удушливое гетто сферы обслуживания и ее не выкинут догнивать на задний двор вместе с мусором, вот тогда они смогут делать выбор. И тогда их можно будет осуждать за то, за что осуждают сейчас.

Социальные последствия ПКК

Профессиональная квалификация красоты безотказно работает на то, чтобы вернуть в трудовые отношения эксплуатацию, отмененную было законами о равных правах. Она дает работодателям то, что им нужно от женской рабочей силы *с экономической точки зрения*, воздействуя на женщин *психологически*.

ПКК усиливает действие двойного стандарта. Женщинам всегда платили меньше, чем мужчинам, за ту же самую работу, и ПКК дает этому двойному стандарту новое логическое обоснование, поскольку старое уже не работает.

Сравнение тел мужчин и женщин символизирует сравнение мужской и женской карьеры. Разве от мужчин не ожидают, что на работе они должны выглядеть определенным образом? Конечно, они должны отвечать стандарту, то есть быть ухоженными, правильно одетыми и соответствовать обстановке. Но это вовсе не значит, что к мужчинам и женщинам относятся одинаково, ведь при приеме на работу и продвижении по службе мужскую и женскую внешность судят по-разному. Очевидно, что миф о красоте проник далеко за пределы дресс-кода — в другие сферы жизни. В соответствии с нормативами работодателей, которые цитирует теоретик права Сьюзен Левитт, мужчины-дикторы на телевидении должны помнить о своем «профессиональном имидже», в то время как женщин предупреждают о необходимости не забывать о «профессиональной элегантности». Двойной стандарт применительно к внешности — это постоянное напоминание о том, что мужчины достойны большего и им нет необходимости так сильно стараться.

«Сохранившаяся где бы то ни было бухгалтерская документация об оплате труда работников, — пишет Розалинда Майлз, — показывает, что женщины либо получали меньше, чем мужчины, либо не получали вообще ничего». И это все еще остается правдой: в 1984 г. в Соединенных Штатах женщины, работавшие круглый год полный рабочий день, по-прежнему зарабатывали в среднем лишь $14 780 — 64% от тех $23 200, которые получали мужчины. Последние подсчеты показывают, что сейчас оплата труда женщин составляет 54–66% от оплаты труда мужчин. И даже если брать самые высокие цифры, все равно остается разрыв, уменьшившийся за последние 20 лет лишь на 10%. В Великобритании заработок женщин составляет 65,7% от заработка мужчин. В США разница между зарплатами мужчин и женщин поддерживается во всех сферах труда: мужчины-юристы в возрасте 25–34 лет зарабатывают в среднем $27 563, а женщины-юристы того же возраста — $20 573. Мужчины — агенты розничной торговли зарабатывают $13 002, а женщины — $7479. Мужчины — водители автобусов получают $15 611, а женщины — $9903. Наконец, женщины-парикмахеры зарабатывают на $7603 меньше, чем их коллеги-мужчины. Все это заставляет женщин думать, что они представляют меньше ценности, чем мужчины, или же стоят столько, на сколько они выглядят.

И это вновь доказывает, что миф о красоте имеет политическое, а не гендерное происхождение: деньги влияют на ход истории больше, чем секс. Низкая женская самооценка может играть на руку отдельным мужчинам, но куда важнее то, что она финансово выгодна обществу в целом. И если женщины недооценивают свою внешность, то дело тут не столько в сексуальной конкуренции, сколько в потребностях рынка.

Многие экономисты сходятся во мнении, что женщины не ожидают продвижения по службе и более высокой зарплаты, потому что их опыт работы научил их не ждать этого. «Женщины, — пишет Сидел, — часто бывают не уверены в том, что действительно представляют ценность на рынке труда». В 1984–1985 гг. во время забастовки, организованной в Йельском университете профсоюзом канцелярских работников, которые на 85% состояли из женщин, один из ее организаторов сказал, что считает основной задачей заставить женщин спросить себя: «Сколько мы стоим?» Самой главной их проблемой был «недостаток уверенности в себе». Миф о красоте толкает женщин к низкой самооценке и тем самым приносит выгоду корпорациям.

Идеологи красоты учат женщин тому, что они почти не контролируют ситуацию и у них мало возможностей для выбора. Предлагаемые мифом о красоте образы женщин принижают их ценность и навязывают стереотипы. В каждый данный момент существует очень ограниченное количество узнаваемых «красивых» лиц. Из-за этого женщины чувствуют, что их возможности также ограничены: в Соединенных Штатах они задействованы в 20 из 420 видов деятельности, перечисленных в перечне Бюро учета труда. По-прежнему 75% американок заняты на традиционно «женской работе», которая, как правило, плохо оплачивается. При этом Арли Хочшилд установила, что в основном они задействованы «на таких рабочих местах, где важную роль играет их внешняя привлекательность».

При таком малом количестве ролей, в которых они видят себя и в которых видят их, две трети американок вынуждены работать в сфере обслуживания, розничной торговле или в местных бюрократических органах, на должностях с низкими зарплатами и без перспектив карьерного роста. Профессии, в которых подавляющее большинство работников составляют женщины, — секретари (99%), учителя начальной школы (97%), кассиры в банке (94%), работники общественного питания (75%). Средние годовые заработки в этих профессиях таковы: $13 000, $14 000, $10 500 и $8200 соответственно.

Получается, что, продавая свое тело, а не знания и навыки, женщины *действительно* зарабатывают больше. «В этом контексте, — пишет юрист Кэтрин Маккиннон, — возникает логичный вопрос: что является для женщины лучшим экономическим выбором?» Она приводит данные о том, что в среднем уличная проститутка на Манхэттене получает от $500 до $1000 в неделю. Сравните это с заработками представительниц «уважаемых» профессий, перечисленных выше! Другое ее исследование показывает, что существует лишь одна-единственная разница между проститутками и женщинами того же социального происхождения, избравшими другие профессии, — первые зарабатывают в два раза больше. Третье исследование показывает, что существует только две профессии, в которых женщины стабильно зарабатывают больше мужчин, — работа в модельном бизнесе и проституция. Одна женщина из четырех зарабатывает меньше $10 000 в год, хотя работает полный рабочий день. При этом в 1989 г. мисс Америка заработала $150 000, стипендию на $42 000 и машину стоимостью $30 000.

Как могут женщины поверить в себя, если жизненные реалии таковы? Эксплуатируя женщин за полцены, рынок труда толкает их на то, чтобы придерживаться старых традиций — обязательное замужество или проституция, — но делает это более изящно, чем прежде. Высокие заработки в профессиях, где надо быть «на виду», о которых знают все женщины («О, это так тяжко — стоять в свете жарких софитов!»), — это карикатура на реальное соотношение труда женщин и его оплаты. Высокая заработная плата профессиональных красоток — это фальшивые блестки, скрывающие действительное экономическое положение женщин. Благодаря назойливой рекламе фантазий о том, что можно добиться успеха, став актрисой, моделью или телеведущей, доминирующая культура помогает работодателям избежать организованного протеста реальных женщин против их однообразной и малооплачиваемой реальной работы. Между работодателями и женщинами всегда стоит посредник в лице женских журналов — источников воодушевления, подстегивающих женские амбиции, — с помощью которого женщины учатся чувствовать себя ничего не стоящими. Таким образом, ощущение своего *официального права* на профессиональную деятельность, которое проистекает из ожидания работником справедливой награды за хорошо сделанную работу, остается для работающих женщин далекой несбыточной мечтой.

Работодатели признают, что «один из способов устранить женщин-кандидатов на определенную позицию — повторно дать объявление на эту вакансию с более высокой зарплатой». «Когда речь заходит об определении нашей финансовой ценности, — говорится в одном исследовании на эту тему, — у нас появляются сильные сомнения по поводу самих себя».

В опросах, посвященных изучению восприятия своего тела, женщины регулярно завышают свои размеры, а в других исследованиях они регулярно занижают размеры своих хозяйственных расходов. Дело в том, что эти два вида неправильного восприятия тесно взаимосвязаны. Искусственно занижая женские навыки и умения и связывая физическую ценность женщины с ее профессиональной деятельностью, рынок защищает себя, сохраняя фонд дешевой женской рабочей силы.

В результате все женщины чувствуют себя на профессиональном поприще незащищенными: «красивых» женщин никакой профессиональный успех не может убедить в том, что они достигли его сами по себе, а не благодаря своей «красоте», а «некрасивые» женщины просто привыкают недооценивать себя.

Постеры с изображениями красоток, которые принято вешать на рабочих местах, — это современная метафора улыбающегося изображения «железной девы», и за этими яркими картинками скрывается все та же проблема — женщинам не дают расти и идти вверх по карьерной лестнице. На фирме Shoemaker Mine в Соединенных Штатах, когда женщины стали работать шахтерами на угольных шахтах, появились граффити, высмеивающие женскую грудь и гениталии, например, женщин с маленькой грудью. «Столкнувшись с такого рода пристальным вниманием к себе, — пишет юрист Розмари Тонг, — женщины-шахтеры, по их признанию, почувствовали, что им становится все труднее сохранять самоуважение, и их личная и профессиональная жизнь начала рушиться». Тем не менее постановлением американского суда от 1986 г. в деле «Рабиди против Osceola Refining Co.» (1986) за работниками мужского пола было признано право вешать на своих рабочих местах порнографические изображения, независимо от того, насколько оскорбительны они для работников женского пола, на том основании, что вокруг все равно и так полно изображений такого рода.

В Великобритании Национальный совет по борьбе за равные гражданские права официально признал, что фотографии звезд представляют собой разновидность половой дискриминации, так как они «напрямую подрывают восприятие женщинами самих себя и их способность выполнять свою работу». Когда профсоюзы сформировали дискуссионные группы на тему фотографий звезд, 47 из 54 групп расценили эти изображения как проявление половой дискриминации, вредящее женщинам и нарушающее их душевное спокойствие. Общество государственных служащих и работников государственных учреждений расценило взгляды, оценивающие внешность с точки зрения ее сексуальности, так же как разновидность половой дискриминации. Интервьюируемые женщины признались, что, когда на стенах офиса висят фотографии звезд, они чувствуют, что «их напрямую сравнивают с ними». Изображения звезд используются непосредственно для того, чтобы подорвать женскую самооценку: в деле «Региональный совет Стратклайда против Порчелли», миссис Порчелли свидетельствовала, что те, кто ее домогался, часто «комментировали ее внешность, сравнивая ее с внешностью обнаженной женщины, изображенной на плакате». Но ни американская, ни британская судебные системы не признают того, что такого рода дискриминация преследует своей целью, чтобы женщины на своих рабочих местах чувствовали свою ничтожность, особенно по сравнению с мужчинами. Она *нацелена* на то, чтобы восстановить неравенство, исчезнувшее с выходом женщин на работу. Воспитывая в женщинах ощущение некрасивости — или, если они обязаны быть «красивыми», ощущение, что тебя выставляют напоказ и используют, — она, по определению закона, не должна *наносить* ущерб другого рода, чтобы ее нельзя было официально расценить как дискриминацию, но, по сути дела, она уже *наносит* ущерб.

ПКК вынуждает женщин оставаться материально и психологически слабыми. Она опустошает их кошельки: при помощи ПКК даже богатых женщин не подпускают слишком близко к финансовому успеху в его мужском «воплощении». Этот двойной стандарт делает таких женщин беднее, чем их ровесники-мужчины, отрезая значительный кусок от их доходов, и это является одной из целей ПКК. «Женщин наказывают за их внешний вид, тогда как мужчины могут далеко пойти, даже будучи одетыми в обычный серый фланелевый костюм», — не без доли иронии жалуется бывший редактор отдела красоты журнала *Vogue*, которая оценивает свои расходы на уход за внешностью примерно в $8000 в год. Женщины-профессионалы, живущие в больших городах, тратят до одной трети своих доходов на «поддержание красоты», считая это необходимой инвестицией. В их трудовых контрактах даже отмечено, какую часть заработной платы они обязаны тратить на дорогую одежду и процедуры по уходу за собой. Журнал *New York Woman* описывает типичную амбициозную, делающую карьеру женщину 32 лет, которая тратит «почти четверть своего дохода в $60 000 на поддержание своей красоты». Другая «охотно тратит более $20 000 в год» на занятия с «личным тренером, имеющим громкое имя». То есть те немногие женщины, которые в конце концов начинают зарабатывать так же много, как и мужчины, вынуждены в результате господства ПКК оставлять *себе* значительно меньше, чем те. Это приводит к дискриминации по доходам, на которую женщины обрекают себя сами.

Будучи направленной против женщин, которые только недавно стали успешными и богатыми, ПКК помогает проводить в жизнь и совершенствовать дискриминацию на самом высоком уровне. В 1987 г. отчет Торговой палаты выявил, что женщины, работающие в корпорациях на должностях вице-президентов и выше, зарабатывают на 42% меньше, чем их ровесники-мужчины. «Мужчины, работающие в 20 наиболее высокооплачиваемых профессиях, зарабатывают значительно больше, чем их коллеги-женщины того же возраста», — говорит Рут Сидел. Это несоответствие поддерживается ПКК, которая высасывает деньги, удовольствие *и уверенность* в себе из растущего класса женщин и в то же время позволяет корпорациям пользоваться профессионализмом женщин на самом высоком уровне, одновременно защищая структуры организаций, где доминируют мужчины, от женщин, которые перестали мыслить в категориях бедности.

Все это изматывает женщин. Они чувствуют себя измученными, уставшими до такой степени, какой их коллеги мужского пола даже не могут себе представить. Серия недавних исследований, проведенных женской прессой, показала, что «все указывает на то, что современные женщины измучены». В США 75% женщин, занимающих руководящие должности, называют усталость своей основной проблемой. При этом почти половина американок в возрасте от 18 до 35 лет чувствуют себя «усталыми почти все время». В Дании 41% из 1000 опрошенных женщин ответили, что «чувствуют себя уставшими в данный момент». В Великобритании 95% работающих женщин поставили «ощущение непривычной усталости» номером один в списке своих проблем. Именно это чувство полного изнеможения может затормозить в будущем продвижение женщин. Постоянная усталость, необходимость отвечать суровым требованиям, предъявляемым ПКК, сидение на диетах и бесконечная однообразная работа за компьютером могут в конечном счете сделать то, что не по силам прямой дискриминации. В результате всего этого у профессиональных, многого достигших женщин хватает сил и энергии только на то, чтобы прекрасно выполнять свою работу, но их слишком мало для социальной активности и для свободного, ничем не ограниченного мышления, которое помогло бы им поставить под сомнение справедливость существующей системы и изменить ее изнутри. Если давление на женщин еще усилится и они будут доведены до предела своих возможностей, им может захотеться просто снова вернуться домой к своим домашним обязанностям. В Соединенных Штатах уже слышен шепот уставших женщин-карьеристок, ностальгирующих по той жизни, которая была прежде, до появления лестницы, ведущей в никуда.

Все системы организации труда, основанные на том, чтобы принуждать рабочую силу мириться с плохими условиями и несправедливой оплатой, признают эффективность поддержания работников в измученном состоянии так, чтобы у них не оставалось сил бунтовать.

С точки зрения продолжительности карьеры у женщин все происходит тоже не так, как у мужчин, а с точностью до наоборот. ПКК наглядно учит женщин тому, что они должны уступать власть так же быстро, как мужчины привыкли обретать ее. Среди женщин старше 65 лет, которые являются наиболее быстро растущим сегментом населения США, каждая пятая живет в бедности. Треть одиноких людей в Соединенных Штатах составляют пожилые женщины, и половина из них имеет менее $1000 накоплений. «Если вы женщина, — пишет один экономист, — то с 60%-ной вероятностью в старости вы будете бедствовать». В среднем доход пожилой американки составляет 58% от дохода пожилого американца.

В Великобритании одиноких женщин пожилого возраста в четыре раза больше, чем одиноких пожилых мужчин, и они в два раза чаще нуждаются в материальной поддержке. В Германии среднестатистическая женщина, уходящая на заслуженный отдых, получает только половину от «мужской» пенсии. А среди уходящих на пенсию американок только 20% имеют частное пенсионное обеспечение. И если в нашей культуре старость и пугает, то вовсе не только из-за потери здорового цвета лица. Женщины держатся за ПКК, потому что то, что она проповедует, чистая правда: молодая женщина действительно поступит более выгодно с экономической точки зрения, если будет инвестировать в свою сексуальность, пока ее «стоимость» высока, вместо того чтобы просто упорно работать всю жизнь.

Красотки достигают пика своих возможностей в юном возрасте, и то же самое происходит с женщинами в сфере труда. Под воздействием ПКК, несмотря на 20 лет второй волны женского движения, пик карьеры женщин, в отличие от мужчин, по-прежнему не приходится на средний и старший возраст. Компании начали нанимать женщин в начале 1970-х гг., то есть достаточно давно, чтобы дать им время на достижение карьерных высот, но они составляют всего от 1 до 2% руководителей высшего звена. Среди выпускников юридических факультетов половина — представительницы женского пола, и 30% женщин являются компаньонами в частных юридических фирмах, но только 5% из них становятся партнерами. В лучших университетах США и Канады количество женщин-профессоров также составляет около 5%. Система «стеклянного потолка», согласно которой женщины не должны допускаться к высшим должностям, работает в интересах традиционной элиты, и ее слаженное функционирование поддерживается мифом о красоте.

Как следствие этого американские женщины, достигшие успеха в какой бы то ни было профессии, вынуждены воспринимать признаки возрастных изменений, которые для мужчин становятся лишь дополнительным преимуществом, как сигнал того, что «необходимо» прибегнуть к услугам пластических хирургов. Они воспринимают эту «необходимость» как обязанность скорее профессионального, нежели личного характера, как своего рода профессиональный долг. В то время как среди мужчин есть множество примеров успешных немолодых представителей их пола, выглядящих на свой возраст, у современных женщин таких ролевых моделей крайне мало.

Это профессиональное требование прибегать к пластической хирургии переносит женщин в альтернативную рабочую реальность, основанную на идеях, которые не применялись по отношению к мужчинам с момента отмены рабства. Только рабовладелец имел право наносить физические увечья своей рабочей силе. Нынешняя экономика с ее востребованностью пластической хирургии, конечно, не является рабовладельческой, но растущий спрос на последнюю ради постоянного болезненного и рискованного изменения своего тела — подобного клеймению и шрамированию в другие времена и в других географических регионах — говорит о том, что эта экономика находится где-то между рабовладением и свободным рынком. Рабовладелец мог отрезать своему непокорному рабу ногу, а современный работодатель может, в сущности, отрезать части женского лица. Между тем в экономике настоящего свободного рынка работник продает нанимателю свой *труд*, но его *тело* продолжает оставаться его собственностью.

Эстетическая пластическая хирургия и идеология самосовершенствования превратили женскую мечту о законной справедливости в нечто старомодное. Но мы можем лучше понять, насколько коварным является такое усовершенствование, если попробуем представить себе расовую дискриминацию как мощную технологию, которая подвергает чернокожих людей очень болезненной обработке, чтобы сделать их белыми. Сегодня чернокожий работник может спокойно заявить, что не *хочет* выглядеть белым, и он и не должен выглядеть белым, чтобы сохранить работу. Но мы пока еще не начали требовать для женщины гражданских прав, которые позволили бы ей на законном основании сказать, что она предпочитает быть самой собой, а не выглядеть как какая-то «красивая» молодая незнакомка. Хотя ПКК классифицирует женщин, женская индивидуальность пока еще даже отдаленно не признается такой же законной, как расовая индивидуальность (которая слабо, но все же учитывается). Доминирующая культура не желает признавать, что она должна уважать женскую решимость проявлять приверженность — даже перед лицом мифа о красоте, который не менее могущественен, чем мифы о превосходстве белой расы, — своему возрасту, своей фигуре, самой себе, наконец.

ПКК разобщает женщин. Если бы они были солидарны, то смогли бы заставить структуры власти пойти на дорогостоящие уступки, которые многие экономисты сегодня считают необходимыми, если женщины действительно хотят получить равные с мужчинами возможности. Это и присмотр за детьми в дневное время, и гибкий график, и сохранение работы после рождения ребенка, и отпуска по уходу за детьми. Это могло бы также изменить основное направление работы и саму структуру организаций. Вступление в профсоюзы женщин-служащих и работниц розничной торговли вынудило бы западные экономики признать значимость женской рабочей силы. Но пока что в Великобритании 50% работающих женщин не состоят в профсоюзах, а в США — 86%. Многие экономисты верят в то, что будущее профсоюзов за женщинами — и что они найдут решение проблемы «феминизации бедности», возникшей в последние 20 лет. «Тот факт, что женщины, состоящие в профсоюзе, получают в среднем на 30% больше женщин, не являющихся членами профсоюза, говорит сам за себя, — пишет один из них. — Действуя коллективно, женщины достигают большего». Мелкие служащие, составляющие треть женской рабочей силы, а также женщины, работающие в торговле и в сфере обслуживания, которые составляют более четверти всех наемных работников, всегда были группой, которую труднее всего уговорить вступить в профсоюз. И это неудивительно, ведь нелегко добиться солидарности, если каждую женщину учат видеть в другой прежде всего красотку-соперницу. Миф стремится заставить женщин поверить в то, что каждая из них — сама за себя.

ПКК использует женское тело, чтобы принизить экономическую роль женщин. Когда женщина говорит «Даже если я буду играть по их правилам, справедливости не добиться», это значит, что она понимает, как на самом деле работает миф о красоте. Никакой объем труда никогда не будет адекватно оплачен, и она никогда, как бы ни старалась, не сможет этого добиться. Все, что с ней происходит, *несправедливо*. И именно поэтому это существует.

Женский труд ради красоты и оценка женщин скорее как красавиц, чем как работников, приводят к тому, что каждый день они сталкиваются на работе с несправедливостью: с премиями, раздаваемыми выборочно, с фаворитизмом, с опасностью увольнения; с пенсионными программами, по которым выплачивается лишь малая часть сделанных работником пенсионных отчислений; с ненадежными ценными бумагами, которыми управляют недобросовестные финансовые консультанты, получающие прибыль от убытков инвесторов; с лживыми обещаниями и несправедливыми контрактами; с отсутствием профсоюзов и с тем, что за дверью стоят сотни тех, кто готов занять твое место.

В поведенческом эксперименте, который упоминает Кэтрин Маккиннон, одну группу цыплят кормили каждый раз, когда те начинали клевать, другую — через раз, а третью — в случайном порядке. Когда их перестали кормить, первая группа перестала пытаться клевать сразу же, вторая группа тоже вскоре оставила свои попытки. И только третья группа, как она пишет, «никогда не бросала своих попыток и не сдавалась».

Женщины, которых красота и работа как награждают, так и наказывают, никогда не ожидают последовательных действий по отношению к себе, но можно быть уверенными в том, что они никогда не оставят своих попыток. «Красота» и ПКК на работе становятся союзниками и учат женщин тому, что применительно к ним справедливость никогда не восторжествует. А царящая несправедливость преподносится женщине как нечто неизменное, вечное, логичное, заслуженное ею и внутренне ей присущее, то есть являющееся такой же частью ее, как ее рост, цвет волос, половая принадлежность и овал лица.

3

Культура

Женщины — представительницы среднего класса всегда были изолированы как от внешнего мира, так и друг от друга, а их культурное наследие таяло с каждым последующим поколением, поэтому они в бóльшей степени, чем мужчины, подвержены влиянию и зависимости от предлагаемых обществом моделей поведения. В своей книге «Памятники и женщины» (Monuments and Maidens) Марина Уорнер объясняет, как случилось так, что имена и лица мужчин увековечены в памятниках рядом с анонимными безликими каменными женщинами-изваяниями. Эта ситуация характеризует нашу культуру в целом. Имея в распоряжении весьма ограниченный набор ролевых моделей в реальной жизни, женщины ищут их на теле- и киноэкранах и на страницах глянцевых журналов.

Невосприятие женщины как отдельной личности свойственно как высокому искусству, так и народному творчеству. «Мужчины смотрят на женщин, женщины наблюдают за тем, как на них смотрят мужчины. Это определяет характер взаимоотношений женщин не только с мужчинами, но и друг с другом». Это известное высказывание критика Джона Бергера всегда было актуальным, но сейчас справедливо особенно.

Мужчины тоже подвергаются воздействию мужской *моды*, но не воспринимают то, что она предлагает, как *ролевые* модели. Почему же женщины столь остро реагируют на образы, сошедшие с экрана и журнальных страниц? Неужели у них настолько низкая личностная самооценка? Почему они относятся к моделям, которые являются всего лишь манекенами, так, будто это обязательные для подражания образцы? Почему женщины реагируют на «идеал», какую бы форму он ни принимал, так, словно он представляет собой непреложную заповедь?

Героини

Дело не в том, что личность женщины слаба по своей природе. Образы «идеала» стали для женщин столь всепоглощающе важны, потому что они и были так задуманы. В мужской культуре женщины намеренно позиционируются как просто красавицы и ничего больше, чтобы сохранять мужское господство. Проявление характера делает женщину нежелательным членом общества, а роль простодушной инженю, наоборот, всячески приветствуется. Красивая героиня является противоречивым понятием, поскольку героизм предполагает индивидуальность, интересную и постоянно меняющуюся, в то время как красота — понятие абстрактное, скучное и инертное. В то время как культура разрешает нравственные проблемы, красота стоит вне этого. Если женщина рождается красивой и напоминает произведение искусства, это всего лишь случайность природы, каприз переменчивого массового восприятия, совпадение, но никак не нравственный акт. На примере красавиц в мужском обществе женщины извлекают горький урок — они находятся вне нравственных законов этого общества.

Начиная с XIV в. мужская культура заставляла женщин хранить молчание, разбирая их красоту по частям. Набор черт, которые воспевали трубадуры, превращал возлюбленную в спящую красавицу. Поэт Эдмунд Спенсер усовершенствовал этот набор женских качеств в своей поэме «Эпиталамион». А мы унаследовали его в виде статей в женских журналах, где предлагается заполнить анкету «Отметьте свои сильные стороны», и «фантазий» массовой культуры, которые собирают образ идеальной женщины по кусочкам, как пазл.

Культура превращает женщин в стереотипы, которые удовлетворяли бы требованиям мифа о красоте, сводя их к двум типажам — красивые и глупые или умные и некрасивые. Женщинам позволительно иметь либо физическую красоту, либо ум, но никак и то и другое одновременно. Этот урок женщины извлекают и из распространенной в литературе сюжетной линии, где постоянно противопоставляются два женских персонажа, две женщины — красивая и неприметная. Это Лия и Рахиль в Ветхом Завете, Мария и Марфа в Новом Завете, Елена и Гермия в шекспировском «Сне в летнюю ночь», Аня и Дуняша в чеховском «Вишневом саде», Дэйзи Мэй и Сэйди Хокинс из Догпэтча*, Глинда и Злая ведьма

* Героини комиксов американского художника Элла Кэппа. — *Прим. ред.*

в «Волшебнике страны Оз», Вероника и Этель из Ривердейла*, Джинджер и Мэри Энн в сериале «Остров Гиллигана», Джанет и Крисси в «Третий — не лишний», Мэри и Рода в «Шоу Мэри Тайлер Мур» и т. д. Мужскую культуру больше всего устраивает ситуация, когда, демонстрируя двух женщин вместе, она может представить одну как победительницу, а другую как проигравшую в рамках мифа о красоте.

Литературные произведения, написанные женщинами, напротив, переворачивают это миф с ног на голову. Величайших писательниц объединяет поиск света и красоты, имеющей смысл. Основу женского романа составляет борьба между вызывающей всеобщее восхищение и восхваляемой красавицей и недооцененной, негламурной, но живой героиней. Эту тенденцию можно проследить от «Джейн Эйр» до современных женских романов, в которых всегда присутствует шикарная, но злая соперница с роскошными локонами и выразительной ложбинкой между грудей в глубоком декольте и героиня, которая может похвастаться только одухотворенным взглядом выразительных глаз. Основное испытание для героя заключается в том, сумеет ли он разглядеть настоящую, подлинную красоту главной героини.

Эта литературная традиция противопоставляет красавицу Джейн Фэйрфакс и более утонченную Эмму Вудхаус в «Эмме» Джейн Остин; легкомысленную

---

* Героини комиксов американского издательства «Арчи комикс». — *Прим. ред.*

фривольную блондинку Розамонду Винси («Какой смысл быть изысканной, если тебя не могут увидеть настоящие ценители женской красоты») и «похожую на монашку» Доротею Кейсобон в «Миддлмарч» Джордж Элиот; «удивительно красивую» манипуляторшу Изабеллу Кроуфорд и скромную Фанни Прайс в «Мэнсфилд-парке», а также бездушную модницу Изабеллу Торп и неуверенную в себе «в вопросах женской красоты» Кэтрин Морленд в «Нортенгерском аббатстве» Джейн Остин; самовлюбленную Джинерву Фэншо («Как я выгляжу сегодня… Я знаю, что я красива») и неприметную Люси Сноу («Я видела себя в зеркале… и бледный образ меня нисколько не впечатлил») в «Городке» Шарлотты Бронте; тщеславную «грациозную статуэтку» Эми Марч и похожую на девочку-сорванца Джо, которая продает свое единственное сокровище, свою единственную «красоту» — волосы, чтобы помочь своей семье, в «Маленьких женщинах» Луизы Мэй Олкотт. Эта тенденция прослеживается и сегодня в романах Элисон Лури, Фэй Уэлдон, Аниты Брукнер. Женская литература пронизана несправедливостью, причина которой — красота, ее наличие или отсутствие.

Но когда девочки читают книги, написанные мужчинами, миф о красоте выворачивает наизнанку то, о чем, как кажется на первый взгляд, там написано. Сказки, которые читают детям как поучительные притчи и которые учат их жизненным ценностям, утрачивают свой смысл, когда начинает работать миф о красоте. Возьмем, к примеру, историю о Прометее, которая появляется в книжке комиксов Sullivan Reader для американских третьеклассников. Ребенка, который готовится к жизни в рамках западной системы ценностей, эта история учит тому, что великий человек и сильный мужчина рискует всем, даже собственной жизнью, во имя прогресса и общественного блага. Но маленькая девочка и будущая женщина узнает также, что самая красивая женщина на свете была сотворена мужчиной и что *ее* смелый поступок навлек на мужчин первые болезни и даже смерть. Этот миф заставляет девочку скептически относиться к достоверности историй, слышанных ею ранее.

По мере ее взросления это противоречие только усиливается. Когда она читает «Портрет художника в юности» Джеймса Джойса, у нее не возникает сомнений, почему главным героем этого произведения является Стивен Дедал. Но ей непонятно, почему в романе Томаса Харди «Тэсс из рода д'Эрбервиллей» в центре внимания автора оказывается именно Тэсс, а не любая другая из здоровых необразованных сельских девушек с фермы в Уэссексе, которые в то майское утро водят вместе с ней хоровод. Автор описывает ее как красивую, и именно поэтому *в ее жизни случается столь многое* — богатство, бедность, проституция, настоящая любовь и, наконец, смерть через повешение. Но по крайней мере ее жизнь становится интересной, в то время как ее подруги — работящие девушки с натруженными руками, которых Бог не наградил такой красотой, будь она благом или проклятием, — остались в провинции и продолжили заниматься скучной однообразной сельской работой, о которой не пишут романов. Стивен стал героем романа, потому что он представляет собой исключительную личность, которая не может не привлечь внимания и не приобрести известность. Но Тэсс? Если бы она не обладала красотой, то не оказалась бы в круговороте важных событий. Девочка понимает, что такие истории случаются только с красивыми женщинами, независимо от того, интересны они как личности или нет. И независимо от их личностных качеств такие истории не случаются с женщинами, которых нельзя причислить к разряду красивых.

Раннее знакомство с мифом о красоте делает девочку восприимчивой к представлениям массовой культуры о взрослых героинях, то есть к тем образам, которые позже она встретит на страницах женских журналов. Именно эти образы первыми приходят на ум, когда женщины думают о мифе о красоте.

Женские журналы

Большинство журналистов-комментаторов, включая известного сатирика из журнала *Private Eye*, высмеивают «тривиальные» заботы и тон статей женских журналов: «В своей пошлости женские журналы умудряются сочетать обсуждение со знанием дела техники орального секса и невероятную, тошнотворную сентиментальность». Женщины тоже считают, что эти журналы распространяют миф о красоте в худших его проявлениях. Сами же читательницы признают, что подобные издания вызывают в них двойственное чувство — удовольствие, смешанное с тревогой. Одна молодая женщина призналась мне: «То, что я их покупаю, — это своего рода мазохизм, издевательство над собой. Они вызывают во мне странное чувство — смесь приятного ожидания и благоговейного ужаса, какую-то нездоровую эйфорию. Вот здорово! Вот это да! Я могу стать лучше прямо сейчас! Посмотрите на нее! Вы только посмотрите на *нее*! Но тут же у меня возникает желание выкинуть все свои вещи и содержимое моего холодильника и сказать своему бойфренду, чтобы он забыл мой номер телефона и никогда мне больше не звонил, да и вообще послать к черту всю свою жизнь. Мне стыдно признаться, что я читаю их каждый месяц».

Женские журналы сопровождали все завоевания женщин и одновременно — эволюцию мифа о красоте. В 1860–1870-х гг. были основаны колледжи Гиртон и Ньюнхам, Вассар и Рэдклиф, а также ряд других женских учебных заведений, и, как пишет историк Питер Гай, «эмансипация женщин начала выходить из-под контроля». Но параллельно с этим наращивалось и массовое тиражирование образов красоты: были основаны журналы *The Queen* и *Harper's Bazaar*, удвоился и достиг 50 000 экземпляров тираж возглавляемого Сесилом Битоном журнала *English Women's Domestic Magazine*. Столь бурное развитие подобных изданий объяснялось солидными инвестициями, а также возросшим уровнем грамотности и покупательской способности представительниц низшего слоя среднего класса и рабочего класса. Началась эпоха демократизации мифа о красоте.

Журналы впервые начали размещать рекламу на рубеже XIX и XX вв. Пока суфражистки приковывали себя цепями к воротам Белого дома, тиражи женских журналов вновь выросли в два раза. Ко второму десятилетию XX в., когда началась эра «новой женщины», тон женских журналов стал таким, каким мы его знаем: расслабленным и доверительно-интимным.

Многими авторами уже было отмечено, что журналы всегда отражали изменения в общественном статусе женщины. Издания викторианской эпохи «удовлетворяли запросы женщин, находившихся практически под домашним арестом», а во время Первой мировой войны благодаря роли, которую сыграло участие в ней женщин, они «быстро начали демонстрировать определенную степень социальной осведомленности». Когда мужчины вернулись домой с войны, журналы вновь обратились к обсуждению вопросов домашнего быта и семьи. А в 1940-е гг. они снова стали прославлять оплачиваемый труд и работу волонтеров на благо военного производства. В своей книге «Любовь, секс и война, 1939–1945» (Love, Sex and War, 1939–1945) Джон Костелло пишет: «Когда военная мобилизационная комиссия обратилась к рекламной индустрии США, чтобы усилить национальную кампанию по привлечению к работе женщин, которые никогда раньше не работали, пресса активно подключилась к этому процессу». Он утверждает, что гламур служил тогда основным инструментом привлечения женщин в качестве рабочей силы, точно так же, как сегодня миф о красоте служит интересам политики и экономики.

Когда женщины откликнулись на этот призыв и взялись за более высокооплачиваемую мужскую работу, новые чувства компетентности и уверенности в себе прибавили им смелости. Вместе с тем, как пишет Костелло, рекламная кампания «пыталась сохранить социально приемлемый женственный образ тружениц, работающих во время войны». Вот что в тот период говорили женщины, рекламируя крем Pond's: «Нам нравится чувствовать, что мы *выглядим* женственно, хотя и выполняем мужскую работу. Поэтому мы украшаем волосы цветами и лентами и стараемся быть как можно привлекательнее». Костелло цитирует рекламный текст одной косметической компании, которая хотя и признавала, что войну нельзя выиграть при помощи губной помады, тем не менее писала: «Она (помада) символизирует одну из причин, по которым мы сражаемся в этой войне, — драгоценное право женщин быть женственными и красивыми». Перед лицом великого социального переворота, который дал женщинам чувство ответственности и независимости, возможность пользоваться государственными учреждениями по уходу за детьми и, наконец, хорошие деньги, рекламодателям нужно было обеспечить спрос на свои продукты. Костелло отмечает, что «речь идет не только о собственно рекламе. Журнальные статьи тоже обращали внимание женщин на необходимость поддержания высокого уровня своего “коэффициента женственности”». Женские журналы должны были позаботиться о том, чтобы их читательницы не потеряли интереса к ним.

В период послевоенной демобилизации экономика западных стран переживала кризис. В США правительству нужно было «опровергнуть опасения по поводу того, что, вернувшись домой, американские солдаты окажутся в ситуации, когда их рабочие места заняты женщинами». Выяснилось, что расчет военной мобилизационной комиссии использовать женский труд только как временную замену, чтобы заткнуть брешь на рынке рабочей силы, оказался неверным: «В кулуарах власти бюрократический аппарат, где доминировали мужчины, строил послевоенные планы, исходя из предположения, что по окончании войны большинство женщин безропотно вернутся к своей извечной миссии жен и матерей. Но они ошибались». Причем сильно ошибались. В действительности, как показал проведенный в 1944 г. опрос общественного мнения, от 61 до 85% женщин категорически не хотели после войны возвращаться к своим домашним обязанностям. В этом решительном отказе работающих женщин комиссия усмотрела серьезную угрозу: вернувшиеся с войны ветераны лишатся работы, а их место займут женщины, получающие более низкую заработную плату, что приведет к политическим беспорядкам и волнениям или даже к повторению Великой депрессии. Поэтому в первый же год после окончания войны журналы вновь переключились, причем с еще большим рвением, чем прежде, на вопросы семейной жизни и домашнего быта, а 3 млн американок были уволены или ушли с работы добровольно.

Хотя многие исследователи отмечали, что женские журналы отражают исторические перемены, мало кто из них задавался вопросом: в какой мере они призваны способствовать определению вектора этих перемен? Редакторы делают свою работу, следуя духу времени, и издатели женских — и не только женских — журналов должны понимать, каких социальных ролей ожидают в данный момент от женщин рекламодатели. На протяжении вот уже более чем столетия женские журналы остаются одним из самых мощных инструментов изменения роли женщины в обществе, и в течение всего этого времени, причем сегодня в еще бо́льшей степени, чем когда бы то ни было, они последовательно и целенаправленно прославляют именно те качества, которых требуют от женщин интересы экономики и рекламодателей, а в военное время — интересы правительства.

К 1950-м гг. воспеваемая женскими журналами традиционная роль женщин была пересмотрена. Как пишет Энн Оукли в журнале *Housewife*, «с психологической точки зрения они дали возможность замученной матери и перегруженной заботами домохозяйке установить контакт с собой идеальной, со своим идеальным "Я", которое стремится быть хорошей женой, хорошей матерью и умелой хранительницей домашнего очага… Ожидаемой от женщин ролью в обществе было стремление к совершенству во всех этих трех ипостасях». Однако определение понятия того, *что* есть «совершенство», меняется вместе с изменением потребностей работодателей и политиков, а в условиях послевоенной экономики оно зависело от роста потребления и от рекламодателей.

К 1950-х гг. доходы от рекламы резко возросли, изменив баланс сил между редакционными и рекламными отделами журналов. Женские издания начали представлять интерес для «компаний, которые, учитывая, что война закончилась, намеревались заменить государственные военные заказы продажей товаров широкого потребления». Основные рекламодатели женских журналов, благодаря которым появилась «тайна женственности», стремились увеличить объем продаж бытовой техники. В одной из глав книги «Тайна женственности», которая называется «Надувательство», Бетти Фридан проследила, каким образом «отсутствие самоидентификации и цели у американских домохозяек удалось обратить в чистую прибыль». Она изучила материалы маркетинговых служб и обнаружила, что, с точки зрения рекламодателей, среди трех категорий женщин работающие и делающие карьеру считались «нездоровой» группой, и «в интересах производителей товаров было не дать этой группе вырасти, поскольку ее представительницы не являлись идеальными потребителями. *Они были слишком критичны*».

Отчеты маркетологов описывали, как манипулировать неуверенными в себе домохозяйками, чтобы заставить их покупать бытовую технику и товары для дома. Вот что они советовали: «Надо добиться возникновения у них чувства вины. Используйте “чувство вины из-за невидимой пыли”». Они также предлагали: «Подчеркивайте пользу домашней выпечки "для здоровья"», «С миксером Х вы станете другой женщиной». Они настоятельно рекомендовали развивать у домохозяек «чувство достижения успеха» в качестве компенсации за их «бесконечную» и «трудоемкую» работу по дому. Маркетологи настаивали на том, чтобы производители предлагали женщинам «специализированные инструменты для выполнения специализированных задач», а также чтобы они представляли работу по дому как занятие, «требующее знаний и навыков, а не физической силы и упорного труда». «Соотносите свои продукты с "духовными достижениями" и даже с "почти религиозным чувством"». В заключение отчета говорилось, что для предметов с «добавленной психологической ценностью цена практически не имеет значения».

Современная реклама продает уже не столько бытовую технику и средства по уходу за домом, сколько различные диеты и «специализированную» косметику и кремы от морщин. В 1989 г. доход журналов от рекламы косметики и средств по уходу за собой составил $650 млн, в то время как реклама мыла, чистящих средств и полиролей принесла только десятую часть этой суммы.

Итак, в наше время женские журналы фокусируют свое внимание на работе над красотой, а не по дому. Но все вышеприведенные цитаты из 1950-х гг. можно легко заменить аналогичными утверждениями из мифа о красоте. «Если коммерческая реклама в журналах и на телевидении очевидно выглядит сомнительной и "взывает" к бдительности покупателя, — заключает

Бетти Фридан, — то в журнальных статьях то же самое “надувательство” завуалировано и потому куда более коварно… Нет необходимости писать служебные записки, равно как нет смысла что-то обсуждать на совещаниях редакторов; и мужчины, и женщины, принимающие решения по тематике редакционных статей, нередко идут на компромисс и жертвуют своими собственными высокими стандартами ради доходов от рекламы».

Все это происходит до сих пор.

По сути не изменилось ничего, кроме отдельных деталей мифа. В свое время Бетти Фридан задавалась вопросом: «Почему никто никогда не говорит о том, что основная причина, по которой женщины должны оставаться домохозяйками, та, что так они будут *покупать больше товаров для дома?* Кто-то когда-то догадался, что женщины будут покупать больше, если останутся в положении домохозяек, лишенные возможности раскрыть свой потенциал и стремиться к чему-то большему, полные нерастраченной энергии, которую надо куда-то применить. Только очень умный экономист мог бы додуматься, как можно удержать нашу богатую экономику на плаву, если начнет разваливаться рынок, который обеспечивают домохозяйки».

Но когда неприкаянные, не находившие себе места, скучавшие и неуверенные в себе домохозяйки покинули свои домашние очаги и начали работать, перед рекламодателями возникла угроза того, что они потеряют свою основную целевую аудиторию. Как сделать так, чтобы занятые, увлеченные работой женщины продолжали покупать столько же, сколько и раньше, когда у них для этого был в распоряжении целый день и почти не было других интересных занятий? Возникла необходимость в появлении новой идеологии, которая обеспечила бы такое же сильное стремление к потреблению, основанное на неуверенности женщин в себе. И эта идеология, в отличие от «тайны женственности», должна была материализоваться в чем-то размером с дамскую сумочку, которую женщина может брать с собой на работу. Перефразируя слова Фридан, почему никто никогда не говорит о том, что важнейшая функция, которую выполняют женщины в своем стремлении к красоте, — это *приобретение большего количества товаров по уходу за собой?* Каким-то образом кто-то когда-то, видимо, просчитал, что женщина будет покупать больше, если продолжит ненавидеть себя, чувствовать себя вечной неудачницей, испытывать чувство неудовлетворенности и неуверенности, то есть постоянно находиться в состоянии стремления стать «красивее».

«Умные экономисты» поняли, *что* могло бы поддержать нашу богатую экономику, когда начнет разваливаться рынок, основанный на покупательской способности домохозяек, и начнется вторая волна женского движения, толчком для которой послужила книга Бетти Фридан. Так был придуман современный миф о красоте с его 33-миллиардной индустрией похудения и 20-миллиардной индустрией омоложения.

В период краха «тайны женственности» и возрождения женского движения журналы и реклама этой мертвой религии столкнулись лицом к лицу с угрозой своего уничтожения. Миф о красоте в его современном виде появился, чтобы, заняв место «тайны женственности», спасти журналы и рекламодателей от экономического краха в результате женской революции.

Миф о красоте просто взял на себя те функции, которые выполняла «религия» домашней семейной жизни. Терминология изменилась, но эффект остался прежним. Говоря о женской культуре 1950-х гг., Фридан жаловалась, что «для женщины нет другого способа стать героиней, чем продолжать рожать детей». Сегодня героиня должна продолжать оставаться «красивой».

Женскому движению почти удалось разрушить экономическую стабильность журнальной версии женственности. Но с приходом второй волны феминизма производители одежды с ужасом обнаружили, что женщины перестали тратить много денег на одежду. Когда представительницы среднего класса отказались от роли домохозяйки, покупающей товары для дома, и начали работать, можно было предположить, что их вовлеченность в проблемы внешнего мира приведет к полной потере интереса к созданной женскими журналами «отдельной» женской реальности. Еще больше авторитет журналов пошатнулся в результате переворота в мире моды, случившегося в конце 1960-х, когда закончилась эпоха высокой моды и началась эра, которую историки моды Элизабет Уилсон и Лу Тейлор назвали «стиль для всех». Будут ли эмансипированные женщины читать женские журналы? Зачем и с какой целью?

В период между 1965 и 1981 гг. объемы продаж женских журналов в Великобритании заметно снизились — с 555,3 млн до 407,4 млн экземпляров в год. Редакторы и издатели не могли не видеть, что под воздействием социальных перемен их традиционное влияние на женщин ослабевает.

Культура высокой моды ушла, и традиционное знание, которое несли женские журналы, вдруг оказалось никому не нужным. «Тайна женственности» испарилась: *все, что от нее осталось, это тело*. В 1969 г., в период возрождения женского движения, журнал *Vogue* предложил — с надеждой, а может быть, от отчаяния — идею обнаженного тела. И едва освободившись от прежних ограничений, диктовавшихся модой, женщины получили встречный удар — новое, недоброе отношение к их телам. Как пишет историк Роберта Сайд, «*Vogue* начал обращать на тело не меньше внимания, чем на одежду, отчасти потому, что в условиях царившей в мире стиля анархии ему больше нечего было предложить, чтобы, как и раньше, диктовать свои условия». Лишенные своих прежних функций, целей и рекламной приманки, журналы изобрели — абсолютно на ровном месте — новую цель. И сделав этот неожиданный ход, они создали совершенно новую культуру, обозначив «проблему» там, где ее раньше не существовало, сфокусировав ее на естественном состоянии женщин и возведя ее в ранг экзистенциальной женской дилеммы. С 1969 по 1972 г. количество статей, посвященных диетам, выросло на 70%. Число публикуемых в прессе материалов о диетах увеличилось с 60 за весь 1979 г. до 66 в одном только январе 1980 г. К 1983–1984 гг. дайджест периодических изданий *Reader's Guide to Periodical Literature* насчитывал 103 статьи о похудении и голодании, а на полках магазинов появилось 300 книг о разного рода диетах. «Перенос чувства вины», способный обеспечить прибыль, был произведен как раз вовремя.

Он спас женские журналы от разорения и обрел силу благодаря карикатурному изображению в ведущих средствах массовой информации героинь возрожденного женского движения — изображению, которое уже больше столетия служит для противодействия феминизму. Как пишет Гай, в 1848 г. конвенция в Сенека-Фоллз, посвященная обсуждению женского Билля о правах, спровоцировала появление статей о «женщинах без пола», где утверждалось, что они стали активистками женского движения, потому что «были слишком отвратительны, чтобы найти себе мужей… Эти женщины начисто лишены личной привлекательности». Гай также рассказывает, что другой антифеминистски настроенный публицист описал их как «гибридный вид, не принадлежащий ни одному из полов, полумужчину, полуженщину». Когда сторонник женского движения сенатор Лейн из Канзаса представил на обсуждение петицию о предоставлении женщинам права голоса, выступая от лица «124 красивых, умных и успешных женщин», другая передовица заявила протест, утверждая, что «этот трюк… не пройдет. Мы готовы держать пари, что леди, о которых идет речь, не являются ни красивыми, ни состоявшимися. Девять из десяти наверняка старые и увядшие, с носом крючком и морщинами под ввалившимися глазами». А один врач отреагировал на феминистскую агитацию, описав таких «вырождающихся женщин как дегенератов с низким голосом, волосатым телом и маленькой грудью». По свидетельству Гая, «феминисток несправедливо называли несостоявшимися женщинами, наполовину мужчинами, курами, которые кричат петушиными голосами. Юмористические журналы и враждебно настроенные законодатели распространяли в эфире устрашающий образ отвратительных мужеподобных ведьм, выступающих в палате общин».

Как только в 1960-х женщины заговорили о себе в полный голос, средства массовой информации вновь начали фабриковать спасительную для них ложь — на этот раз в виде мифа о красоте. В ответ на протест против проведения в 1969 г. конкурса красоты «Мисс Америка» СМИ, освещая это событие, давали заголовки типа «У мисс Америка только один недостаток — она красивая» и «Зависть ни к чему не приведет». Затем журнал *Esquire* начал представлять Глорию Стайнем как «интеллектуальную звездульку», а журнал *Commentary* пренебрежительно отозвался об активистках женского движения как о «сборище уродливых женщин, кричащих друг на друга в телеэфире». Газета *The New York Times* привела цитату одного из традиционных женских лидеров: «Очень многие из них такие некрасивые!»

В 1970 г. марш по Пятой авеню был назван газетой *Washington Post* важным событием, так как он «развенчал газетную утку о том, что активистки женского движения уродливы и внешне непривлекательны». Как выяснилось, журналист Пит Хэмилл «много лет не видел так много красивых женщин в одном месте». Норман Майлер сказал Жермен Грир перед их знаменитыми дебатами в городском совете: «А вы привлекательнее, чем я думал». Газетные заголовки гласили: «Женщины вызывают отвращение»*. Словом, женщины поняли, каким изображается и представляется их движение — карикатуры сделали свое дело.

И хотя многие женщины сознавали, что таким образом внимание переносится с их идей на их внешность, мало кто понимал, насколько эффективно это работает: если сфокусировать внимание на внешности лидеров феминистского движения, то они будут отвергнуты женским сообществом как *либо слишком привлекательные, либо как слишком страшные*. Цель такого подхода в том, чтобы не дать женщинам идентифицировать себя с идеями феминизма. Если на публичной женщине поставить клеймо — слишком «привлекательная», то она представляет собой угрозу, так как является соперницей, или ее просто не стоит воспринимать всерьез. Если же ее пренебрежительно называют слишком «страшной», то, поддерживая ее взгляды, можно испортить свою собственную репутацию. Тот факт, что *никакая женщина или группа женщин*, будь то домохозяйки, проститутки, астронавты, политики или феминистки, не может без ущерба

---

* В оригинале: Women are revolting. Слово revolt имеет двойное значение: бунтовать и вызывать отвращение. — *Прим. ред.*

для себя пережить пристальное внимание к себе в свете мифа о красоте, имеет очевидные политические последствия. Но женщины пока не осознают этого, и принцип «разделяй и властвуй» действует очень эффективно. Красота следует за модой, а миф о красоте провозглашает любой сформировавшийся женский протест немодным. Поэтому идеи феминизма были так грубо искажены.

Карикатурное изображение женского движения не могло не вызвать чувства отторжения у успешных женщин, и за счет этого новая волна журналов постфеминистского периода укрепила свои позиции. Тем не менее подобные издания новой волны, начало которым было положено в 1965 г. модернизацией *Cosmopolitan*, можно назвать воистину революционными по сравнению с их предшественниками, на которых в свое время нападала с критикой Фридан. Формула их успеха заключалась в тоне и манере обращения к читательницам. Они поощряли в женщинах стремление к достижению успеха, индивидуализм, а также веру в свои силы: ты должна сделать все от тебя зависящее, чтобы стать лучше, и ничто не может тебе в этом помешать. Кроме того, они сосредоточились на личностных и сексуальных отношениях, чтобы подхлестывать амбиции и сексуальные аппетиты своих читательниц. А чувственные образы женских моделей, лишь немного более утонченные и чуточку менее откровенные, чем те, что предназначались для мужчин, были призваны воплощать собой сексуальное освобождение женщин. Но эта формула должна была включать в себя и элемент, противоречащий их общей направленности на поддержку интересов женщин, а впоследствии и полностью уничтоживший ее: диеты, рекомендации по уходу за кожей и реклама пластической хирургии. Размещая их на своих страницах, журналы продают женщинам самый смертоносный вариант мифа о красоте, который только можно купить за деньги.

Эта обязательная доза мифа о красоте, которую обеспечивают женские журналы, вызывает в читательницах сумасшедшую, болезненную жажду купить тот или иной рекламируемый продукт и поддерживает постоянную фантазию: непреодолимое желание, чтобы волшебная фея оказалась у твоих дверей и погрузила тебя в сладкий сон. Когда ты проснешься, твоя ванная комната будет наполнена необходимыми именно тебе средствами по уходу за кожей с пошаговыми инструкциями по их применению и наборами с нужной косметикой. К моменту пробуждения добрый призрак покрасит, пострижет и идеально уложит твои волосы, нанесет макияж и безболезненно сделает массаж и другие процедуры. В своем шкафу ты обнаружишь полный гардероб одежды на все времена года и для всех случаев жизни (повседневная, вечерняя и т. п.), подобранной по цветовой гамме и снабженной соответствующими аксессуарами в виде обуви и головных уборов. Холодильник будет полон овощей, со вкусом разложенных в виде готовых блюд для гурманов, с аккуратно расставленной по полочкам водой Perrier и Evian. И ты окажешься в мире женского потребительского рая, удовлетворяющего все твои аппетиты.

Резкое противоречие между позитивными и негативными составляющими коллективного послания женских журналов вызывает со стороны женщин столь же резкую реакцию. Так, в 1970 г. *The Lady's Home Journal* спровоцировал всеобщую сидячую забастовку женщин. Почему же женщины придают такое большое значение тому, что они читают и видят на страницах этих изданий?

Они принимают все это так близко к сердцу, потому что, несмотря на всю свою пошлость и банальность, эти журналы представляют собой нечто очень важное: женскую массовую культуру. Женский журнал — это не просто журнал. Взаимоотношения между читательницей и ее журналом настолько сильно отличаются от отношений между мужчиной и его журналом, что находятся в совершенно разных категориях. Мужчина, читающий *Popular Mechanics* или *NewsWeek*, использует лишь одну из бесчисленных возможностей, существующих в окружающей его, ориентированной на мужчин культуре. А женщина, читающая *Glamour*, в сущности, держит в руках всю ориентированную на женщин массовую культуру.

Женщин глубоко затрагивает и волнует все, что пишут женские журналы (или то, что, как им кажется, они пытаются до них донести), потому что для большинства читательниц это единственное окно в мир того, что их волнует. Общая массовая культура принимает мужскую точку зрения на то, что достойно стать предметом новостей, поэтому новости о Суперкубке по футболу помещаются на первой странице, а сообщение об изменении законодательства о социальном обеспечении детей спрятано в одном параграфе где-нибудь в глубине издания. Массовая культура встает на мужскую позицию также и в выборе того, на что стоит смотреть. За 50 лет существования журнала *Life* на его обложке не раз появлялись женщины, но только 19 из них не были актрисами или моделями, то есть оказались там не благодаря своей «красоте». А публикуя материал об Элеоноре Рузвельт, почти каждый журналист (в полном соответствии с требованиями мифа о красоте) считал своим долгом непременно упомянуть ее знаменитую «некрасивость». Газеты печатают статьи, посвященные женским проблемам, на «женской страничке». В телевизионных новостях «женским историям» всегда отводится дневное эфирное время. По контрасту с этим женские журналы — единственный продукт массовой культуры, который (в отличие от женских романов) меняется вместе с меняющейся реальностью жизни женщин. Эти журналы создаются в основном женщинами и для женщин, посвящены исключительно женским проблемах и, что самое главное, относятся к ним серьезно.

Возможно, женщины так болезненно реагируют на противоречивость женских журналов, потому что понимают, что эти противоречия отражают их собственные. Экономическая реальность женских журналов — это реальность отдельной женщины, только на глобальном уровне: они отражают с трудом достигнутое перемирие, ради которого женщины вынуждены расплачиваться за свои достижения принятием мировоззрения красоты.

Более того, *женские журналы сами подвергаются текстовой версии ПКК*. Подобно своим читательницам, они должны платить за нередко серьезное и защищающее интересы женщин содержание внешними атрибутами мифа о красоте. Им приходится делать это, чтобы не отпугнуть рекламодателей, видящих несомненную угрозу в том воздействии, которое может оказывать на женские умы качественная, профессиональная женская журналистика. Основные действующие лица женских журналов распределяются между мифом о красоте и феминизмом в той же пропорции, что и их целевая аудитория.

Являются ли женские журналы банальными, пренебрежительно-оскорбительными и антифеминистскими? Миф о красоте определенно является таковым; что же касается содержания журнальных статей, то в настоящее время всякий раз, когда ему удается вырваться за рамки мифа о красоте, — определенно нет. Многие женщины, которым небезразлична судьба женской культуры, будь то издатели, авторы или читательницы, тянутся к этому единственному источнику женского массового сознания. После возрождения феминизма содержание статей в женских журналах изменилось до неузнаваемости, причем в лучшую сторону. Всего 20 лет назад активистки, принимавшие участие в демонстрациях протеста у издательства журнала *The Ladies' Home Journal*, предлагали список идей для журнальных статей, казавшихся утопическими. Вместо «Постели Жа Жа Габор*» они предлагали следующие темы: «Как сделать аборт», «Как и почему женщин пытаются разделить», «Как получить развод», «Новые веяния в социальном обеспечении и оказании медицинской помощи престарелым и инвалидам» и «Что наши стиральные порошки делают с реками и другими водоемами». И вот наконец свершилось. Женские журналы новой волны отдают дань каждому из этих предложений, которые в свое время казались экстремальными.

Это редко признается, но женские журналы сделали для популяризации идей феминизма больше, чем любое другое средство массовой информации, даже сугубо феминистские издания. Именно благодаря этим журналам вопросы женского движения вышли из-за баррикад и из академических замков из слоновой кости и распространились среди женщин из рабочего класса, среди сельских жительниц — словом, среди тех, кто не имел высшего образования. Если рассматривать женские журналы с этой точки зрения, то они стали мощным инструментом социальных преобразований.

Сегодня профеминистское содержание этих изданий находится на уровне, который невозможно было себе даже представить в те времена, когда *Vogue* возглавлял Сесиль Битон или когда Бетти Фридан обрушивала свою

* Жа Жа Габор (род. 1917) — американская актриса венгерского происхождения, светская львица. — *Прим. ред.*

критику на журнал *Redbook*. В них регулярно печатаются статьи об абортах, случаях изнасилования и избиения женщин, сексуальном самовыражении и экономической независимости. В сущности, критика мифа о красоте появляется в них чаще, чем где бы то ни было еще. В качестве примеров можно привести статьи «Как примириться с телом, которое у тебя есть» (*Glamour*), «Полнота — это не грех» (*She*), «Что нам делать с порнографией?» (*Cosmopolitan*). Журнал *Glamour* опубликовал статью «Привлекательность реальных женщин»: «Проложите дорогу актрисам, которые покоряют мужчину, будучи великолепными не только благодаря своей внешности, тем, чья сексуальная привлекательность основана больше на их энергии, чувстве юмора и уме, чем на классической красоте тела и прекрасной внешности». Даже высмеиваемые чаще других статьи, посвященные эмоциональному состоянию и личностным взаимоотношениям, уже не кажутся такими забавными и нелепыми, если рассматривать их в свете того, что при помощи такой «эмоциональной работы над собой», которую, как ожидается от женщин, они должны уметь проводить интуитивно, укрепляются сообщества.

Когда упор делается на «массовый» характер привлекательности журналов, становится понятнее политическое значение женских изданий. Многие книги и журналы доносили проблемы, поставленные женским движением, до сознания меньшинства — до образованных женщин, представительниц среднего класса. Но женские журналы новой волны первыми в истории обратились к подавляющему большинству женщин, к тем, кто испытывает финансовые трудности. Они говорят женщинам о том, что у них есть право на самоопределение. Они указывают им пути и способы обретения силы: изучение боевых искусств, игра на бирже, принятие на себя ответственности за состояние своего здоровья. Эти журналы печатают женскую художественную литературу, рассказывают об успешных женщинах, обсуждают интересующие женщин вопросы законодательства. Только с точки зрения предоставления платформы для достаточно полного освещения политического и культурного опыта женщин самый незначительный женский журнал делает для женского движения больше, чем самое влиятельное периодическое издание широкого профиля.

Женские журналы также предоставляют редкую возможность для общения женщин между собой и обмена мнениями — через письма, публикацию романов с продолжением и подбор авторов статей. В силу того, что они являются единственным источником информации, из которого женщины могут узнать о том, что происходит в другом мире, — «серьезные» журналы признают наличие женской реальности лишь мимолетно и мимоходом — бурная эмоциональная и противоречивая реакция женщин на них, в диапазоне от любви до ненависти, вполне понятна и объяснима. С этой точки зрения нельзя не признать, что журналы играют очень серьезную и важную роль. В массовой женской культуре, которая откликается на исторические перемены, они — всё, что у женщин есть.

Неудивительно, что женщинам не нравятся отдельные элементы формата их журналов, которые неизменно следуют повторяющимся формулам и стереотипам. Неудивительно, что женщин беспокоит их очевидная рабская зависимость от денег рекламодателей и спонсоров мифа о красоте. Женские журналы не вызывали бы столь сильных чувств, если бы они были просто развлекательным чтивом, помогающим уйти от реальной жизни. Но в условиях отсутствия изданий широкого профиля, которые относились бы к волнующим женщин вопросам со всей серьезностью, какой они заслуживают, женские журналы вынуждены брать на себя всю полноту ответственности за их освещение.

Однако женские журналы не просто зеркально отражают нашу собственную проблему, связанную с вопросами красоты, — это была бы ожидаемая расплата за наши достижения и обретенную нами силу. Они делают эту проблему еще более серьезной. Даже сами редакторы этих изданий обеспокоены тем, что многие читательницы еще не научились распознавать в содержании журнальных публикаций информацию, защищающую их интересы, и отделять ее от мифа о красоте, место которого в журнале определяется в первую очередь экономическими соображениями.

К сожалению, ответная реакция на миф о красоте распространяется и периодически усиливается приступами ненависти к себе, которые провоцируют в женщинах реклама, фотографии и рекламные статьи в глянцевых изданиях. Они составляют некий индекс красоты, который женщины просматривают с такой же обеспокоенностью, с какой мужчины изучают биржевые котировки. Этот индекс красоты обещает женщинам дать информацию о том, чего действительно хотят от них мужчины, какие лица и тела привлекают непостоянное мужское внимание. Это обещание выглядит особенно заманчиво в ситуации, когда мужчины и женщины редко обсуждают публично и откровенно, чего на самом деле они хотят друг от друга. Но предлагаемая женщинам «железная дева» не отражает истинных мужских желаний, равно как фотографии «качков» не говорят всей правды о подлинных желаниях женщин. Журналы — вовсе не оракулы, вещающие от имени мужчин. В действительности, как показывают данные одного исследования, «женщины неверно информированы и преувеличивают важность женской стройности для мужчин. Они *явно* дезинформированы, возможно, в результате воздействия рекламы индустрии похудения». Редакторы вынуждены притворяться, говоря, что это *мужчины* хотят от женщин того, чего на самом деле от них хотят *рекламодатели*. Миссия журнала *применительно к мифу о красоте* определяется теми, на чьи средства он существует. Но отношения между читательницей и ее журналом не предполагают критического анализа степени его зависимости от требований рекламодателей. Эти отношения основаны на эмоциональной привязанности, чувстве поддержки и защиты, но они не равноправны: «Узы, связывающие читательниц со своим журналом, — это доверие».

Миф изолирует разные поколения женщин друг от друга, а журналы создают видимость того, что дают мудрые советы, основанные на жизненном опыте обожаемой и горячо любимой родственницы старшего поколения. Мало где еще современная женщина может найти такую ролевую модель. Ее учат игнорировать советы своей собственной матери в вопросах красоты, украшения себя и соблазнения мужчин, поскольку та потерпела неудачу — она стареет. Если женщине повезло и у нее есть наставник, то речь идет о профессиональных отношениях, в которых опыт близких интимных связей не является составной частью процесса обучения. Журнал для женщины — это голос невидимой и обладающей авторитетом наставницы, которой можно восхищаться и которую хочется слушаться, это что-то сродни отношению наставника и защитника, которое поощряется в мужчинах их воспитанием и профессиональной деятельностью, но которое женщинам редко предлагает кто бы то ни было, кроме глянцевых журналов.

Тон этих изданий — исполненный лояльности и преданности читательнице — вызывает доверие, создает впечатление, что журнал на ее стороне и при этом он обладает обширными знаниями и ресурсами, представляя собой что-то вроде возглавляемой женщинами социальной службы поддержки: «В нашем распоряжении много косметических компаний, которые готовы прийти вам на помощь», «Мы знаем, как изменить ситуацию и добиться перемен. Позвольте нашим специалистам в области красоты направлять вас шаг за шагом». Журналы оказывают реальные услуги, публикуя номера телефонов горячих линий, предлагая результаты опросов читательского мнения, давая женщинам инструменты для составления семейного бюджета и иную финансовую информацию. Все это вместе взятое делает журнал чем-то бо́льшим, чем просто журнал. Он воспринимается женщиной одновременно как расширенная семья, агентство услуг, политическая партия и профессиональное объединение, причем все это в одном лице. Журнал позиционирует себя как группу по интересам, которая действует во имя и на благо читательницы. Как сказал один из редакторов: «Журнал подобен клубу. Его задача — дать своим читательницам ощущение сопричастности и гордости за свое членство в нем».

Поскольку люди доверяют своим «клубам», им трудно читать журналы и одновременно критически оценивать, насколько сильно влияют на них доходы от рекламы. Так легко истолковать все неправильно — и рекламу, и рекламные статьи, и образы моделей, — истолковать таким образом, будто редакторы дают женщинам четкую установку: «Ты должна выглядеть так же». Вред, который наносят женщинам журналы, в какой-то мере является результатом такого неверного истолкования. И если бы мы были лучше информированы, мы могли бы читать их более осмысленно и получать от них удовольствие, не причиняя себе боли, а журналы, обратившись к другим рекламодателям, могли бы создать себе заслуженную славу, предоставив женщинам ориентированные на них образцы профессиональной журналистики на рынке СМИ.

Женщины столь восприимчивы к тому, что журналы пишут о красоте, так как украшение себя является важной и нередко приятной составляющей женской культуры. И других мест, где они могли бы так активно приобщиться к ней, почти нет. Миф о красоте изолирует женщин не только по возрастному признаку, он также учит их настороженно относиться друг к другу по признаку внешности. Он пытается изолировать женщину от всех других женщин, которых она не знает или которые ей не нравятся. Конечно, у каждой из них есть круг близких друзей и подруг, но миф о красоте и социальная среда, в которой до недавнего времени жили женщины, не дали им возможности научиться делать то, что позволяет проводить социальные преобразования в мире мужчин, — солидаризироваться с другими женщинами вне рамок тесного личного общения.

Миф пытается убедить нас в том, что незнакомая женщина неприступна и вызывает подозрение, пока не открыла рот и не заговорила с тобой, просто потому что она — *другая женщина*, а мышление в русле мировоззрения красоты заставляет женщин рассматривать друг друга как потенциальных соперниц до тех пор, пока они не станут подругами. Оценивающий взгляд, который незнакомые женщины бросают друг на друга, говорит сам за себя. Это быстрый, резкий, настороженный взгляд, осматривающий с головы до ног, который видит общую картинку, не воспринимая женщину как конкретную личность. Внимание обращается на туфли, фигуру, косметику, но при этом взгляд скользит мимо. Если другая женщина выглядит слишком «хорошо», то это вызывает неприязнь, а если слишком «плохо», то интерес к ней мгновенно пропадает. В результате такого отношения друг к другу женщины редко извлекают пользу из опыта, на котором держатся мужские клубы и организации и который сплачивает их членов. Это солидарность, основанная на принадлежности к определенному сообществу, члены которого за его пределами могут и не быть друзьями, но которых объединяют общие интересы, совместные мероприятия или схожие взгляды на мир.

Однако по иронии судьбы миф о красоте, который разъединяет женщин, в то же самое время и объединяет их. Жалобы по поводу красоты дают повод и возможность незнакомым женщинам вступать в приятное общение и ломать настороженное отношение друг к другу. Кривая улыбка в разговоре о калориях или сетование по поводу состояния своих волос способны растопить лед неприязни во время мрачного изучения «соперницы» в ярком свете дамской комнаты. С одной стороны, женщин настраивают конкурировать с себе подобными в плане красоты. С другой стороны, когда одна женщина — невеста или посетительница бутика — хочет нарядиться для важного мероприятия, другие крутятся и суетятся вокруг нее и выступают как слаженная, хорошо сыгранная команда во время футбольного матча, с легкостью делая общее дело. Эти милые и приносящие удовлетворение обряды, когда женщины играют на одной стороне, эти случаи совместного проявления женской сущности являются одними из немногих сохранившихся женских ритуалов, и этим и объясняется их прелесть и сила. Но, к сожалению, эта чудесная общность моментально исчезает, как только женщины вновь оказываются в общественном месте и возвращаются к своему изолированному, неравноправному, предполагающему взаимную угрозу и ревностно охраняемому статусу «красавицы».

Женские журналы удовлетворяют потребность женщин в этом восхитительном чувстве обезличенной женской солидарности, не связанной с близкими отношениями, случаи проявления которой в настоящее время, по сравнению с пиком ее развития в период второй волны феминизма, встречаются столь редко. Они выпускают на волю женское стремление к легкой непринужденной болтовне, преодолевая барьеры потенциальной ревности и предвзятого отношения. Что же на самом деле думают, чувствуют и переживают другие женщины, когда они оказываются вне зоны действия мужской культуры? Журналы дают им возбуждающее и держащее их в тонусе чувство, которое они переживают так редко и которое мужчины испытывают в своих группах постоянно — это чувство сопричастности без тени какой-либо враждебности к миллиону других людей твоего пола, мыслящих и думающих так же, как ты. И пусть женские журналы предлагают сильно разбавленную версию этого чувства, женщины настолько лишены этого, что даже в слабой концентрации оно оказывает сильное действие. Каждая читательница, будь то домохозяйка из мормонской общины в Финиксе, школьная учительница из Ланкашира, концептуальная художница из Сиднея, неработающая и получающая пособие на детей мать-одиночка из Детройта, профессор физики из Манхэттена, проститутка из Брюсселя или au pair* из Лиона — все они погружаются в один и тот же источник образов. Все они могут в той или иной мере принять участие в формировании мировой женской культуры, которая, несмотря даже на наносимый ею вред, все еще остается одним из немногих доступных женщинам способов проявления солидарности в реализации своего женского начала.

Именно поэтому «идеальное» лицо обретает такую силу. Дело не в том, что в нем есть что-то особенное и только ему присущее. Его единственная сила заключается в том, что оно было признано «тем самым лицом» и миллионы женщин смотрят на него одновременно и знают об этом. Лицо, рекламирующее косметику Christian Dior, смотрит с автобуса на бабушку, пьющую кофе с молоком на своем балконе в Мадриде, и на девушку-подростка из деревушки в Дорсете, работающую по программе обучения молодежи и приклеивающую его

* Au pair — термин, применяемый для обозначения молодых людей, живущих в чужой стране в принявшей их семье и выполняющих определенную работу (чаще всего по уходу за детьми). В качестве компенсации они получают питание, комнату для проживания и деньги на карманные расходы, а также возможность выучить язык и познакомиться с культурой этой страны. — *Прим. ред.*

увеличенное изображение на рекламный щит в местной аптеке, и это же лицо сияет над восточным базаром в Александрии. Журнал *Cosmopolitan* продается в 17 странах. А когда женщина покупает продукт Clarins, она тем самым «присоединяется к миллионам других женщин по всему миру». И продукты для похудения Weight Watchers обещают «друзей. Больше друзей. Еще больше друзей».

Парадоксально, но миф о красоте способствует женской солидарности, это своего рода женский Интернационал. Где еще женщины чувствуют себя так или иначе связанными с миллионами других женщин во всем мире? Образы, поставляемые женскими журналами, помогают оценить, каких масштабов может достигать женская солидарность, охватывающая половину человечества. Это всего лишь искусственный язык, вроде эсперанто, но за неимением более совершенного аналога женщины вынуждены мириться с ним, хотя он и регулируется потребностями рынка и причиняет им вред.

Наши журналы просто отражают нашу собственную проблему: значительную часть своих публикаций, способствующих продвижению женщин, они должны сопровождать материалами, связанными с мифом о красоте, чтобы ослабить воздействие первых. Будучи серьезными, журналы обязаны быть и в равной степени легкомысленными. Давая женщинам силу и власть, они одновременно должны поощрять в них мазохизм. Если писатель и феминистка Мардж Пирси нападает в *New Woman* на культ диет, то на первой же странице номера обязательно должна быть напечатана «страшилка» об ожирении. Когда редакторы делают шаг вперед во имя себя и своих читательниц, они одновременно с этим должны сделать и шаг назад в область мифа о красоте ради своих спонсоров.

Рекламодатели — это вежливые и обходительные цензоры. Они стирают грань между свободой слова и требованиями рынка. Журналы могут создавать атмосферу клуба, гильдии или расширенной семьи, но при этом они должны функционировать как бизнес. В зависимости от того, кто является их рекламодателями, проводится тщательный отбор публикуемых материалов. Это не осознанная политика, она не фигурирует в служебных записках, о ней нет необходимости думать или говорить. Все и так понимают, что определенный ход мыслей в вопросах красоты может отпугнуть рекламодателей, в то время как другой будет способствовать продвижению их продуктов. Из-за необходимости поддерживать определенный уровень доходов от рекламы, чтобы продолжать свою издательскую деятельность, редакторы пока еще *не могут позволить себе* свободно отбирать статьи и тестировать рекламируемые продукты так, будто миф о красоте не оплачивает их счета. Женские журналы получают доход не от обложки, поэтому в их содержании должны учитываться интересы тех, кто размещает рекламу. В статье под названием «Кризис журналов: продажа за рекламу», опубликованной в *Columbia Journalism Review*, Майкл Хойт пишет, что женские журналы всегда находились под особым давлением со стороны рекламодателей и новым сейчас можно признать только небывалую прежде силу этого давления.

Конечно, женские журналы — не единственные, кто находится в финансовой зависимости от мифа о красоте. Все средства массовой информации во все большей степени попадают в нее. В 1980-х наблюдался быстрый рост тиражей журналов, каждый из которых отчаянно боролся за свой кусок рекламного пирога. Теперь давление оказывается и на новостные издания. «Нам становится все труднее сохранять свою свободу и независимость», — жалуется редактор журнала *Christian Science Monitor*. А редактор *Harper's* Льюис Лэпхэм пишет о том, что его нью-йоркские коллеги все больше говорят о «недолговечности слова» и «советуют проявлять осторожность в подходе к трактовке тем, которые могут отпугнуть крупных покупателей рекламного пространства».

Он также говорит, что «американская пресса всегда была и по сей день остается прессой-“ускорителем”» и что статьи в ней всегда поддерживали и продвигали темы и идеи, навязываемые рекламой. Как пишет журнал *Time*, нынешнее руководство СМИ «рассматривает читательскую аудиторию как рынок». Поэтому издатели должны усиленно искать высококлассных рекламодателей и «не горячиться», когда речь идет о профессиональных статьях. «Если бы Уотергейтский скандал произошел сегодня, этот материал пришлось бы согласовывать с отделом маркетинга», — говорит издатель Томас Уиншип. А *Columbia Journalism Review* цитирует бывшего редактора журнала *The Boston Globe*: «Журналы — предмет потребления, они существуют для того, чтобы продавать товары, а конкуренция в настоящее время очень высока». Он признается, что теперь и его издание сильно зависит от рекламы моды. «Раньше между рекламой и редакционными статьями был шелковый занавес, а сейчас его нет. В последние годы некоторые издатели лезут из кожи вон, чтобы заполучить рекламодателей путем создания того, что те считают благоприятной редакционной атмосферой». Хойт пишет, что, по мнению редактора *Harper's* Джона Макартура, «написание рекламных материалов» разрушает то, в чем заключается ценность журналов — «атмосферу качества и доверия». Если эта тенденция не изменится, останется очень немного средств массовой информации, которые смогут свободно исследовать и ставить под сомнение миф о красоте или даже просто предлагать альтернативные решения, не беспокоясь о реакции рекламодателей.

Усилившаяся конкуренция со стороны телевидения позволила расплодиться еще большему количеству вариантов «железной девы». В 1988 г. среднестатистический гражданин США просмотрел на 14% больше телевизионной рекламы, чем за два года до этого, — по 650 рекламных роликов в неделю. А ежедневно их транслируется около 1000. Индустрия рекламы называет эту ситуацию «зрительским замешательством»: зритель запоминает только 1,2 из 650 посланий, то есть меньше, чем в 1983 г., когда эта цифра составляла 1,7. Рекламный бизнес пребывает в панике.

Чтобы переломить ситуацию, образы женщин и красоты делают все более экстремальными. Как сообщили журналу *The Boston Globe* представители руководства рекламных компаний: «Мы должны давить сильнее, шокировать, прорываться вперед. Теперь, с ужесточением конкуренции, торговля тоже становится намного жестче (на сленге гомосексуалистов “жесткая торговля” означает гетеросексуального партнера с садистскими наклонностями). Современный бизнес стремится соблазнять еще более активно и отчаянно… Он хочет сломить всякое сопротивление». Изнасилование — ходовая метафора нынешней рекламы.

Кроме того, индустрия кино, телевидение и журналы вынуждены конкурировать с порнографией, которая сегодня представляет собой самый крупный и влиятельный вид СМИ. В мировом масштабе она приносит ежегодный доход $7 млрд. Это больше, чем легальная киноиндустрия и шоу-бизнес вместе взятые. Порнографических фильмов снимается в три раза больше, чем всех остальных, и это приносит доход $365 млн в год или $1 млн в день только в США. Британские порнографические журналы продаются в количестве 20 млн экземпляров в год по цене от £2 до £3, что дает ежегодный доход £500 млн. Шведская порноиндустрия приносит 300–400 млн шведских крон в год. Любой секс-шоп в Швеции предлагает около 500 наименований товаров, тогда как табачная лавка — от 20 до 30. В 1981 г. 500 000 шведов еженедельно покупали порнографические журналы. В 1983 г. каждый четвертый из взятых напрокат видеофильмов был порнографическим, а к 1985 г. крупнейшие дистрибьюторы продавали через киоски

13,6 млн экземпляров порножурналов. В США 18 млн человек ежемесячно покупают 165 наименований различных порнографических журналов на сумму $500 000 в год. Каждый десятый американец ежемесячно читает *Playboy*, *Penthouse* или *Hustler*. В Канаде *Playboy* и *Penthouse* — самые читаемые журналы. Итальянские мужчины ежегодно тратят на порнографию 600 млрд лир, а порнографические видеофильмы составляют в Италии 30–50% всех видеопродаж. Согласно результатам исследований, порнография повсеместно становится все более агрессивной, жесткой и связанной с насилием. Как заявил скандально известный кинорежиссер Хершил Гордон Льюис: «В своих фильмах я калечил женщин, потому что понимал, что это поднимет кассовые сборы».

Вся эта конкуренция образов происходит при отсутствии регулирования мирового телеэфира. Вследствие этого миф о красоте распространяется с запада на восток, от богатых стран к бедным. Американские телепрограммы заполняют европейский эфир, а европейские — эфир стран третьего мира. В Бельгии, Голландии и Франции 30% телепередач составляют американские, а в развивающихся странах около 71% телепрограмм импортируется из развитых стран. В Индии за последние пять лет число частных телевизионных каналов удвоилось, а с 1984 г. рекламные компании начали спонсировать телепередачи. Еще 10 лет назад большинство европейских телеканалов принадлежали государству, но их приватизация, а также появление кабельного и спутникового телевидения радикально изменили ситуацию. К 1995 г. из существующих 120 каналов уже лишь немногие финансировались не за счет рекламы, причем ожидалось, что к 2000 г. доходы от нее увеличатся с $9 до $25 млрд.

Америка и Великобритания также не стали исключением. Как сообщает лондонская газета *The Guardian*, телевидение пребывает в панике. За 10 лет (с 1979 по 1989 г.) оно потеряло 16% рынка, уступив их кабельному и независимому телевидению и видео.

С наступлением эпохи гласности миф о красоте проник за «железный занавес». С одной стороны, он не давал развиться феминистскому движению, с другой — воплощал собой потребительский рай после эпохи дефицита. Советский публицист Наталья Захарова заявляла: «С высокой вероятностью гласность и перестройка принесут советским женщинам весьма противоречивые и сомнительные свободы. Гламур станет одной из них». Ее слова оказались пророческими. Первый венгерский таблоид с говорящим само за себя названием *Reform* («Реформа»), который читал каждый десятый венгр, стал печатать на каждой странице фотографии обнаженных выше или ниже пояса моделей. Журнал *Playboy* провозгласил актрису Наталью Негоду «первой советской секс-звездой». Коммунистический Китай в 1988 г. впервые принял участие в конкурсе красоты на звание «Мисс Вселенная», и в том же году состоялся первый конкурс красоты «Мисс Москва». Вскоре примеру Китая и СССР последовали Куба и Болгария. В 1990-е гг. в странах социалистического блока стали издаваться несколько, правда, старомодные версии *Playboy* и женских глянцевых журналов. Так там начал развиваться свой собственный, «внутренний» миф о красоте. Отвечая на вопрос о разнице между Западом и Россией, советская феминистка Татьяна Маманова сказала: «Порнография… она везде, даже на рекламных стендах. Это просто еще один вид нападения. И это не кажется мне свободой».

На свободном Западе есть много вещей, о которых женские журналы не могут написать. В 1956 г. было заключено первое «соглашение», когда производители нейлона купили рекламные полосы на сумму $12 000 в журнале *Woman,* за что главный редактор издания пообещал не печатать никаких материалов о натуральных тканях и волокнах. «Такому умалчиванию, — пишет Джэнис Уиншип, — осознанному или нет, суждено было стать явлением обычным и повсеместным».

Мы унаследовали эту «традицию» умалчивания от предыдущих поколений, и она мешает нашей свободе слова. По мнению Глории Стайнем, журнал *Ms** потерпел серьезные убытки и потерял рекламодателей в лице крупных косметических компаний, потому что помещал на своей обложке советских женщин, которые были недостаточно сильно накрашены. Один британский журнал потерял рекламных $35 000 на следующий же день после того, как его редактор Кэрол Сарлер сказала, что считает трудной задачей представлять

* Ms — американский женский феминистский журнал, издается с 1971 г. Глория Стайнем была одной из его основательниц. — *Прим. ред.*

женщин умными, когда у них на лице килограмм косметики. Седовласый редактор ведущего женского журнала сказал седовласой же писательнице Мэри Кей Блейкли, что статья о великолепии и красоте седых волос стоила изданию полугодовых рекламных вложений компании *Clairol*, производящей краску для волос. А сотрудница журнала *New York Woman* поведала мне, что его редактора просто поставили перед фактом: по финансовым соображениям на обложку номера нужно поместить модель, а не замечательную женщину, о которой планировалось дать большой материал.

Глория Стайнем так вспоминает о трудностях финансирования журнала вне рамок мифа о красоте: «Мы не хотели, чтобы журнал строился вокруг традиционных "женских" рекламных продуктов, и не желали давать материалы, усиливающие воздействие рекламы, — статьи о красоте с упоминанием соответствующих товаров и тому подобное. Мы понимали, что нам будет трудно выжить. (К счастью, мы не знали, *насколько* трудно.) Но оказалось, что привлечь рекламодателей, продающих автомобили, магнитофоны, пиво и другие товары, традиционно для женщин не предназначенные, гораздо легче, чем убедить кого-то в том, что женщины могут смотреть на рекламу шампуня, даже если ее не сопровождает статья о том, как им мыть голову, точно так же, как мужчины изучают рекламу средств для бритья, обходясь без статей о том, как им надо бриться».

В своем более позднем интервью журналу *New Woman* она сказала: «Рекламодатели не верят в то, что женщины могут формировать общественное мнение». Стайнем убеждена в том, что рекламодатели должны меняться. И она верит, что это произойдет, пусть и не при ее жизни. Но женщинам тоже надо меняться: только когда мы начнем воспринимать наши собственные средства массовой информации всерьез и продемонстрируем, что не хотим читать инструкции о том, «как надо мыть голову», рекламодатели признают, что женские журналы имеют право на такую же степень свободы слова, как мужские.

Другой вид цензуры еще более прямолинеен: женские журналы распространяют «информацию» о продуктах индустрии красоты в условиях жесткого контроля. Когда вы читаете о разного рода кремах и чудо-маслах, то имеете дело не со свободно выраженным мнением — редакторы отделов красоты не могут сказать всей правды о продуктах своих рекламодателей. В статье журнала *Harper's Bazaar* под названием «Моложе с каждым днем» мнения о различных кремах от морщин высказывали исключительно президенты косметических компаний. Производители косметики и туалетных принадлежностей тратят на рекламу больше, чем любая другая промышленность. Но чем больше процветает индустрия, тем хуже обстоят дела с потребительскими и гражданскими правами женщин. Ассортимент косметических продуктов ежегодно увеличивается на 15%, и статья, посвященная вопросам красоты, не сильно отличается от собственно рекламы. «Редакторы статей о красоте, — писала Пенни Чорлтон в *Cover-up,* — редко могут рассказывать о косметике свободно», так как рекламодатели требуют от них в качестве условия размещения рекламы продвижения их продуктов в журнальных статьях. Женщина, которая покупает косметический продукт по рекомендации журнальной статьи, рискует быть обманутой сразу двумя источниками информации.

Наконец, этот рынок поддерживается на плаву еще одним более серьезным видом цензуры. Далма Хейн, редактор двух женских журналов, подтверждает, что «омолаживание» женских лиц на фотографиях — дело обычное. Она отмечает, что женские журналы «игнорируют женщин постарше или делают вид, что их вообще не существует. Журналы избегают помещать фотографии женщин среднего возраста, а если и пишут статьи о знаменитостях, которым больше 60, то визажисты и фоторедакторы делают все возможное, чтобы "помочь" красивым женщинам выглядеть еще красивее, то есть моложе своих лет».

Этот вид цензуры по отношению к образу любой женщины постарше не ограничивается женскими журналами: Боб Чиано, в свое время работавший художественным директором журнала *Life*, говорит, что ни одна фотография женщины не публиковалась без «поправок». «Даже если известные женщины в возрасте не хотят, чтобы их приукрашивали, мы все равно упорно делаем так, чтобы они выглядели лет на 50».

По мнению Хейн, современные читательницы понятия не имеют о том, как в действительности выглядит на фото лицо 60-летней женщины, потому что на журнальных страницах она выглядит не старше 45 лет. «Еще хуже то, что 60-летние читательницы, глядя на себя в зеркало, думают, что выглядят слишком старыми, потому что они сравнивают себя с лицом, которое улыбается им с журнальной страницы». Фотографии тел моделей тоже часто подправляются. Уже много лет женские журналы используют компьютерные графические программы, позволяющие подделать фотографическую реальность. Женская культура представляет собой сфальсифицированную и испорченную среду. Каким же образом западные ценности, провозглашающие свободу слова и неприемлемость цензуры, сосуществуют со всем этим?

Эта проблема отнюдь не тривиальна. Она имеет непосредственное отношение к фундаментальным свободам: свободе реально представлять свое собственное будущее и гордиться прожитыми годами. Стирание возраста с лиц женщин имеет такую же политическую подоплеку, какую имела бы повсеместная и общепринятая практика осветлять цвет кожи всех положительных образов афроамериканцев. Это создавало бы такую же негативную оценку черного цвета кожи, какую сейчас создает искусственное стирание возраста на фотографиях применительно к ценности женской жизни: чем меньше лет, тем лучше. Стирать возраст с лица женщины — это все равно что стирать ее личность и индивидуальность, ее силу, историю ее жизни.

Но редакторы должны следовать формуле, которая работает. Они не могут дать читательницам то, что многие из них хотели бы получить: образы, которые не исключают их, живых настоящих и реальных, статьи, которые не обращаются к ним свысока, и надежную, проверенную информацию о потребительских свойствах рекламируемых товаров. Однако многие редакторы утверждают, что это невозможно, потому что читательницы еще сами недостаточно этого хотят.

Представьте себе женский журнал, который представлял бы в положительном свете женщин-моделей невысокого роста, полных или пожилых, а то и вовсе не представительниц модельного бизнеса, а обычных реальных женщин. Можно было бы сказать, что он избегает жестокости по отношению к женщинам, подобно тому, как некоторые люди поддерживают товары, которые не испытывались на животных. Этот журнал не печатал бы «блиц»-диеты, дающие быстрые результаты, мантры, провоцирующие ненависть женщин к себе, и статьи, рекламирующие профессию, представители которой режут тела здоровых женщин, — эстетическую хирургию. Представим себе, что такой журнал публиковал бы материалы, прославляющие великолепие реального видимого возраста, размещал бы снятые с любовью фотографические изображения женских тел самых разных форм и пропорций, с мягким любопытством исследовал бы изменения, происходящие с женским телом после рождения ребенка и кормления грудью, предлагал бы рецепты, не вызывающие чувства вины и не предполагающие наказания, и помещал бы на своих страницах соблазнительные портреты мужчин.

Подобный журнал быстро бы сел на финансовую мель, потеряв бóльшую часть рекламодателей. Журналы, осознанно или нет, должны формировать мнение, что выглядеть на свой возраст плохо, потому что свои $650 млн прибыли они получают от людей, которые обанкротились бы, если бы следы прожитых лет никого не беспокоили. Они должны, осознанно или нет, культивировать в женщинах ненависть к своему телу, чтобы те голодали, обеспечивая журналам прибыль за счет рекламы продуктов для похудения. Успех рекламодателей, создающих женскую массовую культуру, зависит от того, насколько им удастся заставить женщин переживать из-за своего лица и фигуры и тратить еще больше денег на бесполезные или даже вредящие им продукты, которые они не стали бы покупать, если бы чувствовали себя красивыми от природы.

Но важнее другое: журнал разорился бы, потому что женщины уже настолько прониклись мифом о красоте, что он стал неотъемлемой частью их сознания. Многие из нас действительно не уверены в том, что представляют собой интерес без «красоты». Так же как в том, что вопросы, волнующие женщин, интересны и важны настолько, что о них стоит читать и тратить деньги на журналы, которые не превозносят миф о красоте.

Раз ненависть женщин к самим себе увеличивает спрос и цену на продукты красоты, значит, основная мысль, которую журналы доносят до своих читательниц, должна оставаться неизменной — до тех пор, пока неизменной остается их ответная реакция. Этим и объясняется оскорбительно-назидательная и снисходительная манера обращения женского журнала к женщинам, которой не позволяет себе ни один другой вид изданий при обращении ко взрослым людям, имеющим в кармане деньги, — манера давать советы, что делать, а чего не делать. В мужских журналах подобный тон — *давай* инвестируй в необлагаемые пошлиной ценные бумаги и *не* голосуй за Республиканскую партию — просто немыслим. Поскольку рекламодатели зависят от определенного поведения женщин-потребителей, которого можно добиться только при помощи угроз и принуждения, эти угрозы и принуждение должны обязательно присутствовать в содержании редакционных статей, снижая тем самым их ценность.

Женщины везде и всюду видят вокруг себя Лицо и Фигуру не потому, что таким образом им хотят показать мужскую мечту о женском идеале, а потому что рекламодателям нужно продавать свои товары при помощи «бомбардировки» образами, призванными подорвать самоуважение женщины. Тот факт, что сейчас и мужчины, и женщины обращают внимание на Лицо и Фигуру, объясняется причинами скорее политическими, чем сексуальными. А это означает, что в условиях ожидаемой в будущем еще более жесткой конкуренции миф о красоте будет еще сильнее укреплять свои позиции — если только не произойдет изменений в нашем сознании. Ведь женские журналы не могут стать интереснее до тех пор, пока женщины не поверят в то, что они сами интереснее, чем привыкли о себе думать.

И тогда чем дальше журналы будут вести читательницу по пути интеллектуального развития, тем дальше они будут тянуть ее и по трудному, не сулящему ничего, кроме разочарований, пути зависимости от «красоты». Но чем сложнее и извилистее будет становиться этот путь, тем больше у женщин будет усиливаться ощущение, что в нашей культуре наблюдается явное «раздвоение личности», которое она стремится навязать и им, культивируя в них чувство вины и заманивая и соблазняя яркими обложками «глянца».

4

Вера

Религия красоты

Журналы проповедуют миф о красоте как новое Евангелие. Читая их, женщины участвуют в создании вероучения не менее влиятельного, чем любая другая из мировых религий. И чем стремительнее теряют авторитет традиционные верования, тем охотнее женщины принимают его, чтобы заполнить образующуюся духовную пустоту. С другой стороны, общество также очень активно поддерживает и насаждает эту новую религию, чтобы заменить ею власть церкви и передать ей функции контроля над женщинами.

Религия красоты призвана противодействовать новообретенной свободе женщин и препятствовать их включению в мирскую общественную жизнь. Для этого в ход идут средневековые предрассудки, поддерживающие неравенство полов надежнее любых других средств. По мере того как женщины вступают в более активное противоборство с традиционным миром, их все сильнее угнетает мощная мировоззренческая система, которая стремится удержать их в рамках образа мыслей, от которого мужчины отказались еще в позднем Средневековье. Если один способ мышления основывается на средневековой системе веры, а другой является очень современным, то очевидно, что современный мир и его власть будут принадлежать последнему. Обряды религии красоты архаичны и примитивны, поэтому основы женского сознания тоже остаются архаичными и примитивными.

Но и мужчины испытывают благоговейные чувства по отношению к этой религии. Кастовая система, основанная на «красоте», защищается с таким рвением, словно в основе ее лежит вечная истина. Ее принимают даже те люди, чье отношение к миру не зиждется на безусловной вере во что бы то ни было. В нынешнем столетии большинство сфер сознания претерпело трансформацию благодаря пониманию того факта, что правда относительна, а восприятие субъективно. Но при этом истинность и неизменность кастовой системы «красоты» принимают на веру как аксиому люди, изучающие квантовую физику, этнологию и гражданское право, атеисты, которые скептически относятся к телевизионным новостям и не верят в то, что земля была сотворена за семь дней. Эта система принимается как данность, не подвергаясь критике, словно постулат веры.

Скептицизм нынешнего века испаряется, едва речь заходит о женской красоте. Она до сих пор — и сегодня еще в бóльшей степени, чем когда бы то ни было, — воспринимается так, будто не определяется смертными людьми, не формируется политикой, историей и рыночной экономикой, а спускается к нам с небес, где и пишется божественный канон женской привлекательности.

Эта «истина» воспринимается так же, как в свое время воспринимался Бог — как вершина иерархической лестницы, ее последняя инстанция, связанная с Его представителями на земле — организаторами конкурсов красоты, фотографами и, наконец, мужчинами с улицы как нижней ступенью этой иерархии. Даже мужчина с улицы имеет некоторую долю божественной власти над женщинами, подобно тому, как мильтоновский Адам имел власть над Евой: «Создан муж Для Бога только, а жена для Бога, / В своем супруге»*. Право мужчины судить о женской красоте, при этом самому оставаясь несудимым, не подвергается сомнению, ибо считается данным ему от Бога. И применение этого права на практике приобрело для мужской культуры особую значимость, поскольку это последнее, что осталось из существовавшего ранее длинного списка мужских привилегий. Это право, которое, по всеобщему признанию, дано Богом, или природой, или иной абсолютной властью и которым обладают все мужчины над всеми женщинами. Будучи таковым, оно применяется ежедневно и соблюдается с особой строгостью, чтобы компенсировать утрату других прав в отношении женщин. Недаром многие женщины замечают метафорическое сходство между обрядами религии красоты и обрядами традиционных религий. Историк Джоан Брумберг отмечает, что язык уже самых первых книг о диетах «изобиловал

* Дж. Мильтон. «Потерянный рай». Перевод А. Штейнберг. — *Прим. ред.*

ссылками на религиозные понятия искушения и греха». Сьюзен Бордо говорит о «стройности и душе». Историк Роберта Сайд усматривает влияние христианского евангелизма на «крестный поход во имя похудения» во «впечатляющем росте числа групп ярых приверженцев похудения» и в соответствующих книгах на эту тему: «Иисусова система контроля веса» (The Jesus System for Weight Control), «Божественный ответ жиру — избавься от него» (God's Answer to Fat — Lose It), «Избавься от лишнего веса при помощи молитвы» (Pray Your Weight Away), «Больше Иисуса и меньше меня» (More of Jesus and Less of Me) и «Господи, помоги — дьявол хочет, чтобы я была толстой!» (Help Lord — The devil Wants Me Fat). Она пишет об истерии по поводу избыточного веса: «Наша новая религия не предлагает пути спасения, а только описывает непрестанно растущий замкнутый круг грехов и сомнительные способы их искупления».

Пока еще никто не хочет признавать, что такое сравнение — не просто метафора. Религия красоты не только, подобно эху, отражает традиционные религии и культы, *но и вытесняет их, беря на себя выполнение их функций*. Это новая религия, созданная на основе старых, которая использует их испытанные техники мистификации и контроля над сознанием и пытается изменить мировоззрение женщин не менее радикально, чем любое другое вероучение прошлого.

Религия красоты — это безумная смесь разных культов и верований. Она крайне жизнеспособна и оперативно откликается на меняющиеся духовные потребности своих последователей. В мифе о красоте намешано много всего, включая различные вероучения, от которых он отказывается, как только те перестают выполнять свои функции. Как и миф в более широком смысле, структура этой религии легко трансформируется всякий раз, когда возникает необходимость противостоять разного рода вызовам, связанным с укреплением женской независимости.

Образная система и методы этой религии грубо копируют средневековый католицизм. Степень контроля над жизнью женщин, которой она от них требует, сродни папскому абсолютизму. Воздействие этой религии на современных женщин напоминает влияние средневековой церкви на весь христианский мир и простирается далеко за пределы отдельной души, формируя философию, политику, отношение к сексу и экономику нашего времени. Церковь формировала и придавала смысл не только жизни отдельного человека, но и всем событиям в жизни церковной общины, не допуская разделения на мирское и религиозное. И точно так же религия красоты пронизывает и заполняет жизнь современной женщины. Подобно средневековой церкви, она основывается на чем-то не менее осязаемом и материальном, чем могила святого апостола Петра в Ватикане, а именно на том, что существует такое явление, как красота, она священна и женщины должны стремиться к ее обретению. Оба эти института богаты, и ни один из них не прощает нераскаявшихся отступников и еретиков. Приверженцы обеих церквей выучивают свой катехизис с колыбели. Обеим для моральной и материальной поддержки необходима безусловная вера их последователей.

Помимо этих основ псевдосредневекового католицизма, религия красоты вобрала в себя и взяла на вооружение отдельные характерные черты и ряда других вероучений. Так, в соответствии с догматами лютеранства, модели мира моды причисляются к разряду Избранных, а остальные — к разряду Проклятых. От англиканской церкви эта религия взяла нацеленность на идеологию потребления, которая заключается в том, что женщины могут стремиться к раю, совершая выгодные для себя добрые дела. А у иудаизма с его строгими правилами соблюдения чистоты религия красоты позаимствовала требование в точности соблюдать сотни предписаний относительно того, *что* есть, *что* носить, *что* и *когда* делать со своим телом. И, наконец, самое главное — элевсинские таинства смерти и возрождения.

Кроме того, религия взяла на вооружение техники идеологической обработки и внушения, присущие современным культовым движениям. Их грубые психологические манипуляции сознанием помогают привлечь неофитов в наш век, которому не свойственны ни спонтанное и добровольное принятие обетов веры, ни публичные заверения в преданности им.

Религии красоты так хорошо удается разделять женщин, потому что никем пока открыто не признано, что ее ярые последовательницы оказываются во власти чего-то более серьезного, чем мода, и более глубоко проникающего в жизнь общества, чем искаженное представление о самой себе. Пока еще эта религия не была описана с точки зрения того, *что* она в действительности собой представляет. Но надо отдавать себе отчет в том, что это новая разновидность фундаментализма, радикально трансформирующая светский Запад, не менее репрессивная и доктринерская, чем любая из его восточных разновидностей. Пока женщины пытаются справиться с вызовами современного мира, в который они лишь недавно были допущены, на них постоянно воздействует сила, которая, по сути, является разновидностью массового гипноза и пытается вернуть их к средневековому образу мыслей. Вместе с тем никто не хочет называть эту силу вслух. Если женщины и упоминают о ней, то только шепотом. Они делают это так, словно описывают массовую, присущую всем женщинам галлюцинацию, но никак не конкретную реальность, существование которой никто не хочет признать.

Религия красоты завладела сознанием женщин в процессе развития женского движения, потому что природа не терпит пустоты. Она вернула женщинам то, что те потеряли, когда умер Бог. В предыдущем поколении изменение нравственных установок ослабило религиозные ограничения на сексуальное поведение женщин. Сокращение числа церковных приходов и разрушение традиционных семейных устоев в послевоенный период лишило религию возможности диктовать женщинам моральные законы и нормы поведения. В условиях образовавшегося в тот момент вакуума — отсутствия религиозной власти — возник риск того, что женщины отдадут эту власть новой миротворческой, основанной на приверженности коммунитаризму женской традиции, которую Кэрол Гиллиган исследовала в своей книге «Иным голосом»*. Такая эволюция могла быстро привести к долгосрочным социальным переменам и заставить женщин поверить в то, что эти перемены происходят по воле Божьей. Сострадание могло прийти на смену иерархическим отношениям, а свойственное женщинам уважение к человеческой жизни — нанести серьезный удар по экономике, основанной на милитаризме, а также по рынку рабочей силы, ориентированному на использование людей как одноразового ресурса. Если бы это произошло, женщины могли бы изменить свое представление о человеческой сексуальности и осмыслить ее как доказательство святости своего тела, а не его греховности, и тогда удобная для мужчин вера в то, что принадлежность к женскому полу есть нечто грязное, рисковала бы устареть и вовсе исчезнуть. Чтобы исключить возможность такого развития событий, религия красоты взяла на себя миссию, которую прежде выполняла традиционная церковь и с которой она перестала справляться. Убеждая женщин в необходимости внутреннего полицейского контроля, новая религия даже лучше, чем прежние, удерживает их в повиновении.

---

* Гиллиган К. Иным голосом: психологическая теория и развитие женщин. — М.: Республика, 1992.

Быстрому распространению нового вероучения способствовало возникшее у женщин на тот момент ощущение утраты моральных ориентиров. Оно воссоздало для них, только теперь уже на основе физических параметров, привычные социальные роли, вернув представление о ценности «достойных женщин» — целомудренных и самоотверженных матерей, дочерей и жен. Устаревшие методы защиты норм морали были пересмотрены. И пока общество в целом отказывалось от ограничений традиционной религиозной морали, присущий ей моральный кодекс — сокращенный и видоизмененный, но выполняющий те же функции — все туже затягивал петлю на женских телах.

Многие женщины, со своей стороны, приветствовали появление этих новых ограничений как нечто дарующее утешение и спокойствие. Новая религия распространялась в условиях социального хаоса, когда женщины должны были устанавливать свои правила в мире, отвергшем прежние истины. Эта религия вернула им ощущение социальной значимости, чувство солидарности и утраченные моральные ориентиры. Окружающая реальность, основанная на конкуренции, поощряет аморальное поведение, и, чтобы преуспеть в жизни, женщины вынуждены к этому приспосабливаться. Религия красоты дает работающей женщине возможность опираться на свой свод правил в ситуации, когда устаревшие нравственные сомнения могут помешать ее карьере. Женщины, делающие карьеру в мирской жизни, зачастую разъединены, однако как религиозные подвижницы они тесно связаны между собой.

Общество больше не придает сакрального значения девственности или супружеской верности, не требует от женщины покаяния в грехах или поддержания идеальной чистоты и порядка на кухне. Однако после разрушения пьедестала «достойной» женщины и до получения доступа к реальной силе и власти она лишилась прежней социальной среды, в которой у нее были внешние атрибуты значимости и признания. Благочестивые женщины раньше действительно назывались «достойными» (хотя они были «достойными» только до тех пор, пока оставались благочестивыми). В ориентированный на мирскую жизнь век, породивший феминистское движение, женщины перестали каждое воскресенье слышать, что они прокляты, но точно так же им перестали говорить и том, что они «праведны». Если Дева Мария была «благословенна в женах», а добродетельная еврейка знала, что «цена ее выше жемчугов»*, то все, на что может рассчитывать современная женщина, это услышать, что она божественно выглядит.

Религия красоты так привлекает женщин еще и потому, что удовлетворяет их внутреннюю потребность в ярких цветах и поэзии. Прокладывая себе путь в ориентированном на мужчин мире, который часто оказывается слишком прозаичным, женщины открывают для себя

* Ветхий Завет. Притчи, 31. — *Прим. ред.*

таинства красоты по-новому, и те начинают казаться им особенно притягательными. Чем больше требований, отнимающих время и силы, обрушивается на женщин, тем заманчивее выглядят религиозные обряды красоты, дарующие минуты, которые можно посвятить себе. Эти обряды возвращают женщинам ощущение тайны и чувственную радость, что является своего рода компенсацией за дни, проведенные при резком свете ламп в рабочих кабинетах. Женщин учат воспринимать обряды красоты как исторически восходящие к Церкви. С момента начала промышленной революции тот мирок, которым была ограничена жизнь женщины, приписывал женственности прежде всего благочестие. Это, в свою очередь, оправдывало исключение женщин среднего класса из общественной жизни: раз они были признаны «чистыми», то должны были избегать публичных мест и общественных мероприятий, чтобы сохранить эту «чистоту». Сегодня женщин называют «прекрасным полом», что переводит их в разряд людей низшего класса, поглощенных мыслями о сохранении этой «прекрасности».

Произошедшая в индустриальную эпоху феминизация религии не прибавила женщинам авторитета в церковной иерархии. «Пуритане поклонялись патриархальному богу, но среди прихожан церквей в Новой Англии женщин было больше, чем мужчин», — пишет историк Нэнси Котт в своей книге «Узы женственности» (The Bonds of Womanhood). Она также отмечает, что, несмотря на рост числа верующих женщин в XIX в., церковная иерархия оставалась «исключительно мужской». Феминизация религии усиливалась одновременно с секуляризацией мужского мира. «Наблюдаемое в Америке после Гражданской войны укрепление позиций протестантизма происходило скорее благодаря женщинам, чем мужчинам», — соглашается с ней Джоан Брумберг. До последнего времени женщины не могли стать священниками или раввинами. Их учили без лишних вопросов принимать на веру мужскую церковную интерпретацию того, чего от них хочет Бог. С момента начала промышленной революции их роли предполагали не только религиозное смирение, но и посильную помощь в проведении церковных мероприятий, в том числе, как говорит Энн Дуглас в книге «Феминизация американской культуры» (The Feminization of American Culture), поддержку культа личности священника или другого служителя церкви. Иными словами, у женщин очень короткая история присутствия в органах церковной власти и очень длинная история подчинения им. Редко принимая участие в управлении доходами церкви, они часто вносили в них свою вдовью лепту.

Набожность женщин викторианской эпохи выполняла ту же двойственную функцию, что и религия красоты. С точки зрения общества, где господствуют мужчины, она вполне безобидно и даже с пользой для дела отвлекала внимание и энергию образованных, имеющих свободное время женщин среднего класса от протеста, а с точки зрения самих женщин, придавала смысл их жизни. Британский экономист Харриет Мартино поделилась своим наблюдением о том, что американские женщины из среднего класса «относились к религии как к профессии, поскольку были лишены возможности реализовать свои моральные потребности, а также интеллектуальные и физические способности иными способами». Нэнси Котт пишет, что «религиозное рвение требовало от женщин вполне ожидаемой самоотверженности и покорности, но одновременно с этим давало им приносящую огромное удовлетворение поддержку». То же самое происходит с женщинами и в наши дни.

Характерное для иудейско-христианской традиции предвзятое отношение к женщинам подготовило благодатную почву для расцвета новой религии. Свойственное этой традиции женоненавистничество предполагало, что женщины еще в бо́льшей степени, чем мужчины, должны отказаться от критического образа мыслей, если они хотят считаться верующими. Воздавая должное женской покорности, ставя женщинам в вину их сексуальность и обещая им отпущение грехов только при условии их подчинения и повиновения мужчине как посреднику между Богом и ими, иудейско-христианская традиция завещала новой религии опираться на женское легковерие.

Что же в действительности представляет собой эта новая вера, в которую обращаются женщины?

Структура новой религии

Сотворение мира

Иудейско-христианская история Сотворения мира — сердце новой религии. Благодаря трем библейским стихам (Книга Бытия 2:21–23), начинающимся со слов:

«И навел Господь Бог на человека крепкий сон; и когда он уснул, взял одно из ребер его…», именно женщины стали жрицами религии красоты и позволили манипулировать собой. Они вынесли из этих строк чувство, что их тела появились как нечто вторичное или даже второсортное. Если Адама Бог создал из глины по своему образу и подобию, то Ева представляет собой некое подобие Адама, сотворенное из его же ребра. Бог вдохнул жизнь прямо в ноздри Адама, тем самым одухотворяя его тело, а тело Евы стоит на одну ступень ниже, представляя собой лишь несовершенную материю.

Книга Бытия объясняет, почему именно женщины часто испытывают потребность выставлять свое тело на обозрение мужчин, чтобы придать ему законный статус. В наше время «красота» придает женскому телу легитимность, в которой отказал ему Бог. Многие женщины не верят в то, что они красивы, пока не добиваются официального одобрения, правом на которое в нашей культуре обладают мужчины, просто потому что в Библии сказано, что они созданы по образу и подобию Бога Отца. Это одобрение надо купить или получить у мужчины, являющегося наместником Бога на Земле: пластического хирурга, фотографа или судьи на конкурсе красоты. Женщинам свойственно беспокоиться о своем физическом совершенстве, мужчины же делают это крайне редко, так как в Книге Бытия сказано, что они сразу были сотворены совершенными, в то время как женщина начала свое существование как неодушевленный кусок плоти — бесформенный, необработанный, иными словами, несовершенный.

«Будьте совершенны, как Отец ваш небесный», — призывал людей Иисус Христос. А Элизабет Арден* обещала женщинам: «Прошлое прощено. Настоящее улучшается. Будущее совершенно», — подобно тому, как совершенна модель Полина Поризкова. Страстное стремление женщин к «совершенству» вызвано и подогревается убеждением, что их тела хуже, чем мужские, что они — материя второго сорта, которая стареет быстрее. «Мужчины, конечно же, стареют красивее», — утверждает косметолог Салли Уилсон, а Оскар Уайльд писал: «Под вторым сортом я подразумеваю то, что постоянно утрачивает свою ценность». Разумеется, мужчины не стареют красивее нас в физическом плане. Они стареют красивее только с точки зрения своего социального статуса. Мы воспринимаем это именно таким образом, потому что привыкли воспринимать следы возраста на лицах женщин как изъян, а на лицах мужчин — как свидетельство индивидуальности. Но если бы мужчины призваны были служить «украшением», а период юности рассматривался бы как пик их привлекательности, то «выдающийся и знаменитый» мужчина средних лет выглядел бы в наших глазах шокирующе плохо.

Второсортное женское тело нуждается в постоянном усовершенствовании, и для этого есть способы, придуманные мужчинами. Новая религия предлагает

---

* Элизабет Арден (1878–1966) — канадская предпринимательница, основательница косметической империи в США. — *Прим. ред.*

закалить женское тело в горниле красоты, чтобы затем, очистив его от окалины, придать ему «законченность». Обещание, которое христианство дает применительно к смерти, религия красоты дает применительно к боли: она учит, что «верующая» проснется на другом берегу в теле, исполненном света, очищенная от проклятия — не смерти, но принадлежности к женскому полу. В христианском раю человек освобождается от тела, а душа не имеет пола. В религии красоты женщина также очищается от проклятия своей половой принадлежности. Но на смену прежнему позору *быть* женщиной приходит новый позор — *выглядеть* некрасивой женщиной.

Мы, женщины, часто злимся на свои приступы ненависти к себе, которые, как мы сами чувствуем, архаичны. Но учитывая, что наша религия восходит к истории Сотворения мира, мы можем простить себя за это: на протяжении трех с половиной тысячелетий женщинам объясняли, откуда они появились и из чего сотворены, и этот груз невозможно с легкостью стряхнуть с себя за два десятилетия.

Мужчины, напротив, всегда видят себя в собственных глазах богоподобными и именно поэтому чувствуют, что с их телами в целом все в порядке. Исследования показывают, что если женщины склонны искажать представление о своем теле в негативную сторону, то мужчины, наоборот, в своем воображении видят свое тело скорее в позитивном ключе, причем и то и другое представление не соответствует действительности. Под влиянием религии, построенной на концепции богоподобности мужчин, чувство вины по поводу своего тела стало для западных женщин постулатом веры, который не обязательно должен отражать реальное положение дел. В то время как лишь один мужчина из десяти испытывает «недовольство» своим телом, среди женщин таких недовольных одна треть. Избыточным весом в равной степени страдают представители обоих полов, но от одной трети до 95% участников программ похудения составляют женщины. Они считают, что у них серьезная проблема с лишним весом, если он на 7 кг превышает среднестатистические показатели. А вот мужчин этот вопрос вообще не волнует, пока их вес не превысит среднестатистический на 15 кг. Эти цифры не значат, что по сравнению с богоподобной расой мужчин женщины представляют собой порочных созданий с несовершенной внешностью. Если уж на то пошло, женщины куда ближе к выработанному нашей культурой идеалу красоты, потому что мы прилагаем к этому больше усилий. Но эти цифры отражают сильное влияние иудейско-христианской традиции, согласно которой женская плоть является свидетельством данного Богом несовершенства, в то время как толстые мужчины — это просто располневшие боги. Реальные характеристики ожирения не имеют никакого значения, так как эта религия — не о том, чье тело имеет избыточный вес, а о том, чье тело не такое, как надо, то есть «неправильное».

Религия красоты объявляет пластического хирурга художником-священником, более искусным творцом, чем родная мать или «мать-природа», которая изначально произвела на свет несовершенное женское тело. И совершенно очевидно, что многие врачи разделяют эту точку зрения: эмблема конференции по ринопластике, проходившей в Waldorf Hotel, представляла собой высеченное из потрескавшегося камня женское лицо. Доктор медицинских наук Мохаммед Фахди в профессиональном журнале по эстетической хирургии назвал женскую плоть «глиной или мясом». В газете *The New York Times* сообщается о симпозиуме по вопросам красоты, спонсорами которого выступают Нью-Йоркская академия искусств и Американская академия пластической хирургии. В другой статье, опубликованной в этой же газете под говорящим заголовком «Священный Грааль привлекательной внешности», доктор Рональд Фраген признается, что поначалу лучше практиковаться на лицах из глины, потому что в этом случае «можно исправить свои ошибки». Доктор Томас Риз в своей книге «Больше, чем просто красивое лицо: Как эстетическая хирургия может улучшить твою внешность и твою жизнь» (More than Just a Pretty Face: How Cosmetic Surgery Can Improve Your Looks and Your Life) пишет: «Даже величайшие художники всех времен и народов вынуждены были иногда переделывать какой-то фрагмент своей картины». Для современной женщины пластический хирург — священная персона, претендующая на поклонение, которого в прежние времена женщины удостаивали лишь священнослужителей.

Первородный грех

Вопрос: Мне только 21 год. Нужно ли мне пользоваться омолаживающим кремом Niosome Systeme Anti-Age?..

Ответ: Да, конечно. Процесс старения уже начался, хотя его признаки еще не заметны.

Вопрос: Мне за 45. Мне еще не поздно начать пользоваться кремом Niosome Systeme Anti-Age?

Ответ: Сделать это никогда не поздно.

Религия красоты дает новое определение первородному греху, который теперь заключается не в том, что человек смертен, а в том, что он рожден женщиной. До возникновения новой религии девочки и пожилые женщины были избавлены от необходимости участвовать в поклонении богу красоты и, соответственно, не входили в круг потенциальных потребителей. Но новое вероучение переосмыслило первородный грех, и теперь ни одна, даже совсем юная девушка не может считать, что ей еще слишком рано беспокоиться о позорных проявлениях женской некрасивости — возрасте и избыточном весе. Ведь они присущи ей от рождения и только ждут момента, чтобы стать заметными. Точно так же ни одна женщина средних лет не может забыть об этом проклятии. Реклама кремов от морщин и книги о диетах пользуются языком библейской притчи о блудном сыне, чтобы донести до женщин свое послание: несмотря на неправедную жизнь сбившейся с пути грешницы, ее никогда не оставят и ей никогда не поздно раскаяться.

Никогда не бывает слишком рано или слишком поздно вспомнить о религии красоты, и нет такого момента в жизни женщины, когда она могла бы почувствовать себя свободной от чувства вины или позволить себе подавать другим женщинам плохой пример своим прежним неправильным поведением.

Наглядным примером такой теологической уловки является «научно обоснованная» таблица компании Clinique, в которой категория «морщины на лице» подразделяется на «очень много», «несколько», «мало», «очень мало». Категории «нет» просто не существует. Не иметь дефектов — немыслимо и невозможно. Быть женщиной, даже если ты еще всего лишь девочка-подросток, уже означает быть ущербной. Нетрудно понять, как это влияет на объемы продаж. Нельзя ожидать от верующего поддержки церкви, если он не считает себя грешником, и точно так же от женщины, которая не чувствует себя ущербной, нельзя ожидать траты денег на свой «ремонт и восстановление». Источником чувства вины является первородный грех. А ощущение своей виновности и вытекающее из него жертвоприношение образуют основную движущую силу новой религиозной экономики. Реклама, адресованная мужчинам, имеет успех, если она рельстит их представлению о самих себе, в то время как реклама «священных» продуктов, как и вся реклама, предназначенная женщинам, работает за счет того, что заставляет их как можно острее ощутить свою виновность. Вся моральная ответственность за их старение и физическую форму, как объясняют женщинам, ложится целиком и полностью на них самих: «Даже за такие невинные действия, как прищуривание глаз, моргание и улыбка, приходится расплачиваться» (Clarins), «После 1956 г. не может быть никакого оправдания для сухой кожи» (Revlon), «Вы смеетесь, плачете, хмуритесь, беспокоитесь, разговариваете?» (Clarins), «Разве не очевидно, *что* теперь следует делать с вашей кожей?» (Terme di Saturnia), «Прекратите наносить вред вашей коже» (Elizabeth Arden), «От вас зависит, станет ли ваша грудь лучше» (Clarins), «Возьмите контроль над своей фигурой в свои руки» (Clarins).

От секса к еде

От секса к еде — это направление движения отмечали многие авторы. Ким Чернин в своей книге «Навязчивая идея» (The Obsession) спрашивает: «Быть может, сегодня мы озабочены тем, что едим, и своим весом так же, как женщины прежних поколений и их врачи были озабочены вопросом женской сексуальности?» Но о чем мы не задумываемся, так это о причинах подобной озабоченности: современная культура подавляет в женщинах аппетит к еде точно так же, как культура викторианской эпохи с помощью врачей подавляла сексуальный. Когда женская сексуальная активность перестала быть наказуемой, религия красоты изобрела новый источник страха, чувства вины и стыда, которые, как всегда учили женщин, неизбежно следуют за удовольствием.

Первородный грех оставил нам в наследство чувство вины за половое влечение. А когда сексуальная революция и идеология потребления привели к появлению нового поколения сексуально раскрепощенных женщин, возникла необходимость в переориентации женского чувства вины и в перемещении его с морально-нравственного уровня на телесный. Религия красоты предлагает заменить почти все иудейско-христианские запреты, связанные с сексуальным аппетитом, аналогичными запретами, связанными с аппетитом гастрономическим. Весь сценарий вожделения, искушения, грехопадения, ужаса перед тем, что это станет «заметно», отчаянных попыток уничтожить в своем теле все физические «следы и улики» и возникновения в результате ненависти к самой себе остался почти неизменным. Он напоминает о той реальности, в которой жило большинство молодых незамужних женщин еще совсем недавно — до того, как были разрешены аборты, появились легальные контрацептивы, а секс до свадьбы перестал считаться бесчестьем.

Несмотря на то, что искушению плоти подвержены и мужчины, именно женщин церковь стала считать воплощением греховности. И точно так же, хотя мужчины отличаются бóльшим аппетитом и толстеют, именно женский аппетит общество считает постыдным.

«Табу, связанные с менструальным циклом, — пишет Розалинда Майлз, — означали, что на протяжении четверти своей взрослой жизни каждую неделю из четырех на женщинах прежних поколений регулярно ставилось клеймо нетрудоспособности и неполноценности, и они были выключены из жизни общества». Женщин во время их критических дней считали нечистыми, сексуально непривлекательными и, соответственно, недостойными того, чтобы находиться в обществе. И точно так же современные женщины чувствуют себя униженными изгоями в периоды, когда «поправляются». Это «табу» служит тем же целям и заставляет даже самих женщин считать себя морально слабыми, испорченными и недостойными секса. Если запреты, связанные с менструальным циклом, исключали женщин из социальной жизни, то сегодня женщины *сами* избегают появляться на людях. У ортодоксальных евреев женщине в «нечистый» период запрещено есть вместе со своей семьей. «Нечистота», связанная с избыточным весом, ведет к тому же.

Запреты, связанные с сексуальной «нечистотой», уступили место ограничениям, связанным с «порочностью» другого рода. Раньше женщины должны были быть целомудренными для Бога, теперь они должны сохранять непорочность для бога красоты. Секс в браке ради продолжения рода был допустим, но секс ради удовольствия считался грехом. Сегодня женщины точно так же разграничивают еду для поддержания жизни и еду ради удовольствия. Двойная мораль, которая давала мужчинам, но не женщинам, сексуальную «индульгенцию», превратилась в двойную мораль, в соответствии с которой мужчины имеют бóльшую свободу в еде. Раньше девушка считалась «падшей» после близости с мужчиной — сегодня женщины «выпадают» из режима питания. Раньше женщины изменяли своим мужьям — теперь они «изменяют» своей диете. Женщина, которая съедает что-нибудь «запретное», считается «непослушной». «Это только сегодня, только один раз», — говорит она. «Я возжелала в сердце своем» превращается в «я только посмотрю».

«Я просто не могу сказать “нет”», — заявляет модель, рекламирующая желатин Jell-O, который «позволяет мне чувствовать себя хорошо, когда я говорю “да”». С крекерами Wheat Thin «тебе не придется ненавидеть себя по утрам». Четки превратились в счетчик калорий. Женщины говорят: «У меня на коже следы растяжек, это наказание за мои грехи». Если раньше они могли причаститься святых таинств, полностью и искренне раскаявшись в своих грехах, то теперь они могут быть прощены, если будут честно сидеть на диете и заниматься фитнесом.

Вес женщины, так же как в прежние времена — состояние ее девственной плевы, это не ее личное дело, а вопрос, который беспокоит все сообщество: «Давайте помолимся за нашу сестру» превратилось в «Мы все поможем тебе похудеть».

Цикл очищения

Красота — это рай или благодать; состояние кожи и жировых клеток — это душа; некрасивость — ад. «Это рай, я нахожусь в раю», — говорится в рекламе центра для похудения Annandale Health Hydro. «Это несравнимо ни с чем на земле... Косметические процедуры дают ощущение крыльев за спиной... Как оказаться в раю?

Просто будь умницей и вырежи купон». Если десерт — это «искушение», то коктейль для похудения Alba, содержащий всего 70 килокалорий, — это «спасение». Статья в журнале *New Woman*, в которой приводится информация о содержании калорий в мороженом, называется «Поклонение Sundae» (сливочно-фруктовое мороженое). Женщина, которой адресована эта реклама и информация, находится где-то между раем и адом, она не относится к потустороннему миру, даже если очень красива, и вместе с тем не безнадежно «греховна», если нехороша собой. Она никогда не причисляется к разряду Избранных, но может спастись, если будет хорошо себя вести. Косметические продукты — ее посредники между небесным и земным, ее целители и духовные наставники.

Она живет по календарю, в котором периоды излишеств чередуются с периодами поста и покаяния, только применительно к телу. На смену рождественскому чревоугодию приходят благие намерения исправиться и искупить свою вину в новом году. «В критический момент», как называет это Terme di Saturnia*, верующий оценивается праведным Богом, от которого ничего нельзя скрыть. По аналогии с Йом-Киппуром, когда подлинное покаяние возможно только в течение десяти дней, после чего Книга Жизни закрывается до конца года, в рекламе одного нью-йоркского косметолога говорится: «То, что вы будет делать в течение

* Итальянская косметическая линия. — *Прим. ред.*

следующих десяти дней, определит состояние вашей кожи до конца года». «Момент истины», подобно Страшному суду, бросает грешника на весы, которые, как учит новое Евангелие, не лгут. Женщине говорят: «Каждый съеденный тобой кусочек отложится на твоих бедрах»; «На твоей коже отражается все, что ты ешь». Постоянно слыша такого рода предостережения, женщина начинает «бояться Всевышнего, от взгляда которого ничто не укроется».

Чувство, что за тобой постоянно наблюдают, — что оно делает с женщинами? В книге «Женская болезнь: Женщины, сумасшествие и английская культура, 1830–1980» (The Female Malady: Women, Madness and English Culture, 1830–1980) ее автор Элейн Шоуолтер описывает, как в современных психиатрических лечебницах наблюдение за пациентами используется для того, чтобы сделать их послушными и покорными. «В сумасшедших домах женщин поощряют, убеждают и приучают становиться наблюдателями, наблюдать за тем, как другие наблюдают за ними, и делать себя привлекательными объектами для такого наблюдения». Шоуолтер пишет: «При этом в больничной палате в специальном шкафчике хранится косметика: губная помада и пудра». «Неудивительно, — отмечает она в заключение, — что в рассказах женщин-пациенток ангел возмездия... который насмехается, судит, приказывает и контролирует... почти всегда бывает мужского пола. Он постоянно критикует внешность и поведение женщины, которая привыкает жить с этим как с частью своего сознания».

Постоянное наблюдение практикуют и в отношении политических заключенных, преследуя те же цели: невозможность уединения и отсутствие личного жизненного пространства лишает человека чувства собственного достоинства и ломает его сопротивление.

Использование религией красоты аналогичной практики постоянного наблюдения показывает, каковы истинные мотивы, стоящие за мифом о красоте: в нашей культуре сами по себе стройность и молодость не делают женщину ближе к Богу. На самом деле обществу глубоко безразлично, как женщины выглядят. Но что действительно имеет значение, так это их готовность позволять другим указывать, что они могут и чего не могут делать. Иными словами, за женщинами наблюдают не для того, чтобы убедиться в том, что они будут «хорошими», а чтобы они знали, что их контролируют.

Бог красоты — это Большой брат. «Дисциплина — это освобождение», — пишет гуру фитнеса Джейн Фонда, не понимая, что такого рода заявление является отголоском другого: «Война — это мир, свобода — это рабство». И многие женщины добровольно впускают в свое сознание всевидящее око Большого брата. Группы «следящих за весом» (Weight Watchers) поощряют женщин к слежке друг за другом. Женские журналы твердят: «Всегда пользуйтесь косметикой, даже если вы просто идете погулять с собакой. Никогда не знаешь, кого встретишь на пути». Иисус говорил: «Бодрствуйте, ибо не знаете, когда придет хозяин дома: вечером или в полночь, или в пение петухов, или поутру». «Встаньте обнаженной перед зеркалом в полный рост и посмотрите на себя спереди, сзади и сбоку. Снимите косметику с глаз и лица и взгляните правде в глаза, — учит журнал *Positively Beautiful*. — Выглядит ли ваше тело рыхлым и дряблым? Замечаете ли вы явно выраженные признаки лишнего веса? Достаточно ли крепкие у вас бедра? Не выпирает ли живот?» Раньше такое изучение себя предназначалось для исследования души.

В XIX в. женщины, которые вели дневники, фиксировали любое нравственное изменение, понимая, по словам одной из них, что «спасение нашей бесценной души невозможно без наших усилий». В 1967-м, в год знаменитого свободного «лета любви»*, психолог Ричард Стюарт придумал техники модификации поведения: он заставлял своих пациенток записывать «когда, где, что и при каких обстоятельствах» они съели, вынуждая их таким образом постоянно контролировать себя — для спасения тела.

Цикл очищения часто связан со сменой времен года: женщины, которые чувствуют, что им «есть что скрывать», страшатся приближения лета. Они боятся, что жара и необходимость носить открытую одежду застигнут их врасплох, что они не успеют, выдержав пост и занявшись самобичеванием, добиться безупречной

* «Лето любви» — лето 1967 г., когда в квартале Сан-Франциско под названием Хайт-Эшбери собралось около 100 000 хиппи, чтобы праздновать любовь и свободу, создав тем самым уникальный феномен культурного, социального и политического бунта. — *Прим. ред.*

физической формы. Так средневековые христиане боялись, что смерть настигнет их раньше, чем они успеют очистить свою душу от грехов. Журналы используют формулировки святых отцов церкви применительно к прикрытому одеждой женскому телу, уподобляя его «гробам разукрашенным», то есть красивой внешности, которая скрывает нечто отвратительное: «Легко спрятать множество грехов под зимней одеждой». Только при условии покаяния и искупления грехов верующий может осмелиться сбросить свои одежды и уподобиться «ангелам солнечных ванн», которые «не боятся разоблачения». Цикл похудения в точности повторяет пасхальный цикл: исследование себя ведет к смирению и покорности, которые, в свою очередь, приводят к радости.

В этом ключевом моменте смерти и возрождения женщины приходят в состояние, которое антропологи называют «минимальной пороговой фазой», то есть подвешенным состоянием между небом и землей, во время которого, по мнению эксперта по вопросам культа Уиллы Эппель, «неофит должен сначала стать ничем, прежде чем он обретет свою новую сущность». Прежняя личность на время прекращает свое существование, пока не превратится в новую. При этом переход в иное состояние обставлен специальными эффектами, которые не метафорически, а вполне реально приводят впечатлительную и восприимчивую к воздействию чувственных стимулов женщину в измененное состояние сознания: темнота, тихая музыка, повязка на глаза, объект воздействия часто ощущает прикосновения, его купают, он подвергается воздействию таких сенсорных стимулов, как запахи или изменения температуры. В спа-центрах и салонах красоты женщины снимают свою уличную одежду и облачаются в одинаковые белые или цветные халаты. А сняв с себя украшения, они окончательно утрачивают свое общественное положение и статус. И именно такими они отдаются в руки массажиста или косметолога. Им на глаза кладут ватные диски, на лица наносят ароматные жидкости, которые воздействуют на них подобно целебным водам Лурда. Пороговый момент в процессе преображения наступает, когда ранее нанесенный макияж снят, а новый еще не наложен, а при пластической операции — когда пациентка уже в больничной одежде готовится лечь на стол и получить наркоз. В рекламе Lancôme женщина лежит на спине в мрачном могильном свете и выглядит мертвой, как вдруг таинственная рука опускается в жесте Иисусова благословения, чтобы прикоснуться к ее лицу.

Пока посвящаемая в тайну новая жрица культа пребывает в состоянии прострации, ей делают разрез или подвергают ее какому-нибудь другому испытанию на веру: в обряде посвящения всегда присутствуют боль, чувство голода или кровь, настоящая либо символическая. Женщине делают укол, она испытывает воздействие электрического разряда, ее разрезают или прижигают кислотой, выдергивают у нее с корнем волосы или промывают желудок. Переходный этап заканчивается еще одним погружением в жидкость, которая вызывает у нее ощущение воздействия живой воды возрождения. Это что-то подобное «крови Агнца» в христианской традиции или крови быка в культе Осириса. Пребывание распятого Христа во гробе, христианина под водой во время крещения, находящейся под воздействием анестезии и истекающей кровью пациентки на операционном столе или любительницы спа-процедур в паровой либо травяной ванне — во всех этих состояниях есть нечто схожее.

Венцом происходящего становится победа, и начинается новая жизнь. Смерть в пустыне старого «испорченного» поколения искупается рождением нового, которое может войти в Землю обетованную. Прошедший обряд крещения человек получает новое имя и новый статус в обществе. С новым макияжем, новой прической или похудевшая, с полученным в результате пластической операции «новым лицом» женщина празднует обретение новой индивидуальности и возвращается, чтобы принять то, что, как она надеется, даст ей ее более высокий статус. Ей говорят, чтобы она подготовилась к возвращению, обновила свой гардероб, приобрела новые аксессуары для своей измененной личности. Все это призвано стимулировать к похудению или замаскировать последствия операции, но на самом деле такой совет — не что иное как примитивная магия.

Новая религия совершенствует прежние верования и идет дальше, потому что искупление грехов недолговечно. «Поддерживающая» риторика, используемая индустрией диет, скрывает очевидный факт: меньше всего на свете она хочет, чтобы женщины похудели раз и навсегда. И 98% женщин, сидящих на диете, вновь набирают вес. «Индустрия диеты — это настоящий рай для предпринимателей, — пишет Джоан Брумберг, — потому что ее рынок является самовоспроизводящимся и постоянно расширяется. Ориентированный на неудачу интерес к стратегиям, техникам и продуктам для похудения кажется безграничным». То же самое можно сказать и об индустрии молодости, которую по-настоящему эффективное средство (или всеобщее уважение женщин к самим себе) просто уничтожило бы. К счастью для индустрии молодости, даже пациенты, пережившие пластическую операцию, неизбежно продолжают стареть. «Новая я» смывается после принятия вечерней ванны. Цикл должен снова начаться с нуля, поскольку и жизнь в потоке реального времени, и необходимость в пище для поддержания жизни являются грехом — который нельзя не совершить.

Когда женщины привыкают к строгой критике и осуждению со стороны этих индустрий, вес или возраст, обеспечивающий состояние благодати, просто резко меняется: модели становятся легче на 5 кг, а эстетические хирурги снижают возраст первой «превентивной» подтяжки лица еще на десяток лет.

С точки зрения индустрий похудения и красоты худшим вариантом развития событий для них была бы полная потеря всякого интереса к ним. Но повторяющаяся мертвая петля цикла очищения не дает этому случиться. Женщина не успевает даже задуматься над тем, что происходит, как ей снова нужно приниматься за свой тяжкий труд, и с каждым разом проходить этот путь становится все труднее и труднее.

Помни о смерти

Религия красоты доводит женщин до психического расстройства. Их пытаются заставить страшиться утраты недолговечной красоты так же, как 500 лет назад люди страшились смерти. В средневековом христианстве осознание своей смертности было для верующих навязчивой идеей, сопровождавшей их на протяжении всей жизни. В женщинах этот фатальный страх еще усиливался высокой смертностью при родах. Подтверждением тому может служить чтение женщинами во время родов Псалма 114: «Охватили меня муки смертные, беды ада постигли меня; скорбь и муку я встретил и имя Господне призвал: "О Господи, избавь душу мою!"»

Это болезненное восприятие неизбежности смерти, когда-то присущее всем людям, в XIX в. осталось уделом только женщин. Достижения науки привели к тому, что для мужчин смерть перестала быть такой внезапной и неотвратимой угрозой, но вплоть до эпохи промышленной революции опасность умереть во время родов заставляла женщин задумываться о состоянии души. Когда же применение антисептических средств снизило уровень смертности среди рожениц и когда женщин стали ценить больше как красавиц, чем как матерей, эта тревога, вызываемая страхом смерти, была направлена в русло страха утратить «красоту». Вследствие этого многие женщины до сих пор чувствуют себя окруженными грозными и враждебными силами, которые в любой момент могут обрушить на них свой удар и уничтожить то, что им представляется самой жизнью. Когда женщина, сидя спиной к телевизионной камере и рассказывая о неудачной пластической операции, говорит: «Он отнял у меня мою красоту. Одним ударом. Ее больше нет», — она выражает чувство смирения и беспомощной покорности судьбе, которое уходит своими корнями в свойственное доиндустриальному обществу отношение к природным катастрофам.

Чтобы понять, в чем заключается главная сила этой религии, мы должны осознать, что мужчины умирают один раз, в то время как женщины умирают дважды. Прежде чем умирает их физическое тело, они умирают как красавицы.

Современные женщины, находящиеся в самом расцвете своей красоты, никогда не забывают о том, что она может поблекнуть и исчезнуть совсем. В Средние века осознание неизбежности смерти и понимание того, что «плоть — это прах земной», привязывало мужчин к церкви, поскольку это давало надежду на «новую жизнь» после окончания земной. Настойчивые попытки заставить женщин постоянно думать о недолговечности и хрупкости их красоты — способ удерживать их в повиновении путем поддержания в них фатализма, который исчез из сознания западных мужчин еще в эпоху Возрождения. Нас учат тому, что Бог или природа награждает красотой или нет, причем случайным образом и без права обжалования, и поэтому мы живем в мире, в котором магия, молитвы и предрассудки обретают особый смысл.

Свет

Первородный грех Евы означал, что женщины повинны в потере человеком Божьей благодати. В эпоху Возрождения понятие «благодать» было переосмыслено и превратилось в светский термин, используемый для описания лица и тела красивых женщин.

Крем для кожи — миро новой религии, его реклама обещает «сияние». Многие религии используют метафору света для обозначения божественности: когда Моисей спустился с горы Синай, его лицо сияло как солнце, а на средневековых иконах лики святых всегда окружает нимб. И теперь, когда культы девственности и материнства больше не окружают женское тело сиянием благодати, обрести божественное сияние женщины могут только благодаря косметической индустрии.

По существу, свет является ключевым моментом во врожденном и присущем нам от природы ви́дении красоты, которое свойственно большинству людей, как женщин, так и мужчин. Миф о красоте упорно пытается уничтожить именно такое ее восприятие. Когда человек сам описывает это свойство или заставляет других описывать его, ему становится как-то не по себе, и он старается как можно скорее избавиться от этого ощущения, приписав его сентиментальности или мистике. Я думаю, что причиной такого отрицания является не то, что мы не наблюдаем этого явления в реальности, а скорее то, что мы видим его абсолютно ясно, но публичное упоминание о нем представляет угрозу для основ нашего общества. Все мы знаем, что люди — не вещи: лица и глаза людей могут «светиться», чего никогда не случается с неодушевленными предметами. Но согласиться с тем, что это происходит на самом деле, значит создать большие проблемы для общественной системы, которая функционирует за счет того, что относится к некоторым людям, в частности к женщинам, как к вещам.

Этот свет очень трудно «поймать» и удачно сфотографировать, его нельзя оценить по десятибалльной шкале или рассчитать в цифрах в лабораторных условиях. Но большинство людей знают, что от лиц и тел людей может исходить сияние, которое и делает их красивыми.

Некоторые воспринимают это сияние как нечто неотделимое от любви и близости, как то, что нельзя воспринять отдельно и исключительно органами зрения, а только как проявление движения души или теплого отношения близкого человека. Другие могут видеть это сияние в сексуальности; третьи — в доверчивости и открытости или, скажем, в остроумии. Часто бывает, что человек излучает сияние, рассказывая какую-нибудь историю или внимательно слушая другого. Многие отмечали, что творческий процесс освещает лица людей, а также что сияние излучает большинство детей — те из них, кому еще не успели сказать, что они некрасивы.

Мы часто помним своих матерей красивыми просто потому, что мы видели свет, который излучали их глаза. Если и можно сделать какие-то обобщения, то, похоже, этот свет связан с единением и доверием. Для того чтобы увидеть его, нужно к этому стремиться. Поэтесса Мэй Сартон называет его «чистым светом, который исходит от любящего человека». Вероятно, все называют и воспринимает его по-разному, но большинство знают, что он существует. Суть в том, что вы видели его и он вас поразил, или воодушевил, или привлек, но для мифа о красоте он ничего не значит.

Общество строго ограничивает его описания, чтобы не дать ему обрести силу реальности. Говорят, например, что женщины излучают этот свет, только когда отдают себя мужчине или детям: «сияющая невеста» и «сияющая будущая мама». О мужчинах же почти никогда не говорят, что они излучают свет или сияют. Но религия красоты предлагает женщинам некую имитацию этого света, который уже присущ им изначально и представляет собой самую главную благодать, о которой нам отчего-то запрещено говорить.

Чтобы добиться от женщин желаемого, им предписывают жить в трехмерной реальности по правилам двухмерной. Женщины знают, что во время съемки моделей для модных журналов используется профессиональное освещение, чтобы искусственно придать им сияние. И поскольку мы, женщины, привыкли воспринимать себя скорее как дешевую имитацию фотографий моделей, вместо того чтобы видеть в фото моделей дешевую имитацию реальных женщин, мы стремимся освещать свои лица так, словно являемся фотографиями. Мы действуем как осветитель, стилист и фотограф в одном лице и относимся к своим лицам как к неким экспонатам, профессионально «оформляя» их при помощи яркого света, приглушенного света, световых эффектов, блесток и пудры со светоотражающими частицами.

У искусственного света есть свои законы и правила. Например, женщинам постарше не рекомендуется пользоваться помадой с блеском. При каком освещении будет находиться женщина — в офисе под лампами дневного света, на солнце, при свете свечей? В зеркала, которыми пользуются женщины, часто уже встроена подсветка. Но если мы оказываемся в неожиданной обстановке, то становимся незащищенными и уязвимыми, подобно тому, как фотография, сделанная при неудачном освещении, не получается. Все эти «спецэффекты» служат тому, чтобы приучить женщину к психологической зависимости от освещения внутри помещения, то есть внутри традиционного женского пространства, тому, чтобы мы продолжали бояться проявлений непосредственности и спонтанности и не нарушали заданных правил. Осмысление нами красоты должно оставаться поверхностным, на уровне кожи, дабы не позволить женщинам уйти вглубь себя и задуматься о внутренней красоте или, наоборот, подумать о чем-то глобальном и выйти на широкие просторы общественной жизни. Оно не должно дать нам возможности взглянуть на себя в совершенно новом свете.

Другие ограничения также загоняют женщину внутрь помещения. Если она начинает пользоваться «Ретином-А», то должна *навсегда* забыть о солнце. Пластическая хирургия также требует от женщины пребывания дома и запрещает находиться на солнце. Обнаружение такого явления, как старение кожи под воздействием ультрафиолетовых лучей, привело к тому, что солнца и вовсе стали бояться, причем без всякой связи с риском заболеть раком кожи. Озоновый слой вокруг Земли действительно становится тоньше, но боязнь солнца куда опаснее — она разрушает связь женщин с миром природы, превращая последнюю во врага. Если бы женщины не находились под таким психологическим давлением, повреждение озонового слоя Земли должно было бы заставить их отправиться на баррикады, чтобы защитить окружающую среду. Но миф о красоте поддерживает женский страх выглядеть старше своих лет для того, чтобы отправить нас в диаметрально противоположном направлении — обратно в домашнее пространство, отведенное для женщин и «тайны женственности», в место, которое считается самым подходящим для женщины в культурах, которые ее подавляют.

Где бы женщины ни находились — в помещении или на улице, они должны заставлять свою красоту сиять, потому что им *трудно добиться того, чтобы мужчины их разглядели.* Они сияют, чтобы привлечь внимание, которое в ином случае им уделяют крайне неохотно. Сияние притягивает взгляд на уровне рефлекса: даже еще не полностью сформировавшиеся глаза младенца следят за блестящими предметами. Это единственный способ, которым женщинам разрешается привлекать к себе внимание. «Блистающие» мужчины, напротив, либо имеют низкий социальный статус, как обладатели золотых зубов и вульгарных украшений, либо не являются мужчинами в полном смысле этого слова, как, например, Либераче. Настоящим мужчинам присуща матовость и отсутствие блеска. Их внешность не должна отвлекать внимание от того, *что* они говорят. Но женщины, независимо от их статуса, должны блистать и сверкать. Дейл Спендер в книге «Язык, придуманный мужчинами» (Man Made Language) пишет о том, что в процессе разговора мужчины, как правило, прерывают женщин и обращают лишь мимолетное внимание на то, что те говорят. Поэтому женскую речь должны сопровождать «световые спецэффекты» — это единственный способ подольше удерживать мужское внимание, которое иначе начинает блуждать, как только женщина открывает рот. То, *как* выглядит женщина, считается важным, поскольку то, *что* она говорит, таковым не является.

Культ страха старения

Чтобы продавать два своих продукта — искусственное сияние и недолговечную стройность — религия красоты искусно использует стандартные культовые практики, вовлекая в них женщин. Так, например, по американскому телевидению показывают следующую сцену: харизматичная женщина-лидер, одетая в белое, обращается к аудитории с сияющим лицом и горящими глазами. Женщины в зале, как завороженные, слушают ее слова: «Нужно сделать три шага в полном одиночестве. Уделите это время себе. Сконцентрируйте свое внимание и сосредоточьтесь. Прочувствуйте то, что вы делаете. Выполняйте все тщательно и добросовестно». Женщины говорят: «Я тоже сначала не верила. Но посмотрите на меня!», «Сначала я не хотела этого делать. Я испробовала все и уже не верила, что что-то способно сотворить со мной такое, — но я никогда не испытывала ничего подобного. Это изменило всю мою жизнь!» Камера снимает их лица и дает крупный план. В конце рекламного ролика все уже одеты в белое и с горящими глазами стоят вокруг своего лидера. Под звуки гимна камеры переходят на дальний план. В итоге открывается секрет, который их всех объединяет, — крем Collagen Extract Skin Nourishment по цене $ 39,95 в месяц.

Эти ролики, демонстрирующие «обращение в веру», только дополняют основное культовое действо, которое совершается в торговых центрах, где половина «освященного ароматического масла» реализуется в специализированных «точках продаж». Эта схема — хорошо продуманное и тщательно организованное религиозное действо чистой воды.

Женщина, заходящая с улицы в торговый центр, выглядит очень по-земному, как простая смертная, с волосами, растрепанными ветром, и своим собственным лицом, без маски, такая, какая она есть. Чтобы добраться до прилавка с косметикой, она должна пройти сквозь коридор с намеренно дезориентирующими ее зеркалами, подсветкой, запахами, совместное воздействие которых подвергают ее «сенсорной перегрузке». Такая перегрузка используется гипнотизерами и служителями разного рода культов для усиления восприимчивости человека к гипнотическому внушению. По обе стороны от нее стоят ангелы — серафимы и херувимы — выставленные на всеобщее обозрение «идеальные» лица моделей. А за ярко освещенным прилавком, где расставлены магические средства, которые позволят ей перейти невидимую границу и шагнуть в иной мир, стоит, подсвечиваемый снизу, ангел-хранитель. Женщина знает, что продавщица — обычная смертная, но она тщательно и умело накрашена и выглядит подобно окружающим ее ангелам. По сравнению с ними, видя в зеркалах отражение своего собственного «несовершенного» лица, покупательница начинает чувствовать себя не в своей тарелке. Ощущая себя потерянной и дезориентированной в этом искусственно созданном раю торгового центра, женщина не может понять, *что* делает и живых ангелов, и ангелов на картинках одинаково «совершенными»: и те и другие сильно накрашены. Яркий макияж не имеет никакого отношения к внешнему миру, на улицах города он так же неуместен, как модельная фотосессия. Но земной мир смертных исчезает, стирается из ее памяти, потому что она стыдится и чувствует свою неуместность среди окружающих ее эфемерных созданий. И она всей душой хочет преодолеть этот барьер и оказаться по ту сторону.

Продавщиц косметики специально обучают техникам продаж, которые очень схожи с теми, что используют профессиональные миссионеры и гипнотизеры. В книге Уиллы Эппель «Культы в Америке: Запрограммированные на рай» (Cults in America: Programmed for Paradise) бывший член общества «Божьи дети» рассказывает, что она выискивала в торговых центрах людей, которые «выглядели потерянными и уязвимыми». Женщина, идущая по коридору среди изображений небесных созданий, поневоле чувствует себя «потерянной и уязвимой». И если она соглашается на «переделку», то становится жертвой агрессивной культовой рекламы.

Продавщица обычно наклоняется очень близко к лицу покупательницы, якобы для того, чтобы нанести косметическое средство, но на самом деле намного ближе, чем это необходимо. Она ведет непринужденный разговор о всевозможных дефектах кожи, морщинах, мешках под глазами. Культовых «проповедников» учат стоять очень близко к потенциальным объектам воздействия и «пристально смотреть им прямо в глаза». «Вы должны находить у людей их слабые места». Потом женщина слышит слова обвинения, уличающие ее в грехах и опасных ошибках: «*Каким* кремом для лица вы пользуетесь?», «Вам только 23, а посмотрите вот на эти морщины!», «Ну если вас устраивают эти прыщи…», «Вы *разрушаете* нежную кожу под глазами», «Если вы не прекратите делать то, что делаете, через десять лет все ваше лицо покроется морщинами». Еще один член секты, который дал интервью Эппель, так описывает этот процесс обращения: «Вся хитрость в том, чтобы источать уверенность, поддерживать прямой контакт тесно и настойчиво, чтобы всегда полностью контролировать ситуацию... Вы должны играть на присущем людям чувстве незащищенности, неуверенности в завтрашнем дне и страхе вновь повторить прошлые ошибки».

Скорее всего, посетительница магазина капитулирует и купит для своего спасения средства от Lancôme. Однако как только она вновь окажется на улице, все эти дорогостоящие баночки моментально утратят свою волшебную ауру. Все, кому удалось вырваться из сект, потом осознают, что они освободились от чего-то, о чем помнят очень смутно.

Журнальная реклама вынуждена искать более тонкий подход к потенциальному клиенту. В течение двух последних десятилетий она использовала таинственный язык, подобно тому, как в свое время католицизм использовал латынь, иудаизм — иврит, а масоны — секретные коды и пароли в качестве престижного языка, придающего магическую силу тем, кто им пользуется. Для человека непосвященного он представляет собой непонятную и бессвязную тарабарщину на основе смеси из научных и псевдонаучных терминов. Например, «Фитоластил», «Фитофилин» и «биологически активные пептиды» (La Prairie); «гигроскопические элементы и естественные керамиды» (Chanel); «Комплекс № 3», «ретикулин и мукополисахариды (Aloegen); «тропоколлаген и гиалуроновая кислота» (Charles of the Ritz);

«полипептиды» (Terme di Saturnia); «гликосфинголипиды» (GLS, Glycel); «ниосомы и микросомы» (Shiseido).

Как пишет Розалинда Майлз: «Общество в западных странах находило разные способы, чтобы не позволить новым знаниям проникнуть в низший класс женского сообщества». Долгая история исключения женщин из интеллектуальной общественной жизни подготовила почву для их устрашения при помощи этого псевдонаучного языка.

Реклама усовершенствовала эту абракадабру, чтобы скрыть тот факт, что кремы для кожи на самом деле не работают. На протяжении десятилетий индустрия «священного масла» продает женщинам «пустышку». Джеральд Макнайт пишет, что косметическая промышленность представляет собой грандиозную аферу, «завуалированную форму грабежа», приносящую грандиозные прибыли. В 1988 г. доход от продажи средств по уходу за кожей только в США составил $3 млрд, в Великобритании — £337 млн, в Италии — 8,9 трлн лир, а в Нидерландах — 69,2 млн гульденов, по сравнению с 18,3 млн гульденов в 1978 г.

На протяжении 40 лет индустрия косметики делала лживые заявления. До 1987 г. Управление по санитарному надзору за качеством пищевых продуктов и медикаментов только дважды высказывало в ее адрес незначительные замечания. В течение последних двух десятилетий производители «священного масла» перешли границы разумного и дозволенного, заявив, что могут замедлять процесс старения (Revlon Anti-Aging Firmagel), восстанавливать кожу (Night Repair) и перестраивать клетки (Cellular Recovery Complex, G. M. Collin Intensive Cellular Regeneration, Elancyl Restructurant). Когда в 1980-х гг. женщины начали работать на компьютерах, реклама отказалась от неопределенных рисунков и узоров, изображавших цветы, и начала использовать новые образы на базе якобы новых технологий, а также графики и статистику. Выдуманные технологические «прорывы» породили у женщин ощущение того, что показатели красоты уже не поддаются ни контролю, ни систематизации.

Переизбыток информации и новые возможности редактирования фотографий заставили женщин поверить в то, что изучить предоставляемые данные и проверить их достоверность — выше человеческих сил. Глазок фотокамеры, подобно Всевидящему оку, обрел способность видеть мельчайшие детали, недоступные зрению человека, и замечать «недостатки», невидимые простому смертному. В начале 1980-х гг. Моррис Херштайн, который работал в компании Laboratoires Serobiologiques и сам себя называл «псевдоученым», заявил: «Мы смогли увидеть и измерить то, что раньше нельзя было ни увидеть, ни измерить. Это случилось, когда нам стали доступны технологии космических программ и нам разрешили пользоваться их сложными аналитическими приборами и биотехнологическими достижениями, позволившими видеть на клеточном уровне. До этого нам приходилось полагаться на органы чувств — на тактильные ощущения». Слова Херштайна означают, что благодаря изучению тканей человеческого организма на клеточном уровне, который никак не виден невооруженным глазом, борьба за красоту стала, по сути, метафизической. Женщины вынуждены были поверить в то, что стирание мельчайших, невидимых человеческому глазу морщинок теперь стало их моральным долгом.

Слабая связь между тем, что «священные масла» обещают сделать и что делают на самом деле, порвалась наконец окончательно и перестала иметь какое-либо значение. Цитируя представителя косметической промышленности доктора Гроува, один из женских журналов написал: «Пока все тесты не стандартизированы, цифры ничего не значат… Потребители никогда не должны забывать: то, что измеряется с помощью приборов, может быть не видно человеческому глазу».

Если «враг» невидим, «разрушающее воздействие» неразличимо невооруженным глазом и эффект от «священных масел» увидеть тоже нельзя, то все это становится вопросом чистой веры, когда представляемые нам «наглядные данные», свидетельствующие о «заметном улучшении», это что-то из области того, сколько ангелов после курса использования крема сможет станцевать на булавочной головке. Начиная с середины 1980-х драматическое действо борьбы со старением стало разворачиваться на воображаемой сцене, а в его основу легло придумывание несуществующих недостатков, чтобы продавать чудодейственные средства избавления от них. С этого момента дефекты внешности, которые могут сделать женщину несчастной, становятся все менее заметными и эфемерными, так что никто, кроме самих этих женщин, не может увидеть их. Чувствуя себя еще более одинокими, чем когда бы то ни было, женщины оказались в ситуации, когда доводы разума уже не могут принести им утешения. Теперь совершенство должно выйти за пределы картинной рамы, в которую помещено полотно художника, и пройти изучение под микроскопом.

Даже хорошо осведомленные люди, работающие в косметической промышленности, зачастую признают, что кремы не действуют. Бадди Уэддерберн, биохимик из Unilever, говорит: «Эффект от втирания коллагена в кожу незначителен... Я не знаю ничего, что могло бы проникнуть глубоко под кожу, и, конечно же, ничего, что может остановить образование морщин». Анита Роддик, работающая в сетевой компании, которая производит средства по уходу за кожей Body Shop, заявляет: «Не существует средства для местного применения, нанесение которого может избавить от глубоких морщин, вызванных горем или стрессом... Не существует ничего, абсолютно ничего, что поможет выглядеть моложе своих лет». А Антея Дисней, редактор женского журнала *Self*, добавляет: «Мы все знаем, что не существует ничего, что могло бы помочь человеку выглядеть моложе». И наконец, Сэм Сугияма, соуправляющий Shiseido, заключает: «Если вы хотите избежать старения, вам надо жить в космосе. Иного способа добиться того, чтобы у вас не появлялись морщины, после того как вы покинули материнское лоно, нет».

Альберт Клигман, профессор Пенсильванского университета, пусть и с опозданием, но нарушил заговор молчания представителей косметической промышленности, которые всегда скрывали лживость своих заявлений. Клигман является разработчиком «Ретина-А», единственного средства, которое, похоже, действительно что-то делает, в частности вызывает воспаление кожи, непереносимость солнечного света, а также сильное и продолжительное шелушение. Как написал Клигман в обращении к своим коллегам, «в современной индустрии на смену неуемной рекламе приходит откровенный обман... Ответные меры со стороны потребителей и Управления по надзору за качеством пищевых продуктов и медикаментов неизбежны. Они дискредитируют индустрию и подорвут доверие к ней». В своем интервью он пошел еще дальше, сказав: «Когда они заявляют об омоложении, о кремах, оказывающих глубокое биологическое воздействие, их надо останавливать. Это абсолютная чепуха... выходящая за рамки здравого смысла и правды». Он также говорит, что новые продукты «просто не могут действовать так, как обещают их разработчики, потому что они физически не в состоянии проникнуть в кожу так глубоко, чтобы оказывать долгосрочное воздействие на морщины. Это относится и к уничтожению морщин, и к предотвращению старения клеток кожи». Надежда на то, что какой-либо препарат может дать подобный эффект, по словам Клигмана, «практически равна нулю».

«Некоторые мои коллеги, — признается Клигман, — говорили мне: "Все-таки женщины тупые! Как они могут покупать всю эту дрянь? Образованные люди, которые учились в Кембридже, Оксфорде, Сорбонне, — что на них находит? Почему они идут в Bloomingdale's и отдают по $250 за эту ерунду?”»

Женщины такие «тупые», потому что правящие круги и их сторожевые псы разделяют стремление индустрии косметики сделать все для того, чтобы мы и дальше оставались такими же. В 1987 г. в США наконец начали вводить некоторые ограничения, но отнюдь не из-за заботы о женщинах-потребителях, которые платят за обман $20 млрд в год. Толчком к этому послужила история с выходом на рынок нового «чудодейственного» крема против старения (который доктор Клигман назвал «абсолютной фальшивкой»). Его рекламировал прославленный кардиолог доктор Кристиан Барнард. Громкая слава Барнарда и оглушительная реклама уникальных свойств средства («Это был первый в истории случай, когда врач рекомендовал косметический продукт», — говорит Стэнли Кохленберг из компании Sanofi Beauty Products) вызвали ревность у всей индустрии косметики. Как рассказывает Джеральд Макнайт, по словам одного из его источников, «кто-то заявил Управлению по санитарному надзору за качеством пищевых продуктов и медикаментов, что, если оно не предпримет мер, чтобы этот продукт исчез из продажи, индустрия косметики позаботится о том, чтобы управление было опозорено». После этого управление перешло в нападение на всю косметическую промышленность, «потому что мы все это делали — все, рекламируя свои продукты, выступали с дикими необоснованными заявлениями». Управление потребовало от глав 23 ведущих косметических компаний представить отчеты, подтверждающие обоснованность тех заявлений, которые они делали в рекламе: о том, что в свои продукты они добавляли «волшебные» ингредиенты, обеспечивающие «омоложение на клеточном уровне». Кроме того, управление потребовало «немедленно отозвать подобные средства или протестировать их в качестве лекарственных препаратов». «Никакие известные нам научные данные, — написал в своем обращении к представителям косметической промышленности директор управления Дэниел Майклз, — не доказывают безопасность и эффективность этих продуктов. И нам ничего не известно о том, что эти продукты были общепризнаны как безопасные и эффективные при их использовании по назначению». Иными словами, управление заявило, что если кремы действительно работают так, как обещают их производители, то значит, они представляют собой лекарственные препараты и должны пройти соответствующее тестирование. Если же это не так, значит, производители делают необоснованные заявления.

Доказывает ли это, что кому-то есть дело до того бессовестного обмана, которому подвергаются женщины? Моррис Херштайн обращает наше внимание на то, что за требованием управления стоит следующее: «Послушайте, нас беспокоит то, что вы *говорите*, а не то, что вы делаете». Это проблема словаря, лексики, вопрос формулировки. Тон главы управления отнюдь не враждебен. «Мы не хотим никого наказывать», — сказал он в 1988 г. журналистке *The New York Times* Деборе Блументайль. Она поняла, что продукты останутся прежними, исчезнет только «сюрреалистическая природа» некоторых заявлений об их свойствах. Но спустя три года «сюрреалистические» заявления появились вновь.

Представьте, каков масштаб! На протяжении 20 лет производители «священного масла» делали «научно обоснованные» заявления, используя при этом фиктивные графики и цифры, якобы доказывающие «улучшение» и «заметную разницу», которые на самом деле ничем не подтверждались. И за пределами Соединенных Штатов те же самые производители продолжают делать такие же заявления. В Великобритании почти вся реклама косметических средств игнорирует предупреждения закона о рекламе, гласящего, что она не должна «содержать никаких обещаний относительно омоложения, иными словами, относительно предотвращения, замедления или остановки физиологических изменений и ухудшения состояния кожи, вызванного или связанного со старением». (Как сказал британский дерматолог Рональд Маркс, «многие из этих косметических продуктов — просто смех».) В 1989 г. британское министерство торговли и промышленности наконец тоже решило выступить с подобным обращением, но пока у него не нашлось ни времени, ни ресурсов, чтобы довести дело до конца. Ни в США, ни в Великобритании до сих пор не было сделано ничего для того, чтобы заставить косметическую промышленность отказаться от лживых обещаний или принести публичные извинения женщинам. А СМИ, освещавшие изменения в законодательстве, так и не подняли вопрос о финансовой компенсации женщинам-потребителям, которых так долго и безнаказанно обманывали.

Но, быть может, мы принимаем этот обман слишком близко к сердцу? Возможно, наша пылкая вера в «священные масла» совершенно безобидна?

Женщины беднее мужчин. Так что же значат для нас эти $20 млрд в год? На эти деньги мы могли бы *ежегодно* получать примерно в три раза больше медицинской помощи, чем предлагает нам американское правительство сейчас. Это 2000 женских клиник или 75 000 фильмов, музыка, литература для женщин, или фестивали искусств; или 50 женских университетов; или 1 млн высокооплачиваемых помощников по хозяйству для престарелых людей; или 1 млн помощниц по уходу за детьми; или 33 000 приютов для женщин, подвергшихся домашнему насилию; или 2 млрд тюбиков противозачаточного крема; или 200 000 дополнительных автобусов, чтобы безопасно передвигаться в ночное время; или 400 000 университетских стипендий для девушек, которые не могут оплатить свое высшее образование; или 20 млн авиабилетов по всему миру; или 200 млн ужинов в четырехзвездочных французских ресторанах; или, наконец, 40 млн ящиков шампанского «Вдова Клико». Женщины небогаты, а небогатым людям особенно нужно хоть немного роскоши.

Разумеется, женщины должны чувствовать себя свободными и покупать все, что они захотят. Но если мы будем тратить честно заработанные деньги на предметы роскоши, то эти предметы должны оправдывать наши ожидания.

Никто не относится к этому обману серьезно, потому что такое отношение представляло бы реальную социальную угрозу: сначала женщины научились бы принимать свой возраст, потом стали бы восхищаться им и в конце концов начали бы получать удовольствие от него. Ущерб от того, что женщины тратят деньги впустую, можно подсчитать, но ущерб, наносимый этим обманом, который строится на атавистическом страхе старения, не поддается цифровому исчислению.

«Силовой нажим» со стороны Управления по санитарному надзору был проведен таким образом, что женщины так и не получили шанса принять и полюбить признаки своих возрастных изменений. Язык рекламы мгновенно сменил тон, и каждое слово в нем теперь тщательно продумывается с учетом конъюнктуры рынка. Эти поэмы в прозе о женских потребностях и страхах звучат еще более убедительно, чем прежние псевдонаучные выдумки. Успех вероучения зависит от того, насколько хорошо его гуру понимают эмоциональное состояние целевой аудитории. Реклама косметических средств измеряет эмоциональный пульс своей аудитории безошибочно.

Анализируя эту рекламу, мы видим, что женщины находятся под чудовищным давлением. Многие из них производят впечатление вполне уверенных в себе людей, но в глубине души чувствуют себя уязвимыми, измученными и потерянными. В новом сценарии женщина становится беззащитной жертвой невидимых опасностей: «Надежная защита от воздействия внешних раздражителей» (Elizabeth Arden); «Невидимый барьер между вами и раздражающими погодными факторами, ваш невидимый щит» (Estée Lauder); «Дополнительная защита, которая поможет противостоять постоянному агрессивному воздействию загрязненной внешней среды, усталости, стресса» (Clarins); «Сопротивляйтесь стрессам и нагрузкам современного образа жизни» (Almay); «Каждый день вы подвергаетесь разрушительному влиянию окружающей среды, которое вместе со стрессом и усталостью разрушает вашу кожу и нарушает ее естественный баланс» (RoC); «Укрепляет естественную защиту, противодействуя стрессу, которому вы подвергаетесь в течение дня» (Charles of the Ritz); «Защита от внешних раздражителей и неблагоприятных погодных условий» (Estée Lauder); «Защитный барьер от химического и физического воздействия окружающей среды, естественная защита вашего тела... Откройте для себя вашу лучшую защиту» (Clientèle); «Ежедневное воздействие окружающей среды, ламп дневного света, сухого воздуха отапливаемых помещений вызывает появление морщин... Это разрушающее воздействие испытывают на себе 70% женщин» (Orience); «Агрессивное воздействие внешней среды» (Orchidea); «Защитник кожи нейтрализует внешние раздражители, прежде чем она подвергнется удару нового дня» (Estée Lauder); «Необходимый барьер, который помогает коже защитить себя» (L'Oréal).

Что представляет собой этот сценарий, к которому женщины так болезненно восприимчивы? Речь идет об оборотной стороне жизни успешной, держащей все под контролем работающей женщины, стороне, о которой никто не говорит, а именно — о сексуальном насилии и домогательстве на улице и враждебном окружении на работе. Каждое слово рекламы напоминает о вполне обоснованном страхе, который не имеет никакого отношения к процессу старения или свойствам косметического продукта. И дело не только в том, что женщины не так уж давно начали вести публичный образ жизни, а в том, что эта жизнь *действительно* полна скрытых опасностей.

Женщины *действительно* каждый божий день подвергаются нападениям со стороны «невидимых агрессоров». Исследования неизменно показывают, что по крайней мере каждая шестая женщина подверглась изнасилованию, а 44% женщин — попытке изнасилования. Так что у нас и в самом деле есть «уязвимые места».

Еще не подсчитано, сколько женщин были заражены вирусом ВИЧ. Но нам действительно нужны «защитные барьеры» — презервативы и противозачаточные резиновые колпачки.

Есть данные о том, что 21% замужних женщин подвергаются насилию со стороны своего партнера. В США таких женщин каждый год насчитывается 1,5 млн. В Великобритании каждая седьмая женщина была изнасилована собственным мужем. Неудивительно, что мы с готовностью откликаемся на фантазии о защите от нападения — потому что над нами действительно нависает такая угроза.

Почти все работающие женщины сосредоточены в 20 низкооплачиваемых профессиональных категориях. У нас *действительно есть* «невидимый враг» — институциональная дискриминация.

Каждый день на улицах города женщины сталкиваются со словесными оскорблениями. Мы и впрямь страдаем от «агрессивного воздействия окружающей среды».

При проведении тестов, измеряющих уровень самооценки, у женщин показатели оказываются неизменно ниже, чем у мужчин. Женщинам необходимо избавиться от последствий «многолетнего негативного воздействия» — от ненависти к себе, ставшей нашей второй натурой.

Почти две трети браков в США заканчиваются разводом, в результате чего уровень жизни женщины падает на 7,3%, в то время как у мужчины он возрастает на 42%. Женщины и *в самом деле* не защищены. Более 8 млн американок воспитывают ребенка, часто и не одного, без мужа. Из них 5 млн получают на детей социальное пособие, но только 47% — в полном объеме, а 37% — менее чем в половинном. При этом в 1983 г. средний доход женщины в Америке составлял $6320, в то время как у мужчин он был вдвое больше. Женщин *действительно* ослабляет «изменение образа жизни».

По разным подсчетам, две трети или даже три четверти женщин подвергались сексуальному домогательству на работе. То есть мы и *в самом деле* сталкиваемся с «внешними раздражителями». Переработки и низкий уровень заработной платы подвергают нас «стрессу», когда мы находимся «под лампами дневного света в сухом воздухе отапливаемых помещений». При этом женщины зарабатывают 59–66 центов на каждый доллар, зарабатываемый мужчинами. Но все, что мы можем сделать, это купить крем Equaliser («Выравниватель») или Vaseline Intensive Care, который предлагает нам получить «наконец уход и лечение, которых мы заслуживаем».

Только 5% топ-менеджеров составляют женщины. Наверное, поэтому Johnson & Johnson производит средство «Purpose» («Цель»). Поправка о равных правах в конгрессе США не прошла. Поэтому женщины *действительно* нуждаются в помощи. Им и *в самом деле* нужна надежная защита.

«Священные масла» обещают им защиту, которой они больше не получают от мужчин и пока еще не получили от законодательства. Кремы предлагают ее на уровне мечты. Они обещают женщинам стать для них чадрой, или поясом верности, или мужем, или костюмом, защищающим от радиации, — в зависимости от того, к какому из их страхов они апеллируют. И все это — чтобы женщины почувствовали себя защищенными в агрессивном мужском мире, в который многие из них вступили с большими ожиданиями и надеждами на успех.

Некоторые рекламные статьи апеллируют к тем противоречивым чувствам, которые женщины испытывают в своих новых ролях, или точнее будет сказать, к чувствам, которые возникли у них, когда они стали частью дискриминационной общественной системы. Многие из нас сомневаются в том, что «успех», как его определяют мужчины, стоит той цены, которую приходится за него платить, и времени, которым приходится жертвовать и которое мы могли бы проводить со своими детьми. Но система возлагает вину за то, что в сексистском внешнем мире женщины подвержены высокому уровню стресса, на феминизм. Вот что представляет собой «постфеминистский» курс по уходу за кожей: «Снять стресс и напряжение» (Almay); «Концентрат для кожи, подверженной стрессу, одерживает победу над врагом и решает проблемы кожи XX века» (Elisabeth Arden); «Стресс и напряжение» (Biotherm); «Как отражается успех на вашем лице? Ваш образ жизни подвергает вас множеству стрессов, о которых ваши матери не имели представления» (Orlane); «Кожа принимает на себя множество ударов. Все, что происходит с вами, происходит и с ней… Для женщин, чей образ жизни предъявляет к коже непомерные требования» (Matrix); «Бурная жизнь современных женщин приводит к тому, что, к сожалению, у них нет времени заботиться о своих ногах» (G. M. Collin); «Когда ваша кожа не знает, как ей реагировать» (Origins).

В период между 1970 и 1981 гг. количество разводов в США почти удвоилось. С 1960 г. оно также выросло вдвое почти во всех странах Европы, утроилось в Нидерландах, увеличилось в четыре раза в Великобритании, в десять раз на Барбадосе. В Бангладеш и Мексике каждая десятая замужняя женщина развелась или разъехалась с мужем, в Колумбии — каждая пятая, в Индонезии — каждая третья. Восстанавливающий гель для кожи вокруг глаз от Elizabeth Arden представляет последний этап женской истории: «Жизненно важные связи между клетками разрушаются, ослабляя кожу и делая ее уязвимой». Крем Immunage тоже защищает кожу от «лучей, ослабляющих ее структуру и нарушающих межклеточные связи». И как неухоженная кожа страдает от «нарушения связей», так и традиционные структуры поддержки женщин — семья, финансовая помощь со стороны мужчины, даже женские группы второй волны феминизма — развалились. Зато Clinique «помогает поддержать кожу, которая в этом нуждается».

Одинокие, борющиеся за свое выживание женщины узнают, что микросомы Estée Lauder, «подобно мощным магнитам (а может, магнатам?), притягиваются к тем клеткам кожи, которые больше других нуждаются в помощи, восстановлении и укреплении». «Системы поддержки» теперь могут быть «восстановлены и перестроены» при помощи средства «активного действия», продающегося в аптеке, в то время как институт семьи и законодательство давно подвели женщин.

Эти кодовые слова будут меняться вместе с подсознательными женскими страхами. Но если мы хотим вырваться из-под гнета вероучения, созданного для нашего порабощения, то должны, читая рекламу очередного «священного масла», понимать, что речь в ней идет не о самом продукте, а о скрытых демонах нашего времени.

Однако создатели рекламы играют не только на страхах. Они понимают, что время от времени женщины испытывают потребность вернуться в прошлое и почувствовать себя как в детстве. Религия красоты уносит женщин из настоящего. Культы, идеализирующие прошлое, называются «движениями возрождения». Одним из примеров такого движения может служить нацизм.

Старение и лишний вес — вот на чем строится новая теология. Женщинам не дают забыть об Эдеме — шампунь Secret garden от Timotei — и о его утрате: ведь когда они были детьми, у них у всех была «безупречная» кожа и большинству из них давали есть столько, сколько они хотели. Трудно найти рекламу, в которой не встречались бы с некоторыми вариациями два ключевых понятия — «возрождать» и «питать». Almay «дает новую жизнь». RoC «возрождает». Auraseva «помогает родиться заново». Clarins использует в одностраничной рекламке слово «возрождать» девять раз. «Вы можете заново родиться» с Elizabeth Arden. А Guerlain предлагает вам Revitenol.

Эти слова повторяются вновь и вновь подобно гипнотическому заклинанию. Слово «обновление» встречается в коротком рекламном тексте, посвященном средству Millennium («Второе пришествие»), 28 раз. Тысячелетнее царствование Христа после Второго пришествия — это время, когда мертвые оживут, а женщины вновь обретут молодость, иными словами, вернутся в тот период своей жизни, когда, в соответствии с религией красоты, они были привлекательны и энергичны как никогда.

Рекламщики знают, что женщины вынуждены жестко ограничивать себя. Мы подавляем чувство голода, признавая, что с нашей стороны было бы проявлением слабости не делать этого. Поэтому реклама «священных масел» играет на нашем стремлении к запретному, описывая калорийное и сладкое — мед Святой земли и материнское молоко Девы Марии: «молоко и мед», «масло зародышей пшеницы», «питание для кожи», «крем», «мусс», «икра». Женщина питает кожу тем, что не может позволить себе съесть, не испытывая при этом чувства вины. В статье, опубликованной в газете *The New York Times* под названием «Пища для размышления», ее автор Линда Уэльс пишет, что «в последнее время ингредиенты, содержащиеся в средствах по уходу за кожей, можно по ошибке принять за меню шикарного ресторана». Она приводит список из перепелиных яиц, меда, бананов, оливкового масла, арахиса, красной икры, черной икры и маракуйи. Сидящая на диете женщина может позволить себе только наружное применение того, что она в действительности хотела бы съесть.

В 1990 г. опрос, проведенный Virginia Slims среди 3000 женщин, показал, что половина из них чувствовала: «Мужчин интересует только их собственное сексуальное удовлетворение». Самое «интенсивное питание» обещают ночные кремы, предназначенные для применения перед сном, «когда ваша кожа способна усвоить больше питательных веществ. Это время для насыщения ее специальными питательными веществами» (интенсивный питательный комплекс от Almay). Именно в ночное время женщины особенно остро чувствуют отсутствие «насыщения». С научной точки зрения «питание» кожи невозможно, так как ничто не может проникнуть глубже ее рогового слоя. Но женщины все-таки питают свою кожу, чтобы одарить себя любовью, которой многие из них лишены.

Их прямо-таки подстегивают к тому, чтобы они наделяли эти продукты теми качествами, которые хотели бы видеть в своих мужчинах. Первое исследование Шир Хайт показало, что женщинам не хватает во взаимоотношениях с мужчинами нежности. В этом присутствует элемент христианского мистицизма, обращающегося к области чувственного и сокровенного, в котором Иисус Христос представлялся возлюбленным, предлагавшим посвященному романтический и чистый союз. Иисус как воображаемый жених всегда был для женщин опорой, источником утешения. И теперь Бог Сын, воплотившийся в косметические продукты, дает им нежность. Новая религия точно знает, что нужно верующим. Кремы «успокаивают» и «смягчают», «бальзамы» изливаются на «чувствительную» и «раздраженную» кожу и души женщин. Если судить по рекламе, женщины нуждаются в куда большей заботе и внимании, чем они получают от мужчин: «Они никогда не уделяют вам достаточно внимания» — Clinique. Более того, мужчины просто не способны на такие нежные и легкие прикосновения. А кремы «нежно и мягко скользят по коже, обволакивая ее подобно шелку». Волшебный джинн в бутылке делает то, чего не делают или делают недостаточно мужчины в реальной жизни: он нежно прикасается к женщине, связывает себя с ней нерушимыми узами, проникается ее чувствами и заботится о ней — то есть делает для нее все то, что обычно женщины делают для мужчин. Он появляется в виде губной помады, которая «останется с вами надолго». Он предлагает «больше заботы», «особую заботу», «интенсивный уход» (Johnson & Johnson), «уход, полный любви» (Clairoil), «естественную заботу» (Clarins). Он знает ее сексуальный темп, находя к ней «очень мягкий подход» и даря ей «именно такую любовь», которой она «жаждет». Он избавляет от стыдливости, «возвращая чувства, которые абсолютно естественны». Он дарует нежное очищение и заботится о питании. Сексуальные потребности женщин волшебным образом перестают быть источником внутреннего конфликта: «Требующие деликатного подхода проблемы вашей кожи больше не потревожат вас... Вам необходима нежная защита повсюду... Это самая чувствительная зона вашего тела». Другие косметические продукты предлагают «обильное увлажнение», «глубокое проникновение» и «особый уход именно там и тогда, когда он вам нужен». («Ты знаешь, — говорится в молитвах Служебника, — в чем я нуждаюсь».) В конечном счете женская сексуальность именно такова: «Иногда вы нуждаетесь в деликатности, а иногда вам нужно намного больше».

У некоторых женщин бывает такое настроение, когда их распирает желание предать себя во власть могучей силы — Бога Отца. И другая категория товара на рынке косметических средств позволяет им сделать это. Женщина нуждается в «укрощении», в требовательном наставнике, который научит ее сдерживать напор естественных желаний. Ей предлагается мужская рука, которая усмирит ее, нежная, но твердая. Она нуждается в «дополнительном контроле за проблемной кожей», словно она трудный ребенок. «Меньше всего немолодая кожа нуждается в том, чтобы ее баловали как ребенка». Ей говорят: пожалеешь розгу, испортишь цвет лица. «Используйте скраб. Обильно увлажняйте кожу. Делайте это как можно активнее» (Clinique). Она может купить «средства корректирующего и превентивного действия» (Estée Lauder) — это напоминает манеру обращения с малолетними преступниками. «У вас истощенная кожа? Будьте непреклонны в уходе за своим лицом» (Clarins).

Поскольку женщинам свойственно жертвовать собой ради других, они с особой готовностью покупают субстанцию, также окутанную аурой жертвоприношения. Вещество, осененное смертью, должно творить чудеса. В швейцарском спа-центре La Prairie каждую неделю только что абортированные эмбрионы ягнят «приносятся в жертву» ради получения «омолаживающих клеток». (Одна из клиенток говорит об этом как о «духовном опыте».) Плацента часто входит в состав кремов для лица, так же как и желудочные энзимы свиней. В них также используются клетки эмбрионов млекопитающих. Orchidea предлагает «экстракт из клеток молочной железы». По данным Джеральда Макнайта, в Великобритании, Франции и Канаде производители кремов для кожи покупают клетки тканей человеческих эмбрионов. Он описывает документально подтвержденные случаи, когда представители нелегальной и очень прибыльной сферы торговли тканями эмбрионов для косметической промышленности уговаривали женщин в бедных странах сделать аборт на таком позднем сроке, как семь месяцев, всего за $200. В XVII в. в Румынии графиня убивала крестьянок-девственниц, чтобы купаться в ванне из их крови и оставаться молодой. Вампиры никогда не стареют.

Магическое воздействие основано также и на финансовой жертве. Как сообщила Макнайту женщина, работавшая в Helena Rubinstein и *Vogue,* «стоимость ингредиентов составляет 10% или даже меньше той цены, которую женщины платят за косметические средства». По информации из того же источника, «непомерные наценки должны покрывать затраты на рекламу и "научные исследования"». Понятно, что отчасти именно нереально высокие цены делают «священные масла» столь привлекательными для женщин. В еще одной статье Линды Уэльс, опубликованной в газете *The New York Times* под названием «Заоблачные цены», она пишет, что Estée Lauder завышает свои цены ради «престижа». «Вся индустрия косметики отличается непомерно высокими ценами, — говорит и президент компании Revlon. — Цены растут астрономически. Некоторые компании считают, что это уже выходит за пределы разумного. Но тем временем другие компании продолжают повышать цены».

Однако именно эти высокие цены и *заставляют* женщин покупать «священные масла». Макнайт задается вопросом: «Если бы цены резко упали, получали бы женщины такое же удовлетворение от покупки этих средств? Именно этот вопрос приводит в замешательство как социологов, так и психологов». Он демонстрирует диаграмму, которая доказывает, что при стоимости косметического продукта $7,50, стоимость ингредиентов составляет всего лишь $0,75. Продавая воздух по бешеным ценам, производители обеспечивает себе низкие накладные расходы.

Эта загадочная привлекательность, которой обладает для женщин высокая стоимость косметических продуктов, на самом деле не так уж удивительна. Ингредиенты не имеют никакого значения, и даже их эффективность не играет никакой роли. Содержит ли крем в баночке настоящий овечий жир или продукт нефтепереработки, имеет к делу такое же отношение, как то, откуда на самом деле взялось изображение на Туринской плащанице. В отличие от декоративной косметики, которая по крайней мере выполняет свою функцию, все, что дает высокая цена «священного масла», это успокоение чувства вины в связи с навязанной потребностью жертвовать. В таком обличье воскресает средневековая практика покупки индульгенций и отпущения грехов.

Стоимость индульгенции *определяет* финансовые затраты кающегося грешника. Основной психологический смысл приобретения индульгенции заключается в вопросе, как много грешник готов пожертвовать ради искупления. Продавцы косметики тоже угрожают предать женщину проклятию, если она не заплатит высокую цену. Больше ада некрасивости женщина боится попасть в лимб*. Если она не пользуется кремами и стареет, ей говорят, что она сама навлекла на себя эту напасть нежеланием принести необходимую финансовую жертву. Если же она пользуется кремами и все равно стареет, что само по себе неизбежно, она по крайней мере знает, что не виновата, потому что она заплатила! Оплаченный чек на сумму $100 доказывает, что она хотя бы пыталась. Страх перед чувством вины, а не перед старением — вот истинный мотив, который движет женщинами.

Страх лишнего веса

Панический страх многих женщин перед увяданием и лишним весом связан не столько с самими этими проблемами, сколько с тем, что стоит женщине стать жрицей одного из этих культов новой религии, как ее разум попадает в ловушку безумия. При этом культ страха старения использует более мягкие методы воздействия. Но культ страха набрать лишний вес *действительно меняет работу мозга* женщины. Стоит ей попасться на этот крючок, как она подвергается классическим, освященным временем методам контроля над мыслительными процессами.

---

* В католическом вероучении лимб — место пребывания душ праведников, умерших до пришествия Иисуса Христа, и некрещеных младенцев. — *Прим. пер.*

Мания веса не представляла бы такой опасности, если бы женщины становились жрицами этого культа добровольно и могли бы в любой момент оставить его. Но техники, к которым прибегают его адепты, делают последовательниц зависимыми от культового мышления и искажают ощущение реальности. Женщины, которые вначале по собственному желанию вступают в ряды посвященных, очень скоро обнаруживают, что уже не могут остановиться. На то есть веские психологические и физиологические причины.

Культ контроля над весом возник как чисто американское явление. Позже, как и другие культы американского происхождения, например мормонизм и Церковь объединения, он распространился по Западной Европе и странам третьего мира. Его бурному расцвету способствовало характерное для Америки отсутствие исторических корней.

Большинство культов в США являются милленаристскими и построены на противопоставлении святости и греховности. Внимание в них фокусируется на очистительной подготовке к Судному дню, в связи с чем для них типичны такие проявления, как транс, паранойя, истерия и одержимость.

Условия формирования подобных культов характерны и для недавнего этапа истории женщин: за активным бунтом следует пассивное отступление. Когда надежды не оправдываются, люди обращаются к духовным практикам. Как пишет Уилла Эппель, последователи милленаристских культов — это люди, «чьи ожидания не оправдались», они «разочарованы и пребывают в смятении». Они пытаются «воссоздать реальность и утвердить себя как личность в условиях, когда прежние взгляды утратили смысл». Склонность к милленаристским культам свойственна маргиналам, у которых «нет политического голоса, отсутствует эффективная организация и нет возможности удовлетворить свои духовные запросы принятым в обществе способом». Культы предлагают «обряды инициации, связанные с получением нового социального статуса» в обществе, где традиционные институты, похоже, перестали выполнять свои функции.

Для женщин в современном мире ситуация именно такова. Несмотря на то, что за последние два десятилетия многие из них добились власти, это никак не связано с их принадлежностью к женскому полу, в отличие от их прежних обрядов инициации. У них все еще нет своих организаций, институтов и коллективного голоса. Любая работающая и живущая в городе женщина может рассказать о своем «разочаровании и смятении», об обманутых ожиданиях. Женщины находятся в таком положении, когда все вокруг подталкивает их к созданию культа. И религия контроля над весом заполнила этот пробел. Как и другие успешные культы, этот строится на трех основополагающих принципах.

Первый — авторитарность. Люди, сидящие на диете, следуют режиму питания, который нельзя нарушать. Все как в католической молитве: «Наложи, Господи, охрану устам моим и огради двери уст моих». Тон книг и телепередач о похудении догматичен и не терпит возражений. «Эксперты» направляют твои усилия и всегда знают, что тебе надо делать.

Второй — отказ от мирских удовольствий. Люди, сидящие на диете, отказываются от гастрономических радостей. Они обходят стороной рестораны, ограничивают свою общественную жизнь и избегают ситуаций, в которых могут столкнуться с искушениями. А больные анорексией в качестве следующего шага отказываются и вовсе от большей части земных удовольствий — кино, безделушек, шуток.

Третий — последователи культа верят, что только они посвящены в «истинное знание». Женщины, одержимые идеей лишнего веса, не воспринимают комплименты, потому что считают, что только они сами знают, насколько отвратительно их тело, скрытое от взглядов одеждой. Страдающие анорексией уверены в том, что никто другой, глядя на них, не поймет их. Жесткое самоограничение порой заставляет женщин высокомерно-пренебрежительно относиться к другим, менее ярым последовательницам культа.

По мнению Эппель, на основании этих трех принципов приверженцы культа развивают в себе «чувство морального превосходства, презрения к гражданским законам, косность мышления и неуважение к личности другого человека». Послушание вознаграждается, а отступление от жестких ограничений, которых требует культ, наказывается. «Красоты» можно и нужно добиваться. Система взглядов, которая насаждается мифом о красоте, приводит женщин к ограниченному мышлению. Последовательниц культа убеждают порвать все связи с прошлым: «Я уничтожила все фотографии, на которых была толстой. Это новая я!»

Успех культа зависит от того, насколько он сумеет манипулировать сознанием своих последователей. Для этого существует шесть приемов, которые перечисляются Эппель: молитва, медитация, пение мантр, групповые ритуалы, психодрама и исповедь. Нечто похожее содержится и в руководстве по обретению красоты.

Состояние постоянной бдительности позволяет менять женское сознание. Необходимость неустанно контролировать себя сводит с ума. Мы понимаем, что уже не можем не думать о еде. Когда мысль о самоконтроле навязывается человеку, который и без того уже находится в стрессовом состоянии, это на самом деле меняет характер функционирования его мозга. Те, кто во время культовых ритуалов поет мантры, впадают в состояние гипнотического транса. В этом состоянии они особенно подвержены агрессивным или саморазрушительным импульсам. Метод, при помощи которого женщин учат думать о еде и лишнем весе, вводит их в такое же трансовое состояние. Нас могут обуревать такие же иррациональные чувства. Мы начинаем ощущать, что агрессия и разрушение идут изнутри нас самих. Но на самом деле это навязанная извне форма легкого безумия.

Оказавшаяся в ловушке такого образа мыслей женщина по утрам, едва открыв глаза, встает на весы и произносит что-то вроде молитвы или заклинания.

Монотонное повторение одних и тех же действий призвано ввести в гипнотический транс. Поэтому она пережевывает пищу 32 раза, выпивает 10 стаканов воды в день, кладет вилку на стол перед тем, как откусить очередной кусочек. «Представляйте, что вы держите монетку, зажав ее между ягодицами... Делайте это как можно чаще — когда вы гуляете, смотрите телевизор, сидите за рабочим столом, ведете машину, стоите в очереди в банке». Женщину призывают сокращать мышцы промежности, когда она ждет лифта, сжимать челюсти, когда она развешивает белье после стирки. Но самая главная мантра — постоянное высчитывание полученных и истраченных калорий, которое нужно производить в течение всего дня. Это безмолвное «пение» мантры калорий становится настолько привычным, что практика кришнаитов петь мантру «Харе Кришна» по семь часов в день показалась бы женщинам просто пустяковым делом. Как любая мантра, мантра калорий звучит в мозгу привычным фоном, в то время как остальные его отделы заняты другими видами деятельности.

Культ контроля над весом учит медитации. Это и «Диета одной тарелки», следуя которой, человек должен сидеть в тихом уголке, держа в руках полную миску еды и концентрируя свои мысли на том, что он хочет съесть и почему. Кроме того, женщин учат в течение 20 минут держать апельсин в руках, ласкать его и проживать ощущение от поедания каждой дольки. Их призывают фокусировать свое внимание на желудке, чтобы быть уверенной в том, что «аппетит» действительно является «голодом». Женщины все время думают о еде, поскольку культ заставляет их об этом думать. Если женщина страдает лишним весом в такой степени, что это вредит ее здоровью, то скорее это следствие ее приверженности культу, нежели наоборот.

Существует много групповых ритуалов. Занятия аэробикой, эта роботообразная пародия на двигательную активность, которая приводит женщин в состояние подъема, похожи на танец, который для достижения того же эффекта исполняют кришнаиты. Есть также ритуал, который описывает Ким Чернин, типичный для студенческих кампусов, когда периоды чрезмерного обжорства сменяются периодами «очищения». Есть также ритуал самоуничижения, когда женщины, просматривая вместе журналы, причитают: «Я ее ненавижу. Она такая худая!» — «Ты тоже худая». — «Да ладно, брось! Это я-то? О чем ты говоришь?!»

Психологическая драма начинает разворачиваться, когда женщина предстает перед «экспертами». Например, когда руководитель группы «следящих за весом» публично унижает поклонницу культа: «Ну, давай, скажи нам, что ты на самом деле ела!» Это может принимать форму давления со стороны одного из членов семьи — мужа, который говорит жене, что ему стыдно появляться с ней на людях, или матери, которая покупает своей дочери новую вещь всякий раз, когда та худеет на килограмм. В группах похудения, которые представляют собой хорошо организованные ячейки служителей культа, исповедь происходит в соответствии с определенным процедурой. Организация «Следящие за весом» завербовала в свои ряды 8 млн женщин, и каждую неделю по всем Соединенным Штатам проводятся 12 000 собраний, на которых насаждается культовое поведение. В Нидерландах 200 сотрудников организации предлагают 18 000 ее членам 450 курсов в год стоимостью 17 гульденов в неделю. За последние 25 лет организация распространилась по всему миру и насчитывает 37 млн членов в 24 странах.

Шесть вышеописанных техник изменения сознания используют Церковь объединения, сайентологи, компания Lifespring и другие известные культовые движения. При этом для подавления личности последователя используется групповое давление. Культ похудения черпает свои силы из того же неиссякаемого источника. Но он находится даже в более выгодном положении, чем другие, так как в данном случае групповое давление усиливается давлением со стороны общества и культуры. Церковь объединения владеет только *Washington Times,* в то время как культ похудения обеспечивает прибыль большинству средств массовой информации, ориентированных на женскую аудиторию.

Уилла Эппель объясняет, что потребность в порядке является не только рациональной, но и психологической. Она описывает психологические эксперименты и исследования по сенсорной депривации, чтобы объяснить, что происходит с неофитами во время идеологической обработки. Будучи не в состоянии пропустить через сознание шквал новых и сильных сенсорных впечатлений, с одной стороны, и будучи лишенными ключевых стимулов, с другой, они оказываются дезориентированы и потому неспособны мыслить рационально, а значит, легче поддаются внушению. В такой ситуации они становятся восприимчивы к сценарию, в котором «добро и зло встречаются в последней решающей битве». Добровольный отказ от пищи, которому подвергают себя многие женщины, является формой сенсорной депривации. Добро и зло начинают ассоциироваться со стройностью и полнотой, которые борются за женскую душу.

Милленаристские культы изображают внешний мир как греховный и полный опасностей. Спасенные, как и красавицы, обычно представляют собой существа бесполые и безликие. В ожидании Великого дня верующие выполняют очистительные ритуалы. Часто им приходится доводить себя до изнеможения: так, приверженцы культа североамериканских индейцев «Танцующие призраки» в ожидании Последнего суда танцевали буквально до потери сознания. Женщин выматывают ритуалы фитнеса. Мир постмилленаристского периода — это рай, описание которого весьма неопределенно — «Когда я сброшу вес…». Эппель пишет о представителях милленаристских культов: «Предполагается, что обретение силы, которой они доселе были лишены, само по себе сделает их счастливыми».

Подобно женщинам, поклоняющимся религии красоты, приверженцы мессианизма «отказываются от всего того в себе, что представляет угрозу их новой личности». Классические культы, и в том числе религия красоты, «обещают надежду и обретение нового себя». Люди, подверженные влиянию культов, как правило, чувствуют, что их личность нуждается в укреплении «путем превращения в другого человека при помощи как можно большего количества разных способов». Немногие женщины готовы принять свое тело таким, каково оно есть, а миф о красоте призывает их отдавать предпочтение «красивой» маске, а не тому, что дано им природой. Определяющими факторами также являются зависимость и потребность в одобрении со стороны других людей. Кроме того, идеальными объектами для промывания мозгов являются люди, у которых «нет организации или рода занятий, с которыми бы они себя прочно ассоциировали». Они испытывают сочувствие к «неудачникам», к людям, подвергающимся эксплуатации. Культурная революция в Китае научила сторонников «перевоспитания» тому, что легче всего воздействовать на людей с сильным чувством вины и развитой склонностью к самокритике. Если судить по всем этим признакам, то именно работающая женщина конца XX в., которая борется за свое место в этом бурном мире, может быстрее других стать жертвой техник изменения сознания.

Впечатления от недели, проведенной среди адептов Церкви объединения, очень напоминают то, о чем пишут в женских журналах. Вот как рассказывает об этом Эппель: «Усилия, предпринимаемые в попытке получить одобрение, вкупе с недосыпанием, скудным питанием и постоянной деятельностью, которая не оставляет места для отдыха или размышления, начинают проявлять свое разрушительное действие. Участники теряют способность критически мыслить. Измученные, находящиеся на грани нервного срыва, они приходят к выводу, что легче быть покорным, молчать и не вызывать гнева или осуждения группы, то есть не задавать вопросов и не высказывать сомнений относительно мировоззрения, которое тебе навязывают».

Нечто подобное переживают многие современные женщины. Тех, кто попал под влияние культа, уже никогда не оставляют в покое. Принятое в нашем обществе тактичное отношение к мужскому телу не распространяется на женское: оно всегда находится под наблюдением. Каждое колебание веса замечается, оценивается и обсуждается.

Жесткое планирование, характерное для культового мышления, а также для сознания женщины, зацикленной на физических упражнениях или еде, лишает ее возможности выбора: если у нее и остается свободное время, она слишком вымотана, чтобы использовать его для размышления. Изменение схемы питания снижает уровень интеллектуального и эмоционального сопротивления. Как пишет Эппель, «самыми сильными переживаниями» становятся такие моменты, когда, например, женщина влезает в джинсы восьмого размера. Подобные события «воспринимаются как награда за весь ее тяжкий труд и самопожертвование».

Мощным методом воздействия на сторонника культа является то, что Церковь объединения называет «купание в любви», — шквал одобрения со стороны всех, кто окружает женщину, в том случае, если она «справляется с программой». Но это «купание в любви» несет в себе скрытую угрозу: оно может прекратиться. В культах покорность вознаграждается любовью, но завоевывать эту любовь становится все труднее и труднее, и для этого нужно становиться все более смиренным и послушным.

На каком-то этапе поклонения культу красоты сидение на диете превращается в анорексию или булимию. Идея вознаграждения и наказания — главная в культе. Теперь, как пишет Эппель, «Сатана прячется за каждым углом, ждет любого неосторожного поступка, искушая праведника». Женщины, страдающие навязчивыми идеями в отношении еды, видят соблазны повсюду. Воспринимая аппетит как «дьявольское искушение», они оказываются в западне, из которой не выбраться. «Называя сатанинскими и греховными те желания и мысли, которые другие люди считают абсолютно естественными и нормальными, — пишет Эппель, — культы связывают своих последователей эмоциональными и интеллектуальными узами, заставляют их отказываться от всех "эгоистичных" желаний и бесцеремонно вторгаются в их жизнь». Быть живой значит испытывать желание удовлетворить свой голод, и «постоянное напряжение, вызываемое необходимостью подавлять внутренне присущие тебе желания, очень изнуряет. Естественная человеческая природа последовательницы культа ставит под угрозу ее спасение». Вот что говорит один из бывших членов секты: «Просто жить и быть собой недопустимо ни на каком уровне... Все является исключительно важным. И даже если ты идешь в туалет, это исключительно важно. О господи, они действительно говорят тебе, что ты должен сидеть на унитазе и при этом медитировать! И ты испытываешь огромное чувство вины за то, что не можешь быть постоянно сконцентрированным на Абсолюте». Женщин учат тому, что пища и вес являются Абсолютом, на котором надо концентрироваться, причем не менее странными способами и в не менее странные моменты.

Культы, возникшие в Америке, «трансформировали пассивность, духовный голод и стремление к упорядоченности» своих последователей в «прибыльный бизнес, приносящий быстрые деньги». То же самое можно сказать и о культе похудения.

Для того чтобы выйти из секты, человек должен понять, что все, испытанное им там, было абсолютно реально и что это навязанная извне форма психического расстройства. Точно такой же подход действенен и в отношении последовательниц культа контроля над весом. Женщины, попавшие в эту ловушку, не смогут выбраться из нее, пока не осознают, что это безумие было навязано извне и что оно воздействовало на их сознание при помощи старых, третьесортных психологических приемов. Если же они наконец поймут, что подверглись самой настоящей идеологической обработке, использующей проверенные способы промывания мозгов, то сумеют вместо привычного отвращения к себе испытать сочувствие и увидеть реальную картину происходящего.

Общественное влияние новой религии

Массовое вовлечение женщин в ряды последовательниц религии красоты привело к тому, что наша бдительность была в очередной раз усыплена. Три слона, на которых стоит религия красоты, — голод, страх перед будущим и долговые обязательства — всегда использовались политическими лидерами, которые пытались удержать в повиновении недовольное население.

Религия красоты удерживает женщин в смирении, обещая, что за это им впоследствии воздастся. Она утверждает, что женская красота не принадлежит женщине, точно так же, как прежнее вероучение говорило, что ее сексуальность принадлежит другим. Женщина виновна, если оскверняет эту красоту нечистыми субстанциями, жирной пищей или дешевыми лосьонами. Ведь красота ее тела принадлежит не ей, а Богу. Но зато любые изъяны внешности — ее и только ее. Они доказывают ее греховность, и потому она заслуживает наказания. Женщина должна прикасаться к своей коже с благоговением, потому что красота гладкого молодого лица дарована ей Богом. Но она может истязать себя, если заслужила это своей «греховностью».

Все эти установки не дают женщинам полноправно обитать в своем собственном теле, заставляя их ждать его обожествления, которое никогда не наступит. Чтобы быть покорными, мы не должны чувствовать себя комфортно. Наш удел — оплакивать свое прошлое и бояться будущего.

Божественное воздаяние — это краеугольный камень любой религии, которой нужны послушные последователи: верующий мирится с любой несправедливостью, притеснением, оскорблениями — и с голодом, — если за это ему обещана райская жизнь после смерти. Религии, построенные на обещании счастливой загробной жизни, всегда стремились активно влиять на женщин, заставляя их не думать о жизни реальной, довольствоваться малым и не претендовать на власть и достойное положение в обществе. Это происходило начиная с Элевсинских мистерий в Древней Греции и поклонения Деве Марии в Средние века и заканчивая современной религией красоты — и всегда поощрялось государством.

Однако до возникновения последней это состояние ожидания и постоянной готовности имело хоть какую-то ориентацию на нашу смертную жизнь: женщина могла надеяться на то, что ей встретится мужчина, который спасет ее. За этим следовало вступление в брак, после чего она получала статус жены и матери. Заветная цель все-таки могла быть достигнута в этой жизни и в этом физическом теле.

В этом смысле новая религия дарует еще меньше утешения, чем прежняя. Согласно ее доктрине, в земной жизни избавления ждать бесполезно. В прежние времена верующие знали, что смерть принесет им освобождение и чувство удовлетворения от того, что они выполнили свое жизненное предназначение. Современным женщинам запрещается даже представлять себе возможность освобождения не только в этой жизни, но и в следующей. Наша жизнь — это непрекращающаяся проверка на прочность, череда искушений и тяжких испытаний, с которыми мы должны неустанно бороться: «Имей в виду — когда ты достигнешь нужного веса, расслабляться нельзя. Следить за собой — отныне твоя пожизненная обязанность». Нас учат, что эта жизнь — юдоль скорби. Но такое ее восприятие извращает сам смысл жизни: женщина, которая умрет самой худой и с наименьшим количеством морщин, окажется победительницей.

В Новом Завете разумные девы берегли масло в светильниках до прихода жениха, а неразумные все сожгли, не дождавшись его*. Женщин убеждают в том, что они должны «экономить» удовольствия во имя своей красоты. Так, анорексички боятся потерять тот «запас», который они сделали, пока доводили себя до болезненного состояния. Точно так же женщины экономят купленные в магазине косметические средства, деньги, еду. Нас заставляют верить в то, что в любой момент мы можем быть призваны к ответу, признаны недостойными и отправлены во тьму внешнюю, которая ассоциируется у нас со старостью в бедности, одиночеством и утратой красоты.

Кристофер Лаш в книге «Культура нарциссизма» (The Culture of Narcissism) описывает, как отсутствие уверенности в завтрашнем дне приводит людей к одержимости молодостью. Религия красоты учит женщин бояться своего будущего и своих желаний. Но жить в страхе

---

* Притча о десяти девах (Матф. 25:1–13). — *Прим. ред.*

за свое тело и жизнь — значит вообще не знать полноценной жизни. В результате мы повсеместно наблюдаем проявления невротического страха перед жизнью. Вокруг полно женщин, которые планируют завести любовника, отправиться в Непал, научиться прыгать с парашютом, искупаться обнаженными, потребовать повышения зарплаты — но все это потом, когда они «сбросят лишний вес». А пока этого не произошло, они продолжают соблюдать обет целомудрия и отказывают себе в радостях жизни. Эти страхи присущи женщинам, которые никогда не могут получить удовольствия от еды, потому что чувствуют, что они недостаточно стройны или что это не тот случай, когда можно ослабить бдительность и насладиться моментом. Эти страхи присущи также тем женщинам, которые настолько боятся морщин, что кожа вокруг глаз у них всегда лоснится от крема, где бы они ни находились — на вечеринке или в постели с мужчиной. Женщины должны ждать пришествия ангела или «жениха», который вознаградит их за все труды и чье присутствие позволит им наконец жить в полную силу в гармонии со своими лицами и телами. Ведь если позволить нам здесь и сейчас зажечь фитиль, истратить все масло до последней капли и жить в лучах собственного света, это, по мнению общества, будет слишком дорогим удовольствием.

Внушив нам этот невротический страх перед жизнью, религия красоты парализовала наше стремление к освобождению. Ведь какой смысл в том, чтобы получить весь мир и потом бояться самих себя?!

5

Секс

Навязываемое религией чувство вины подавляет женскую сексуальность. Альфред Кинси, проводивший исследования в области человеческой сексуальности, обнаружил в трудах политического аналитика Дебби Тейлор следующее высказывание: «Религиозные вероучения мало влияли, если вообще как-то влияли, на получение сексуального удовольствия мужчинами. Но, подобно ножу в обряде обрезания, они отсекали саму эту возможность от женщин, заставляя их испытывать при одной мысли об удовольствии чувство вины и стыда». Патриархальные религии добивались этой цели при помощи самых разных средств, начиная с клитородектомии (удаления клитора) в Древнем Египте и заканчивая поясами верности в Германии. По словам Розалинды Майлз, «это выдает их осознанное стремление решить “проблему” женской сексуальности путем уничтожения самой сексуальности». Новая религия красоты продолжает эту традицию.

Фактически женские половые органы *действительно представляют собой* то, чего так страшились патриархальные религии, — «ненасытное лоно». Женщины могут испытывать многократный оргазм, продолжительный оргазм, яркий и захватывающий дух клиторальный оргазм, ошеломительный вагинальный оргазм, оргазм, вызванный ласками груди, а также бесчисленные комбинации всех вышеперечисленных видов оргазма: женская способность получать сексуальное удовольствие теоретически неисчерпаема и безгранична.

Однако потенциальные «греховные» возможности женщин не находят отражения в их реальном сексуальном опыте. Данные исследований постоянно и неизменно показывают, что сексуальная революция поставила многих женщин в затруднительное положение, «выбросив их на берег» и лишив способности испытывать полноценное сексуальное удовольствие. В сущности, миф о красоте ударил по женщинам как самóй второй волной их сексуальной революции, так и ответной реакцией протеста на эту вторую волну, что привело к широкомасштабному подавлению подлинной женской сексуальности. Почти освободившись, благодаря распространению противозачаточных средств, законодательному разрешению абортов и уничтожению двойного стандарта применительно к сексу, женщины вновь столкнулись с ограничениями уже другого рода — с эротикой, то есть «красивой» порнографией и садомазохизмом, которые появились, чтобы вернуть в женский сексуальный опыт чувство вины, стыд и боль.

Сексуальность формируется обществом. Даже животные должны учиться сексуальным отношениям. Сегодня антропологи считают, что успешное репродуктивное поведение с целью продолжения рода является результатом скорее обучения, чем инстинкта. Обезьяны, выросшие в лабораторных условиях, не знают, что такое секс, и люди тоже должны учиться сексуальности на реальных примерах из жизни. Внешние факторы, воздействуя на женщин в виде «красивой» порнографии и «красивого» садомазохизма, меняют женскую сексуальность и облекают ее в форму, управлять которой легче, чем естественной природной сексуальностью, если дать той полную свободу самовыражения.

«Красивая» порнография выглядит примерно так: женщина, которой придали совершенный, идеальный вид, лежит ничком. Она слегка выгибает спину, ее рот приоткрыт, глаза, наоборот, прикрыты, соски торчат. На ее золотистой коже — мелкие капельки влаги. Она явно находится в состоянии возбуждения, на пороге оргазма. На следующей странице еще одна версия: открыв рот и прикрыв глаза, она подносит к губам розовый кончик помады. На третьей странице еще одна модель стоит на четвереньках на песке, опираясь на руки и колени и уткнувшись лицом в полотенце. Ее губы приоткрыты, глаза закрыты. Это читатель листает один из женских журналов. В рекламе кроссовок Reebok мы видим женщину, обнаженную по пояс, ее взгляд отведен в сторону. В рекламе женского белья Lily of France перед нами также обнаженный женский торс. В рекламе духов Opium обнаженная женщина свешивается с края кровати лицом вниз. В рекламе Triton showers обнаженная женщина, выгнув спину, воздевает руки к небу. В рекламе спортивных бюстгальтеров Jogbra — обнаженный по пояс женский торс без головы. Во всех этих женских образах их лица если и видны, то ничего не выражают, а рты приоткрыты в исступленном восторге.

Глядя на них, читательница понимает, что если она хочет чувствовать себя так же, как они, то должна и выглядеть так же.

Совсем другое дело — «красивый» садомазохизм. В рекламе духов Obsession мускулистый мужчина с красивым накачанным телом изящно перекинул через плечо обнаженное безжизненное тело женщины. В рекламе духов Hermès замотанная в черную кожу блондинка висит вниз головой и кричит. Ее запястья скованы цепями, рот завязан. В рекламе кассет Fuji обнаженная женщина-робот со стальным телом парит в воздухе, ее щиколотки скреплены болтами, ее лицо — стальная маска с прорезями для глаз и рта. В рекламе средств по уходу за кожей Erno Laszlo женщина стоит на коленях, прося милостыню, ее руки сложены вместе, запястья связаны кожаным поводком, к которому привязана и ее собака, тоже сидящая в такой же просящей позе. В американской рекламе сигарет Newport двое мужчин схватили одну женщину и тянут другую за волосы. Обе женщины кричат. В другой рекламе Newport мужчина с силой наклоняет голову женщины вниз, чтобы заставить ее широко раскрыть рот и взять в рот шланг, который он крепко держит в руке и из которого бьет струя воды. Глаза женщины выражают ужас. В рекламе автомобилей Saab бедра модели сняты снизу, под снимком надпись: «Не волнуйся! Это то, что она прячет». На развороте, посвященном вопросам моды, в лондонской газете *Observer* пятеро мужчин в черном угрожают модели ножницами и раскаленными стальными прутьями. Ее лицо выражает шок.

В журналах *Tatler*, *Harper's* и *Queen* периодически появляются «дизайнерски» оформленные сцены насилия, изображающие избитых, связанных и похищенных женщин, которые при этом идеально накрашены и мастерски сняты. На развороте журнала *Vogue*, возглавляемого Крисом фон Вангенхаймом, на модель нападают доберманы-пинчеры. В рекламе Geoffrey Beene металлические сандалии представлены на фоне садомазохистских аксессуаров. Глядя на все эти образы, женщина понимает, что, какой бы уверенной в себе она ни была, в этом мире желанной ее делает именно ее покорность.

Описанные выше образы с течением времени менялись: сексуальность идет вслед за модой, которая, в свою очередь, определяется политикой. В 1960-е, в эпоху «детей цветов», самым модным словом в массовой культуре было «любовь», а секс являлся ее выражением. В моде были чувственность, фривольное поведение и игривость. Мужчины отращивали длинные волосы и носили украшения, подчеркивая тем самым женскую сторону своей натуры, которую они могли свободно исследовать, поскольку женщины тогда еще не задумывались о своей собственной свободе. Хотя мужчины и присваивали себе девичьи удовольствия, это все же были еще мальчишеские игры.

Вплоть до середины 1960-х порнография предназначалась преимущественно для мужчин. Контакт женщин с ней ограничивался обложками мужских журналов, которые можно было увидеть на газетных прилавках. Но в 1970-е порнография в своем «красивом» обличье переместилась на территорию женского культурного пространства. Женщины получили больше свободы, и порнография — тоже. В 1958 г. дебютировал журнал *Playboy*. В 1960 г. на рынке США появились противозачаточные таблетки, а в 1961 г. они были разрешены к продаже по рецепту врача в Великобритании. В 1967 г. в Великобритании был принят закон об абортах. В 1969 г. в США был смягчен закон о цензуре в печати, а в 1973 г. американские женщины получили законодательно закрепленное право на аборт в результате решения, вынесенного Верховным судом США в деле «Роу против Уэйда». В большинстве европейских стран аборты были официально разрешены к 1975 г.

В 1970-е женщины начали занимать высокие посты, дающие им власть. Но стоило им массово выйти на работу и оказаться вовлеченными в женское движение, как их желания стали представлять угрозу для сложившихся устоев. И массовая культура сразу же отказалась от характерного для 1960-х женственного стиля в одежде, поскольку такая сексуальность женщины — жизнерадостная, чувственная и игривая, не признающая насилия или стыда, не знающая страха перед возможными последствиями — полностью разрушила бы институты, которые и без того были близки к краху в результате простого изменения женских *социальных* ролей.

За то десятилетие, когда женщины начали выносить на общественное обсуждение волнующие их вопросы, массовая культура успела выработать новый тренд: секс с постоянным партнером стал считаться скучным.

Случайные знакомства в баре и секс на одну ночь — вот настоящий, усиливающий влечение афродизиак! Раз женщины вознамерились получить сексуальную свободу и определенную степень власти в этом мире, им нужно было научиться относиться к сексу как мужчины. Бездушный, чисто механический секс и оргазм под повторяющийся барабанный бой сделали диско идеальным музыкальным фоном для того, чтобы переспать с незнакомцем. В *Vogue* печатались обнаженные женские тела в кожаных украшениях, снятые Хельмутом Ньютоном, а альбомы с фотографиями обнаженных девочек, сделанными Дэвидом Гамильтоном, свободно продавались в книжных магазинах. «Идеальное» женское тело было раздето донага и выставлено на всеобщее обозрение. Впервые в истории женщинам в деталях показали «совершенство», на которое им надо было равняться. В их жизнь вошло внимательное изучение своего тела как практика, *непосредственно связанная с получением ими сексуального удовольствия*. Вскоре после этого «совершенство» стало представляться как «сексуальное оружие» женщин, которое в 1980-х гг. приобрело особую важность. Риск заразиться ВИЧ создал ситуацию, в которой, как женщины поняли, только неземная красота могла заставить мужчину рискнуть жизнью ради секса.

Глубоко под кожей

В 1980-е традиции эротической фотографии, характерной для журнала *Playboy*, стали внедряться повсеместно для продажи женщинам самых разных продуктов. Это принципиально изменило восприятие красоты. Лицо женщины, которая находится на грани оргазма, даже если все это инсценировано, представляет собой мощный рекламный ход: в условиях отсутствия других сексуальных образов многие женщины стали думать, что для того, чтобы добиться такого состояния экстаза, у них должно быть именно такое лицо и именно такое тело.

Две традиции — мягкой и жесткой порнографии — глубоко проникли в женскую культуру: первая «просто» изображает женское тело, вторая — осуществляет насилие над ним. Закон о порнографии в известной степени основывается на следующей идее: человек может осознанно избегать того, что оскорбляет его чувства. Но терминология, которая обычно используется в полемике о порнографии, не может адекватно решить эту проблему. Дискуссии на эту тему не затрагивают вопроса о том, какой вред все это наносит, каким образом красота, объединившись с порнографией в рекламе, фотографиях моделей, на кабельном телевидении и даже в сборниках комиксов, влияет на женщин и детей. У мужчин есть выбор — заходить в магазин для взрослых или нет, а у женщин и детей нет возможности отгородиться от образов насилия или «красивой» порнографии, которые преследует их повсюду, даже дома.

Речь идет не об «откровенном» сексе. Мы могли бы быть еще более откровенными, если бы это означало честность и открытость в изображении обнаженного тела. Если бы мы имели дело с полным спектром эротических образов реальных женщин и мужчин, которые занимаются любовью по взаимному согласию и с доверием друг к другу, «красивая» порнография теоретически могла бы не приносить никакого вреда. Защитники порнографии основывают свою позицию на идее свободы слова, представляя порнографические образы как язык. Однако, пользуясь их собственными аргументами, надо отметить, что этот язык подвергается жесткой цензуре. Нас пытаются заставить поверить в то, что наша культура поощряет откровенную демонстрацию женской сексуальности. Но в действительности ее вообще почти не показывают. Вследствие цензуры мы имеем дело только с официальными версиями женских образов. Нам демонстрируют живых манекенов, которых заставляют кривляться и гримасничать перед камерой. Мы видим рассчитанные на максимальный эффект инсценированные эпизоды, которые мало что говорят о настоящей женской сексуальности. В США и Великобритании, где традиционно не принято обнажаться в общественных местах, женщины редко имеют возможность увидеть, как выглядят обнаженными другие *женщины*. Мы видим только однотипных гуманоидов, тела которых лишь отдаленно напоминают реальных женщин.

«Красивая» порнография и садомазохизм отнюдь не являются откровенными, и уж тем более далеки они от правды. Первая заявляет, что женская красота и сексуальность — суть одно и то же, хотя это не имеет ничего общего с действительностью. Второй утверждает, что женщинам якобы нравится, когда по отношению к ним применяют жестокость, и что сексуальное насилие — это стильно, элегантно и красиво.

В середине 1970-х культура панк-рока начала прославлять садомазохизм. Ученицы старших классов протыкали себе уши булавками, красили губы в синий цвет и носили рваную одежду, считая это проявлением своего сексуального протеста. К концу десятилетия садомазохистские тенденции переместились из мира уличной моды в высокую моду в виде одежды из черной кожи с шипами, наручников и ботинок со шпорами. Модели позаимствовали из жесткого порно образ недовольной и обиженной женщины, ставшей жертвой насилия. Секс, полный любви и нежности, стал восприниматься как что-то несовременное и устаревшее.

В 1980-е, когда многие женщины стали получать университетское образование, недовольство ими буквально повисло в воздухе. Мы все наблюдали тогда заметный всплеск образов сексуального насилия над ними. В 1979 г. Джек Салливан в газете *The New York Times* обозначил «популярный жанр триллера, который пытается вызвать эмоции при помощи горы женских трупов». Как пишет Джейн Капути, которая назвала наше время «эпохой сексуальных преступлений», в конце 1970-х и в 1980-е особенно популярны стали фильмы, в основе сюжета которых лежит сексуальное насилие: «Одетый для убийства» (Dressed to Kill), «Свяжи меня!» (Tie Me Up! Tie Me Down!), «Голубой бархат» (Blue Velvet), «91/2 недель» (91/2 Weeks), «Человек на канате» (Man on a

Tightrope), «Подставное тело» (Body Double) — этот список можно продолжать до бесконечности. В это десятилетие была отточена и доведена до совершенства техника съемок «от первого лица», которая помогает зрителю отождествить себя с убийцей или насильником. Если в 1981 г. американские кинокритики Джин Сискел и Роджер Эберт осуждали фильмы о «женщинах в опасности», называя их антифеминистскими, то спустя несколько лет их оценки принципиально изменились. Они стали говорить, что такие фильмы «дают нам возможность» реально узнать, «каково это — жестоко обращаться с женщинами и как человек себя при этом чувствует». В 1970-е запрещенные американские комиксы *Zap* показывали жестокое обращение с детьми и их изнасилование под угрозой смерти. В 1989 г. газета *The New York Times* опубликовала статью, посвященную новым садомазохистским тенденциям в сборниках детских комиксов, а британское издательство Viz выпустило комикс «Толстые шлюхи» (Fat Slags), где демонстрировалось сексуальное унижение женщин. Секс вообще перестал восприниматься как таковой, если в нем отсутствовал элемент насилия. В мире, где присущие обоим полам чувства вины, озлобления и страха сопровождались ощущением того, что женщины выходят из-под контроля, публика быстро потеряла интерес к обычной наготе. Образная система, построенная на идее войны между полами, представлялась как более захватывающая и притягательная для мужчин и в конечном счете для женщин. Она способствовала сохранению неравенства, поставленного было под сомнение недавними социальными преобразованиями, то есть сохранению мужского господства и женской покорности. Обнаженное женское тело потеряло свой естественный облик. «Усовершенствованное» до неузнаваемости, оно стало выглядеть нелепо, как скульптура из пластика, и постоянно подвергалось унижению и насилию.

Этот процесс подпитывался энергией мужского гнева и женского чувства вины, вызванных тем, что женщины получили доступ к власти. Если в культуре 1950-х гг. красивые женщины выходили замуж и соблазняли мужчин, то в современной культуре красота подвергается изнасилованию. Даже если мы стараемся избегать всего, что связано с порнографией, нам часто приходится видеть изнасилование там, где должен был бы быть секс. Многие женщины стараются не задумываться об этом, иначе им было бы трудно пережить подобного рода «развлечения», однако факт остается фактом. Исследование, проведенное Гильдией актеров кино в 1989 г. — в тот год среди общего числа ролей женские составляли всего 14%, — показало, что чаще всего женщинам приходилось играть жертв изнасилования или проституток. Во Франции телезрители видят 15 случаев изнасилования в неделю. И это влияет на зрительскую аудиторию иначе, чем увиденные на экране убийства. Едва ли каждый четвертый человек имеет много шансов быть убитым. Но женщина, даже если она избегает порнографии, неизбежно, просто смотря обычные пьесы, фильмы и телевизионные программы, рассчитанные на обывателя, невольно узнает об угрозе изнасилования, причем во всех подробностях, «крупным планом».

Нас стараются убедить в том, что связанные с изнасилованием фантазии, которые СМИ внедряют в нашу культуру, совершенно безобидны. Нам дают понять, что интерес мужчин к подобного рода фантазиям безвреден, как и интерес *женщин* (хотя у последних он может появиться только потому, что именно этот образ сексуальности они наблюдают чаще всего). Но вот что происходит сегодня: и мужчины, и женщины, чей личный психологический опыт никогда не привел бы их к эротическим фантазиям на тему изнасилования, под влиянием соответствующих образов *привыкают* думать об этом. Иными словами, наша культура представляет секс в такой форме именно для того, чтобы и мужчины, и женщины начали проявлять интерес к насилию.

«Красивая» порнография и садомазохизм

Существующая сегодня расстановка сил поддерживается мощной лавиной враждебных и жестоких сексуальных образов, а демонстрация чувственности и женского сексуального желания, напротив, представляют для нее угрозу. Те, в чьих руках находится власть, прекрасно это понимают и потому действуют соответствующе. Навязывание «красивой» порнографии и садомазохизма сверху донизу находит свое отражение и в законодательстве. Мы уже убедились в том, что демонстрация обнаженного женского тела и женского лица подвергается цензуре. Цензура распространяется также и на то, какие сексуальные образы и какого рода сексуальная информация может тиражироваться: сексуальное насилие над женщинами не считается непристойным, в то время как женское сексуальное любопытство таковым является. Согласно британским и канадским законам, показ мужского полового члена в состоянии эрекции — это непристойность, а демонстрация женских половых органов и груди — нет. Как пишет Сьюзен Коул в своей книге «Порнография и сексуальный кризис» (Pornography and the Sex Crisis), эрекция «в соответствии с американскими традициями — это не то, что дистрибьютор может разместить на газетном прилавке по соседству с *Time*». Когда журнал *Playboy* попросил Уильяма Мастерса и Вирджинию Джонсон* дать комментарии относительно среднего размера пениса, те оказались не готовы обнародовать результаты своего исследования. Они «наотрез отказались» сделать это, беспокоясь о том, что это «негативно отразится на читателях журнала» и что «все начнут носить в кармане сантиметр».

Пока цензура стояла на страже порядка, индустрия порнографии расцветала с невиданной силой. В Швеции, где, ссылаясь на свободу слова, защищают торговлю откровенно женоненавистнической порнографией, когда на центральном развороте журнала появилась

---

* У. Мастерс и В. Джонсон — американские исследователи в области человеческой сексуальности, авторы методики лечения половых расстройств. — *Прим. ред.*

фотография обнаженного мужчины, власти распорядились изъять весь тираж из продажи, что и было сделано в считаные часы. Женский журнал *Spare Rib* был запрещен в Ирландии из-за того, что в нем женщинам показали, как обследовать свою грудь. Фонд Хелены Рубинштейн отказался спонсировать женскую конференцию в Барнард-колледже из-за того, что университетский женский журнал опубликовал «откровенные» женские фотографии. Некоторые художественные галереи запретили шоу Джуди Чикаго «Званый обед» за стилизованное изображение половых органов героинь. Национальный фонд искусств и гуманитарных наук подвергся критике со стороны конгресса США за спонсирование экспоната, изображавшего мужские члены очень большого размера. Представители полиции Онтарио вынесли заключение, что фотографии связанных, избитых и истекающих кровью обнаженных женщин, предназначенные для секс-индустрии, не были непристойными, так как на них отсутствовало изображение мужских половых членов в состоянии эрекции. Но при этом канадский фильм для женщин запретили из-за того, что в нем в течение пяти секунд показывали пенис в состоянии эрекции, на который надевали презерватив. В нью-йоркском метро полиция конфисковала самодельные плакаты против СПИДа, которые наглядно показывали людям, не умеющим читать, как надо пользоваться презервативом. Но при этом она не тронула висевшие рядом рекламные плакаты журнала *Penthouse,* размещенные там с разрешения городского транспортного управления.

Даже не принимая во внимание то, *что* делают с женщинами образы сексуального насилия, все равно очевидно, что в массовой культуре действует официально узаконенный двойной стандарт применительно к мужской и женской обнаженности, что только усиливает неравенство полов.

В ситуациях, когда показ мужского полового члена был бы просто немыслим, демонстрация женской груди считается вполне допустимой, потому что грудь — это «совсем не то», что пенис или женские половые органы. Тем не менее мужчина с обнаженным торсом воспринимается совсем иначе, чем женщина, потому что у мужчин нет частей тела, которые можно было бы рассматривать в качестве аналога женской груди. Но если мы подумаем о том, что женские гениталии, в отличие от мужских, скрыты сам*о*й женской физиологией, а женская грудь, в отличие от мужской, физиологически «открыта», на это можно посмотреть под совсем иным углом зрения: в таком случае женская грудь в смысле «уязвимости» соответствует мужскому пенису, поэтому практика выставления напоказ первой и сокрытия второго защищает мужское тело, а женское, напротив, делает незащищенным.

Во всех культурах неравноценное отношение к обнаженности отражает расстановку сил: в тюрьмах мужчины-заключенные раздеваются в присутствии одетых тюремных надзирателей. В южных штатах США в период до Гражданской войны молодые чернокожие мужчины-рабы голыми прислуживали за столом своим одетым хозяевам. Жить в культуре, где считается нормой оголять женщин, но не мужчин, означает постепенно, «малыми дозами», но постоянно и каждодневно приучаться к неравенству. Поэтому, даже если мы согласимся с тем, что сексуальные образы представляют собой некий язык, очевидно, что он тщательно отредактирован с целью защитить мужскую сексуальную — и соответственно социальную — уверенность в себе и подорвать женскую.

Как это работает?

Вторгаясь в наши фантазии, сексуальные образы усиливают отчуждение мужчин и женщин друг от друга. «Порнография настолько сильна и настолько незаметно вплетается в рекламу самого разного рода продуктов, что это приводит многих женщин к искажению не только их собственных сексуальных фантазий, но и представлений о самих себе», — пишет Дебби Тейлор в своем исследовании, посвященном женщинам в современном мире. Она обращает внимание на то, что романтическая художественная литература «редко бывает откровенной в описании секса и имеет тенденцию умолкать… едва двое влюбленных в первый раз соприкоснутся губами». Такое же умалчивание характерно почти для всех видов драматического искусства, в которых рассказывается история любви. На экране так редко можно увидеть откровенный секс в контексте любви и интимных отношений, что создается впечатление: наша культура считает нежность аномалией и извращением, а сексуальное насилие и унижение воспринимает как нечто нормальное и здоровое. Тейлор пишет, что в результате такого отношения к сексу «сексуальная сцена» в умах мужчин и женщин «остается пустой, и порнографические образы начинают свободно играть на ней главные роли. Два основных действующих героя на этой сцене — садист, которого играет мужчина, и мазохист, роль которого исполняет женщина».

До недавнего времени в сексуальных фантазиях превалировали образы, которые люди могли наблюдать в реальной жизни, или чувства, которые они действительно испытывали. Созданные собственным воображением представления основывались на впечатлениях, взятых из реального мира, а невесомые образы, всплывающие из колодца наших тайных желаний, трансформировались в фантазии. Все это готовило детей к взрослой жизни и к вступлению в период взрослой сексуальности, а также к встрече со своей любовью. Счастливы те мужчины и женщины, которые сумели сохранить в чистоте эту тропинку к своему колодцу желаний, допуская туда только те ситуации и образы, которые встречались им на жизненном пути по мере их взросления и создавались на основе их личного опыта. Такие люди выбирают возлюбленного, потому что запах его пальто, его походка, форма и изгиб губ являются частью мира, созданного их воображением, и находят отклик в их прошлом опыте или где-то в глубинах души, в воспоминаниях детства и фантазиях ранней юности. В фантазиях счастливого мужчины нет места роботам, а в фантазиях счастливой женщины нет места хищникам — и те и другие взрослеют, не сталкиваясь в сокровенных глубинах своей души с насилием.

Но защищать свой внутренний мир с каждым днем становится все труднее, особенно молодым. Лавина образов «красоты» заполняет фантазии женщины обнаженными призраками, которые претендуют там на свое место, превращая интимное личное пространство в ярко освещенную съемочную площадку, где знаменитые незнакомцы, не имеющие к женщине никакого отношения, открыто показывают себя во всей красе. В 1980-е целью мифа о красоте было наполнить сексуальный внутренний мир мужчин и женщин насилием и жестокостью и насадить в плодородную почву детского воображения образы настолько ядовитые, что она стала бесплодной. На сегодняшний день миф о красоте выигрывает это сражение против нас, против трогательных и дорогих сердцу личных образов, которые черпают свою силу в нашем раннем детстве, юности и первой любви. Миф делает все для того, чтобы мужчины и женщины, едва получившие возможность найти друг друга, непременно потерпели бы неудачу.

При обсуждении вопросов порнографии внимание обычно фокусируется на мужчинах и на том, как она влияет на их сексуальное отношение к женщинам. Вместе с тем не менее важен другой вопрос: как «красивая» порнография воздействует на женщин? Как подобные образы влияют на восприятие женщинами самих себя?

Уже было доказано, что мягкая, неагрессивная порнография делает мужчин менее склонными верить жертве изнасилования, а фильмы с элементами сексуального насилия заставляют их все спокойнее относиться к жестокости, которую они наблюдают по отношению к женщинам, и в итоге только насилие начинает восприниматься ими как нечто эротичное. Но тогда, возможно, аналогичные образы, направленные на женщин, вызывают у них такие же чувства по отношению к самим себе? Есть доказательства того, что так оно и есть. Венди Сток обнаружила, что образы изнасилования усиливают сексуальное возбуждение у женщин и их сексуальные фантазии на эту тему (хотя и не убеждают женщин в том, что им нравится применение силы во время секса). Кэрол Крафка установила, что чем больше участницы ее эксперимента видели сцены применения силы по отношению к женщинам во время секса, тем «спокойнее они начинали к этому относиться и тем чаще классифицировали соответствующие видеоматериалы как все менее и менее жестокие». А в ходе опроса, проведенного среди американских женщин, доктор Е. Хэритон обнаружила, что у 49% из них сексуальные фантазии были основаны на покорности и подчинении мужчине.

Широкое распространение в культуре образов и сцен, связанных с изнасилованием, привело к тому, что выносятся и соответствующие судебные решения. Так, в 1989 г. в Великобритании, когда женщина подала в суд на своего физиотерапевта за изнасилование, ее гражданский иск был отклонен на основании того, что она якобы все это придумала и что у женщин часто бывают подобные сексуальные фантазии. Образы сексуального насилия также повлияли на переосмысление самой идеи секса в законодательстве: когда другая англичанка подала в суд на офицера полиции за изнасилование, синяки и ушибы на ее теле и ссадины на горле были расценены судом как «любовные игры» по обоюдному согласию.

Полемика на тему, делает ли классическая порнография мужчин жестокими по отношению к женщинам, продолжается. Но то, что «красивая» порнография делает женщин жестокими по отношению к самим себе, уже очевидно. Подтверждения этому мы видим всюду. Вот хирург оттягивает разрезанную кожу на груди женщины. Вот его коллега всем своим весом наваливается на женскую грудь, разбивая в ней руками комки силикона. Вот шагает живой труп — больная анорексией. А вот женщина, которую рвет кровью, — жертва булимии.

Битва полов: прибыль и гламур

Почему на нас обрушивается поток подобных образов? Они появляются не просто как ответ рынка на наши потаенные желания. Главная их задача — формировать определенные тренды и представления о сексуальности. Как пишет историк Сьюзен Коул, для того чтобы привить общественные ценности, их надо окружить ореолом эротизма. Образы, превращающие женщин в вещь или представляющие насилие над ними как эротику, возникли в противовес процессу обретения ими уверенности в себе. Эти образы создаются и поощряются, потому что два пола слишком сблизились, а это не на руку сильным мира сего. И когда религиозные, правовые и экономические ограничения ослабевают и уже не способствуют продолжению войны полов, эти образы выходят на авансцену, чтобы вновь разобщить мужчин и женщин.

На протяжении веков на пути любви стояла экономическая зависимость женщины от мужчины. Дарить любовь добровольно, на основе равноправных отношений — такая возможность появилась у женщин относительно недавно, благодаря эмансипации. Но, несмотря на свою хрупкость и уязвимость, это чувство сразу превратилось во врага для тех, кто управляет нашим обществом.

Если бы большинство пар строили отношения друг с другом без насилия, на основе равноправия и права женщин уважались бы не меньше, чем права мужчин, это привело бы к радикальным переменам в общественном устройстве. Нежность и взаимное уважение между мужчиной и женщиной нарушили бы статус-кво, ведь гетеросексуалы представляют собой сексуальное большинство. Каждое такое партнерство привело бы к удвоенному стремлению преобразовать общество на основе традиционных женских ценностей, что со всей очевидностью продемонстрировало бы привлекательность для обоих полов мира, избавленного от мужского господства. Эта благая весть быстро распространилась бы, ведь свободные женщины получают от жизни больше удовольствия и, что еще хуже, свободные мужчины — тоже.

Общественные институты, где доминируют мужчины, понимают, чем грозит им освобождение любви из «плена». Женщины, которые любят себя, опасны, но мужчины, которые любят настоящих женщин, еще опаснее. Опыт показывает, что женщинами, которые сбросили с себя иго навязанной им веками роли, можно управлять: тех немногих из них, что пробились к власти, заставляют принять и разделить мужские ценности. Но чем больше мужчин познают любовные отношения с настоящими женщинами, тем ближе будет тот момент, когда круги, представляющие серьезные деньги и власть, «дезертируют», объединившись с «оппозицией». А это может потрясти мир сильнее, чем русская революция 1917 г., и изменить баланс сил радикальнее, чем окончание холодной войны. Это будет означать крах цивилизации в ее современном виде, иными словами, крах мужского господства. Но для любви между мужчиной и женщиной это, напротив, станет началом начал.

Образы, которые сводят секс к «красоте», а красоту превращают во что-то нечеловеческое, унижают женщин и не дают им и мужчинам возможности вместе выступить против общественного порядка, который существует за счет антагонизма между ними.

Барбара Эренрайх, Элизабет Хесс и Глория Джэкобс в книге «Преобразование любви» (Re-Making Love) подчеркивают, что новый рынок товаров, связанных с сексом, требует быстрого оборота. И это относится ко всей экономике потребления в целом. Меньше всего рынку нужно, чтобы мужчины и женщины научились любить друг друга, так как индустрия розничных продаж, оцениваемая в $1,5 трлн, поддерживается отчужденностью мужчин и женщин друг от друга и их сексуальной неудовлетворенностью. Реклама не продает секс — это было бы неэффективно, и ей не нужно, чтобы гетеросексуальные мужчины и женщины тянулись друг к другу и находили сексуальное удовлетворение. Что она продает, так это сексуальную неудовлетворенность.

Выживание нашей планеты зависит от того, сумеем ли мы найти баланс между женскими и мужскими ценностями, которые уравновесят друг друга, однако препятствием к этому встает культура потребления, построенная на поддержании взаимонепонимания между полами и возникающей вследствие этого сексуальной неуверенности. Сейчас символами мужественности и женственности являются мотоциклы Harley-Davidson и кухонные комбайны Cuisinart. Но сексуальное удовлетворение ослабляет хватку материализма, поскольку в этом случае символы статусности перестают казаться сексуальными и становятся ненужными. Когда усиливаются эмоциональные и сексуальные желания, ослабевает страсть к потреблению. Цена, которую мы платим за поддержание этого рынка на плаву, — наши тайные, из глубины сердца идущие желания. Миф о красоте сохраняет пропасть между мужскими и женскими фантазиями. Эта пропасть иллюзорна, она не имеет ничего общего с законами природы. Но именно из-за нее мы продолжаем тратить огромные суммы денег неизвестно на что и не можем ясно взглянуть на все, что нас окружает. Словно дымовая завеса разделяет нас и не дает нам быть самими собой в своих сексуальных проявлениях.

Культура потребления создает сексуальных клонов — мужчин, которые вожделеют неодушевленные предметы, и женщин, которые готовы быть ими. При этом предмет желания постоянно меняется и представляет собой «расходный материал», диктуемый рынком. Объект потребления быстро устаревает, и в результате мужчины все реже строят отношения с одной женщиной на годы или на всю жизнь, а неудовлетворенность женщин собой со временем только растет. Эмоционально нестабильные отношения, высокий уровень разводов и масса одиноких людей, выброшенных на сексуальный рынок, — все это идет на благо экономике потребления. Под воздействием «красивой» порнографии секс становится жестоким, скучным и поверхностным, антиэротичным как для мужчин, так и для женщин.

Но не только индекс потребления напрямую зависит от того, насколько разобщены мужчины и женщины. В этом заинтересованы и более могущественные силы. На военные нужды тратится почти третья часть государственного бюджета США, но поддержание духа милитаризма возможно только в том обществе, где женщины играют второстепенную роль. Иначе мужчины — мужья и отцы — не стали бы с готовностью верить стандартной пропаганде милитаризма: что якобы их жены и дети только выиграют от их героической смерти.

Потенциальные враги в их глазах тоже были бы в первую очередь чьими-то отцами и мужьями. Поэтому любовь, согласие и доверие между мужчиной и женщиной ставят под угрозу существование экономики потребления и военно-промышленного комплекса.

Больше того — они грозят привести к политическим переменам: близость, основанная не на доминировании и боли, а на взаимности и отсутствии насилия, помогает партнерам осознать свою привлекательность и самоценность. А вслед за этим возникает и убежденность в своей общественной значимости. Если женщина уверена в себе и в своей привлекательности, она не испытывает зависти к другим женщинам. И если она любит свою женскую природу, то отстаивает свои права на нее. То, что говорят о женщинах, правда: мы и *в самом деле* ненасытны. Наши аппетиты и *в самом деле* нужно контролировать, если все должно по-прежнему оставаться на своих местах. Если бы нам принадлежал весь мир, если бы мы верили в то, что за этим не последует наказания, мы *действительно* потребовали бы больше любви, больше секса, больше денег, большей ответственности за детей, больше еды, больше внимания и заботы. Эти сексуальные, эмоциональные и физические запросы *в самом деле* начали бы распространяться и на социальную сферу: оплату ухода за престарелыми людьми, родительский отпуск по уходу за ребенком, социальное обеспечение детей и т. д. Сила женского желания была бы настолько велика, что обществу пришлось бы считаться с тем, чего хотят женщины — как в постели, так и в жизни в целом.

В нашей экономической системе работа организована так, что она несовместима с семьей. Таким образом мужчины контролируют сексуальную жизнь друг друга, не давая любви и семье занять главное место в их жизни. Женщины, в отличие от них, считают себя успешными, если им удается поддерживать любовные отношения. Если бы множество мужчин и женщин объединились бы и действовали сообща, то такое определение успеха стало бы привлекательным и для мужчин, освободив их от пут мужского соперничества. Но «красивая» порнография препятствует этому: воздействуя на мужчин, она не дает им обрести покой в любви с постоянной партнершей. Образы обработанных «Фотошопом» красоток заставляют мужчину пребывать в постоянном поиске, вместо того чтобы разглядеть красоту женщины, которую он хорошо знает, женщины, отмеченной морщинками, родной и близкой, которая каждое утро подает ему за завтраком газету.

Миф о красоте тормозит сексуальную революцию, отбрасывая нас назад, в прошлое. В XIX в. гетеросексуальные отношения разрушались практикой браков по расчету. А современные молодые люди, живущие в больших городах и стремящиеся к успеху, доверяют свою судьбу службам знакомств, а свой сексуальный потенциал растрачивают на работе. Так, один из опросов выявил, что во многих семьях яппи партнеры страдают импотенцией.

На протяжении последних столетий гендерные стереотипы разобщали мужчин и женщин. В викторианскую эпоху мужчины оценивали и выбирали себе жен на ярмарке невест. И сегодня они также оценивают и выбирают женщин, пригвожденных мифом о красоте к позорному столбу, подобно приговоренным к сожжению на костре. Раньше у женщин не было никаких прав, и они твердо знали, что трудно любить своего тюремщика. Но любить своего судью ненамного проще. Если мужчины и женщины до сих пор находятся в состоянии холодной войны, то причина этого лишь одна: так общественные институты пытаются сохранить свою стабильность, потому что счастливая и полноценная гетеросексуальная любовь представляет для них несомненную угрозу.

Наглядные практические уроки

Эффектно снятые сцены изнасилования эротизируют войну полов. А «красивая» порнография подавляет женскую сексуальность и снижает сексуальную самооценку женщин. Она запирает сексуальное удовлетворение на замок, единственным ключом к которому является «красота». И секс становится заложником «красоты».

На Западе сексуальность женщин страдает от мифа о красоте не меньше, чем на Востоке — от изуверской практики женского обрезания. Проведенное в 1953 г. исследование показало, что только от 70 до 77% американок когда-либо испытывали оргазм в результате мастурбации или во время полового акта. В случае с женщинами сексуальное удовлетворение явно отставало от очевидного прогресса «сексуальной революции»: в 1976 г. данные исследования, проведенного Шир Хайт, продемонстрировали, что только 30% женщин испытывали оргазм во время полового акта без дополнительной стимуляции клитора рукой, еще 19% — со стимуляцией клитора, а 29% вообще не достигали оргазма. При этом 15% женщин вообще никогда не мастурбировали, а 11,6% не испытывали оргазм никогда в жизни. Исследование, проведенное в 1974 г. Хелен Калан, показало, что от 8 до 10% женщин никогда не испытывали оргазм, а до 45% испытывали его во время полового акта только при условии дополнительной стимуляции клитора. И наконец, согласно исследованию, проведенному в 1973 г. Сеймур Фишер, регулярно испытывали оргазм во время секса только 30% женщин.

Данные 1980-х гг. не выявили каких-либо заметных изменений. В 1980 г. Венди Фолкнер обнаружила, что только 40% британских женщин в возрасте до 40 лет, в отличие от 90% мужчин, когда-либо мастурбировали. Исследование 1981 г. показало, что лишь 47% датских женщин когда-либо доводили себя до оргазма при помощи мастурбации. Проведенное среди 10 000 британок исследование 1989 г. показало, что 36% из них «редко» или «никогда» не испытывали оргазма во время полового акта, а большинство признались, что имитировали оргазм, «чтобы доставить удовольствие мужу». Даже восточные женщины с удаленным клитором получают от секса больше удовольствия, чем западные: удивительно, но исследование, проведенное среди

4024 суданских женщин, подвергшихся обрезанию, показало, что 88% из них испытывали оргазм.

Половой акт, конечно же, не единственный и не главный источник наслаждения для женщин, однако возникает закономерный вопрос: почему половой акт и мастурбация, два из многих других возможных источников получения удовольствия, приносят современным женщинам так мало удовлетворения? Почему так много женщин не получают того удовольствия, которого они заслуживают и на которое они способны? Может быть, в нашей культуре что-то не так с обучением мужчин и женщин сексу? Или проблема в другом — в том, как женщины воспринимают собственное тело? Если так, то миф о красоте многое объясняет.

Именно он не дает женщинам воспринимать себя как безусловно сексуально привлекательных. Конечно, вред, наносимый женщинам «мягкой» порнографией, не так очевиден, как разрушительные последствия «обычного» порно: женщина, которая знает, почему она ненавидит образ другой женщины, висящей на крюке для разделывания мясных туш, и может четко сформулировать свои возражения по этому поводу, затрудняется объяснить то чувство внутреннего беспокойства, которое внушают ей образы «красоты».

Однако это чувство смятения, которое им трудно выразить словами, испытывают все женщины: и феминистки, и те, кто не участвует в феминистских дебатах; те, кто глубоко религиозны, и те, кто живет сугубо мирской жизнью; развратные женщины и девственницы;

лесбиянки и гетеросексуалки. Всех этих женщин не надо убеждать в существовании связи между порнографией и сексуальным насилием, но почему-то они не могут говорить о вреде «красивой» порнографии, не испытывая при этом чувства стыда. Не находя разумных возражений против образов обнаженных красивых женщин, которым не причиняется никакого видимого вреда, они не могут объяснить, почему эти образы причиняют им боль.

Молчание женщин по этому вопросу само по себе — следствие воздействия на них мифа о красоте. Ощущая себя некрасивыми, они считают, что виноваты в этом сами и что у них нет неотъемлемого права чувствовать себя сексуально привлекательными. Женщина не должна признаваться в том, что она возражает против «красивой» порнографии, потому что это признание заставляет ее чувствовать себя непривлекательной. Для того чтобы быть открытыми для сексуального общения, и мужчинам, и женщинам необходимо чувствовать себя желанными и представляющими собой ценность. А если этого нет, то в целях самозащиты человек начинает воспринимать себя или своего партнера как сексуальный объект.

Однажды я разговаривала с группой студенток о «красивой» порнографии и о журналах, которые приходили по подписке и лежали в комнате отдыха нашего колледжа. И я тогда все сделала неправильно. Я упоминала политику, символизм, мужское культурное пространство, выключенность женщин из жизни социума, превращение их в объект потребления или товар. Одна девушка какое-то время слушала меня очень задумчиво и внимательно, но в ее глазах не было никакой ответной искры понимания. В конце концов она сказала: «Я тебя поддержу, хотя я понятия не имею, о чем ты говоришь! Но я точно знаю, что эти журналы заставляют меня чувствовать себя ужасно».

Обложки эротических журналов глубоко затрагивают женскую психику, потому что они показывают образы моделей, которые знакомы нам по нашим собственным фантазиям, состоящим из образов, которые, в свою очередь, взяты нами из фильмов, телевидения и женских журналов. В отличие от «чуждых нам» проституток в «жестком» порно, чья внешность важна не так, как то, *что* их могут заставить делать, образы «красивой» порнографии преподают женщине урок: они — это «твои» модели, только без одежды. «Хефнер — романтик, который видит красоту во всем, — говорит Эл Голдштейн, издатель журнала *Screw*, — и его девушки — это девушки, живущие на твоей улице. А мои девушки — это живущие по соседству с тобой *шлюхи* с прыщами на лице и следами растяжек на коже, чьи фотографии печатаются в дешевых черно-белых газетенках». Но если представление о женской сексуальности ограничено только этими двумя вариантами, неудивительно, что женщины изо всех сил стремятся к «красоте».

«Романтические» модели представляют женщинам завораживающий образ совершенного тела. Розовые половые губы и подкрашенные помадой соски можно представить себе под кружевным бельем моделей из воскресного приложения к журналу, а блестящее тело и плоский мускулистый живот легко вообразить под одеждой модели на журнальном развороте, посвященном моде. И женщина вынуждена сравнивать с этим образом себя. Какие чувства она может при этом испытывать? Унижения? Или самолюбования с элементом нарциссизма? В последнем случае женщина хотя и получает определенный заряд энергии, но не становится более эротичной, ведь пытаясь «вписаться» в заданные рамки, она заведомо обрекает себя на поражение: ей просто позволяют принять форму «железной девы». Возможно даже, что «красивые» женщины подвержены влиянию порнографии в большей степени и позволяют ей сильнее вторгаться в их эротические фантазии, поскольку они могут «увидеть» себя в порнографии, в то время как другие женщины — нет.

Но если женщине не нравится журнал *Playboy*, то это потому, что ее глубинную сексуальность не так-то легко убить. Даже если она позволяет подвергать себя и свою самооценку другим унижениям, ее сексуальная сущность, как последний оплот сопротивления, будет яростно сражаться до последнего. Она может ненавидеть журнал *Playboy,* потому что ей не нравится чувствовать себя сексуально непривлекательной, или, если она «красива», ей не нравится, что порнография выдвигает оценочные требования к ее телу, тем самым принижая его индивидуальную самоценность. Критичный взгляд на свою сексуальность становится для нее самым страшным антиафродизиаком. В своем эссе «Разрушение» (Coming Apart) Элис Уолкер исследует наносимый нам этим вред: сравнивая себя с моделями из эротических журналов своего любовника, женщина «по глупости» делает вывод, что сама она непривлекательна.

«Я представляю себе, — говорит Бетти из сборника женских сексуальных фантазий Нэнси Фрайди “Мой тайный сад” (My Secret Garden), — что я превратилась в очень красивую, великолепную женщину (в реальной жизни у меня самая что ни на есть обычная внешность)... Я закрываю глаза и наблюдаю со стороны за этой другой красивой женщиной, которая как бы и есть я сама. Я вижу ее настолько ясно, что мне хочется крикнуть ей слова одобрения и поддержки: “Наслаждайся жизнью и получай удовольствие, ты этого достойна!” Забавно, но все-таки это была другая женщина — это была не я».

А вот что пишет Моника: «Вдруг я перестала быть самой собой. Мое тело не было телом толстушки, это была не я... Это была моя красивая сестра... Все это время это была не я, все это происходило с двумя красивыми людьми в моем воображении».

Эти голоса — «Это была не я», «Вдруг я перестала быть самой собой», «Это была другая женщина» — преследуют нас. Всего за 20 лет своего существования мифу о красоте удалось при помощи порожденных им образов отделить женщин от их тел во время любовного акта.

Когда женщины обсуждают эту тему, они наклоняются вперед и начинают говорить шепотом. Они рассказывают свой страшный секрет. Они говорят: «Все дело в моей груди. Это все мои бедра. Я ненавижу свой живот». Это не эстетическое недовольство собой, а глубокое чувство сексуального стыда. Речь может идти о разных частях тела, но всех этих женщин объединяет убеждение, что *именно та* часть тела, о которой она говорит, является главным фетишем «красивой» порнографии. Грудь, бедра, живот — самые сексуальные части женского тела, и как раз их «некрасивость» становится навязчивой идеей. Именно эти части тела чаще всего подвергаются насилию со стороны мужчин, именно они чаще всего калечатся сексуальными маньяками-убийцами. Именно они оскверняются жесткой порнографией и чаще всего оказываются под скальпелем пластического хирурга. Это части женского тела, с помощью которых мы вынашиваем и выкармливаем детей и которые ощущаются нами как самые сексуальные. Но женоненавистнической культуре удалось заставить женщин ненавидеть то, что ненавидят сами женоненавистники.

«Леди, любите свою вагину», — писала Грир, но при этом статистические данные Шир Хайт показали, что каждая седьмая женщина считала свой половой орган «уродливым» и еще столько же женщин думали, что от него «плохо» пахнет. «Леди, любите свое тело!» — поколение спустя именно этот призыв стал наиболее актуален, ведь треть женщин «очень недовольны» своим телом. Это приводит к тому, что они испытывают «беспокойство относительно своего статуса в обществе, имеют низкую самооценку и страдают от сексуальных расстройств». Доктор Моника Хатчинсон считает, что 65% женщин не любят свое тело, а подобное отношение к своей внешности приводит к тому, что они начинают избегать физической близости. Низкая самооценка и, как следствие, снижение сексуальности — это психологическая «черная дыра», в которую женщины попадают из-за «красивой» порнографии.

При этом объект ненависти может меняться: зацикленность на груди может пройти, сменившись чувством отвращения к своим бедрам. «Индекс красоты» часто переносит внимание на новые, неожиданные части тела, которые женщина может начать ненавидеть. Но как возникло такое разрушительное определение сексуальности? Соединение понятий красоты и сексуальности само по себе неправильно и заставляет женщин ошибочно считать, что они должны быть «красивыми», чтобы быть сексуальными. Но, разумеется, это вовсе не так. Определения того, что является «красивым» и «сексуальным», постоянно меняются в угоду обществу, а их тесная взаимосвязь возникла и вовсе недавно. Когда обществу нужно было от женщин целомудрие, красивой ее делали девственность и супружеская верность (религиозная фундаменталистка Филлис Шлэфли недавно заявила, что внебрачный секс разрушает женскую красоту), а женской сексуальности вообще не существовало. В викторианскую эпоху предполагалось, что женщины фригидны. Венди Фолкнер цитирует авторов того периода, которые писали, что женщины среднего класса «фригидны по своей природе». И лишь недавно, когда обществу стало выгодно иметь дело с сексуально доступными и в то же время сексуально неуверенными в себе женщинами, красота стала определяться по-новому и приравниваться к сексуальности. Почему? Потому что в отличие от собственно сексуальности, которая присуща всем женщинам, «красота» требует значительных усилий, так как мало кто из женщин обладает ею от природы, а также предполагает денежные затраты.

Думая о том, насколько навязываемая нам красота далека от реальной жизни, я вспоминаю один случай: моя знакомая, модель, когда ей было 15 лет, показывала мне снимки своей первой фотосессии для рекламы нижнего белья. Я с трудом ее узнала: Сашины черные волосы, прямые и всегда аккуратно причесанные, были взлохмачены, высокая грудь прикрыта блестящим атласом черного и персикового цвета. Женщина, которую Саша изображала на фотографии, сидела на корточках на стильно и небрежно заправленной кровати. Покрывала были отброшены назад и свернуты в виде распустившейся розы. При этом Сашина по-спартански строгая односпальная кровать, на которой мы сидели, просматривая фото, была аккуратно застелена серым хлопчатобумажным покрывалом. Над нами на полках стояли зачитанные школьные издания пьес Шекспира с загнутыми уголками страниц, рядом лежали ее учебник по биологии и калькулятор. Там не было никаких жемчужных ожерелий, бриллиантовых заколок или огненных гладиолусов с торчащими из цветка тычинками. Существо, в которое превратили Сашу, сильно выгибало спину, чтобы нижняя часть груди оказалась подсвеченной. «Бедная твоя спина», — сказала я, думая о ее напряженных, сдвинутых вместе лопатках. У Саши было искривление позвоночника, и ей приходилось носить корсет. Но этот корсет существовал в другой жизни, за пределами обрезанного окна и искусной оранжевой подсветки фотографии, на которую мы смотрели. Сашины губы были приоткрыты, так что виднелись зубы, а глаза полузакрыты — в этой девушке не было ничего от настоящей, реальной Саши. На тот момент Саша, как и я, была девственницей.

Вспоминая об этом, я представляла себе, как этот образ появится в журнале в ближайшие выходные и заживет своей собственной жизнью среди колонок текста. Тысячи взрослых женщин, знающих секреты, которые мы не могли себе тогда даже представить, будут смотреть на него. Они разденутся и почистят зубы. Они будут вертеться перед зеркалом, рассматривая себя при ярком свете, а светящийся контур Сашиного тела будет крутиться в их воображении. Они выключат свет и с тяжелым сердцем отправятся в свои широкие теплые уютные кровати, чувствуя себя провинившимися.

Связь между «красивой» порнографией и сексом противоестественна. Стремление разглядывать красивых девушек на журнальных разворотах считается само собой разумеющимся для мужчин, поскольку это воспринимается как сублимация изначально присущей им сексуальной распущенности. Однако не все мужчины по своей природе склонны к беспорядочным сексуальным связям, так же как не все женщины по своей природе моногамны. Следовательно, принимаемое нами на веру утверждение, что мужчины сексуально возбуждаются зрительными стимулами, а женщины нет, с точки зрения физиологии и биологии ничем не подкреплено. Мужчин сексуально возбуждает вид женского тела и в значительно меньшей степени — личностные качества женщины, потому что их с детства приучают к такого рода реакции. А женщины слабее реагируют на визуальные стимулы и сильнее — на эмоциональные, потому что их воспитывают так. Подобная асимметрия в сексуальном воспитании поддерживает власть мужчин, заложенную в мифе о красоте: они смотрят на женские тела, оценивают их и идут дальше, а на их тела не смотрят, их не оценивают, не принимают и не отвергают. Но причиной тому не является «рок под названием пол». Это можно изменить, и тогда гетеросексуальных мужчин и женщин соединят действительно взаимные чувства, построенные на восприятии партнера как равного себе, на равной степени уязвимости и равноценном желании.

Миф о красоте внушает мужчинам и женщинам неверное представление о телах друг друга, чтобы сохранять их взаимное сексуальное отчуждение. Придуманная мифом серия ложных постулатов отрицает то, что гетеросексуальная женщина знает о мужском теле. Женщины считаются обладательницами «нежной кожи», но мы знаем, что кожа вокруг соска мужчины удивительно нежна и что на теле мужчины есть области, где кожа нежнее, чем где бы то ни было на женском: это яички и конец мужского полового члена. Женщины являются «слабым» полом, но вместе с тем ни одна часть женского тела не является такой уязвимой, как яички мужчины.

Женщины должны прикрывать свою грудь одеждой в любую погоду, независимо от времени года, потому что их соски являются эрогенной зоной. Но мужские соски тоже очень чувствительны, однако в жару их можно не закрывать. Женщины становятся «некрасивыми», если у них на теле появляются растяжки. И у мужчин тоже бывают растяжки на бедрах, но на это никто не обращает внимания. Считается, что женские груди должны быть симметричными, но яички у мужчин таковыми определенно не являются. Наконец, много написано и сказано о неприятном вкусе и виде женских тел, однако мужчины могут и неприятно пахнуть, и ужасно выглядеть, и женщины все равно, несмотря на это, их любят.

Превращение женщин в сексуальные объекты сопровождало сексуальную революцию не для того, чтобы удовлетворять фантазии мужчин, а для того, чтобы защитить их от их собственных страхов. По свидетельству писательницы-романистки Маргарет Артвуд, женщины, когда их спрашивали о самом главном страхе, связанном с мужчинами, отвечали, что боятся быть убитыми. А мужчины на тот же вопрос, но только о женщинах, говорили: «Мы боимся, что они будут над нами смеяться». Контролируя женскую сексуальность, мужчины оказываются застрахованы от того, чтобы женщины оценивали их с этой точки зрения. Как пишет Розалинда Майлз, японских женщин в VIII в. учили «всегда говорить о мужском члене, что он огромный, прекрасный, больше, чем любой другой… А также добавлять: "Иди ко мне, заполни меня! О мое чудо!" или что-то еще в том же духе».

Но образованные женщины XVI в. были уже не так щедры на комплименты в адрес мужчин: «Старик поцеловал ее, и у нее было такое ощущение, словно по ее очаровательному личику проползла улитка».

С женщиной, экспериментирующей в сексе, мужчина рискует услышать то, что женщины слышат каждый день: что существуют сексуальные нормы и стандарты, с которыми его можно сравнивать. Но страхи мужчин преувеличены: даже имея сексуальную свободу, женщины придерживаются строгих правил. «Никогда, — предписывает женский журнал, — не обсуждай размер его члена на людях и никогда не допускай, чтобы он узнал, что ты сама или кто-нибудь еще знает, что он может сморщиться до крошечных размеров, иначе так и случится, и ты сама будешь в этом виновата». Эта цитата подтверждает, что применительно к мужчинам критическое сравнение мгновенно действует как антиафродизиак, убивая всякое сексуальное желание. Но мы до сих пор не признали, что точно так же это действует и на женщин. Возможно, потому, что *на подсознательном уровне мы понимаем: именно такой реакции от нас и добиваются*.

Мы все оцениваем и обсуждаем внешность мужчин, их рост, физическую форму, сексуальное мастерство, размер пениса, внешний вид и ухоженность, их вкус в одежде, но мы никогда не делаем этого в их присутствии или когда они могут нас услышать. Дело в том, что женщины тоже способны рассматривать мужчин так, как они рассматривают нас, а именно как объект сексуальной и эстетической оценки. Мы тоже можем выбрать «идеал» мужчины из толпы, и нам тоже нравятся красавцы. Ну и что с того? При всем при этом женщины все-таки оценивают мужчину в большей степени как человека, а не как сексуальный объект.

Вполне вероятно, женщины могли бы научиться относиться к этому иначе. Если бы девушки никогда не подвергались насилию; если бы единственным окном в мир мужской сексуальности для них был поток легкодоступных образов юношей чуть старше их самих, лет 18–19, призывно улыбающихся и демонстрирующих свои члены цвета розы или кофе мокко в состоянии эрекции, на которые можно было бы смотреть и мастурбировать; если бы, повзрослев, эти девушки погружались в мир порнографических изображений мужских тел; если бы мужские члены представлялись им вместе с данными об их размерах, длине и диаметре и так, словно они имеют вкус корицы или лесных ягод, без случайных волосков и всегда готовы к действию; если бы они казались доступными без обязательной нагрузки в виде скверного мужского характера и если бы получение женщиной удовольствия казалось единственным смыслом существования мужчин, тогда, возможно, молодой мужчина приближался бы к постели молодой девушки как минимум с трепетом и замиранием сердца.

Опять же, ну и что с того? Даже если тебя определенным образом воспитали, это не значит, что ты не можешь отказаться от выученных ранее уроков. Мужской страх стать в глазах женщины сексуальным объектом, вполне возможно, безоснователен: если бы представители обоих полов получили возможность видеть друг в друге сочетание сексуальности и человеческой личности, и те и другие поняли бы, что чувства удовлетворения можно добиться, только принимая во внимание и то и другое. Но именно необоснованные страхи обоих полов по отношению друг к другу лучше всего работают на благо мифа о красоте.

Образная система, сфокусированная исключительно на женском теле, создавалась в условиях, когда мужчины не могли больше контролировать секс, но впервые должны были его добиваться. Поглощенные проблемой своей желанности для мужчины, женщины перестали искать то, чего хотели они сами.

Как подавить женскую сексуальность

Жермен Грир писала, что женщины станут свободными, когда у них появится позитивное отношение к женской сексуальности. Сменилось целое поколение, но этого так и не произошло, зато женщины стали с полным безразличием относиться к «красивой» порнографии. Женская сексуальность не только негативно воспринимается, но и негативно формируется. Женщины легко поддаются воздействию мифа о красоте и позволяют ему вторгаться в их восприятие собственной сексуальности, так как наше сексуальное воспитание построено таким образом, чтобы обеспечить нашу восприимчивость к воздействию мифа. С момента нашего рождения наша сексуальность извращается, чтобы ее место могла занять «красота», которая заставляет женщин жить с поникшей головой, концентрируясь на своей внешности и поднимая взгляд только для того, чтобы увидеть свое собственное отражение в глазах мужчин.

Женская сексуальность формируется под жестким давлением. Во-первых, на нее влияет то, что отцы обычно не проявляют интимной заботы о своих маленьких дочках. Во-вторых, на нее воздействуют культурные стереотипы, рассматривающие женщин только в качестве сексуальных объектов. И наконец, третий вид давления — это широкое распространение сексуального насилия, которое не дает женской сексуальности развиваться естественным образом и заставляет женщин считать, что мужские тела представляют для них опасность.

За большинством из нас в младенчестве ухаживали женщины. Женское тело и женская грудь вначале появляются в жизни девочки-младенца как объект желания, в условиях отсутствия мужского тела и мужской груди. По мере того как девочки подрастают, миф продолжает удерживать их внимание на женском теле, но, в отличие от влечения к нему, которое испытывают мужчины-гетеросексуалы и лесбиянки, неудовлетворенное восхищение гетеросексуальных женщин часто отравляется завистью, сожалением об утраченном блаженстве и враждебностью. Эта ситуация формирует у женщин зависимость от мужских взглядов, насаждая то, что поэтесса Адриенна Рич называет «обязательной или навязанной гетеросексуальностью», которая вообще запрещает женщинам смотреть на других женщин как на источник получения удовольствия. В соответствии с мифом о красоте красота тела другой женщины причиняет женщине боль, приводя к тому, что Ким Чернин называет нашей «жестокой одержимостью женским телом». Эти приносящие лишь разочарование взаимоотношения, доставляющие женщинам традиционной сексуальной ориентации противоречивое, смешанное с чувством тревоги удовольствие, когда они смотрят на тело другой женщины, пожизненно удерживают нас в состоянии беспокойства, которое вызывается конкуренцией, но, по сути, является только ядовитым осадком изначальной любви.

Влияние культуры на изменение направленности женской сексуальности проявляется рано и начинается с запрета на мастурбацию. Сексуальная целостность вырастает из чистого детского эгоизма, который преобразует готовность отдавать себя сексуально скорее в щедрость, чем в подчинение и покорность. Но женская мастурбация также подвергается культурной цензуре. Ранние сексуальные желания, которые мы испытываем наедине, представляют собой одно из редких воспоминаний, которые говорят женщинам о том, что они в полной мере сексуальны, еще до того, как в их жизни появляется «красота», и что мы можем оставаться такими и после знакомства с мифом и вне зависимости от него, а наши сексуальные ощущения не должны зависеть от того, смотрят на нас или нет.

Мужчины воспринимают это по отношению к себе как должное. Мы видим, что с санкции культуры мужская сексуальность просто *есть*. Им не нужно зарабатывать ее с помощью своей внешности. Мы видим, что мужское желание предшествует непосредственному контакту с женщиной. Оно не спит, ожидая своего выплеска в ответ на желание женщины. Мужское желание, появляющееся, когда мужчина находится наедине с собой, представлено везде — от высокой культуры до самого низа, от Филипа Рота, Андре Жида, Карла Шапиро и Джеймса Джойса до пошлых анекдотов, которые рассказываются в присутствии женщин. Мы все знаем о сексуальном желании мальчиков подросткового возраста. Но сцены сексуального пробуждения молодых девушек *сами по себе* существуют только в виде концепции, предназначенной для мужчины-вуайериста. В культурном вакууме трудно вообразить, *что* представляет собой желание, которое девушка испытывает, находясь наедине с собой. Женские тела представляются как красивая упаковка для пустой коробки, а наши половые органы не представляются в эротическом свете *для женщин*. И тела других женщин не представляются эротичными *для женщин*. Женская мастурбация не эротизируется *для женщин*. Каждая женщина должна выяснить самостоятельно, непонятно откуда и каким образом, как чувствовать себя сексуальной, хотя ее постоянно учат только тому, как выглядеть сексуальной. Ей не дается никакой информации об альтернативной культуре женского сексуального желания, направленного вовне, никаких описаний сложного, возбуждающего любопытство *присутствия* ее сексуальных ощущений в ее гениталиях или того, как эти ощущения постоянно обогащают ее знания о собственном теле. Предоставленная самой себе и пребывающая в неведении, она не имеет выбора: все, что ей остается, — принять и усвоить фантазии доминирующей культуры как свои собственные.

В 1970-е 10-летние девочки, жаждавшие поговорить о сексе в его женском представлении, по очереди читали вслух в летнем лагере пиратские издания «Истории О» (The Story of O) или «Счастливой проститутки» (The Happy Hooker). Первая книга — это своего рода наставление о мазохизме, вторая рассказывает о бездушной сексуальной бартерной сделке. Так, за неимением лучшего источника знаний о сексе девочки черпают сведения о нем из того, что оказывается им доступно. Они не испытывают недостатка в фактах, но им не хватает позитивной сексуальной культуры — романов, поэзии, фильмов и т. д., — написанных не в коммерческих целях, а для того, чтобы исследовать женскую сексуальность, приобщать к ней и прославлять ее, как это делают лучшие образцы мужской эротической культуры.

Для сексуального воспитания девочек не создано ничего, кроме образов женщины, прикованной к стене, или прагматичной особы, умеющей хорошо считать деньги.

Другое дело — мальчики. Они вступают на подготовленную культурную почву. Они поют, играя на гитаре и прижимая ее к паху: «Коричневый сахар, ммм! Как это получается, что ты такой сладкий? Аааа...

Как раз такой и должна быть молоденькая девчонка»*. («Мы должны быть, — удивляются девочки, — как коричневый сахар?») Что же касается опыта самих девочек, того, что они видят и ощущают — острый запах мужского пота в школьном коридоре, появление интригующих волос под мышками, изменение тембра голоса, выпуклость в паху, видная в обтягивающих джинсах, вкус ликера на языке, сигареты Lucky Strike, вытащенные тайком из шкафчика в раздевалке, появление первой щетины на обветренном лице, — они все это замечают, они видят это, но не знают, как говорить об этом. Тот факт, что подобные образы вызывают неловкость и смущение как у той, что рассказывает об этом, так и у ее слушательницы, показывает, насколько мы в нашей культуре не привыкли воспринимать молодых девушек как *людей* с пробуждающейся сексуальностью. Конечно, они встречаются с описаниями красивого мужского тела на страницах книг — в «Федре» или «Портрете Дориана Грея», — но их нельзя найти в культуре, предназначенной для них. Привлекательность и притягательность мужского тела не описывается женщинами для женщин с точки зрения именно женского восприятия, а их влечение к своим подружкам вообще нигде не упоминается.

Сексуальная энергия девочек, их оценка мальчиков-подростков разрушается и меняет свое направление, возвращаясь к ним назад, оставаясь невысказанной,

---

* Brown Sugar («Коричневый сахар») — песня рок-группы Rolling Stones. — *Прим. ред.*

а их жадный ищущий взгляд обращается к их собственным телам. Вопросы «Кого я хочу? Почему? Что мне с этим делать?» превращаются в вопросы «Захотела бы я себя? Почему?.. Почему *нет*? Что мне с этим делать?»

В книгах и фильмах они находят описания ощущений, которые испытывает молодой человек от своего первого прикосновения к бедрам девушки, его первые впечатления при виде ее груди. Девушки читают и слушают, впитывая в себя эти впечатления и чувствуя, что их собственные бедра и грудь становятся как будто чужими, словно они перестают быть частью их собственных тел. Они испытывают стеснение, они в застенчивости сжимают ноги, они учатся видеть свое тело со стороны. А поскольку их тела рассматриваются с точки зрения отчуждения и желания, неудивительно, что то, что должно быть привычным и близким, начинает ощущаться как нечто чужеродное и расчлененное на части. Девушки учатся не испытывать желание по отношению к другим, а желать быть желанной. Они учатся наблюдать за своими сексуальными проявлениями вместе с юношами через призму их восприятия, и это заменяет им изучение собственных желаний, их описание, поиск и достижение. Секс становится заложником красоты, и условия выкупа высекаются в сознании девушек инструментами более изысканными, чем те, что используют рекламщики и фотографы, — литературой, поэзией, живописью и кино.

Это ви́дение своей сексуальности, направленное извне внутрь себя, и составляет суть мифа о красоте.

Женщины начинают видеть себя глазами других: «Clairoil — это то, как вы хотите выглядеть», — и отождествлять свои собственные сексуальные ощущения с ощущениями, которые они вызывают у мужчин: «Бритвы Gillette… то, что женщина хочет ощущать». Многие путают свое сексуальное желание с возбуждением сексуального желания у мужчины. «Мое первое сексуальное воспоминание, — рассказала мне одна женщина, — это когда я впервые побрила ноги: проведя рукой по гладкой коже, я почувствовала, какое ощущение будет испытывать чья-то другая рука». Женщины говорят, что когда они худеют, то «чувствуют себя более сексуальными», но ведь нервных окончаний в клиторе и груди не становится больше с потерей веса! Женщины говорят, что они завидуют мужчинам, которые получают от женского тела столько удовольствия, что они представляют себя внутри мужского тела, которое находится внутри их собственного, чтобы испытать то же желание.

В таком случае, возможно, неспособность возбуждаться так быстро, как мужчины, сложные эротические фантазии и отсутствие удовольствия во время полового акта у женщин связаны как раз с тем, что наша культура отрицает сексуальные образы, утверждающие женскую точку зрения, а также с культурным запретом смотреть на мужские тела как на инструменты получения удовольствия? Может ли это быть связано с запретом представлять половой акт как возможность для гетеросексуальной женщины активно стремиться к обладанию мужским телом, крепко обнимать его, наслаждаться им и использовать его для своего собственного удовольствия в такой же степени, в какой мужчины стремятся к обладанию женским телом, наслаждаются им и используют его для получения удовольствия?

Обращение женской сексуальности внутрь себя лишает женщин возможности контролировать свой сексуальный опыт. А молодые мужчины взрослеют, наблюдая эротические образы, которые на самом деле не дают им никаких знаний о женском сексуальном желании. Ни их, ни самих молодых женщин не учат эротизировать женское желание. В результате и мужчины, и женщины склонны эротизировать только женское тело и мужское сексуальное желание. Это означает, что женщины в своем сексуальном возбуждении чрезмерно зависимы от мужского желания, тогда как мужчины, напротив, излишне нечувствительны к женскому желанию, так как оно никак не влияет на их собственное возбуждение.

Выработавшееся в женщинах стремление ставить свои сексуальные чувства в зависимость от мужских приводит к явлению, которое описала в своей книге «Отброшенные: Почему женщины путают любовь и секс» (Swept away: Why Women Confuse Love and Sex) Кэрол Кэссел. Из-за того, что многим женщинам необходимо быть «увлеченными» для того, чтобы испытать желание, только 48% из них регулярно пользуются противозачаточными средствами. В США 48,7% абортов становятся следствием незащищенного секса. Если бы женская сексуальность ценилась и поощрялась, жизненных трагедий, связанных с абортами, было бы вполовину меньше.

А в условиях эпидемии ВИЧ женщины, поддаваясь желанию «увлечься», подвергают себя риску не только забеременеть, но и заболеть смертельной болезнью.

И наконец последнее объяснение перевернутой с ног на голову женской сексуальности и противоречивого отношения к половому акту связано с переживаемым женщинами опытом сексуального принуждения. Проведенный Дианой Рассел в 1983 г. в Сан-Франциско опрос показал, что из 930 женщин 44% подвергались изнасилованию или попытке изнасилования; 88% знали человека, который на них напал, и каждая седьмая была изнасилована своим нынешним или бывшим мужем. Исследование, проведенное в Голландии, показало, что из 1054 образованных женщин среднего класса в возрасте от 20 до 40 лет 15,6% подвергались сексуальному насилию со стороны своих родственников, 24,4%, еще будучи детьми, подвергались сексуальному насилию со стороны незнакомых людей, а 32,2% были принуждены к занятию сексом в возрасте до 16 лет. В ходе другого исследования, объектом которого были 4700 голландских семей, выяснилось, что 20,8% женщин подвергались сексуальному насилию со стороны своего мужа или любовника, причем половина — неоднократно. При этом одна из 25 женщин подвергалась очень жестокому насилию, в результате которого ее здоровью был причинен непоправимый вред. В период между 1980 и 1988 гг. в Голландии больше чем на одну треть увеличилось количество зарегистрированных случаев изнасилования. В Швеции в период между 1981 и 1988 гг. случаев насилия по отношению к женщинам стало больше на 70%, а зафиксированных случаев изнасилования — на 50%. В Канаде каждая четвертая женщина получила свой первый сексуальный опыт в результате принуждения со стороны члена своей семьи или ее ближайшего окружения. В Великобритании каждая седьмая жена насилуется своим мужем. Исследование, проведенное в 1981 г. среди 1236 лондонских женщин, выявило, что каждая шестая из них была изнасилована, а каждая пятая с трудом отбилась от попытки изнасилования. Подобные исследования, проведенные снова сначала в 1985 г., а потом в 1989 г., дали аналогичные результаты.

Насилие по отношению к женщинам со стороны их сексуальных партнеров принимает характер эпидемии. В 1980 г. в ходе изучения 2000 супружеских пар в США обнаружилось, что в 28% браков жены подвергались нападению, а в 16% — насилию только за последний год. В трети случаев насилие имело жестокий характер и выражалось в том, что женщин били руками, ногами, ударяли каким-то предметом, на них нападали с ножом или огнестрельным оружием. В 1985 г., когда было проведено аналогичное исследование, ставшее продолжением предыдущего, процентное соотношение разного рода видов нападения осталось неизменным. Опрос, проведенный исследовательской компанией Harris Interactive, выявил случаи насилия в 21% семейных пар, что соответствовало данным выборочного опроса, проведенного Дианой Рассел в 1982 г. В 94–95% случаев пострадавшей стороной оказывается женщина. Ежегодно по меньшей мере 1,5 млн американок подвергаются нападению со стороны своего сексуального партнера. В США четверть всех преступлений, связанных с насилием над личностью, составляют случаи нападения на жен. Исследователи в Питтсбурге попытались отобрать кандидатов для контрольной группы женщин, не подвергавшихся побоям, но 34% женщин *из контрольной группы* сообщили о случае нападения со стороны своего партнера. Каждая десятая замужняя женщина в Канаде подвергается побоям со стороны мужа, и каждая восьмая — со стороны сожителя. Каждая четвертая попытка самоубийства среди женщин, оказавшихся в результате в реанимационном отделении одной из городских больниц США, произошла после получения побоев. По данным исследования, проведенного Национальным институтом психического здоровья, 21% всех женщин, которым делались срочные операции, оказались на операционном столе в результате избиения. Половина женщин обращаются в травмпункты также после избиения, и в половине всех случаев изнасилования женщин в возрасте после 30 оно сопровождается побоями. По данным, представленным в 1989 г. Институтом глобального мониторинга, насилие против женщин является самым распространенным видом преступлений во всем мире.

От одной четверти до одной трети женского населения сталкиваются с сексуальным насилием уже в детстве, причем в очень раннем возрасте. Опрос Kinsley, проведенный в 1953 г., обнаружил, что почти четверть из 4000 опрошенных женщин в детстве пережили изнасилование или попытку изнасилования со стороны взрослого мужчины. Опрос, проведенный в 1987 г. Дианой Рассел, выявил, что 38% женщин подвергались сексуальному нападению со стороны взрослого родственника, знакомого или постороннего человека до того, как им исполнилось 18 лет, 28% подвергались грубому насилию до того, как им исполнилось 14, из них 12% — со стороны члена своей семьи. Бад Льюис, который руководил опросом, проведенным в 1985 г. газетой *Los Angeles Times,* обнаружил, что среди 2627 случайным образом отобранных мужчин и женщин из всех штатов США 22% опрошенных в детстве подвергались сексуальному насилию. Среди опрошенных 1260 мужчин каждый десятый в детстве был изнасилован. Во всем мире исследования, проведенные в таких разных странах, как Австралия, США, Египет, Израиль и Индия, показывают, что в каждой четвертой семье происходит инцест. В 80–90% случаев сексуальному насилию со стороны родственника-мужчины, чаще всего со стороны своего отца, подвергаются девочки. В Каире в 33–45% семей дочери подвергались насилию со стороны родственника-мужчины или друзей семьи. Опрос Kinsley выявил случаи инцеста в 24% американских семей, в Австралии и Великобритании наблюдается аналогичная картина. Две трети жертв инцеста в Израиле были младше 10 лет, а четверть жертв инцеста в США — младше пяти. Дебби Тейлор, проецируя эти данные на все остальные страны мира, высказывает предположение, что целых 100 млн маленьких девочек «возможно, насилуются взрослыми мужчинами — обычно своими отцами, каждый день, неделю за неделей, год за годом».

Эти цифры шокируют, как и мысль о том, что в жизни большинства женщин секс связан с насилием. И при этом миф о красоте тиражирует и пропагандирует садомазохистские образы, а также культивирует совершенство, достижение которого требует от женщин жестокости по отношению к самим себе. Возможно ли, что насилие над женщинами толкает их к саморазрушению? Исследование, проведенное журналом *Radiance* в одной из клиник, показало, что 50% анорексичек ранее подвергались сексуальному насилию. Пластический хирург Элизабет Морган начала изучать взаимосвязь между инцестом и желанием сделать пластическую операцию, после того как многие из ее пациенток признались ей, что в детстве стали жертвой сексуального насилия. «Я пришла к выводу, что многие из них хотели стереть из памяти воспоминание о том, как они выглядели в детстве, когда оказались жертвой изнасилования». Клинические наблюдения за жертвами инцеста показывают, что они воспринимают «сексуальное удовольствие как что-то дурное. Большинство из них думают, что это они сделали что-то не так, что их следует наказать и что если никто не подвергнет их заслуженному наказанию, то они сделают это сами».

Самая распространенная реакция выживших после изнасилования — чувство своей никчемности, а позже и ненависть к своему телу, которая часто сопровождается нарушениями пищевого поведения (обычно обжорством или анорексией, чтобы стать очень толстыми или очень худыми и тем самым обеспечить себе «безопасность»), а также отказом от секса. Но могут ли образы сексуального насилия, которые преследуют женщин повсюду, наносить такой же вред?

Результатом пропаганды сексуального насилия и его связи с женской красотой стало то, что женщины, особенно молодые, выросшие в окружении образов, демонстрирующих проявления жестокости, не верят в свою красоту и испытывают противоречивые чувства в отношении того, как проявлять ее — как одеваться, двигаться или украшать себя. Сегодня, если молодые женщины одеваются сексуально, они, как никогда раньше, чувствуют, что подвергают себя опасности.

Сексуальность молодых: необратимые изменения?

Образы, представляющие насилие «с налетом шика» и превращающие женщину в сексуальный объект, похоже, уже оказали пагубное воздействие на молодежь. Теоретики эроса даже близко не представляют себе последствий влияния «красивой» порнографии на молодых людей. Глория Стайнем и Сьюзен Гриффин разделяют порнографию и эротику, что вполне разумно, если последняя играет более важную роль в сексуальном воспитании. Как считает Барбара Эренрайх, фантазии на тему насилия могут никак не сказываться на тех, кто вырос, узнавая о сексуальности от других людей.

Но современным молодым людям представление о сексуальном удовольствии как о чем-то опасном было внушено извне. Сейчас растет первое в истории поколение детей, чьи самые ранние сексуальные впечатления связаны не с живыми людьми или с их собственными фантазиями. С момента расцвета порнографии в 1960-х гг. сексуальность детей стала формироваться под воздействием общения не с реальными людьми, а с внешними стимулами иного плана. В истории развития нашей цивилизации никогда не происходило ничего подобного — Фрейд может идти в отставку. Современные дети, а также молодые мужчины и женщины воспитаны на фантомах — образах, сошедших с журнальных страниц и экрана. Они выросли на журнале *Playboy*, музыкальных видеоклипах и безликих женских фигурах из женских журналов, с размытыми чертами и потухшими, ничего не выражающими глазами. Им навязывается сексуальность массового производства, преднамеренно лишенная человеческого облика.

В результате с сексуальностью молодых людей, похоже, происходит нечто ужасное: попытки превратить секс в насилие почти увенчались успехом. Хильда Брух* называла молодых женщин, родившихся после 1960 г., «поколением анорексичек». Но поскольку в 1960-х законы о порнографии были смягчены и дети, родившиеся после 1960 г., выросли в атмосфере наплыва образов

---

* Хильда Брух (1904–1984) — известный американский специалист по психосоматике ожирения. — *Прим. ред.*

насилия и унижения женщин (от чего девушки «защищаются» при помощи анорексии), нельзя не признать, что родившиеся после 1960 г. представляют собой также и «порнографическое поколение».

Молодые женщины становятся жертвой эпидемии своего рода лучевой болезни, вызванной массированным воздействием на них образов «красивой» порнографии — единственного предлагаемого им источника информации о том, *что* представляет собой женская сексуальность. Они вступают во взрослый мир незащищенными, лишенными подтверждения своей сексуальной ценности в виде девственности или обручального кольца с бриллиантом, которое в прежние времена служило вполне конкретным знаком того, что она «этого достойна». До 1960-х гг. понятия «хорошая» и «плохая» применительно к женщинам значили «несексуальная» и «сексуальная». Но после расцвета «красивой» порнографии и сексуальной полуреволюции «хорошая» стала означать «красивая — стройная — сексуально привлекательная», а «плохая» — «некрасивая — толстая — сексуально непривлекательная».

Раньше молодая женщина страшилась добрачного секса — из-за риска забеременеть, из-за того, что придется делать незаконный аборт, из-за того, что ее могут бросить. Теперь она страшится осуждения. Если ей вынесут строгий приговор, рухнет даже не ее репутация, а весь ее внутренний мир. У женщин было слишком мало времени на то, чтобы осознать достижения сексуальной революции и заставить их работать на себя.

Не успели они снять старые кандалы, растереть щиколотки, чтобы восстановить кровообращение в затекших ногах, и начать делать первые робкие шаги вперед, как индустрия красоты и «красивая» порнография уже взяли их в оборот. Тридцать лет воспитания в духе садомазохизма и восприятия женщины как сексуального объекта вполне могли породить поколение, которое искренне верит в то, что секс — это насилие, а насилие сексуально, если оно направлено на женщин. И если молодые люди в это верят, то не потому, что они психопаты, а потому, что такое представление является нормой в массовой культуре.

В Великобритании и США 12% родителей разрешают своим детям смотреть фильмы, связанные с жестокостью и насилием, и порнографию. Но для того, чтобы настроиться на эту волну, даже не нужно ни то ни другое. Сьюзен Коул отмечает, что MTV, американский музыкальный канал, «похоже, соответствует всем стандартам порнографии» (канал Playboy просто-напросто выборочно транслирует отдельные свои видеозаписи в программе Hot Rocks). С появлением видеоклипов представители обоих полов стали, сидя в одной комнате, вместе смотреть, как наша культура представляет то, чем они должны заниматься друг с другом. Но чаще всего им показывают, как она должна выглядеть, пока он наблюдает за ней. Эти видеообразы, в отличие от фотографий в глянцевых журналах, двигаются, что только усиливает озабоченность женщины красотой, потому что теперь она получает инструктаж качественно иного уровня — теперь она должна заботиться не только о статических позах, но и о том, как ей двигаться, снимать одежду, менять выражение лица, надувать губы, дышать и вскрикивать во время занятий «сексом». После того как образы красоты переместились с журнальных страниц на экран, женское самосознание стало трехмерным.

Насилие также представляется самым что ни на есть стильным образом. Сексуальные маньяки-убийцы предстают на MTV как мужчины-герои: Midnight Rambler группы Rolling Stones воспринимается как хвалебная песнь Бостонскому душителю («Я воткну свой нож прямо тебе в горло»). Группа Thin Lizzy исполняет песню о насильнике: «Я ищу кого-то… Возможно, я ищу тебя». Тревор Рубин поет песню «Потрошитель» (The Ripper). В видеоклипе Motley Crue мы видим сидящих в клетке сексуальных рабынь. В видеоролике Рика Джеймса он насилует свою девушку. А в клипе к песне Майкла Джексона The Way You Make Me Feel женщину преследует банда. Скованные цепями женщины в клипе к песне Girls on film, исполняемой группой Duran Duran, как заметила Сьюзен Коул, «выглядят так, словно они только что сошли с экрана порнофильма». В шоу Элиса Купера, как пишет *The Guardian*, «кукла в виде женщины в натуральную величину лежит перед ним на полу, в наручниках, одетая в трико и рваные рыболовные сети. Она выглядит так, будто ее задушили шлангом». «Раньше я ее любил, — поют в своей песне Guns N' Roses, — но я должен был ее убить».

Людей, критикующих рок-н-ролл за подобный экстремизм, обвиняют в том, что они — реакционеры. Но на деле обращение к такого рода образам делает как раз рок-музыку реакционной. Образы задушенных женщин и женщин, сидящих в клетках, не выходят за рамки дозволенного. Это клише массовой культуры. Рок-музыка не оправдывает возложенных на нее ожиданий, не ниспровергает традиционные устои и воспевает все те же старые садомазохистские тенденции истеблишмента, вместо того, чтобы, экспериментируя с ролями полов, заставлять нас смотреть на них по-новому, свежим взглядом.

К сожалению, на карту поставлена не только музыкальная оригинальность: сегодня MTV формирует кодекс красоты для молодых женщин. Если женщины, изображающиеся в массовой культуре, красивы и подвергаются насилию, то получается, что насилие над женщинами доказывает их желанность. Для молодых людей красота — это то, что никогда не говорит «нет» и не имеет реального человеческого облика. Статистика по количеству изнасилований на свидании свидетельствует о том, какие уроки из этого извлекаются.

В 1986 г. исследователь Калифорнийского университета в Лос-Анджелесе Нил Маламут сообщил, что 30% студентов колледжа признались: они готовы были бы совершить изнасилование, если бы были уверены, что это останется безнаказанным. Когда во время опроса слово «изнасилование» заменили фразой «принудить женщину к сексу», то уже 58% сказали, что они бы это сделали.

Журнал *Ms* провел исследование, спонсированное Национальным институтом психического здоровья, в ходе которого были опрошены 6100 студентов старших курсов 32 колледжей по всей стране, как мужчины, так и женщины. Выяснилось, что в течение года, предшествовавшего опросу, студентами колледжа было совершено 187 изнасилований, 157 попыток изнасилования, 327 попыток принуждения к сексу и 854 попытки нежелательного контакта сексуального характера. Журнал *Ms* сделал вывод о том, что «сцены жестокости и применения силы в сексуальных отношениях, которые мы видим в кино и по телевидению, имеют непосредственное отношение к насилию во время свидания».

В ходе другого опроса среди 114 студентов-старшекурсников были получены следующие ответы:

- «Мне нравится доминировать над женщиной» (91,3%);
- «Я получаю удовольствие от процесса сексуального завоевания женщины» (86,1%);
- «Некоторые женщины выглядят так, будто сами напрашиваются на то, чтобы их изнасиловали» (83,5%);
- «Меня возбуждает, когда женщина сопротивляется во время секса» (63,5%);
- «Меня бы возбудило использование силы для подчинения себе женщины» (61,7%).

Опрос журнала *Ms* показал, что каждый 12-й студент колледжа, или 8% опрошенных, в возрасте после 14 лет совершил изнасилование или попытку изнасилования. Единственным отличием между представителями этой группой и теми, кто никогда не нападал на женщин, было то, что представители первой группы, по их словам, читали порнографические журналы «очень часто». Исследователи из университетов Эмори и Оберн выяснили, что 30% студентов-мужчин считают женские лица, выражающие такие негативные эмоции, как боль и страх, более сексуально привлекательными, чем лица, выражающие удовольствие. Среди этих опрошенных 60% совершали акты сексуальной агрессии.

В общем, женщинам живется несладко. По данным журнала *Ms*, каждая четвертая опрошенная женщина сталкивалась в своей жизни с тем, что американским законодательством квалифицируется как изнасилование или попытка изнасилования. Среди 3187 опрошенных женщин в течение года, предшествовавшего проведению опроса, 328 были изнасилованы, 534 подверглись попытке изнасилования, 837 — сексуальному принуждению, а 2024 женщины столкнулись с ситуациями нежелательного сексуального контакта. Причем случаи изнасилования во время свидания еще отчетливее, чем случаи изнасилования незнакомцем, демонстрируют, что в умах молодежи понятия секса и жестокости смешались. Среди изнасилованных женщин 84% знали мужчину, который на них напал, а 57% были изнасилованы во время свидания. Таким образом, изнасилование на свидании — это более распространенное явление, чем леворукость, или алкоголизм, или сердечные приступы. В 1982 г. исследование, проведенное в университете Оберн, выявило, что 25% студенток подверглись изнасилованию хотя бы один раз, причем в 93% случаев — со стороны мужчин, которых они знали. Среди студентов-мужчин этого университета 61% принуждали женщину к сексу против ее воли. Исследование, проведенное в 1982 г. в университете Сент-Клауд Стейт, показало, что 29% студенток пережили изнасилование, а 20% студенток Университета Южной Дакоты были изнасилованы во время свидания. Среди студенток университета Брауна 16% подверглись изнасилованию во время свидания, а 11% мужчин-студентов этого университета признались, что они силой принуждали женщину к сексу. В том же году 15% студентов-мужчин сказали, что насиловали женщину во время свидания.

У женщины в четыре раза больше шансов быть изнасилованной своим знакомым, чем посторонним человеком. При этом сексуальное насилие считают нормой не только молодые мужчины, но и женщины: «Одно исследование за другим показывает, что женщины, которые подверглись насилию со стороны знакомого им мужчины, даже не считают этот опыт изнасилованием». По данным опроса журнала *Ms*, только 27% женщин расценивали это как изнасилование. Но если женщина не называет то, что с ней произошло, изнасилованием, означает ли это, что она не будет испытывать его последствий? Исследования показывают, что 30% изнасилованных молодых женщин, независимо от того, квалифицировали они свой сексуальный опыт как изнасилование или нет, думали потом о самоубийстве. При этом 31% из них обращались за помощью к психотерапевтам, а 82% признались, что этот сексуальный опыт изменил их мировоззрение на всю жизнь. Наконец, 41% женщин, подвергшихся изнасилованию, сказали, что со страхом ожидают повторения этого опыта. Синдром посттравматического стресса был причислен к списку психологических расстройств в 1980 г. и сегодня признается распространенным явлением среди переживших изнасилование. Женщины, не называющие изнасилование таковым, тем не менее страдают от такой же депрессии, ненависти к себе и мыслей о суициде, как и женщины, которые называют вещи своими именами. Высока вероятность того, что этот негативный опыт окажет влияние на сексуальную жизнь молодых женщин. По данным исследования журнала *Ms*, 41% изнасилованных женщин были девственницами, а 38% в момент нападения находились в возрасте от 14 до 17 лет. Средний возраст как насильников, так и их жертв составляет 18,5 лет. Студентки университетов поддерживают сексуальные отношения, в которых присутствует жестокость: от 21 до 30% сообщают о проявлении насилия со стороны своего сексуального партнера.

В среде подростков более юного возраста дела обстоят еще хуже. В материалах исследования, проведенного Калифорнийским университетом в Лос-Анджелесе среди тинейджеров в возрасте от 14 до 18 лет, говорится: «Похоже, мы обнаружили печальные свидетельства того, что молодое поколение вступает во взрослые отношения произойдет, секс перестанет нести угрозу, как это до сих пор бывает, особенно в молодежной среде.

В литературе и кинофильмах, созданных в последние десятилетия, воцарились сексуальное насилие и отчуждение. В фильме Стивена Содерберга «Секс, ложь и видео» (Sex, Lies and Videotape) главный герой не может заниматься любовью с реальной женщиной, но мастурбирует, глядя на видеозаписи женских сексуальных признаний. В романе Брета Истона Эллиса «Меньше чем ноль» (Less than Zero) скучающие детки богатых родителей смотрят фильмы про курение травки, а постоянным фоном этого времяпрепровождения является привязанная к кровати девочка подросткового возраста, которую регулярно насилуют. В книге Тамы Яновиц «Рабы Нью-Йорка»* (Slaves of New York) женщины становятся сексуальными рабынями в обмен на кров. В романе Сьюзен Мино «Похоть» (Lust) героиня говорит, что ее многочисленные и беспорядочные половые связи заставляют ее чувствовать себя «куском телятины, который отбивают». Героиня книги Кэтрин Тексье «Люби меня нежно» (Love Me Tender) стремится ко все более жестокому сексуальному унижению («Когда мы делали это так жестко и страстно, — поет Шинейд О'Коннор, — на стенах была кровь»). В молодежной культуре романтичная, основанная на близости сексуальная любовь ограничивается в основном отношениями между гомосексуалистами

* Яновиц Т. Рабы Нью-Йорка. — СПб.: Мама-Пресс, 2003.

или лесбиянками, как, например, в романах Дэвида Ливитта, Майкла Чэбона и Джанет Уинтерсон. Создается впечатление, что в условиях засилья образов сексуальной жестокости в отношениях между гетеросексуалами молодежь предпочла укрыться в «полосе отчуждения». Это похоже на жизнь в оккупированном городе, находящемся на военном положении, где гражданскому населению и солдатам нечего сказать друг другу.

Очевидно, что такие образы негативно влияют на секс. А как они влияют на любовь?

Красота против любви

В эпоху «тайны женственности» мужчин держали в неведении относительно женской сексуальности и рождения детей. Во время родов будущие отцы находились в комнате ожидания больницы. Вопросы контрацепции также считались не их заботой, за исключением тех случаев, когда они хотели защитить себя от венерических болезней или от нежеланного брака. Секс во время менструации был табу. Мужчины ничего не знали о грязной работе по дому и трудностях воспитания детей. Эти подробности касались только женщин, которые не должны были нарушать границы, отделявшие их от мужчин. Считалось, что, если мужчина непосредственно столкнется с «женскими тайнами» деторождения или устройства домашнего быта, он окажется во власти магической силы, которая может лишить его мужественности. Предполагалось, что, если такое случится, мужчина упадет в обморок, растеряется или просто все испортит. Поэтому, когда раздраженный и выбившийся из сил папаша передавал дитя в руки самодовольной мамаши, он тем самым признавался в своей беспомощности и отдавал должное ее опыту и умению. Естественно, она лучше него знала, как обращаться с ребенком. Пересечение границы между полами превращало мужчину в посмешище.

Сегодня многие мужчины чувствуют себя в этом плане более свободными и охотно становятся настоящими отцами. Те из них, кто ценит радости отцовства, понимают, что прежние стереотипы лишали мужчин чего-то очень важного и дорогого. В силу того, что установленный в те времена старомодный порядок предоставлял делать всю тяжелую и монотонную работу женщинам, казалось, что именно они страдали от этого. Однако скучные и трудные обязанности, связанные с «женскими тайнами», неотделимы от радостей, и поэтому мужчины тоже немало теряли. Еще совсем недавно разделение домашних обязанностей на сугубо женские и исключительно мужские считалось биологически обусловленным и неизменным. Тем не менее эта ситуация изменилась.

Сегодня «женские тайны», окружающие красоту в вопросах сексуальности, красоту *как* синоним сексуальности, тоже кажутся биологически обусловленными и неизменными. Они также окутаны покрывалом лести, с помощью которой женщинами манипулируют. При этом создается впечатление, что таким образом женщины могут лучше удовлетворять мужчину сексуально. Женские тайны взваливают на женские плечи дополнительные обязанности, но одновременно они многое отнимают и у мужчин, не давая им пробиться к источнику радости. В наше время, если мужчина общается со своей сексуальной партнершей вне рамок мифа о красоте, он становится объектом насмешек со стороны других мужчин. Таким образом, сейчас оба пола больше теряют, чем приобретают.

«Тайны красоты» пришли на смену «тайнам женственности» и поглотили женщин. Известно по крайней мере одно серьезное исследование, которое показывает, что миф о красоте раздражает мужчин не меньше, чем женщин. «Озабоченность женщин своей внешностью, своим лицом и волосами» — одно из четырех женских качеств, которые раздражают мужчин больше всего. Мужчины не знают, как обсуждать эти «тайны» с женщинами, не обидев их. Когда женщины отказались от роли рабынь в браке, из нашей жизни почти исчезли подозрительность, враждебность, непонимание, раболепие и гнев, но «тайны красоты» возвращают их.

Допустим, мужчина действительно любит женщину: он считает ее равной себе, своим союзником, партнером. Но вот она вступает в эту другую сферу, и он перестает понимать ее. Она словно заболевает и превращается в представительницу другой касты, становится неприкасаемой.

Он может знать ее как уверенного в себе человека, но вот она встает на весы в ванной, и ею овладевает приступ самобичевания и ненависти к себе. Он знает ее как зрелую личность, а она приходит домой из парикмахерской, где ее неудачно подстригли, и плачет от досады, за что ей самой потом бывает стыдно. Он знает ее как благоразумную особу, а она остается без зимних сапог, потому что истратила половину своего недельного заработка на красиво упакованный крем. Он знает, что она, так же как и он, обожает выезжать на природу, но она отказывается ехать с ним к морю до тех пор, пока не закончится ее весеннее голодание. Наконец, она любит повеселиться в компании, но вдруг со злостью отказывается от куска праздничного торта, а потом под утро подъедает остатки угощения с вечеринки.

И все, что бы он ни сказал по этому поводу, будет истолковано превратно. Он вообще не может ничего сказать, потому что любые его слова причинят ей боль. Если он попытается утешить ее, говоря, что все это ерунда, значит, он ничего не понимает. Это вовсе не ерунда. Если он согласится с ней и скажет, что это и в самом деле серьезно, получится еще хуже, потому что это будет означать, что он ее не любит, так как считает толстой и некрасивой. Если он скажет ей, что любит ее такой, какая она есть, то и это нехорошо: значит, он думает, что она некрасивая. А если он попытается объяснить ей, что любит ее, потому что она *красивая*, то это вообще будет хуже всего, хотя она не может никому в этом признаться. Казалось бы, это как раз те самые слова, которые она больше всего хотела бы услышать, но почему-то именно они заставляют ее чувствовать себя брошенной, нелюбимой и одинокой.

Он видит то, что не в состоянии понять. И ее необъяснимое поведение создает зону отчуждения между ними. Это «ничья» земля, которая разделяет мужчину и женщину всякий раз, когда они осмеливаются объявить временное перемирие. Он может в отчаянии заламывать руки. Он может стать раздражительным и снисходительным. Если ему не нравится то ощущение власти над ней, которую дает ему такое ее поведение, то все это может быстро ему надоесть. Она испытывала бы точно такие же чувства, если бы мужчина, которого она любит, оказался бы в ловушке чего-то столь же бессмысленного и до него невозможно было бы достучаться, *что* ему ни говори.

Даже если мужчине и женщине все-таки удается построить на песке непрочный зáмок равноправных отношений и жить в нем, то только на время между приливом и отливом. И в глазах мужчины женщина по-прежнему остается существом из другого мира, полуребенком-полудикарем. В этой ситуации применимы все старые, проверенные оскорбительные замечания в ее адрес: истеричная, суеверная, примитивная. Другая.

«Она симпатичная, правда?» — спрашивает она его. «Да, ничего», — отвечает он. «Ты думаешь, я такая же красивая?» — интересуется она. «Ты прекрасна», — говорит он. «Может, мне постричься так же?» — спрашивает она. «Я люблю тебя такой, какая ты есть», — отвечает он. «И что ты хочешь этим сказать?» — в гневе накидывается она на него.

В нашей культуре так заведено, что мужчины и женщины должны постоянно причинять друг другу боль и обижать друг друга, когда речь заходит о красоте. Ни одна из сторон не может стать победителем, пока сохраняется неравноправие, основанное на власти красоты. В приведенном выше диалоге мужчина говорит слова, которые в культуре, свободной от мифа о красоте, означали бы высшее проявление любви: он любит ее и ее внешность за то, что она — такая, какая она есть. Однако в нашей культуре женщина вынуждена швырнуть его подарок ему же в лицо. Это признание расценивается как недостаточное, ей важнее, чтобы он видел в ней произведение искусства высшей пробы. Но если бы его любовь к ней, «такой, какая она есть», считалась бы более ценной, чем выставление ей высокого балла по шкале красоты, женщина чувствовала бы себя уверенной, желанной, незаменимой, и в этом случае ей не нужно было бы покупать так много косметических продуктов. Она и так любила бы себя и других женщин. Она бы начала поднимать голову.

Итак, миф о красоте устанавливает правило: высокая оценка по шкале красоты — это высшая степень похвалы, которую женщина может получить от своего возлюбленного. А если он высоко оценивает ее лицо и фигуру, потому что это *ее* лицо и фигура, это ничего не сто́ит. Это очень тонко: миф о красоте заставляет женщину обижать мужчину просто тем, что она подвергает сомнению его искреннее восхищение ею. Миф извращает сам смысл предложения «Ты красивая», которое очень близко по значению к «Я тебя люблю». Мужчина не может сказать женщине, что он любит смотреть на нее, не рискуя при этом сделать ее несчастной. Если же он никогда ей этого не говорит, то она просто *обречена* на то, чтобы быть несчастной. Даже самая «счастливая» женщина на свете, когда ей говорят, что ее любят, потому что она «красивая», терзается сомнениями, потому что ей не хватает уверенности в том, что она желанна. Ее беспокоит то, что она выглядит именно так, как выглядит.

Это противоречие имеет значительно более глубокие корни, чем простая женская неуверенность в себе. В женщине говорит не только она, но и в отсутствие самоуважения враждебное отношение к мужскому полу: почему ее любимый просто потому, что он мужчина, имеет право оценивать ее, сравнивая с другими женщинами? Почему она должна испытывать потребность знать свою позицию в рейтинге, ненавидеть в себе эту потребность, а также ненавидеть себя за то, что знает это? Почему его ответ имеет для нее такое огромное значение? Мужчина и не подозревает, что его слова отразятся на том, как она будет ощущать себя, когда они в следующий раз будут заниматься любовью. Она злится по целому ряду веских причин, которые могут не иметь ничего общего с намерениями данного конкретного мужчины. Обмен репликами в их диалоге напоминает женщине о том, что, несмотря на равенство во многих вопросах, именно в этом вопросе, столь важном для нее, она не имеет равных с мужчиной прав и возможностей, и это может разрушить все.

Красота не связана ни с сексом, ни с любовью. Даже если женщина обладает красотой, само по себе это не приносит ей любви, хотя миф о красоте заявляет, что должно принести. И именно потому, что красота враждебна по отношению к любви, многие красивые женщины относятся к мужчинам цинично. «Только господь Бог, дорогая моя, — шутливо замечал Йейтс, — может любить тебя только за тебя саму. А не за твои светлые волосы». Эта цитата представляет собой беззаботный стих. Но по своей сути это эпическая трагедия, выраженная в трех строчках. Красивая женщина лишена радостей и трудностей земной любви конкретного мужчины, потому что не может поверить в то, что кто-то может полюбить ее «за нее саму», за то, кем она является. Миф о красоте вселяет дьявольское сомнение, представляя абстрактную красоту как непременное условие любви: куда девается любовь, когда уходит красота? И если женщину нельзя любить «только за нее саму», то за что же тогда ее любят? Оден знал, что и мужчины, и женщины «с молоком матери впитывают» стремление «не к универсальной любви, а к любви единственной, только к тебе одной». А миф о красоте предлагает универсальную «любовь»: блондинку с пухлыми губами в этом году, изящную рыжеволосую нимфу в следующем сезоне.

Но мы всей душой хотим, чтобы нас любили такими, какие мы есть, так, как любили в детстве, когда нежно прикасались к каждому нашему пальчику, громко и радостно восхищались каждой частью нашего тела, потому что оно было только нашим, уникальным и ни с чем не сравнимым. Будучи взрослыми, мы ищем в романтической любви освобождения от сравнивания нас с другими. Каждая из нас, даже самая измученная, хочет верить в то, что искренне любящий ее человек будет видеть в ней «самую красивую женщину», потому что он будет знать ее по-настоящему такую, какая она есть на самом деле. Но миф о красоте предлагает нам прямо противоположную перспективу: если и есть определенный набор черт, который достоин любви, то эти черты могут быть изменены на другие. Те свойства, которые делают женщину уникальной — неповторимая асимметрия черт ее лица, шрамы, навсегда оставшиеся после перенесенной в детстве травмы, мелкие морщинки и глубокие морщины, оставленные раздумьями и смехом, пережитым горем и гневом, — исключают ее из рядов мифических красавиц и, как нас пытаются убедить, изгоняют из волшебной страны любви.

Будучи вынуждена представлять себя своему возлюбленному «красавицей», женщина остается до конца не познанной. На рассвете она покидает супружеское ложе, чтобы накраситься. Она покидает его объятия, чтобы бегать вокруг сокровищницы, скрытой за колючей проволокой. Ей приходится флиртовать с незнакомыми мужчинами, потому что его влечение к ней не может заполнить черную дыру неудовлетворенности собой и компенсировать прилагаемые ею усилия. Они оба пытаются удержать шаткое равновесие на неустойчивой оси: ее лицо, ее тело. Мэри Гордон в своей книге «Окончательный расчет» (Final Payments) описывает, как миф о красоте заставляет женщин избегать мужчин: «Я знала, что не могу увидеться с ним сейчас, когда мой живот нависает над верхней кромкой трусиков, а ляжки трутся друг о друга... Мне предстояло столько всего сделать, прежде чем можно будет с ним встретиться! Это знание заставило меня на мгновение почувствовать ненависть к нему за то, что без красоты он не сможет любить меня». Но если он не узнает ее сейчас, в ее нынешнем состоянии, он никогда не узнает ее полностью. И если она не может довериться ему и поверить в то, что он способен любить ее, когда она находится не в лучшей физической форме, то она никогда не сможет полностью доверять ему.

Ритуалам красоты придают такое значение, чтобы отношения между мужчинами и женщинами, несмотря на общественную тенденцию к равноправию, по-прежнему воспринимались как диктаторские. Когда мы ставим удовольствие, секс, еду или самооценку женщины в зависимость от оценочных суждений мужчины, последний тем самым превращается скорее в законодателя, устанавливающего законы получения ею удовольствия, чем в партнера. Сегодня красота представляет собой то, чем в свое время был оргазм, а именно нечто, что женщина получает от мужчины при условии, что она подчиняется ему и смиряется со своей женской ролью, и еще, если ей повезет.

Мужчины

Для многих мужчин миф о красоте стал своего рода лекарством, защищающим их от опасности самопознания.

Созерцание произведения искусства, в которое превращают живых женщин, — это единственный способ обмануть себя, убедить себя в том, что ты бессмертен. Если глаза женщины — зеркало, в которое смотрится мужчина, а оно стареет, то и он непременно увидит, что стареет тоже. Но новое зеркало или новая фантазия на тему «красоты» спасает его от самоанализа. Непосредственный контакт с зеркалом может нарушить его идеальную природу. Китс в «Оде греческой вазе» писал: «Она не может состариться, хотя тебе самому не дано такого блаженства. Твоя любовь и она будут вечно прекрасны». Эта фраза, над которой бессонными ночами размышляло не одно поколение школьниц, повторяет женщинам обещание, что они получат любовь, только если смогут остановить время. Твоя любовь будет вечной, *потому что* она будет вечно красивой? Девочки понимают и обратную, темную сторону этого, а именно: если они не будут вечно красивыми, мужчины не будут их вечно любить.

Но что дает миф о красоте мужчинам? Он заставляет их страдать, потому что учит, как избежать любви к женщинам. Он не дает мужчинам по-настоящему видеть женщин. И, как ни парадоксально, он не поощряет и не удовлетворяет их сексуальное желание. Предлагая вместо реальной женщины ее зрительный образ, он притупляет мужское восприятие, сводя все органы чувств к зрению и ослабляя даже его.

Симона де Бовуар сказала, что ни один мужчина не может свободно любить толстую женщину. Но если это так, то насколько свободны мужчины? Чтобы понять, к чему приводит мужчин миф о красоте, женщины должны представить себе, как подруги и женщины-коллеги критикуют их избранников, даже если те остроумны, обладают сильным характером, сексуальны, богаты и добры, только потому, что внешне они не так хороши, как Возничий Праксителя. Женщины понимают, что существует два разных вида восприятия. Есть внешняя привлекательность, и есть «идеал». Когда женщина смотрит на мужчину, ей могут не нравиться какие-то его физические характеристики, например рост, цвет волос или фигура. Но если он понравится ей как человек и она полюбит его, ей уже не захочется, чтобы он выглядел как-то иначе. Часто тело мужчины начинает казаться женщине более красивым и сексуальным по мере того, как ей начинает нравиться сам человек, обитающий в этом теле. Фигура, запах, текстура кожи, голос и манера двигаться начинают греть ей душу благодаря ее влечению к личности, живущей в нем. Гертруда Стайн в свое время сказала о Пикассо: «На первый взгляд, в нем не было ничего особенно привлекательного… но его сияние, внутренний огонь, который в нем ощущался, придавал ему такой магнетизм, что я не в силах была устоять». Аналогичным образом женщина может восхищаться мужчиной как произведением искусства, но потерять к нему всякий сексуальный интерес, если он окажется полным идиотом. То, как женщины смотрят на мужчин с точки зрения их сексуальной привлекательности, является доказательством того, что *можно* сексуально воспринимать человека в целом, не расчленяя его или ее на части.

Что происходит с мужчиной, который добивается обладания красивой женщиной, если его единственной целью является ее красота? Он наносит вред самому себе. Он не приобретает ни друга, ни союзника, он не получает взаимного доверия: женщина прекрасно понимает, почему он выбрал именно ее. Тем самым он совершает сомнительную покупку целого набора взаимного недоверия и подозрительности. Но кое-что он все-таки получает: уважение других мужчин, которые находят его приобретение впечатляющим.

Некоторые мужчины получают заряд сексуальной энергии от объективной красоты женщины точно так же, как некоторые женщины испытывают сексуальное удовольствие от одной мысли о богатстве и власти мужчины. Но часто это оказывается эмоциональным «кайфом», связанным с повышением своего статуса в своих собственных глазах, определенной формой эксгибиционизма, которая черпает силу в сознании того, что его друзья будут с завистью представлять себе, чем он занимается с ней в постели. Так, некоторые мужчины испытывают почти сексуальный восторг, когда вдыхают запах кожаной обивки нового «Мерседеса». И дело вовсе не в том, что этот восторг не настоящий, а в том, что он основан на значимости, которую другие мужчины придают этому кожаному салону. Мужская реакция на холодный экономический расчет мифа о красоте, несомненно, является скорее рефлекторной, чем инстинктивной, и она может быть полностью отделена от ощущения сексуального желания, от теплого человеческого общения, основанного на взаимном влечении.

Когда мужчин больше возбуждают символы сексуальности, чем сама сексуальность реальной женщины, они становятся фетишистами. Последние относятся к части целого как к целому. Мужчины, которые выбирают любовницу только на основе ее красоты, относятся к женщине как к фетишу, они воспринимают ее внешность, ее кожу так, словно это и есть ее сексуальность. По мысли Фрейда, фетиш представляет собой талисман от неудачи в постели.

Ценность женщины как фетиша заключается в том, что ее красота повышает статус мужчины в глазах других мужчин. Поэтому, когда мужчина занимается любовью с женщиной, которую он выбрал исключительно за ее безликую красоту, в его спальне находится много людей, но ее среди них нет. Такие союзы разочаровывают обе стороны, потому что для того, чтобы постоянно получать подтверждение высокой меновой стоимости женщины, оба вынуждены все время находиться в обществе других людей. Но сексуальные отношения рано или поздно возвращаются в интимное пространство, где красавица, которая является таким же человеком, как любая другая женщина, упорно совершает одну и ту же ошибку, пытаясь заставить мужчину узнать именно ее поближе.

Некоторые мужчины уже не в состоянии реагировать ни на что, кроме «железной девы». Один профессор рассказывал мне, что каждый год, когда он дает своим студентам задание написать эссе об образах, тиражируемых в СМИ, девушки пишут об одном и том же: их возлюбленным не нравится, что женщины не выглядят так, как они представлены в эротике. В свое время Бине провел простые эксперименты, которые доказали, что если перед тем, как продемонстрировать мужчинам сексуальные образы, им показать ботинок, то можно сформировать у них рефлекторную реакцию сексуального возбуждения на ботинок. И если некоторые мужчины «подсели» на «красивую» порнографию, то только благодаря стремлению общества держать их в неведении относительно женской сексуальности.

Поэтому даже те женщины, которые близко к сердцу принимают образы, навязываемые «красивой» порнографией, и пытаются походить на них, в любом случае обречены на разочарование. Мужчины разглядывают эротические журналы не потому, что хотят *женщин*, похожих на «девушек с обложки». Привлекательность эротики заключается для них в том, что они видят *не* женщину, а двухмерную, напоминающую женщину оболочку без какого-либо содержания. Привлекательность таких образов не в фантазиях мужчин о том, что эта модель вдруг оживет, а как раз в том, что она никогда в жизни не превратится в реальную женщину. Если бы она вдруг ожила, это разрушило бы образ. Все это просто не имеет никакого отношения к реальной жизни.

Идеальная красота потому и является идеалом, что в реальности ее не существует. Ее воздействие как раз и заключается в пропасти, лежащей между желанием и его удовлетворением. Женщины могут быть идеальными красавицами только на расстоянии. Но в обществе потребления эта пропасть приносит доход. Миф о красоте влечет мужчин как мираж, и сила его воздействия в том, что он постоянно исчезает из поля зрения. Но стоит преодолеть эту пропасть, как мужчина оказывается один на один с разочарованием.

В сущности, миф о красоте подавляет сексуальное желание. Влечение мужчины и женщины друг к другу — это взаимодействие, или танец, или балансирование на высоко натянутой проволоке, которое зависит от уникальных качеств двух партнеров-участников, от их воспоминаний, от сложившихся у каждого из них представлений о желании. А красота — понятие обобщенное. Взаимное влечение связано с сексуальной совместимостью партнеров, с их представлением о том, как они подойдут друг другу.

Красота же основана лишь на зрительным восприятии, ее легче запечатлеть на кинопленке или в камне, чем в трехмерном пространстве реальной жизни. Зрительное восприятие монополизировано рекламой, которая манипулирует им куда успешнее, чем реальные живые люди. Что же касается остальных органов чувств, то здесь реклама находится не в выигрышном положении: люди способны чувствовать запахи, ощущать вкус, осязать при помощи кожных рецепторов и слышать. Поэтому, чтобы поставить людей в зависимость и превратить их в сексуально неуверенных в себе потребителей, необходимо отучить их пользоваться этими другими, более тонкими органами восприятия. Чтобы действительно что-то разглядеть, необходимо держаться на расстоянии, даже в спальне, а все другие чувства могут вскружить голову только при более близком контакте. Красота в ее современном прочтении учит игнорировать запах, физическую реакцию, звуки, ритм, спонтанное взаимное влечение, ощущение соприкосновения тел, настроение, совместимость, отдавая предпочтение «изображению» на подушке.

Очертания, вес, прикосновение к коже и ощущение тела партнера — все это важнейшие составляющие получения удовольствия, но они уникальны, присущи конкретному человеку. А «железная дева» воспроизводится в массовом порядке. Мир сексуальной привлекательности становится все более безликим и холодным по мере того, как люди (сначала женщины, а потом и мужчины) начинают выглядеть одинаково. Они теряют друг друга, надевая все больше масок и притворяясь теми, кем не являются.

Очень печально, что сигналы, которые позволяют мужчинам и женщинам найти наиболее подходящего партнера, способного удовлетворить их, с трудом пробиваются сквозь сексуальную неуверенность, создаваемую мышлением в русле мифа о красоте. Женщина, которая чувствует себя неуверенно, не может расслабиться, чтобы позволить проявиться своей чувственности. Если она испытывает голод, то будет чувствовать себя напряженно. Если она прихорошилась, то будет настороженно ждать его реакции. Если стыдится своего тела, ее движения будут скованными. Если же она чувствует, что не заслуживает внимания, то даже не будет ожидать возможности засиять во всей красе. И если поле зрения мужчины ограничено пространством, огороженным забором «красоты», он просто не увидит ее, свою настоящую любовь, стоящую прямо перед ним.

«КРИСТИАН ЛАКРУА ВОЗВРАЩАЕТ ЖЕНЩИНАМ ИХ ЖЕНСТВЕННОСТЬ», — гласит заголовок в модном журнале. «Женственность» является своего рода кодом принадлежности к женскому полу с добавлением того, что общество в данный момент хочет продать женщинам. Если «женственность» означает женскую сексуальность и ее прелесть, то женщины никогда ее не теряли и им незачем вновь приобретать ее. У всех женщин, которые способны испытывать удовольствие, «хорошее» тело. Нам не нужно тратить деньги и голодать, бороться и что-то изучать для того, чтобы стать чувственными: мы всегда были такими. Мы не должны верить в то, что нам нужно каким-то образом *заработать* внимание к себе: мы всегда были его достойны.

Женственность и женская сексуальность прекрасны. В глубине души женщины давно это подозревали. В этой своей сексуальности женщины красивы, великолепны, потрясающи.

И очень многие мужчины чувствуют это. Мужчина, который действительно любит женщину, восхищается теми следами, которые оставила жизнь на ее лице еще до встречи с ним. Он любуется шрамами от травм, изменениями ее тела после родов, ее особыми качествами и тем внутренним светом, которым сияет ее лицо. Таких мужчин гораздо больше, чем мы думаем, хотя массовая культура пытается внушить нам обратное.

Большая ложь держится на том, что чем масштабнее она будет, тем скорее люди в нее поверят. Идея о том, что нормальная взрослая женщина не может вызвать и удовлетворить мужское сексуальное желание и что для этого в качестве необходимого дополнения требуется «красота», — это большая ложь, порожденная мифом о красоте. Везде и всюду мужчины доказывают обратное. Все те мужчины, которые в данный момент испытывают к женщинам сексуальное влечение, флиртуют с ними, влюблены в них, мечтают о них, сходят по ним с ума или занимаются с ними любовью, делают все это с женщинами, которые выглядят так, как они выглядят, и являются теми, кто они есть на самом деле.

Миф о красоте создал стереотипное представление о сексуальности: с одной стороны, это «мужская» сексуальность, подкрепленная порнографией и сводящаяся к анонимности, повторяемости и обезличенности; с другой — «женская», которая не является чем-то самостоятельно существующим. Она охватывает все аспекты жизни и распространяется на все тело женщины.

Но это разделение на два полюса никак не обусловлено биологически. Женщинам, выросшим свободными, присущи и здоровый эгоизм, и ярко выраженная любознательность в вопросах познания мужского тела. Мужчины, выросшие свободными, по всей вероятности, более эмоциональны и участливы, более уязвимы, они способны больше отдавать и более чувственны, чем это позволяют представления мифа о красоте. Сексуальная привлекательность в равной мере присуща и мужчинам, и женщинам, и способность отдаться чувствам не зависит от половой принадлежности. Когда мужчины и женщины будут смотреть друг на друга свободно, не ограничивая себя рамками представлений мифа о красоте, их взаимное влечение станет сильнее и ярче, а отношения — более честными и открытыми. Мы вовсе не с разных планет, хоть нас и пытаются заставить думать именно так.

6

Голод

Я видел лучшие умы своего поколения, разрушенные безумием, оголившиеся в припадочном голоде…

Аллен Гинзберг. Вопль*

Эта болезнь распространяется с чудовищной скоростью. Она поражает лучших, самых талантливых сыновей Америки. Она заставляет их отказываться от еды. Они превращаются в скелеты, у них вваливаются щеки и появляются темные круги под глазами. Они ходят медленно, как старики. Их губы покрываются белой коркой. Они в состоянии проглотить только маленький кусочек хлеба и немного обезжиренного молока. Сначала их десятки, потом сотни и тысячи, и наконец в богатых семьях заболевает каждый пятый ребенок. Многие из них попадают в больницу, многие умирают.

Парни из гетто часто гибнут молодыми, и Америка к этому привыкла. Но здесь речь идет о «золотой молодежи», о тех, кому должны достаться бразды правления миром: о капитане футбольной команды Принстона, о председателе дискуссионного клуба в Беркли, о редакторе газеты *Harvard Crimson* в Гарварде. Потом

* Перевод М. Мировалева.

заболевает четверть команды Дартмута по регби, затем треть членов тайных обществ Йельского университета. Наследники династий и состояний, сливки общества, будущие кандидаты на высшие государственные посты чахнут и угасают один за другим.

Болезнь, поразившая Америку, движется на восток. Она поражает молодых людей в Сорбонне, в «судебных иннах» Лондона, в городской администрации Гааги, на бирже, в редакции *Die Zeit*, в университетах Эдинбурга, Тюбингена и Саламанки. Они не просто худеют, а тают на глазах. У них хватает сил говорить только шепотом, они утрачивают сексуальное влечение и не могут больше ни шутить, ни спорить. Когда им приходится бегать или плавать, они представляют собой жуткое зрелище: становятся видны усохшие ягодицы, выпирающие копчики, торчащие ребра, обтянутые тонкой полупрозрачной кожей. Но ни один медицинский диагноз не называет эту болезнь.

Затем она видоизменяется. Теперь на каждого живого скелета из родовитой семьи приходится по крайней мере три других молодых человека, тоже очень ярких и талантливых, которые делают нечто странное. Проглотив свои стейки и запив их рейнским вином, они прячутся, чтобы, засунув два пальца в рот, избавиться от съеденного и выпитого. Они возвращаются из уборной в зал ресторана бледными и трясущимися. В конце концов, они организовывают свою жизнь таким образом, чтобы часами сидеть в туалете, а их высокообразованные умы сфокусированы исключительно на двух позорных отверстиях: рот — унитаз, унитаз — рот.

А тем временем другие люди ждут от них, что в скором времени они придут им на смену в качестве помощников редактора газеты *The New York Times*, займут их места на фондовой бирже, станут секретарями федеральных судей. Кто-то же должен писать речи и изучать судебные дела! Но что происходит с этими молодыми людьми? На них больно смотреть. Во время деловых обедов они прячут медальоны из телятины в листья салата. Они тайком очищают себе желудок. Они искусственно вызывают рвоту после банкетов по случаю зачисления в университет и после пикников, устраиваемых перед футбольным матчем. Это касается каждого пятого студента самых известных и престижных университетов. Мужской туалет в Oyster Bar пропах блевотиной этих парней.

Как бы Америка отреагировала, если бы ее любимые сыновья начали убивать себя голодом? Как бы Западная Европа пережила нашествие этой американской болезни? Скорее всего, это восприняли бы как нечто из ряда вон выходящее, как ситуацию, требующую созыва чрезвычайной комиссии по выходу из кризиса в конгрессе США, внеочередных заседаний выпускников, привлечения самых лучших специалистов, каких только можно найти за деньги, статей, вынесенных на обложки новостных журналов, обвинений и контробвинений, информационных сообщений, бюллетеней, предупреждений, описания симптомов и постоянного обновления сводок последних новостей. Развитие эпидемии широко освещалось бы в СМИ. Ведь привилегированные сыны нации — это наше будущее, и никто не стал бы мириться с тем, что оно совершает самоубийство.

Но по сути дела именно это сейчас и происходит, только с представительницами женского пола. Однако институты власти и государственные учреждения пребывают в спячке или бездействуют. Общественность также спит крепким сном. Молодые женщины умирают, а тем временем колледж выделяет женскому центру на программу обучения «самопомощи» по $400 в семестр и по $50 на оплату консультации у приглашенного врача. Каждая пятая из молодых девушек выбирает для себя медленную смерть, но мир не рушится из-за этого, потому что речь идет о представительницах женского пола. Просто то, что, по мнению общества, девушки и так должны делать хорошо, они стали делать слишком хорошо.

Почти десятая часть молодых американок и каждая пятая студентка находятся каждая в своем собственном «концлагере». Но когда они погибают, в их честь не устраивают торжественных поминальных служб. Никто не разрабатывает новых программ повышения осведомленности о возможных опасных последствиях голодания. Не делается никаких официальных заявлений от имени школ и колледжей о том, что общество предпочитает, чтобы его молодые женщины нормально питались и процветали, а не заболевали и умирали. Никто не приспускает флаги в знак признания того факта, что на каждой торжественной церемонии вручения университетских дипломов среди одетых в черные мантии студентов марширует пятая колонна смертников.

Вирджиния Вульф в эссе «Собственная комната» предсказывала, что когда-нибудь молодые женщины получат доступ в богатые закрытые библиотеки мужских колледжей, в их читальные залы, к рукописям на пергаменте. Она верила в то, что это даст молодым женщинам свободу мысли. Наверное, это казалось ей особенно заманчивым в той ситуации, в которой она об этом мечтала, — ведь ее саму в свое время выгнали из библиотеки только потому, что она — женщина.

Сегодня молодые женщины уже преодолели препятствия, преграждавшие путь Вульф. Они уверенно шагают по траве прямоугольных лужаек университетских кампусов, о которых она могла только мечтать, но перед ними встал новый невидимый барьер, появления которого она никак не могла предвидеть. Их ум теперь свободен, но тела — саморазрушаются.

В той картине будущего, которую представляла Вульф, не было только одного — цинизма. А ведь без него невозможно постичь отношение современной системы высшего образования к женщинам: их ум оказался востребован, а тела — нет. Молодые женщины поняли, что они не могут жить внутри университетских стен и одновременно оставаться такими, каковы они есть.

Культ похудения вербует женщин в свои ряды в юном возрасте, и болезни, связанные с нарушениями пищевого поведения, стали неизбежным следствием этого культа. Анорексия и булимия — болезни женского пола: именно женщины составляют 90–95% больных. США, где больше всего женщин пробились в мужские сферы деятельности, являются также и лидером по заболеваемости анорексией. По данным женских журналов, в Америке насчитывается до 1 млн анорексичек, но Американская ассоциация анорексии и булимии утверждает, что эта болезнь поражает 1 млн американок *ежегодно*. Кроме того, 30 000 женщин в США злоупотребляют искусственным вызыванием рвоты.

Не существует надежных и проверенных статистических данных по уровню смертности от анорексии, но болезнь, которой поражены от 5 до 10% американок и которая имеет самый высокий показатель смертности среди психических расстройств, явно заслуживает серьезного внимания со стороны СМИ — не меньшего, чем уделяется серьезным, потенциально смертоносным эпидемиям. Однако эта эпидемия никогда не упоминалась на обложке журнала *Time*. Если на эту тему и пишут статьи, то они публикуются в разделе «Стиль». Национальные институты здравоохранения пока не предлагают никаких образовательных или профилактических программ по этим болезням. Похоже, этот вопрос — почему западные женщины должны голодать — слишком опасно задавать, даже несмотря на столь высокий уровень смертности.

Джоан Брумберг в книге «Голодающие девушки: Нервная анорексия как болезнь современности» (Fasting Girls: The Emergence of Anorexia Nervosa as a Modern Disease) пишет, что от 5 до 10% американских девушек и женщин являются анорексичками. Она считает, что в некоторых университетах этим опасным расстройством страдает каждая пятая студентка. За последние 20 лет количество анорексичек существенно выросло во всех западных странах. Доктор Чарльз Мурковски, специалист по заболеваниям, связанным с нарушениями пищевого поведения, из нью-йоркской больницы Грейси-сквер, утверждает, что 20% американских студенток регулярно объедаются и потом очищают желудок. Ким Чернин в книге «Голодное “Я”» (The Hungry Self) высказывает предположение, что по меньшей мере половина студенток американских университетов в тот или иной период своего обучения страдают от булимии или анорексии. А Роберта Сайд в книге «Всегда недостаточно худая» (Never Too Thin) подтверждает данные о 5–10% анорексичек среди молодых американок, добавляя при этом, что в шесть раз больше американских студенток страдают от булимии. Если взять самые высокие показатели, то выходит, что из десяти молодых американок, обучающихся в колледже, две анорексички, шесть больны булимией и только две здоровы. Получается, что страдать от той или иной формы нарушения пищевого поведения для молодой американки из среднего класса в наше время — обычное дело.

Эта болезнь смертельна. Брумберг приводит данные о том, что от 5 до 15% анорексичек, которые попадают в больницу, умирают в процессе лечения, что делает это заболевание одним из самых смертоносных среди психических расстройств. Другие исследователи оценивает показатель смертности в 19%, при этом 40–50% анорексичек так никогда и не выздоравливают полностью. Эти показатели еще хуже, чем в случае с жертвами голода, которых лечили в Голландии во время Второй мировой войны в 1944–1945 гг.

Анорексия приводит к гипотермии, отекам, понижению кровяного давления, сердечной аритмии, бесплодию и, наконец, к смерти. Среди последствий булимии — обезвоживание, нарушение электролитного баланса, эпилептические припадки, нарушение сердечного ритма и смерть. В комбинации анорексия и булимия могут привести к разрушению зубов, хиатальной грыже, изнашиванию тканей пищевода, отказу почек, остеопорозу и смерти. В медицинской литературе начали появляться сообщения о том, что грудные младенцы и маленькие дети, которых недокармливают их матери, озабоченные собственным весом, страдают от замедленного развития, отличаются поздним половым созреванием и не могут развиваться полноценно.

Этот недуг распространяется во многих развитых индустриальных странах: сегодня в Великобритании насчитывается 3,5 млн больных анорексией и булимией (95% из них составляют женщины) и ежегодно фиксируется 6000 новых случаев заболевания. Исследование, проведенное среди британских девочек-подростков, показало, что 1% из них больны анорексией. По данным женской прессы, по меньшей мере 50% женщин в Великобритании страдают от нарушений пищевого поведения. Хильда Брух сообщает, что на протяжении жизни последнего поколения отмечался рост числа пациентов в России, Австралии, Швеции, Италии, а также в Великобритании и США. В Швеции больны булимией 1–2% девушек-подростков. В Голландии этим заболеванием также страдают 1–2% девушек и молодых женщин. В Италии 1% подростков больны анорексией или булимией (95% из них — девушки), что означает рост на 400% за последние 10 лет. Для стран Западной Европы и Японии это только начало, поскольку эти цифры напоминают ситуацию в США 10 лет назад, и они растут в геометрической прогрессии, как в свое время в Америке. Сегодня пациентка, больная анорексией, *худее,* чем в предыдущих поколениях. Анорексия повторяет уже знакомую схему развития мифа о красоте: она появилась в США как болезнь среднего класса, а потом стала распространяться на восток, а также вниз по социальной лестнице.

Некоторые женские журналы пишут, что 60% американок испытывают серьезные проблемы в связи с нарушениями пищевого поведения. Похоже, большинство представительниц среднего класса страдают от той или иной формы анорексии или булимии. А если анорексия определяется как маниакальный страх перед едой или навязчивые идеи по поводу еды, то вполне возможно, что сегодня подавляющее большинство западных женщин можно назвать анорексичками на ментальном уровне.

Что произошло? Почему именно сейчас? Первое очевидное объяснение заключается в том, что на протяжении целого века женской эмансипации и в ответ на нее происходило постоянное уменьшение объемов тела «женского идеала». Еще 75 лет назад в мужской художественной традиции Запада воспевалась естественная пышность женских форм. Образы обнаженного женского тела радовали женственной полнотой. В зависимости от моды в разные времена особое внимание уделялось определенным частям пышного женского тела: объемным животикам — с XV по XVII в., круглым личикам и роскошным плечам — в начале XIX в., бедрам и ягодицам с ямочками — вплоть до XX в. Но никогда, ни в какие времена до тех пор, пока женская эмансипация не была узаконена, не наблюдалось такого полного отрицания женской стати. Историк моды Энн Холландер в своей книге «Взгляд сквозь одежду» (Seeing Through Clothes) охарактеризовала его, с точки зрения любого века, кроме нашего, как «больной вид, вид бедности и нервного истощения».

Диеты и худоба завладели женскими умами, когда западные женщины получили право голоса, то есть примерно в 1920 г. В период между 1918 и 1925 гг. «новые уплощенные формы стали заменять прежние, более округлые, с ошеломляющей скоростью». В 1950-е гг. можно было недолго понаслаждаться естественной пышностью женских форм, потому что женщины оказались вновь надежно заперты «на замок». Но как только они начали в массовом порядке вливаться в мужские сферы деятельности, у общества снова возникла потребность заточить женские тела в тюрьмы, которыми перестали быть их дома.

В прошлом поколении средний вес модели был на 8% ниже веса средней американки, в то время как сейчас уже на 23%. Модель Твигги появилась на страницах журнала *Vogue* в 1965 г. одновременно с рекламой противозачаточных таблеток, чтобы свести на нет самые радикальные последствия их появления. Как и большинство символов мифа о красоте, эта новая икона стиля была опасна вдвойне. С одной стороны, она предлагала женщинам не ограничивать жизнь только лишь репродуктивной функцией, как это было в предыдущих поколениях (ведь женская полнота в нашем подсознании связана именно со способностью к деторождению). С другой стороны, она успокаивала мужчин, предлагая им образ слабой, асексуальной и голодной женщины. В те времена худоба Твигги, которая сегодня является вполне обычным явлением, была поистине шокирующей. Даже журнал *Vogue*, представляя эту модель впервые, испытывал некоторое беспокойство: «Твигги зовут «тростинкой», потому что она выглядит так, словно сильный порыв ветра может сломать ее пополам и повалить на землю… Твигги настолько хрупкого телосложения, что другие модели смотрят на нее с ужасом. У нее такие худые ноги, будто, когда она была грудным ребенком, ей не хватало материнского молока, а выражение ее лица невольно заставляет думать, что, наверное, именно так выглядели жители оккупированных территорий во время Второй мировой войны». Выражения, которые использует журналист раздела моды, очень показательны: недокормленная, готовая сломаться от порыва ветра, с выражением лица как у жителя осажденного города. Какие еще сравнения могли бы сильнее обнадежить истеблишмент, оказавшийся лицом к лицу с женщинами, которые вскоре десятками тысяч пройдут маршем протеста по Пятой авеню?

На протяжении 20 лет после начала второй волны женского движения вес Мисс Америки стремительно снижался, а средний вес моделей на центральном развороте журнала *Playboy* был на 11% ниже веса среднестатистической американки в 1970 г. и на 17% — восемь лет спустя. Модель Эйми Лиу в своей автобиографии рассказывает, что многие ее коллеги больны анорексией. Она сама продолжала работать моделью, уже будучи анорексичкой. Среди танцовщиц 38% ведут себя как больные анорексией. Среднестатистическая модель, танцовщица или актриса худее, чем 95% всех остальных женщин. «Железная дева» заменила прежние пышные формы женского тела чем-то скелетообразным, но с мускулатурой, развитой как у мужчины. И представительницы женской элиты, чьи тела воплощают образ «железной девы», часто сами заболевают ради того, чтобы только не выбыть из ее рядов.

Опрос, проведенный в 1985 г., показал: 90% его участниц считали, что имеют лишний вес. Кроме того, 25% женщин постоянно сидят на диете, а 50% находятся в процессе выхода из нее, нарушают ее или садятся на нее. Эта форма ненависти к себе возникла и стала стремительно развиваться одновременно с активизацией женского движения. Как показали данные двух опросов, проведенных в период между 1966 и 1969 гг., число школьниц, которые считали себя слишком толстыми, выросло с 50 до 80%. Их дочери, хотя и получили в наследство завоевания женского движения, с точки зрения недовольства собой находятся в положении ничуть не лучшем. Согласно результатам исследования, проведенного среди старшеклассниц, 53% из них недовольны своим телом уже в возрасте 13 лет. А к 18 годам подобное недовольство испытывают 78%. Культ голодания одержал сокрушительную победу над женской борьбой за равенство. Опрос журнала *Glamour*, проведенный в 1984 г. среди 33 000 женщин, продемонстрировал, что 75% девушек и женщин в возрасте от 18 до 35 лет считали себя толстыми, в то время как по медицинским показателям только 25% из них действительно имели избыточный вес. Мало того, 45% женщин *с недостаточным весом* думали, что они слишком толстые. Но с точки зрения перспектив женского движения хуже всего то, что участницы опроса *Glamour* назвали в качестве своей наиболее желанной цели похудение на 5–7 кг, а не успех в работе или в любви.

Именно эти 5–7 кг, ставшие для большинства западных женщин основой их восприятия себя, я называю «решение в один стоун». Стоун — британская мера веса, равная 6,34 кг, и, грубо говоря, это именно то, что стоит между 50% женщин, которые, не имея избыточного веса, все равно считают себя слишком толстыми, и их идеальным образом самих себя. Если женщина теряет этот стоун, это делает ее вес намного ниже естественного и лишает ее природной красоты — естественно, если смотреть на нее глазами, не замутненными стереотипом «железной девы». Но тело быстро восстанавливается, и начинается новый цикл потери и набора веса с сопутствующими этому мучениями и риском заболеть анорексией или булимией. «Решение в один стоун» неизбежно приводит к неудачам, которые вызывают у женщин невроз и постоянно усиливают его. Этот «сдвиг» в весе навязывает женщинам низкую самооценку, утрату контроля над собой и сексуальный стыд — и все это как раз тогда, когда они обрели свободу, чтобы начать забывать о них. Это поистине элегантное решение, позволяющее исполнить мечту нашего общества: в результате простого уменьшения «официального» веса женщины на один стоун и определения естественных форм женского тела как «жирных» на женщин накатила волна ненависти к себе, что отбросило их назад на пути к внутреннему освобождению и привело к возникновению новой могучей индустрии. Это решение мягко свело на нет исторический успех женского движения за счет того, что женщин убедили в неизбежности неудачи — неудачи, которая изначально заложена в самой их женской природе.

«Решение в один стоун» — политическая ложь, и доказательством того выступает чувство, которое испытывают женщины, когда едят «слишком много», — это чувство вины. Почему они должны постоянно его испытывать? Почему женская полнота стала моральной проблемой и оценивается в категориях «хорошо» или «плохо»? Если бы пристальное внимание к женской полноте или худобе имело отношение к сексу, то это было бы сугубо интимным вопросом, который женщина решает вместе со своим любимым мужчиной. Если бы дело было в здоровье, то эта проблема решалась бы самой женщиной. Но тогда обществу стоило бы сосредоточиться, скорее, на проблеме веса у мужчин, поскольку среди них лишний вес имеют 40%, а среди женщин — только 32% и ожирение значительно опаснее для мужского здоровья, чем для женского. В сущности, данных, подтверждающих заявления о том, что женская полнота приводит к проблемам со здоровьем, крайне мало. Больше того, «результаты недавних исследований показывают, что женщины могут жить дольше и быть в целом более здоровыми, если их вес на 10–15% *больше,* чем необходимо для поддержания их жизни, *а также* если они воздерживаются от диет», утверждает журнал *Radiance*. Если проблемы со здоровьем связаны у женщин с полнотой, это, как правило, является следствием длительного сидения на диете и эмоционального стресса, вызванного ненавистью к себе. Исследования Национального института здоровья, которые соотносят ожирение с увеличением риска сердечных заболеваний и инсультов, проводились на мужчинах. Согласно результатам подобного исследования на женщинах, впервые опубликованным в 1990 г., вероятность развития этих заболеваний у женщин мало связана с их весом, в отличие от мужчин. Фильм «Голод внутри» (The Famine Within) приводит данные исследования, проведенного в 16 странах мира, результаты которого не подтверждают наличия непосредственной связи между женской полнотой и проблемами со здоровьем. Так что лишний вес у женщин сам по себе не является чем-то нездоровым.

Но, несмотря на это, он вызывает живой общественный интерес и давно уже стал предметом бурных дискуссий. Женщины испытывают чувство вины по поводу своей полноты, потому что мы подсознательно понимаем, что в соответствии с мифом о красоте наши тела нам не принадлежат, они являются общественным достоянием и худоба — это не вопрос индивидуального эстетического восприятия, а голодание — это наша дань требованиям общества. Зацикленность современной культуры на женской худобе — это навязчивая идея, связанная не с красотой, а с идеей покорности. Диеты для женщин стали, по словам психолога Джудит Родин из Йельского университета, «устоявшейся нормой и навязчивой идеей», непрекращающейся азартной игрой. При этом СМИ во всем мире активно освещают риски для здоровья, связанные с избыточным весом, и в этой игре используются такие эмоциональные эпитеты, которые не фигурируют даже в дискуссиях на тему злоупотребления алкоголем и табаком. В самых разных странах эта тема активно муссируется, потому что и мужчины, и женщины понимают: в данном случае речь идет не о холестерине или сердечном ритме и не о прекращении производства одежды, а о том, сколько социальной свободы женщины могут получить безнаказанно или какой частью своей свободы они готовы пожертвовать. Беспорядочный и бессистемный анализ, который мы находим в СМИ в связи с бесконечной сагой о женском жире и борьбе с ним, по сути дела, представляет собой сводки с фронта в сексуальной войне полов: так мы узнаем, *что* женщины в ней выигрывают, *что* они теряют и с какой скоростью развиваются события.

«Великий сдвиг» в весе нужно понимать как одно из наиболее значимых событий нашего столетия, как эффективное решение проблемы, связанной с той опасностью, которую представляет собой женское движение, а также экономическая и репродуктивная свобода женщин. Сидение на диете стало самым мощным политическим седативным средством во всей женской истории — «тихими сумасшедшими» легче управлять. Ученые подтверждают то, что женщины и так прекрасно знают: их озабоченность своим весом приводит к полному уничтожению чувства собственного достоинства и ощущения своей значимости. Исследователи Дж. Поливи и С. Херман обнаружили, что «продолжительное и регулярное лишение организма калорий» приводит к формированию определенного типа личности, характерными чертами которой являются «пассивность, чувство беспокойства и повышенная эмоциональность».

Формирования именно этих черт характера, а не худобы как таковой, хотят добиться от женщин, чтобы не дать им стать свободными.

В свое время успехи женского движения способствовали началу формирования у женщин прямо противоположных качеств, а именно высокой самооценки, чувства своей значимости, активной жизненной позиции, смелости и ясности мышления. «Продолжительное и регулярное лишение организма калорий» представляет собой способ свести на нет достижения женской революции. «Великий сдвиг» в весе и «решение в один стоун» появились сразу же после возрождения феминизма, чтобы сделать женщин, которые только начали добиваться власти, слабыми, а впоследствии и психически больными, заставить их сосредоточиться исключительно на проблемах веса. Для того чтобы понять, почему на пути женщин к равенству с мужчинами возникло это препятствие — проблема веса, мы должны осознать, что в действительности на карту поставлена не мода, не красота и не секс, а борьба за политическое господство. И для многих женщин, зачастую и не подозревающих об истинных причинах своего бедственного положения, она стала вопросом жизни и смерти.

Есть множество теорий, объясняющих причины возникновения анорексии, булимии и других женских проблем, связанных с похудением. Энн Холландер высказывает предположение, что переход от портретных образов к движущемуся видеоряду способствовал тому, что худоба начала ассоциироваться с движением и скоростью. Сьюзен Орбах в своей книге «Жир — это феминистская проблема» (Fat is a Feminist Issue) истолковывает женскую полноту как обращенное к матери послание ребенка об отчуждении и зависимости от нее. Орбах видит в матери «очень противоречивое чувство, связанное с кормлением дочери и заботой о ней». Ким Чернин в книге «Навязчивая идея» (Obsession) предлагает психоаналитическое объяснение страха перед полнотой. В его основе лежит гнев младенца на всемогущую мать, а еда воспринимается как первобытная грудь, как «потерянный мир» женского изобилия, который мы должны обрести вновь, «если хотим понять истоки нашей зацикленности на женском теле… Мы можем понять, почему, — пишет далее Чернин, — в состоянии страха и ужаса [у мужчины] может возникнуть желание долго и нудно рассказывать об образах моделей, и это прямо намекает женщине на то, что она неприемлема… если она толстая». В другой своей книге «Голодное "Я"» Чернин интерпретирует булимию как обряд посвящения. Джоан Брумберг рассматривает еду как язык символов, анорексию — как крик отчаяния в мире, предлагающем слишком много возможностей выбора, а аппетит — как «голос»: «молодые женщины, которые искали слова, чтобы выразить свои чувства, сфокусировались на еде и на способах ее употребления». Рудольф Белл в книге «Священная анорексия» (Holy Anorexia) прослеживает связь между этим заболеванием и религиозными стремлениями средневековых монашек, которые воспринимали голодание как очищение.

Подобные теории проливают свет на эту проблему применительно к жизни отдельного человека, но все они недостаточно глубоки. Женщины отказываются от еды и голодают не только в контексте своих частных взаимоотношений с другими людьми — они делают это, живя в обществе, которое материально заинтересовано в том, чтобы они имели «сложные отношения» с едой. Мужчины вовсе не «рассказывают долго и нудно» об образах моделей — наоборот, результаты исследований постоянно доказывают, что мужчинам нравятся реальные формы реальных живых женщин. Но этим занимаются межнациональные корпорации. Многие из существующих теорий о причинах нарушения пищевого поведения у женщин подчеркивают значение личностной психологии *без учета* общественных установок. Они всегда рассматривали женское тело и его формы скорее с точки зрения того, как они отражают конфликт женщины с обществом, вместо того чтобы рассматривать, каким образом общество при помощи женских форм использует им же созданный конфликт. Многие другие теории фокусировали свое внимание на женской реакции на идеал худобы, но ни одна из них никогда не говорила о том, что этот идеал является *профилактической мерой*, своего рода превентивным ударом.

В связи с этим нам нужно вновь переосмыслить все термины, но уже в свете социальной роли голодания. Прежде всего что такое еда? Разумеется, в контексте конкретной семьи еда — это проявление любви, это воспоминания о совместном общении и язык. Но в контексте общества еда — это вопрос статуса.

Во все времена она была основным показателем социальной значимости члена общества. Кого оно высоко ценит, того хорошо кормит. Когда тебе накладывают полную тарелку самой лучшей еды, это означает: мы считаем тебя достойным съесть эту долю припасов нашего племени. На Самоа женщины, которые находятся там в большом почете, во время праздничных пиршеств едят подчеркнуто много. Распределение еды в обществе отражает баланс силы и власти, а разделение трапезы с соплеменниками укрепляет социальное равенство. Когда мужчины вместе преломляют хлеб, или произносят тост за свою королеву, или закалывают для друга самого упитанного тельца, они становятся ровней, а потом и союзниками. Слово *компаньон* происходит от латинского выражения «с хлебом» и означает тех, кто вместе преломил хлеб.

В наше время, когда то, *что* едят женщины, стало предметом публичного обсуждения, предписанные нам порции свидетельствуют о нашем низком по сравнению с мужчинами положении в обществе и усиливают в нас чувство социальной неполноценности. Если женщины не могут есть ту же еду, что и мужчины, то, значит, речь не идет и о равном с ними статусе в обществе. До тех пор, пока от женщин, сидящих за одним столом с мужчинами, будут ожидать поведения, основанного на самоограничении, этот общий стол никогда не станет круглым столом, за которым мужчины и женщины будут сидеть вместе как равные. Он будет скорее традиционным иерархическим помостом, где восседают мужчины, со складным столиком у его подножия, предназначенным для женщин.

В нынешней эпидемии добровольного голодания, когда богатые западные женщины не могут сделать выбор в пользу еды, мы видим логическое продолжение более старой традиции отношения к еде бедных женщин. Голодание современных западных женщин имеет глубокие исторические корни. Женщины всегда были вынуждены есть не так, как мужчины, то есть меньше и хуже. Как пишет историк Сара Померой, в Древнем Риме рацион для мальчиков составлял 16 мер еды, а для девочек — всего 12. В средневековой Франции, по утверждению историка Джона Босуэлла, женщины получали на одну треть зерна меньше, чем мужчины. На протяжении всей истории человечества всегда, когда пищи не хватало, женщины получали меньше еды, чем мужчины, или не получали вообще ничего. Как объясняют антропологи, убийство новорожденных девочек обычно происходит вследствие недостатка пищи. По данным ООН, когда речь идет о голоде, его жертвами в первую очередь становятся женщины: в Бангладеш и Ботсване девочки умирают чаще мальчиков, и они же чаще недоедают, потому что им достаются меньшие порции. В Турции, Индии, Пакистане, Северной Африке и на Ближнем Востоке мужчины получают львиную долю имеющейся еды вне зависимости от потребностей женщин в калориях. «В Северной Африке потребление и распределение пищи не связано с затратами калорий» во время работы, выполняемой мужчинами и женщинами, «они также не связаны с физиологическими потребностями… Они скорее обеспечивают приоритетные права “важных” членов общества, то есть взрослых мужчин». В Марокко, если женщина приходит в гости, «она будет клясться, что уже поела» или что она не голодна. «Маленькие девочки быстро учатся предлагать свою порцию гостям, отказываться от мяса и отрицать, что хотят есть». Антрополог Ванесса Малер описывает североафриканскую женщину, которая убеждала людей, сидевших вместе с ней за обеденным столом, в том, что «она предпочитает кости мясу». Как утверждает Малер, считается, что мужчины «не должны страдать от недостатка еды, он отражается лишь на женщинах и детях».

По данным отчета ООН, «в странах третьего мира наблюдаются случаи недоедания у девочек, когда мальчики питаются полноценно, потому что именно им отдается имеющаяся в семье еда». Две трети женщин в Азии, половина женщин в Африке и одна шестая латиноамериканок страдают анемией, вызванной недоеданием. В Непале на 50% больше женщин, чем мужчин, теряют зрение вследствие недоедания. Во всех культурах мира мужчины получают горячую еду, едят больше белковой пищи и обслуживаются в первую очередь, в то время как женщины доедают остывшие остатки и нередко вынуждены прибегать к обману и хитрости, чтобы получить достаточно пищи. «Более того, пища, которую они получают, как правило, менее питательна».

И это характерно не только для стран третьего мира: большинство женщин, живущих сегодня в западных странах, могут припомнить схожие модели поведения, которые они наблюдали у своих матерей и бабушек, когда жены шахтеров ели хлеб, смоченный в жире, который оставался от обеда их мужей, а итальянские и еврейские жены брали себе те части птицы, которые остальные есть отказывались.

Схожие стереотипы поведения и сегодня характерны для богатых стран Запада, где женщины добровольно ограничивают калорийность потребляемой ими пищи. При этом поколение назад правомерности подобного распределения пищи нашлось новое логическое обоснование. В результате женщины по-прежнему обходятся без пищи, доедают ее остатки, прячут еду, используют обман, чтобы добыть ее, но при этом теперь они еще и испытывают вину за свое поведение. Наши матери выходили из-за стола, когда вся семья ела торт серебряными приборами на фарфоровых тарелочках, а потом мы заставали их на кухне, где они тайком поглощали его остатки. Традиционная модель поведения осталась прежней, но ее облачили в одежды стыда. Что же касается всего остального, то мало что изменилось. Когда идея о том, что женщины по своей природе являются людьми второго сорта, вышла из моды, разумным объяснением этой модели поведения стал контроль над весом.

И до сих пор процветающий Запад продолжает традицию неравноценного распределения пищи. Исследователи обнаружили, что американские родители заставляют мальчиков есть независимо от их веса, в то время как девочек заставляют есть только в том случае, если они относительно худые. В выборке младенцев обоих полов матери кормили грудью 99% мальчиков и только 66% девочек, при этом последних — в два раза меньше по времени. «Таким образом, — пишет Сьюзен Орбах, — дочерей часто кормят хуже, менее чутко и внимательно, чем им это необходимо». Женщины ощущают, что они не имеют права получать достаточное количество еды, потому что с самого рождения привыкли довольствоваться малым в соответствии с традицией, передаваемой по наследству от матери к дочери на протяжении многих поколений. Социальная роль «почетного гостя» является новой и непривычной для нас, так как при помощи идеологии ограничения потребления калорий наша культура учит нас, что в конечном счете эта роль — не для нас.

Что же такое в этом случае жир? В литературе мифа о красоте он представляется как грязные отбросы, присущие женскому телу, от которых надо избавляться, это некое канцерогенное вещество, инертное предательское образование, проникающее в нашу плоть в виде отвратительной и бесполезной массы, которая создает ненужный вес и объем. Такие «демонические» характеристики обычного вещества, которое присутствует в нашем организме, основан не на его физических свойствах, а на существующем испокон веков женоненавистничестве, поскольку всякого рода жир ассоциируется с женским началом, ведь он необходим для женской сексуальности и репродуктивной функции.

У всех народов мира с самого рождения в организме девочек жира на 10–15% больше, чем у мальчиков. В период полового созревания соотношение жира и мышечной массы у мальчиков уменьшается, а у девочек увеличивается. Это увеличение жировой прослойки у девочек-подростков подготавливает их тела к половому созреванию и деторождению. У нормальной средней здоровой девушки в возрасте 20 лет содержание жира в организме составляет 28,7%. К среднему возрасту тело женщины любой национальности состоит из жира на 38%. Вопреки риторике мифа о красоте это «не является чем-то присущим исключительно индустриально развитым западным странам. Это нормы для всего женского рода». Потребности в калориях у женщины средней активности, опять же в противовес основополагающему постулату мифа, всего на 250 килокалорий меньше, чем у мужчины средней активности (соответственно 2250 и 2500), что соответствует 57 г сыра. Увеличение веса с возрастом также является нормой во всем мире для обоих полов. Очевидно, что наш организм запрограммирован на определенный вес, который тело пытается удержать.

Жир у женщин связан с их сексуальностью. В викторианскую эпоху женщины ласково и с любовью называли его своей «шелковистой прослойкой». Худоба «железной девы» подрывает женскую сексуальность. Пятая часть женщин, активно занимающихся спортом или фитнесом, чтобы придать своему телу определенную форму, страдают от нарушений менструального цикла и снижения детородной функции. Не забывайте, что вес модели на 22–23% ниже среднего веса обычной женщины, но при этом обычная женщина хочет быть такой же худой, как модель. У женщин, чье соотношение жира и мышечной массы опускается ниже 22%, часто встречается бесплодие и нарушение гормонального обмена. Гормональные нарушения приводят к раку яичников и матки, а также к остеопорозу. Жировые ткани «хранят» сексуальные гормоны, поэтому их малые запасы напрямую связаны с низким уровнем эстрогена и других важных гормонов, а также со сниженной активностью яичников. Роуз Фриш в журнале *Scientific American* пишет о взаимосвязи между жиром и репродуктивной способностью женщин, живших в каменном веке, утверждая, что «историческая связь между полнотой и плодовитостью на самом деле биологически обусловлена», так как жир регулирует репродуктивную функцию. У женщин, имеющих недостаточный вес, также удваивается риск рождения детей с весом ниже нормы.

Жир напрямую связан не только с плодовитостью женщины, но и с ее сексуальным желанием. Исследователи из чикагского госпиталя Майкла Риза обнаружили, что более полные женщины испытывают сексуальное влечение чаще, чем худые. В отношении эротической возбудимости и готовности к сексу они опережают худых женщин в соотношении почти 2:1. Требовать от женщин становиться неестественно худыми означает требовать от них отказаться от своей сексуальности. Исследования неизменно показывают, что ограничения в пище во время диеты приводят к потере интереса к сексу. У участниц одного научного эксперимента прекратились сексуальные фантазии на этапе потребления 1700 килокалорий в день, что на 500 килокалорий больше, чем в знаменитой голливудской диете. Голодание влияет на функционирование эндокринных желез. Худеющие девушки и женщины часто страдают от прекращения менструации и запоздалого пубертатного развития, а голодающие мужчины теряют сексуальное влечение и становятся импотентами, к тому же в ряде случаев у них начинает расти грудь. Врачи клиники сексуальных дисфункций университета Лойолы утверждают, что нарушения, связанные с потерей веса, влекут за собой значительно худшие последствия, чем нарушения, связанные с его набором. Более полные женщины стремятся к ухаживаниям со стороны мужского пола и к сексу, в то время как анорексички «так сильно беспокоятся по поводу своего тела, что у них меньше сексуальных фантазий, меньше свиданий и меньше сексуальных желаний». Научное издание *The New England Journal of Medicine* пишет, что те, кто очень интенсивно занимается фитнесом, теряют интерес к сексу. Джоан Брумберг также утверждает, что «результаты клинических исследований свидетельствуют об отсутствии у анорексичек сексуальной активности». Метте Бергстром пишет, что «больные булимией редко получают удовольствие от секса из-за ненависти к своему телу». По словам Роберты Сайд, «факты позволяют предположить, и это в полной мере отвечает здравому смыслу, что голодное и недокормленное животное меньше, а не больше интересуется плотскими удовольствиями».

Итак, подводя итог, что же представляет собой диета? «Следование диете», которое в Великобритании называют «достижением стройности», это вполне обычное определение для обозначения того, что на самом деле является добровольным голоданием. В Индии женщины из самых бедных семей потребляют 1400 килокалорий в день, то есть на 600 килокалорий больше, чем западная женщина, сидящая на диете «Хилтон-хед». «Те, кто сидит на диете, — пишет Сайд, — ведут себя как жертвы вынужденного голодания... Голодание, даже если оно добровольное и связано с диетой, которой человек придерживается вполне осознанно, влияет удивительно схожим образом на всех людей». Женщины, страдающие от нарушений пищевого поведения, совершают множество поступков, вызывающих отвращение и жалость, которые представляются как нечто характерное преимущественно для женского пола и доказывающее помраченность женского сознания. Этот новый вид женского безумия пришел на смену убежденности в женской ненормальности во время менструации, от которого пришлось отказаться, когда возникла потребность в том, чтобы женщины работали полный рабочий день. В академическом исследовании, проведенном в Университете Миннесоты, 36 добровольцев были посажены на продолжительную низкокалорийную диету, и «ее психологические, поведенческие и физические последствия были тщательно задокументированы». Участниками эксперимента были молодые, здоровые, «сильные личности, демонстрирующие эмоциональную стабильность и высокий уровень развития интеллекта». Они начали шестимесячный цикл, во время которого их рацион питания был уменьшен вдвое, что является обычной практикой, используемой женщинами для снижения веса.

«После того как испытуемые потеряли 25% своего изначального веса, начали проявляться негативные последствия голодания». Участники эксперимента «становились все более озабоченными вопросами, связанными с едой и питанием, до такой степени, что они не могли не думать обо всем, что имеет хоть какое-то отношение к еде, начали собирать рецепты и кулинарные книги и демонстрировали аномальное поведение во время приема пищи, такое, например, как чрезвычайно медленное пережевывание и утаивание предметов, имеющих отношение к еде». Затем в результате голодания большинство из них «начали страдать от той или иной формы эмоционального расстройства, в частности, от депрессии, ипохондрии, истерии, вспышек ярости, а в некоторых случаях и дезорганизации, доведенной до уровня психоза». После этого они теряли способность работать и функционировать в обществе из-за апатии, отсутствия энергии, чувства отчужденности от людей и снижения интереса к сексу. В конце концов «спустя несколько недель после уменьшения количества принимаемой пищи» они сообщали о сильных приступах голода, а также о безудержном желании нарушить установленные диетой правила. Некоторые не выдерживали и начинали объедаться, после чего их рвало, и они начинали осуждать себя. Неуемный голод не проходил даже после сытной еды во время выхода из голодания. Некоторые испытуемые «ели не переставая и никак не могли остановиться, в то время как другие проходили через циклы обжорства и рвоты, которые они были не в состоянии контролировать». Добровольные участники эксперимента «начали бояться выходить на улицу, за пределы клиники и за рамки эксперимента, где они могли подвергнуться искушению съесть то, от чего согласились отказаться... Если они не выдерживали и поддавались искушению, то потом истерично признавались в содеянном, находясь на грани сумасшествия». Они стали раздражительными, постоянно находились в состоянии нервного напряжения, все время чувствовали усталость и много жаловались. «Они не могли отделаться от ощущения, что их преследует какая-то зловещая сила». Некоторым из них врачи были вынуждены прописать транквилизаторы.

Участниками этого эксперимента были совершенно нормальные здоровые мужчины, студенты колледжа.

Во время оккупации Голландии немецкими войсками, когда в мае 1940 г. начался сильный голод, власти страны стали выдавать населению продукты из расчета от 600 до 1600 килокалорий в день — это называлось уровнем «лечебного голодания». Те, кто страдал от недоедания особенно сильно и терял 25% от своего нормального веса, считались серьезно голодающими и получали драгоценный дополнительный паек. Голландские женщины, запечатленные на фотографиях того периода, удивительно похожи на современных, словно они опередили свое время.

При пайке в 600–1600 килокалорий голландцы страдали от голода. Диета, предписываемая центрами похудения, основана на потреблении 1600 килокалорий в день. Когда голландцы теряли 25% от своего веса, им выдавался дополнительный паек. Чтобы соответствовать стандарту «железной девы», средняя здоровая женщина должна похудеть примерно на столько же. В 1941 г. в гетто города Лодзь заключенные там евреи получали скудный рацион в 500–1200 килокалорий в день. В концентрационном лагере Треблинка было научно установлено, что 900 килокалорий в день — это минимум, необходимый для поддержания жизнедеятельности человека. В «лучших в стране клиниках для похудения», где «пациенты» находятся на лечении вплоть до года, рационы питания такие же.

Психологические последствия добровольного голодания схожи с психологическими последствиями голодания вынужденного. К 1989 г. все больше исследователей стали признавать серьезные эмоциональные и психологические последствия постоянного сидения на диете. Они включают такие симптомы, как «раздражительность, беспокойство, депрессия, апатия, резкая смена настроения, усталость и нежелание общаться». Описывая голод в Голландии, Магнус Пайк отмечал: «Известно, что голодание влияет на мыслительную деятельность человека, и голодающие голландцы становились вялыми в умственном отношении, апатичными и одержимыми мыслями о еде». Брух пишет, что при вынужденном продолжительном голодании «происходит огрубление эмоций, чувствительности и других присущих человеку качеств». Роберт Лифтон обнаружил, что жертвы голода во время Второй мировой войны «испытывали чувство вины за то, что они сделали что-то не так, за что теперь их и наказывают, а также предавались мечтам и фантазиям о еде в неограниченном количестве». Голодание разрушает человеческую личность. «Пациенты-анорексики, как и другие голодающие, — утверждает Хильда Брух, — демонстрируют на удивление схожие стереотипы поведения и эмоциональные реакции до тех пор, пока не прибавят в весе». «Ограничения в еде, — поддакивает Роберта Сайд, — приводят в действие механизм одержимости едой как по физиологическим, так и по психологическим причинам. Недоедание вызывает апатию, депрессию и раздражительность. Замедляется обмен веществ. Голод заставляет человека постоянно думать и говорить о еде».

Психологический страх перед голодом — явление, свойственное всем людям. Сироты из бедных стран, которых усыновляют обеспеченные семьи, не могут контролировать свое непреодолимое желание воровать и прятать еду даже после того, как проживут несколько лет в полном достатке и безопасности.

Растет число убедительных доказательств того, что болезни, связанные с нарушениями пищевого поведения, вызваны главным образом диетами. Илана Атти и Дж. Брукс-Ган приводят выдержки из исследований, в ходе которых было установлено, что «хроническое ограничение в еде приводит к накоплению стресса такой огромной силы, что само по себе сидение на диете может быть достаточным для развития нервной анорексии или булимии». Роберта Сайд приходит к таким же выводам: «Парадоксально, но факт, что сидение на диете само по себе может стать причиной обжорства. Оно действительно может *вызвать* как нарушения пищевого поведения, так и само ожирение». Продолжительное лишение организма калорий становится для него сильнейшим потрясением, которое может повлечь за собой разрушительные последствия. Сайд пишет, что проблемы с едой у женщин вызываются как раз их попытками сильно похудеть. Для 95% женщин единственный способ добиться этого — сесть на жесткую диету. Илана Атти и Брукс-Ган приходят к следующему выводу: «Значительная часть поведенческих проявлений, которые считались причиной появления нервной анорексии и булимии, на самом деле могут быть результатом голодания… Человек с нормальным весом, сидящий на диете с целью выглядеть и чувствовать себя худым, подвержен нарушениям моделей эмоционального, когнитивного и поведенческого характера в результате постоянного стресса, который он испытывает, пытаясь оставаться в весе ниже своего естественного, или биологически обусловленного». Диеты и модная худоба приводят женщин к серьезным болезням.

Итак, если женская полнота — это сексуальность и способность к деторождению; если еда — это проявление уважения со стороны социума; если сидение на диете равносильно голоданию; если женщины должны потерять 23% своего веса, чтобы соответствовать стандарту «железной девы», а хронические психологические нарушения возникают при потере 25% веса; если голодание вызывает упадок сил и подрывает физическое и психическое здоровье, а женская сила, сексуальность и самоуважение представляют собой угрозу для сложившихся в обществе устоев; если женская журналистика спонсируется индустрией, оцениваемой в $33 млрд, чей капитал построен на политическом страхе перед женщинами, тогда мы можем понять, почему «железная дева» такая худая. Худой «идеал» привлекателен не с эстетической точки зрения — он красив как политическое решение.

Непреодолимое желание быть похожими на «железную деву» — это не свободный выбор женщин, нечто банальное и несерьезное. Напротив, это очень серьезно, и нас толкают к этому, чтобы сохранить существующую расстановку политических сил. Если взглянуть на проблему с этой точки зрения, то трудно даже представить, чтобы на данном этапе исторического развития женщин не вынуждали худеть.

Идеология голодания уничтожает феминизм: то, что происходит с телом женщины, происходит и с ее сознанием. Если женские тела считаются и всегда считались «неправильными», а мужские — правильными, то получается, что женщины всегда неправы, а мужчины — правы. Если феминизм учил женщин больше ценить себя, то голод учит уничтожать в себе чувство собственного достоинства. Если женщину можно заставить сказать «Я ненавижу свои толстые бедра», то это способ, с помощью которого ее заставили ненавидеть свою женственность. Чем более материально независимыми, самостоятельно распоряжающимися своей жизнью, образованными и сексуально свободными становились женщины во внешнем мире, тем более бедными, не контролирующими ситуацию, глупыми и сексуально неуверенными в себе их заставляли чувствовать в их собственных телах.

Голод заставляет женщину ощущать себя бедной и мыслить в категориях психологии бедности. Богатая женщина, сидящая на диете, ощущает себя во власти экономики бедности: редкая женщина, зарабатывающая $100 000 в год, позволяет себе потреблять 1000 килокалорий в день. Голод заставляет успешных женщин чувствовать себя неудачницами: женщина-архитектор обнаруживает, что вся ее работа рушится; женщина-политик, которая курирует масштабные долгосрочные проекты, начинает зацикливаться на деталях, подсчитывая количество калорий в каждом съеденном кусочке; женщина, которая может позволить себе путешествовать, не в состоянии «позволить себе» калорийную заграничную кухню. Это отравляет любое событие в жизни женщины. Те из них, кто только вырвался из плена каждодневных сиюминутных забот, вынуждены вернуться назад, к осознанию своей экономической зависимости. Вирджиния Вульф считала, что если «пообедал плохо — плохо думается, плохо любится, не спится»*. «От говядины и чернослива в душе не затеплится свет», — писала она, сравнивая приводящую в уныние скудную еду

* Здесь и далее — перевод Н. Рейнгольд.

в женских колледжах с той, что ели студенты богатых мужских колледжей, — большое блюдо морских языков под белоснежным покрывалом сливок». Но теперь, когда некоторые женщины наконец добились стипендии £500 в год и отдельной комнаты, они вынуждены вновь вернуться к 100 г вареной говядины, трем черносливинам без сахара и незажженной лампочке.

Анорексичка может начать свой путь голодания как вызов обществу, но с точки зрения общества, где господствуют мужчины, она заканчивает его идеальной женщиной. Слабой, асексуальной и безгласной. Она с трудом может концентрировать свое внимание на чем-то, находящемся за пределами ее тарелки. Женщину в ней убили. Ее там почти нет. Когда видишь ее в таком состоянии, лишенную женственности, со всей ясностью понимаешь, что опасные представления массового сознания создали «жизненно важную ложь» в виде скелетообразной женской красоты. Будущее, населенное анорексичными женщинами, — это одно из немногих возможных вариантов спасения существующего распределения богатства и власти от притязаний на них со стороны женщин, борющихся за равноправие.

Теоретики в вопросах анорексии, фокусирующие свое внимание на отдельной женщине, пусть даже в контексте ее семьи, упускают из виду тактический смысл этой борьбы. Экономический и политический ответный удар, направленный против женского аппетита, действует на нас намного сильнее, чем динамика развития семейных отношений.

Это явление больше нельзя объяснять как проблему отдельного индивидуума. Если от 60 до 80% студенток колледжей не могут нормально есть, трудно поверить в то, что в этом виноваты от 60 до 80% семей. В воздухе витает болезнетворный вирус. Он был создан вполне сознательно и со вполне определенной целью. И молодые женщины подхватывают его.

Подобно тому, как худая «железная дева» на самом деле не является красивой, анорексия, булимия и даже обжорство, если рассматривать их как символы, не являются собственно болезнями в строгом понимании этого слова. Они *начинаются*, по словам Сьюзен Орбах, как вполне разумная и психически здоровая реакция на нездоровую социальную действительность, в которой большинство женщин могут чувствовать себя «правыми», только находясь в состоянии хронического голодания. Анорексичка отказывается следовать предписанному женщинам циклу похудения — при помощи голодания она становится хозяйкой положения. Больная булимией может признавать безумие культа голодания, уже заложенное в нем поражение, а также то, что он лишает ее удовольствия. Психически здоровый человек будет сопротивляться необходимости делать выбор между едой и сексуальностью, а в наше время сексуальность покупается путем поддержания «официально признанных» форм тела. При помощи вызывания рвоты она обходит этот мазохистский выбор. Болезни, связанные с нарушениями пищевого поведения, часто интерпретируются как симптомы невротической потребности в контроле.

Но ведь это, несомненно, является признаком психического здоровья, если ты пытаешься контролировать то, что пытается контролировать тебя, особенно если ты — одинокая молодая женщина, а тебя пытается контролировать мощная индустрия, существующая за счет потребностей установленного мирового порядка. Применительно к нарушениям пищевого поведения самооборона — это обстоятельство, смягчающее вину. В отличие от сумасшествия в самообороне нет ничего постыдного.

Женская истерия, которая в викторианскую эпоху казалась загадкой, в наше время становится вполне понятной и объяснимой, если учесть, что общество требовало от женщин отказывать себе в сексе и заточать себя в четырех стенах. Анорексию понять так же легко. Если в XIX в. истерия была естественным проявлением для асексуальной женщины, запертой в своем доме, то в конце XX в. таким же естественным для голодной женщины проявлением стала анорексия.

Анорексия распространяется, потому что это работает. Она решает дилемму молодой женщины, которая сталкивается с культом голодания и должна защищаться от сексуальных домогательств на улице и от принуждения к сексу. Рабочие со стройки не пристают к ходячим скелетам. Отсутствие жира означает отсутствие груди, бедер, ляжек или попы, что в данном случае и требуется. Женские журналы говорят женщинам, что они *могут* контролировать свое тело, однако, пережив сексуальные домогательства со стороны мужчин, они знают, что *не могут* контролировать *то*, на что, как им говорят, их тела провоцируют мужчин. Наша культура предлагает молодым женщинам два варианта того, каким они могут воображать свое тело: с одной стороны, это — порнографический образ, с другой — образ анорексички. Первый — для ночи, второй — для дня. Один — для мужчин, второй — для других женщин. И женщина не может отказаться подбрасывать эту монетку, так же как не может потребовать мечту получше. Но иметь тело анорексички безопаснее, чем тело из порнографического журнала.

Этот принцип действует и в общественных институтах, где доминируют мужчины, когда на должности, находящиеся поближе к власти, продвигают неженственных женщин. Эта тенденция наблюдается повсюду, в том числе в элитных школах и университетах, потому что именно в этих заведениях женщины оказываются слишком близко к власти. И это очень показательно: голод лишает женщину силы, и потому сотни тысяч образованных молодых женщин превращаются в существа, которые не создают никому никаких проблем. Студентка-анорексичка, как и еврей-антисемит или ненавидящий себя афроамериканец, вписывается в заданные обществом рамки. С политической точки зрения она не представляет собой никакой опасности, потому что ей хватает энергии только на то, чтобы выполнить домашнее задание и бесконечно бегать по кругу в спортивном зале. У нее нет сил на то, чтобы разозлиться или организовать свою жизнь, чтобы стремиться к поиску сексуального партнера, чтобы кричать в рупор, требуя выделения денег на ночные автобусы или на программы женского образования, или чтобы задать вопрос, куда подевались все женщины-профессора. Поддерживать порядок в смешанной аудитории, где половина студенток — анорексички, это совсем не то же самое, что иметь дело с аудиторией, половину которой составляют здоровые и уверенные в себе женщины. Когда женщины перестают быть женщинами, управлять ими куда легче — ведь тогда речь идет о привычной ситуации, такой, как раньше.

Для того чтобы удерживаться в рамках «официального» веса, 95% женщин вынуждены ограничивать свою мыслительную деятельность. Привлекательность худобы в глазах общества заключается не в том, как она влияет на наше тело, а в том, что она делает с нашим умом. *Ценится не сама женская худоба, а женский голод. Худоба — это всего лишь симптом.* Голод привлекателен и полезен потому, что он сужает горизонты мышления. Младенцы не умеют есть самостоятельно, инвалиды и ортодоксальные евреи нуждаются в специальных диетах. Сидение на диете заставляет женщин чувствовать себя одновременно больными, подчиняющимися религиозным догмам и беспомощными младенцами. Это глубоко проникающее в сознание воздействие диеты сумело взять на себя те функции, которые раньше выполняли домашнее заточение и навязанное женщинам целомудрие. «Естественность» — понятие, смысл которого небезосновательно поставлен под сомнение. Но если и существует самая что ни на есть естественная потребность, так это потребность удовлетворять голод. Если и существуют естественные женские формы, так это те, которые *не заставляют женщину постоянно думать о них*, делают ее сексуальной и способной к деторождению. Постоянно голодать, когда вокруг изобилие еды, как это делают западные женщины, значит обречь себя на абсолютно неестественный образ жизни, до которого человечество раньше просто не могло бы додуматься. Это еще более странно и противоестественно, чем каннибализм.

Однако диеты представляются как суть современной женственности. Отказ от еды воспринимается как хорошее, правильное поведение для женщины и плохое — для мужчины. Исследователи из Остинской клиники стрессовых состояний установили, что у женщин «озабоченность по поводу диеты» ассоциируется с «положительными женскими качествами», а у мужчин ограничения в еде ассоциируются с «женственностью». Если «настоящие» женщины эпохи «тайны женственности» отказывали себе в удовольствиях внешнего мира, то наши современницы обрекают себя на самоотречение в отношении собственного тела.

Этот новый образец удивительной приспособляемости женщин к требованиям общества столь же неестественен, как и предыдущий. Он тоже основывается на «жизненно важной лжи». Если «незрелые» женщины 1950-х гг. стремились к оргазму, а «зрелые» пассивно смирялись с его отсутствием, то в наше время точно так же интерпретируется желание удовлетворить свой гастрономический аппетит. Если женщина любит хорошо и вкусно поесть, это считается признаком ее женской незрелости. Напротив, женщины воспринимаются как зрелые, то есть как «настоящие женщины», если они голодают в надежде обрести в результате обещанную сексуальность. В 1970-х, когда женщины вновь стали требовать получения оргазма, многие из них, должно быть, удивлялись, как это они раньше жили, вынужденно отказывая себе в этом. Сегодня самоограничение женщины в еде представляется полезным для ее сексуального партнера и еще более полезным для нее самой. Но если отбросить миф о красоте, то станет очевидно, что голодание разрушительно для здоровья и благополучия как самих женщин, так и тех, кого они любят, и в этом смысле оно ничем не отличается от навязываемого им прежде домашнего заточения.

Секс, еда и тело. Нам говорят, что мы не можем иметь одновременно и то, и другое, и третье, но это вопрос исключительно политической идеологии, а никак не здоровья, не мужских желаний и не каких-либо законов привлекательности. Молодые женщины вынуждены верить в то, чего они не могут знать из собственного опыта. Они думают, что должны ограничивать себя либо в еде, либо в сексе и что эти понятия являются взаимоисключающими.

Смертельная легкость

Стать анорексичкой очень легко. Когда мне было 12 лет, я приехала в гости к своей двоюродной сестре, которая была старше и полнее меня. «Я пытаюсь, — говорила она, объясняя мне смысл упражнений на глубокое дыхание, которые она делала перед сном, — представить себе свой живот как то, что я могу любить и принять, то, с чем я могу жить». Я со своим пока еще детским телом запаниковала, подумав, что превращение в женщину будет означать для меня расчленение тела на части, которые будут парить в воздухе отдельно от меня, раз моя кузина вынуждена совершать подвиги концентрации, пытаясь сохранить себя как единое целое. Эта мысль меня обеспокоила. У меня уже начинала расти грудь. Пока она делала свои упражнения, я листала номер журнала *Cosmopolitan*, в котором была статья, демонстрирующая женщинам, как они должны раздеваться, держать себя и двигаться в постели со своим сексуальным партнером, чтобы скрыть полноту.

Моя кузина осмотрела меня с ног до головы и спросила: «Ты знаешь, сколько ты весишь?» — «Нет», — ответила я. «Почему бы тебе не взвеситься? Вставай на весы».

Я почувствовала, как моей сестре хотелось бы оказаться в худеньком теле 12-летней девочки, и подумала, что, когда я стану женщиной, мне, наверное, тоже будет хотеться покинуть свое собственное тело и оказаться в теле какого-нибудь ребенка.

Год спустя, когда я наклонилась, чтобы попить воды из фонтанчика в холле моей школы, Бобби Вернер, которого я едва знала, сильно ударил меня в живот, чуть пониже пупка. Только через 10 лет я вспомнила, что он был толстяком нашего класса.

В тот вечер я оставила на своей тарелке баранью котлету и наблюдала, как застывает жир от нее.

Зазубренная баранья кость была разрублена мощным тесаком. Я испытала новое для себя чувство — тошноту и одновременно с ней — болезненное удовольствие отвращения. Я вышла из-за стола голодной, но с пьянящим чувством уверенности в том, что поступаю правильно, которое, подобно мощному потоку, заполнило мой пищевод. Я вдыхала это новое чувство и наслаждалась им всю ночь.

На следующий день я проходила мимо записки, которая висела рядом с раковиной. Я знала, *что* там написано, хотя это была мамина записка личного характера: «Полстакана грейпфрутового сока, черный кофе, четыре пшеничных хлебца». Мне захотелось порвать ее. Неприятное воспоминание.

Я больше не желала терпеть банальных женских признаний. Я чувствовала во рту особый привкус оттого, что мое тело вошло в состояние кетоза (избыточного образования кетоновых тел) и нарушенного электролитного обмена. Отлично. Девочка стояла на горящей палубе. Я швырнула тарелки в раковину, и их звон звучал в моих ушах как вызов обществу.

В возрасте 13 лет я потребляла с пищей столько калорий, сколько голодающие жители оккупированного Парижа. Я прилежно делала домашнюю работу и тихо вела себя в классе во время занятий. Я была послушной заводной игрушкой. Никто — ни учительница, ни директор школы, ни школьный психолог — не подходил ко мне, чтобы высказать свой протест по поводу моего очевидного постепенного ухода из мира живых.

В моей школе было много голодающих девочек, и все они были для учителей образцом поведения. Нам разрешалось появляться и исчезать, увеличивая количество золотых звездочек за успехи в учебе, а тем временем у нас прядями выпадали волосы и вваливались глаза. Когда мы двигали глазными яблоками, то ощущали их сопротивление. Нам позволяли тащить наши кости вверх по висящей в спортивном зале веревке, когда только сила нашей измученной воли удерживала нас между потолком и отполированным деревянным полом. Мы что было сил, вцеплялись своими слабыми руками в канат, который, казалось, стирал кожу до костей.

Я начала говорить не своим голосом. Я никогда раньше не говорила так тихо. Мой голос потерял свою выразительность и тембр и превратился в монотонный шепот. Мои учителя относились ко мне с одобрением. Они не видели ничего плохого в том, что я делала, и могу поклясться, что, глядя на меня, они понимали, что со мной происходит. В моей школе прекратили препарировать бездомных кошек, так как сочли это негуманным и бесчеловечным. Но никто не попытался остановить мой научный эксперимент над самой собой, целью которого было выяснить, какое минимальное количество еды может поддерживать жизнь в человеческом теле. Если у меня и появлялись мечты, они были совсем не похожи на мечты мальчиков-подростков или свободных здоровых девочек. Я не мечтала о сексе или побеге из дома, о бунте или о будущем успехе. Все мое воображение было занято мечтами о еде. Когда я лежала в постели в мечтательной позе подростка, я не могла расслабиться и найти удобное для себя положение. Мои кости впивались в матрац. Мои ребра торчали, мой позвоночник напоминал тупое лезвие ножа, а мой голод был моим щитом, но это все, что у меня было, чтобы защититься от чудовищ, которые накинутся на меня, стоит мне сделать неверный шаг и превратиться-таки в женщину. Мой врач положил руку мне на живот и сказал, что он у меня прирос к спине. Я с холодным отвращением смотрела на женщин, которым явно не хватало силы духа, чтобы страдать так, как страдала я.

Я нарисовала рисунок: на нем я изобразила себя маленькой-маленькой, свернувшейся калачиком в норке, в окружении материалов для строительства гнезда, с запасом орехов и изюма, в полной безопасности. В тот период своей жизни я очень хотела стать маленькой и неприметной и спрятаться от мира. В этом возрасте Стивен Дедал* мечтал ворваться в этот мир, подобно метеору. Что означал тот рисунок? Это было моим желанием вернуться не в лоно матери, а в свое собственное тело. Я стремилась оградить себя не от выбора, который мир ставил передо мной, а от необходимости вступать в борьбу, смысла в которой не видела.

Ведь тогда мне пришлось бы поверить в то, что мои подруги по детским играм на самом деле — мои враги: те самые Джемма, Стейси и Ким, с которыми мы воровали

---

* Герой романов Дж. Джойса «Портрет художника в юности» и «Улисс». — *Прим. ред.*

блеск для губ со вкусом «Пепси», с которыми выстраивались в ряд в темной родительской спальне и смотрели на себя в большое зеркало. Держа в руках свечку, которая освещала наши подбородки, мы, оцепенев от страха, произносили как заклинание: *«Мы не боимся Кровавой Мэри»*. Я знала, что если позволю себе повзрослеть, то уже никогда не смогу стоять вот так: плечом к плечу, перед одним зеркалом, а по другую сторону зеркального стекла — вампир.

Голодая, я сопротивлялась этому, я не желала превращаться во взрослую женщину — такую, какой ее представляет миф о красоте. Дети чувствительнее взрослых к безумию, которое охватывает общество, и часто противятся попыткам сбить их с толку общепринятыми стандартами. В седьмом классе мы уже знали, *что* нас ожидает, и сходили с ума от страха, паникуя при одной мысли о нависшей над нами неотвратимой угрозе.

«Мы узнали правду в 17 лет, — поется в песне, которая была популярна в тот год, — что любовь — это для королев красоты». Мы менялись новыми купальниками, портили их и клялись, что никогда не простим подругу, которая дала его. Когда Джемма и Ким склонились над «полароидом» Стейси, чтобы увидеть только что сделанный снимок, Ким сказала: «Не волнуйся, ты просто была ближе всех к фотоаппарату». Джемма вытягивала шею, чтобы увидеть страшную правду, а Ким удивлялась тому, что слова ее матери сорвались с ее языка.

У Джули у первой в классе выросла грудь, и эта доверчивая девочка уже ко Дню благодарения изменилась до неузнаваемости. Поскольку никто больше в классе не мог претендовать на роль потаскушки, на эту роль назначили ее, и она быстро с этим свыклась. Она осветляла волосы краской Sun In и начала гулять с мальчиками, которые играли в гаражных рок-группах. Марианн, у которой были длинные ноги и лебединая шея, после школьных уроков бежала заниматься балетом — к своим плие у станка, где она, убрав волосы в пучок, с высоко поднятой головой прогибалась назад, кружилась и наклонялась вперед перед зеркалом до поздней ночи. Кара на предварительном прослушивании плохо прочитала свой текст, но, поскольку у нее была пшеничного цвета коса до пояса, ее выбрали на роль Титании в школьной пьесе. Эмили, у которой был нос картошкой и громкий голос, могла даже во сне сыграть эту роль лучше Кары. Когда она увидела состав актеров, то повернулась к своей лучшей подруге, и та тут же протянула ей коробку шоколадных конфет. Высокая, сильная и угловатая Эвви наблюдала, как Элиза пользуется своими сводящими с ума ямочками на щеках. В конце концов она подловила ее после занятий и спросила: «Ты что, думаешь, ты красотка?» Элиза ответила: «Да», — и тогда Эвви швырнула ей в лицо пробирку с кислотой, которую она украла из школьной лаборатории. Доди ненавидела свои жесткие черные волосы, которые никак не хотели расти. Во время урока по домоводству она подкралась сзади к блондинке Карен и выстригла у нее ножницами большой клок волос. Даже Карен поняла, что в этом поступке не было ничего личного.

Все то, что на наших глазах женщины делали ради красоты, казалось нам сумасшествием. Я хотела двигаться вперед, но видела, что красота заставляет женщин ходить по кругу. Моя мама, красивая женщина, отказывалась от очень многого ради непонятной мне цели. Я видела, что ее красота заставляет ее страдать. Я видела, как она со стиснутыми зубами отказывалась от угощения на праздничных ужинах, видела злость, которую она испытывала, вставая на весы, видела беспощадное растирание себя докрасна полотенцем и самообличающие фотографии, которые она вешала над холодильником. Она победила — почему этого было недостаточно? Я думала: конечно, хорошо было бы быть такой же красивой, как она, но ничего из того, что я видела, не казалось мне достаточно веской причиной для того, чтобы проделывать с собой такое.

Анорексия казалась мне единственным способом сохранить достоинство своего детского тела, которое я потеряю, став женщиной. Отказываясь «примерять на себя» женское тело и получать за него оценку от окружающих, я предпочла сделать так, чтобы все мои решения в будущем не сводились к подобным мелочам, чтобы никто не принимал за меня важные решения, руководствуясь соображениями, которые казались мне бессмысленными. Но время шло, и выбора у меня оставалось все меньше и меньше. Говяжий бульон или горячая вода с лимоном? В бульоне 20 килокалорий, я выпью воды. В лимоне 4 килокалории, я могу обойтись и без него. С трудом.

Сейчас, когда я пытаюсь заставить себя вспомнить то время, моя память отказывается делать это — моя грусть не может отделаться от злости, которая идет за ней по пятам. Кому я могу написать жалобу за тот потерянный год своей жизни? Сколько дюймов роста я потеряла из-за нехватки кальция, когда мои кости страдали из-за недостатка питания и не могли нормально развиваться? На сколько лет раньше срока моя хрупкая спина заставит мою голову опуститься вниз? В кафкианских лабиринтах этого министерства голодания, которое обвиняет меня в преступлении, заключающемся только в том, что я обитаю в женском теле, в какую дверь мне стучаться? От кого я получу компенсацию за те идеи, которые были мною отброшены, за жизненные силы, которых у меня не было, за все то, что я не додумала, не узнала, не испытала? Кто должен оплатить мне этот долг за то, что в течение целого года моей жизни, в период самого бурного роста организма мой мозг почти не работал?

В ущербе, который наносит миф о красоте, пока еще невозможно обвинить кого бы то ни было, кроме себя. Но теперь наконец я могу сказать по крайней мере от своего имени: в 13 лет довести себя голоданием до полусмерти? Я в этом невиновна. Этот ребенок не виноват. Вне всякого сомнения, давно уже пора предъявить кому-то иск. Но это не моя вина. В этом виноват кто-то другой или что-то другое.

Самые юные жертвы этой болезни с самого раннего детства учатся голодать и вызывать рвоту под мощным давлением нашей культуры, которое, как я узнала на собственном опыте, не в силах победить никакая родительская любовь, никакая самая сильная поддержка. Я знала, что мои родители не хотели, чтобы я голодала, потому что они меня любили. Но их любовь вступала в противоречие с установками большого мира, который хотел, чтобы я голодала для того, чтобы меня можно было любить. Молодые женщины понимают, что им нужно слушаться установок этого большого мира, если они собираются покинуть родительский дом и лишиться родительской защиты. В этом большом мире я всегда держала нос по ветру. «Уже достаточно худая? — спрашивала я. — А теперь? Нет? Ну а сейчас?»

Большой мир никогда не говорит девушкам, что их тела являются ценностью просто потому, что они в них живут. До тех пор, пока наша культура не будет говорить девушкам, что им рады вне зависимости от их фигуры, что каждая женщина ценна независимо от того, «красива» ли она, девочки будут продолжать голодать. А общественные институты будут вознаграждать молодых женщин за хорошо выученные уроки голода. Но если урок был принят слишком близко к сердцу, эти женщины уже не обращают внимания на последствия, тем самым усиливая болезнь. Анорексички хотят, чтобы их спасли, но они не могут доверять частным психологам, членам своей семьи или друзьям — это слишком ненадежно. Они представляют собой ходячие знаки вопроса, которые бросают вызов, умоляют — школы, университеты и остальные рупоры общественного мнения, говорящие им о том, *что* наша культура считает допустимым в женщинах, — ожидая от них ответа: это невыносимо. Это недопустимо. Мы не морим женщин голодом. Мы ценим их.

Видя, как миф о красоте губит молодых женщин и, равнодушно отворачиваясь от этой проблемы, школы и университеты убивают дочерей Америки. То же самое происходит сейчас и с молодыми жительницами Европы. Чтобы стать потерянной для общества, необязательно умирать. Анорексичку нельзя назвать по-настоящему живой. Быть анорексичкой значит умирать медленной смертью, быть ходячим полумертвецом.

Общественные институты относятся к этой эпидемии как к одной из тех «женских штучек», которые как-то неловко обсуждать, вроде установленных в монастыре автоматов по продаже тампонов, поэтому никто не переживает по этому поводу. Студенткам не дают возможности открыто говорить о том, что творится вокруг них и о чем они знают из своего личного опыта. Им не разрешают публично заявлять о том, что эта эпидемия существует, что она смертельно опасна и поражает их и их окружение. Поэтому они вынуждены держать эту ужасающую правду при себе, или принижать ее значение, или обвинять во всем самих жертв этой эпидемии. Еще одна заболела. Еще одна исчезла. Еще одна погибла.

Когда я училась в колледже, мы не оплакивали Салли. Она носила выцветшее клетчатое платье с дырявым кружевом и старую шляпу с павлиньим пером и напоминала грязную тряпичную куклу. Она пыталась спрятать свой рахитичный вздутый живот и скрывала свой острый ум, но при этом могла разбить в пух и прах любой аргумент, а также мимоходом сделать очень меткое замечание. Ее тихий голос временами совсем пропадал, а бледные губы плотно сжимались. На вечеринках она обычно прислонялась к ближайшей стене, откинув назад голову, которая казалась слишком большой для ее тела, — чтобы сохранять равновесие. Иногда, расслабившись, она танцевала, как ряженые на Хэллоуин, нелепо размахивая руками. «Сыграй что-нибудь хорошее для Салли, чтобы она потанцевала» — это было у нас излюбленной шуткой и специально разыгрываемым спектаклем.

Однажды она пропала. Ее соседки по комнате вынуждены были собрать ее вещи и отправить их домой: маленькие весы, на которых она взвешивала половину булочки, составлявшей ее дневной рацион, гири весом 7 г и удивительное по своей проницательности незаконченное эссе, найденное на ее письменном столе.

Когда мне сказали, что силы оставили ее, я вспомнила ясный осенний день, когда группа студентов вышла из аудитории, громко споря между собой. Она резко бросила на пол свои учебники. Расправив плечи, с которых свисал болтавшийся на ней и продуваемый холодным ветром свитер, она развернулась в медленном пируэте и бросилась в самый центр группы. Один из юношей поймал ее, не дав ей упасть, и передал ее мне, она вырывалась из рук как непослушный капризный ребенок.

Я безо всякого труда удерживала ее. Она добилась своего. Она преодолела земное притяжение. Ее руки были легкими, как полые ветви березы, у которых кора оставалась неповрежденной, а сердцевина, лишенная жизненных соков, была ломкой и хрупкой. Я легко скрутила ее пополам, от нее не осталось ничего.

Она была подобна веточке, раскачиваемой ветром, скелет в кроссовках Nike с протертыми подошвами. Такие девушки отбрасывают тени, как японские куклы-марионетки с большими головами на палках, и эти тени исчезают при свете дня. С пересохшими ртами, подобно старикам, неуверенно стоящим на ногах, они отправляются домой еще засветло, с трудом переставляя ноги с распухшими суставами.

Ничто не может сравниться с холокостом, но когда видишь столько истощенных тел, доведенных до такого состояния даже не жизненными обстоятельствами, а людьми, нельзя не заметить некоторого сходства. Тело голодающего человека не может знать, что оно принадлежит к среднему классу. Тело человека, заключенного в тюрьму, не понимает, что оно считается свободным. Опыт жизни в теле анорексички, даже если оно проживает в благополучном пригороде, — это опыт тела, живущего в нацистском лагере Берген-Бельзен. В 40% случаев его ждет пожизненное заключение и в 15% — смерть. И хотя я стараюсь избегать сравнения с лагерями смерти, этот образ возвращается вновь и вновь. Эти молодые женщины весят не больше, чем узники концлагерей, если судить по архивным документам. Самые тяжелобольные из них не едят ничего, и у них нет выбора. По неизвестной пока причине, которая должна быть физиологической, на определенном этапе отказа от пищи они теряют способность остановиться и перестать голодать, то есть у них не остается выбора — есть или не есть. При этом они, хоть и не желают признавать это, испытывают голод. Я испытывала его каждый осознаваемый момент бодрствования, я чувствовала его даже во сне.

Мы, женщины, должны предъявить обществу судебный иск в связи с ущербом, наносимым нам общественным строем, который считает наше уничтожение не заслуживающим внимания, потому что мы сами для него не важны. Анорексия должна восприниматься так, как евреи воспринимают лагеря смерти, а гомосексуалисты — СПИД, то есть как позорное явление, в котором виноваты не мы, а бесчеловечный общественный порядок.

Анорексия — это лагерь для военнопленных, и одна пятая образованных молодых американок являются его узницами. Сьюзен Орбах сравнивала анорексию с голодовками протеста политических заключенных, в особенности суфражисток. Но время метафор прошло. Быть больной анорексией или булимией — это значит *действительно быть* политической заключенной.

Третья волна: застывшие на месте

Большинство молодых женщин настолько безразличны к идеям феминизма, что становится ясно: при помощи анорексии и булимии миф о красоте одерживает-таки победу. Где сейчас женщины-активистки нового поколения, свежая кровь, способная вдохнуть жизнь и энергию в движение феминизма? Почему они молчат? В университетах чуть ли не пятая часть студенток молчат, потому что находятся на грани голодной смерти. Голодающие люди не блещут энтузиазмом. Примерно 50% поглощены позорной зависимостью от выворачивания своих желудков в отхожих местах, и это занимает все их время. Те молодые женщины, которые могли бы стать наследницами завоеваний второй волны феминистского движения, не поднимают его знамя борьбы, вероятно, по той простой причине, что многие из них слишком больны, чтобы справиться с чем бы то ни было, кроме удовлетворения своих каждодневных и сиюминутных потребностей. Что же касается сознания, то эпидемия нарушений пищевого поведения может так повлиять на нынешнее поколение женщин, что идеи феминизма покажутся им неубедительными на внутреннем, интуитивном уровне: очевидно, что не стоит бороться за то, чтобы быть женщиной, ведь именно это делает тебя голодной, слабой и больной.

Но воздействие мифа о красоте этим не ограничивается. Долгих 20 лет молодые женщины поколение за поколением видели перед глазами карикатурное изображение «уродливой феминистки», и поэтому студентка-старшекурсница в статье журнала *Time* заявляет: «Я женщина, но я не феминистка. Я представляю себе феминистку как мужеподобную женщину, которая не бреет ноги». Слишком многие молодые женщины не осознают, что заинтересованные в этом люди намеренно представляли феминистку таким образом, чтобы обеспечить именно такую реакцию. И эти же люди обвиняют женское движение в нынешних проблемах женщин! Сильвия Хьюлет цитирует 25-летнюю Кэтрин, которая, описывая корпоративную вечеринку в своей юридической компании, говорит: «Мне не нравится то, что освобождение женщин повысило ожидания мужчин». «Еще двадцать лет назад, — жалуется она, — молодой мужчина-адвокат мечтал появиться под руку со сногсшибательной блондинкой, а сегодня он и его коллеги борются за то, чтобы сопровождать наиболее успешную женщину. Единственный подвох в том, что эти женщины-яппи должны выглядеть не менее великолепно, чем сногсшибательные блондинки прошлого».

Миф о красоте подводит молодых женщин к тому, чтобы они не идентифицировали себя с феминистками прошлого поколения — просто потому, что те старше. Для мужчин нормально и естественно передавать свое наследие следующим поколениям, а женщины должны следовать только моде, которая меняется каждый сезон. При таком положении дел связи между разными поколениями женщин заведомо ослабляются: все, что было раньше, редко считается достойным восхищения и не воспринимается как наследие. Напротив, оно осуждается жесткими правилами моды как до неприличия устаревшее.

Когда ты обедаешь или ужинаешь с современной молодой женщиной, то должна быть готова к тому, что будешь наблюдать симптомы серьезной болезни. Не надо обращать внимания на то, с какой злостью она просматривает меню, насколько тщательно счищает соус. Если она выпивает пять стаканов воды, сосет и грызет кубики льда, не стоит никак это комментировать. Ты отворачиваешься, когда она тайком прячет в карман хлебную палочку, не замечаешь ее чрезмерного возбуждения при появлении подноса со сладостями и ее длительного отсутствия после еды, перед кофе. «С тобой все в порядке?» — «У меня все хорошо». Как ты смеешь спрашивать?!

Когда вы делите счет, это не значит, что вы разделили с ней обед. Постоянно возобновляющийся спор, который молодые люди каждого поколения воспринимают как нечто само собой разумеющееся, спор о том, как изменить мир, чтобы он соответствовал их представлениям, во время подобной трапезы никогда не возникнет. Поднос со сладостями — это самое главное, его золотые ручки нависают над женщиной, заслоняя собой все остальное. Пусть мир подождет. Вот так это работает.

При этом за кассой не прячется злодей. И все это делает не какой-то невидимый враг. Здесь только официант, скатерть с рисунком, доска с меню на сегодняшний день, ведерко с тающими кубиками льда и полутемный коридор, ведущий в дамскую комнату, которая запирается на щеколду. «Зло, — говорит Ханна Арендт, — избито и неоригинально. Но оно делает свое черное дело, и это выглядит так, будто все сделано твоими собственными руками». Вы забираете в гардеробе свои пальто, выходите на улицу и расстаетесь, не принеся своим разговором за обедом ничего нового в эту жизнь.

Девушки и молодые женщины ослаблены влиянием мифа о красоте, которое они испытывают на протяжении вот уже двух десятилетий. Но это далеко не единственное, что давит на них, и удивительно не то, что так много женщин страдают от нарушений пищевого поведения, а то, что среди них еще остались те, кто сохранил здоровье.

Женское движение изменило образовательные учреждения и профессиональную сферу настолько, что туда начали принимать женщин, но недостаточно для того, чтобы изменить мужскую по своей сути природу власти. В образовательных учреждениях совместного обучения женщины все еще разобщены, и их принимают туда в качестве «неполноценных мужчин». Женские образовательные программы почти не присутствуют в учебном расписании, а женщины-преподаватели составляют всего 5% профессорско-преподавательского состава. Девушкам прививают мужское мировоззрение. На них оказывают давление, чтобы они научились соответствовать мужской среде, в которой находятся. Живя вдали от своих матерей, молодые студентки видят перед собой в качестве образцов для подражания почти исключительно мужчин. Как в такой обстановке они могут научиться любить свое тело? Женщины, которых они видят, которыми должны восхищаться и примеру которых следовать, — это не умудренные опытом представительницы старшего поколения, а девушки их возраста или даже моложе, уважение к которым явно никак не связано с их умом. По сути университеты предназначены для мужчин, а также для женщин, переставших быть таковыми. Общую картину завершают написанные маслом портреты мужчин с табличками, где выгравированы их громкие имена. Все это было задумано для мужчин, как и Клуб выпускников Йельского университета, где спустя 20 лет после того, как туда стали принимать женщин, все еще нет женской комнаты для переодевания. Территория университетов не освещается, а полицейские карты кампуса Йельского университета, где указаны самые опасные с точки зрения возможности изнасилования уголки, намеренно скрываются от органов студенческого самоуправления, якобы для того, чтобы не нервировать родителей. Все то, что происходит только с женщинами и не происходит с мужчинами, никого не волнует. Студентки чувствуют это желание, чтобы проблемы, касающиеся женщин, просто исчезли сами собой, и, словно отвечая этому желанию, начинают таять на глазах.

Ко всему этому еще добавляются невиданные прежде требования, которые предъявляются сегодня к молодым амбициозным девушкам. Женщины старшего возраста имели возможность исследовать лучшие аспекты ролей обоих полов: они выросли женщинами и пробивали себе дорогу в мужскую профессиональную среду. Они научились отстаивать свои женские ценности и осваивали работу, которую раньше выполняли мужчины. Они были вдвойне сильными, а современные молодые женщины вдвойне слабы: выросшие в условиях вынужденной конкуренции с мужчинами в учреждениях с жесткими мужскими моделями организации, они вместе с тем должны соответствовать образцам безупречной женственности. Требования к нынешнему поколению женщин не только не были сбалансированы, но даже удвоились: они должны вести себя как «настоящие мужчины» и при этом выглядеть как «настоящие женщины». Отцы дают своим дочерям напутствия в отношении карьерного успеха, которые раньше предназначались только для сыновей. Но при этом тяжкое бремя быть красавицей, которое перешло к ним от матерей, никто не отменял.

Торжественные церемонии по случаю достижения успеха только усиливают этот конфликт. Призванные переводить молодых людей на новый уровень власти или профессионализма, эти церемонии вызывают неженственное чувство гордости за свои успехи. Но во время каждого такого переходного ритуала в этих заведениях от женщин ожидается плата в виде «красоты». Этот выкуп льстит мужчинам, находящимся у власти, и умиротворяет их: в такие минуты он необходим им как доказательство того, что, получив диплом или повышение по службе, женщина, однако, не имеет слишком серьезных намерений. С одной стороны, власть имущие таким образом в очередной раз подчеркивают значение мифа о красоте, чтобы нейтрализовать достижение данной конкретной женщины. С другой стороны, в такие моменты женщины платят дань мифу о красоте в обмен на просьбу о защите, ведь «красота» — это талисман, который поможет им беспрепятственно добраться до следующей ступеньки.

В 1950-е достижению такого рода успехов мешал «домашний очаг». Как говорится в рекламе Listerine, «что такое диплом по сравнению с этими сверкающими кольцами, которые были у Бэбс и Бэт?». Сегодня то же самое делает «красота»: «Осталось всего 15 дней до получения Бекки диплома. Я хочу, чтобы они гордилась и мною тоже… Alba делает вашу диету сладким успехом».

В рекламе виски Johnnie Walker две топ-модели размышляют: «Он считает, что для меня это нормально, что у меня больше дел, чем у него».

Газета *The New York Times* пишет о женщине, которой бойфренд подарил имплантаты груди по случаю получения ею докторской степени. В последнее время в США вообще стало модным по случаю окончания университета оплачивать дочерям операцию по увеличению груди, а сыновьям — традиционный тур по Европе. При этом самые блестящие и талантливые студентки университета часто оказываются ближе других к полному истощению. Но женщинам дарят хирургические операции на груди, липосакцию и ринопластику не только в качестве награды за достижения — все это противоядие от получаемой ими силы и власти.

Это стремление к жертвоприношению носит религиозный характер и призвано умилостивить богов перед началом следующего этапа жизненного пути. Ведь боги ненасытны. Администратор, организующий для студентов Йельского университета интервью с кандидатами на получение международной стипендии Родса, говорил: «Юноши, это все. Девушки, задержитесь, пожалуйста, на несколько минут, чтобы привести себя в порядок и подкраситься». А после интервью, во время ланча, молодых людей спрашивали: «Как вы собираетесь спасать мир?», а девушек: «Как вам удается сохранять такую прекрасную фигуру?»

Торжественные церемонии по случаю вручения дипломов или наград очень показательны — они демонстрируют потребность власть имущих наказывать женщин при помощи красоты. Причиной тому — паника, которая охватывает мужчин, когда они видят достижения женщин, и которую им приходится в себе подавлять. Женщинам бросают в лицо оскорбления по поводу их внешности, что так же неуместно, как анекдоты о смерти на похоронах. Воспоминания о таких церемониях должны оставаться в памяти как застывающие у тебя на глазах снимки «полароида», как воспоминание о трудном пути, который пришлось пройти ради достижения этого успеха. Но в случае с девушками миф о красоте не дает краскам на снимке застыть, и одним словом их можно смазать, превратив в однообразное месиво грязного цвета.

На церемонии вручения дипломов в моем колледже открывавший ее спикер Дик Кэветт, стоя перед 2000 молодых выпускниц Йеля, облаченных в традиционные головные уборы и черные мантии, рассказал им такую историю. Когда он учился в Йеле, туда не принимали женщин. Девушки учились в колледже Вассар. И всех студенток сфотографировали в спортивном зале обнаженными, чтобы проверить их осанку. Некоторые из этих фотографий попали на черный рынок порнографии в Нью-Хэйвене. Кульминационным моментом этой истории было то, что на них не нашлось покупателей.

Был ли этот оскорбительный выпад преднамеренным или нет, но впечатление он произвел. Мы могли быть Избранными, но нам никогда не удастся стать эротическими моделями, фото которых он захотел бы купить. Сегодня 3000 мужчин 1984 г. выпуска вспоминают церемонию вручения дипломов так, как и полагается, — с гордостью. Но многие из 2000 выпускниц, если и могут заставить себя думать о том дне, вспоминают лишь чувство бессилия и бесправия. Мы не могли возмутиться, так как этот день был большим праздником для наших родителей, на который они приехали издалека. И они тоже не могли сделать этого из тех же соображений — чтобы не огорчать нас.

Солнце проглядывало сквозь тучи, трещал микрофон, нас смешивали с грязью, а мы сидели молча, чувствуя себя ужасно в своих жарких мантиях из полиэстера. Спикер на мгновение перенес нас из благородного четырехугольного двора университетского городка, где, как нам казалось, нас ценили, в дешевый район в четырех кварталах от нас, где украденные фотографии наших обнаженных тел не найдут себе покупателей. Ожидая получения документа, который отдавал дань нашему уму, мы неохотно и с чувством смущения и беспокойства возвращались мыслями к своим телам, которые, как нам только что сказали, не представляли собой никакой ценности. Было бы невозможно спокойно сидеть и слушать остальные выступления, не осознавая необходимость разделять понятия. С одной стороны, речь шла о наших умах и способностях, которым аплодировали, с другой — о наших телах, которые высмеивали. И мы были вынуждены разделять и почести, и насмешки, одновременно изливавшиеся на нас со сцены, а мы нервно ерзали в своих креслах.

Мы заплатили ту цену, которую нам назначили. И то, что мы вынуждены переживать подобные моменты, делает вполне объяснимой статистику по количеству женщин, страдающих нарушениями пищевого поведения, которая, на первый взгляд, выглядит неправдоподобной. Такое раздвоение внутри нас уже само по себе вызывает у нас тошноту. Гордость за четыре года тяжелой работы и борьбы была выхвачена у нас из-под носа, едва мы протянули к ней руки, и потом была возвращена нам оскверненной. Мы ощущали во рту привкус чьей-то чужой желчи. С одной стороны на нас давит «красивая» порнография, а с другой от нас ожидают достижений и успехов, и все это вместе бьет по нам, по тому, что наиболее уязвимо, — по нашему восприятию своей сексуальности и ее роли в нашей самооценке. Влияние «красивой» порнографии делает нарушения пищевого поведения почти неизбежными. Они даже желательны, если молодая женщина хочет считать себя сексуальной и представляющей ценность для окружающих. Робин Лакофф и Рахиль Шер в своей книге «Номинальная стоимость» (Face Value) пишут, что в 1984 г. «среди студенток преобладали "современные" представления о красоте, связанные со здоровьем, энергией, уверенностью в себе. Однако была и "плохая новость": у всех у них была только одна причина для озабоченности — вес и формы их тела. Все они хотели похудеть на 2–10 кг, несмотря на то что большинство из них даже близко не имели избыточного веса. Они очень подробно рассказывали о каждом изъяне своего телосложения и говорили об отвращении, которое испытывают всякий раз, когда смотрятся в зеркало».

Отвращение, которое испытывают молодые девушки, возникает вследствие того, что они узнаю́т о жестких законах «красивой» порнографии раньше, чем познаю́т свою собственную сексуальную ценность. В такой ситуации нарушения пищевого поведения не только закономерны, но и неизбежны.

Поколение анорексии и порнографии

Когда у женщин разного возраста появляется редкая возможность поговорить друг с другом, возникает серьезная проблема отцов и детей, проблема непонимания между женщинами постарше и представительницами поколения анорексии и порнографии. Бетти Фридан рассказывает:

«Обращаясь к студенческой аудитории, я, чтобы привлечь их внимание, спрашиваю: "Кто-нибудь из вас когда-нибудь носил корсет?” Это вызывает у них смех. Потом я говорю: “Было время, когда быть женщиной в США означало, что ты должна была заключать свое тело в жесткий пластиковый каркас, в котором трудно было дышать и двигаться, но при этом женщины должны были делать вид, что они этого не замечают. Они не спрашивали, почему им надо носить этот корсет, и они не должны были обращать внимание на красные следы на теле, когда снимали его на ночь. Конечно, откуда вам знать, что это значит — носить корсет, если вы никогда не носили под своими джинсами ничего, кроме колготок и трусиков-бикини?” Это они понимают. После этого я объясняю им, какой большой путь мы проделали, в каком положении мы находимся сейчас и почему они должны начать говорить: “Я феминистка”».

Но для многих молодых женщин в аудитории, в которой Фридан читает лекцию, корсетом стало их собственное тело. И его они не могут снять на ночь перед сном. Бикини не принесли нынешнему поколению женщин беззаботной телесной свободы, и новые псевдосексуальные сценарии устанавливают новые ограничения относительно того, что женщины могут думать, как они могут двигаться и что они могут есть. Миф о красоте делает с женщинами то, чего не могут больше делать корсеты, пояса и закрытые двери университетов. Девочки, родившиеся после 1960 г., каждый день видели больше образов нереально «красивых» женщин в разных «сексуальных» позах, чем их матери видели на протяжении всей своей юности. И им нужно показывать еще больше этих образов, чтобы они знали свое место. Именно так власть имущие обезвреживают потенциально взрывоопасные поколения молодых женщин.

Женщины, родившиеся после 1960 г., почти не видели других образов сексуальности, кроме порнографических, и поэтому они заболели. Но они еще не так сильно больны, как поколение детей 1970-х — дети этого поколения уже в раннем возрасте были больны почти смертельно. А что можно сказать о дочерях 1980-х?

«Число случаев соблюдения диеты в предподростковом возрасте за последние годы выросло в геометрической прогрессии. Нам известно, что эпидемия похудения свирепствует в четвертом и пятом классах школы», — сообщает Вивиан Михан, президент Американской ассоциации нервной анорексии и сопутствующих заболеваний. В ходе опроса, проведенного в Сан-Франциско среди 494 школьниц средних классов, выяснилось: более половины из них считали, что имеют лишний вес, в то время как по медицинским стандартам его имели лишь 15%. При этом 31% девятилетних девочек считали себя толстыми, а среди десятилетних 81% придерживались диеты. В статье, напечатанной в 1989 г. в газете *The New York Times* под названием «Дети в стране косметики», описывался новый тренд рынка — косметика для маленьких девочек. В ней были представлены шестилетние дети «в полном боевом раскрасе».

Эти девочки, которые родились примерно в то время, когда Рональд Рейган был избран на свой первый президентский срок, представляют собой мутацию в третьем поколении, возникшую в результате ответного удара против женского движения. Они рождаются с врожденным дефектом: они лишены детства. У этого поколения будет еще больше проблем с жизнью в своем собственном теле, чем у девочек, родившихся в 1960-х и 1970-х. Появившиеся на свет, чтобы конкурировать, они с самого раннего детства будут ассоциировать женственность с ограничениями. Голодание уже представляется нынешним маленьким девочкам как пропуск во взрослую сексуальность. Для современной семилетней малышки встать на весы и вскрикнуть от ужаса является таким же женским ритуалом, неотделимым от надежды на сексуальное удовольствие, каким раньше было повертеться перед зеркалом в туфлях на высоком каблуке, а для поколения моей матери — наряжать кукол в белые атласные свадебные платья. Если они сядут на диету в семь лет, а в 15–16 начнут заниматься сексом, то потом будет слишком поздно что-то менять: половина их жизни «до» пройдет в обучении мазохизму в качестве обязательной подготовки к получению сексуального удовольствия. Они попросту не успеют получить достаточный опыт жизни в неразделенном, стремящемся к получению удовольствия, счастливом детском теле. Они будут учиться мазохизму одновременно с постижением сексуальности и вступят в пору юности в окружении мазохистских образов красоты, еще не сформировав своей внутренней сексуальности, которая не знает боли.

На обочине дороги

Сегодня за девушками уже не приглядывают дуэньи, но их сексуальная неприкосновенность все еще остается под большим вопросом, и потому они по-прежнему уязвимы. Казалось бы, у них больше свободы действий, они могут выходить из дома без сопровождения взрослых, однако парадокс в том, что это создает новую почву для возникновения нарушений пищевого поведения.

Раньше женщины страдали от того, что находились в вынужденном заточении в стенах своего дома. Теперь «режим» их заключения стал свободнее, но переносят они его еще тяжелее. Ведь теперь они точно знают, *что* теряют: они уже вкусили этот плод. В стихотворении Кристины Россетти «Базар гоблинов» одна сестра, которая не попробовала «запретного плода», осталась цела и невредима. А другая сделала лишь глоток сладкого напитка и больше уже не могла обходиться без него. Она чахла и едва не умерла.

Угроза сексуального насилия как призрак нависает над девушкой-подростком. Ради собственной безопасности она должна согласиться на «домашний арест», но это означает, что все ее мечты о поисках приключений и открытиях так и останутся мечтами. Марракеш, Малабар, Острова пряностей… Мечты увядают, и все, что она может, — учиться наносить в центр верхней губы капельку блеска для губ. На ее долю могут выпасть лишь те «приключения», во время которых на нее будут смотреть с безопасного расстояния, потому что настоящие приключения поставят ее в ситуацию, когда на нее будут смотреть, и это приведет к губительным последствиям. В то время как мальчики, ее ровесники, выходят на большую дорогу жизни в поисках приключений, она со своими золотыми оковами «красоты» должна свернуть на обочину.

В подростковом возрасте она со все возрастающим ужасом понимает, что взрослые не шутили: гулять одной отныне и навсегда для нее будет опасно. Анорексия, булимия и зацикленность на физических упражнениях притупляют чувство разочарования от вынужденного нахождения в замкнутом пространстве дома. Девушка с грустью осознает, что большой мир, который она рисовала себе в воображении и который только что, казалось бы, получила, закрыт для нее из-за опасности сексуального насилия.

Если бы она больше ела, ее распирала бы кипучая энергия. Но в подростковом возрасте только мальчики могут безопасно для себя выпускать пар. У них есть возможности давать выход своим негативным эмоциям, есть отдушины в ту жизненную пору, когда они пребывают в ожидании взлета: спортивные соревнования, и сексуальные победы, и одинокие прогулки в лесу. Но если девочка в полной мере наделена страстью к путешествиям, сексуальным желанием и природной любознательностью, то что будет с ней? Если у нее в организме достаточные запасы сахара, чтобы питать мозг и запускать механизм интеллектуального поиска, и достаточно крахмала для того, чтобы дать энергию ее ногам, и достаточно жира, чтобы подпитывать ее сексуальное любопытство, и достаточно смелости, потому что она не думает только о том, что будет есть в следующий прием пищи, то тогда она непременно попадет в беду.

Что было бы, если бы девушка-подросток перестала беспокоиться о своем теле и ела бы достаточно для того, чтобы нормально развиваться и полноценно расти? Тогда она могла бы порвать колготки, танцуя до упаду в ночном клубе по чужому паспорту под музыку группы The Pogues, и возвратиться домой под утро босиком, неся туфли в руках. Она могла бы раз в месяц по ночам присматривать за детьми в женском приюте. Она могла бы прокатиться на скейтборде вниз по самой извилистой улице города со всеми ее крутыми поворотами, или влюбиться в своего лучшего друга, или часами увлеченно ставить лабораторные опыты, не обращая внимания на то, что у нее растрепались волосы, или забраться с подружками на выступ скалы и напиться там, на вершине, или запрыгнуть в товарный поезд, или заниматься сексом с мужчинами, не называя им своей фамилии, или уехать к морю без разрешения родителей. Она могла бы наслаждаться всеми этими свободами, которые кажутся такими простыми тем, кто может позволить себе считать их само собой разумеющимися. Она могла бы серьезно мечтать о том, что кажется таким очевидным для тех, кто вырос в условиях, где эти мечты доступны. Кто знает, что еще она могла бы сделать? Кто знает, как бы она себя при этом чувствовала?

Но если она *не будет проявлять осторожность*, это плохо для нее кончится: ее изнасилуют, она забеременеет, станет неуправляемой или попросту, как сегодня это называют, растолстеет. И девушка-подросток все это знает. Все вокруг твердят ей об осторожности. И она понимает, что должна укрощать свое тело, а не делать все то, чего ей хотелось бы.

Сидеть на диете — значит быть осторожной, а вступить в лагерь голодающих — значит обеспечить себе самую что ни на есть надежную защиту.

7

Насилие

Красота требует жертв.

Французская пословица

Женщины должны трудиться ради красоты.

Йейтс У.

Жене сказал: умножая умножу скорбь твою в беременности твоей; в болезни будешь рождать детей; и к мужу твоему влечение твое, и он будет господствовать над тобою.

Библия. Ветхий Завет

Голод заставляет женские тела причинять боль своим хозяйкам, и он же заставляет женщин причинять боль своим телам. Исследование, проведенное среди страдающих от наркотической или алкогольной зависимости, показало, что насилие, однажды случившись, потом только нарастает. На сегодняшний день эстетическая хирургия является наиболее востребованной медицинской специальностью, и спрос на нее постоянно растет. К 1988 г. более 2 млн американцев, среди которых по меньшей мере 87% составляли женщины, перенесли пластическую операцию. За последующие два года эта цифра выросла втрое. В целом 1980-е стали десятилетием, когда женщинам наконец удалось добиться власти и когда небывалое их количество решило лечь под нож пластического хирурга. Зачем им это понадобилось? И почему именно сейчас?

С начала времен и почти до начала 1960-х сам факт принадлежности к женскому полу означал боль. Из-за послеродовой горячки и осложнений рождение ребенка было очень болезненным, пока в 1860 г. не изобрели хлороформ, и смертельно опасным вплоть до появления в 1880-х гг. антисептических средств. Но и после этого секс был связан с риском из-за нелегальности абортов, когда женщины подвергались опасности потерять слишком много крови, получить перфорацию матки и умереть от заражения крови. «Труд» для женщин означал рождение детей, так что эта работа и связанные с нею секс, любовь, боль и смерть на протяжении многих веков сплетались в единый клубок, из нитей которого было соткано женское понимание жизни: любовь приносит боль, секс может убить, но роды, какими бы болезненными они ни были, были их трудом во имя любви. То, что было бы мазохизмом для мужчины, для женщины означало выживание и смысл жизни.

Секс перестал приносить столько мучений лишь в 1965 г., когда в результате решения суда по делу «Грисворд против штата Коннектикут» Верховный суд США разрешил продажу контрацептивов и долгожданные противозачаточные таблетки стали доступны. Период с конца 1960-х и до конца 1980-х гг. ознаменовался тем, что в большинстве западных стран было разрешено законодательством безопасное прерывание беременности. А как только женщины влились в ряды оплачиваемой рабочей силы и избавились от зависимости от сексуальной бартерной сделки ради собственного выживания, секс стал приносить еще меньше страданий. Изменения в социальной жизни и победы женского движения привели к тому, что удовольствие, которое секс доставляет женщинам, стало наконец перевешивать боль. Нити, связывающие воедино в женском сознании секс и боль, начали рваться.

Но это новое, непривычное для женщин отсутствие боли миф тут же заменил на боль ради красоты. С давних времен, сколько женщины себя помнят, быть женщиной всегда означало терпеть боль. Женская доля начала становиться немного легче только одно поколение назад. Но ни сами женщины, ни мужской общественный строй не могли так быстро приспособиться к внезапно наступившей новой реальности, в которой женственность больше не связана с болью. И сегодня эту боль женщинам приносит красота.

Многие из них приняли это стоически, потому что освобождение от боли, связанной с сексом, образовало вакуум в их восприятии себя как женщины. Казалось бы, благодаря свойственной женщинам невероятной психологической стойкости они должны были без труда приспособиться к своей новообретенной свободе, как этого от них и ожидали и как они ожидали от самих себя. Но свободе нельзя научиться за один день. Одного поколения слишком мало, чтобы забыть опыт пяти тысячелетий, в течение которых их учили терпеть боль. Если женское сексуальное самоощущение было сосредоточено на боли с незапамятных времен, то кто тогда женщина без боли? Если страдание — это красота, а красота — это любовь, женщина не может быть уверена в том, что будет любима, если не будет страдать. В силу этого трудно представить себе женское тело свободным от боли и при этом по-прежнему желанным.

Даже не принимая во внимание боль, связанную с биологическими особенностями женского тела, современные женщины только сейчас начали восстанавливаться от пережитого ими многовекового стресса, причиной которого стало право мужчины наказывать их за получение ими удовольствия. Греческий законодатель Солон постановил, что незамужняя женщина, уличенная в прелюбодеянии, может быть продана в рабство. Император Константин издал указ о том, что девственница, добровольно вступившая во внебрачную связь, должна быть сожжена на костре. (Если она была изнасилована, то наказание смягчалось.) Смертью каралась свободная женщина, вступившая в любовную связь с рабом. Древнеримские законы давали мужу право убить неверную жену за измену. В современной Саудовской Аравии за прелюбодеяние женщин насмерть забивают камнями. Одной из причин, по которой ведется борьба против таблеток, прерывающих беременность, является их относительная безболезненность. Но противники абортов часто делают исключение в случаях изнасилования или инцеста. Все это позволяет предположить, что женщины должны расплачиваться болью именно за свое сексуальное желание.

Эстетическая хирургия «обрабатывает» тела женщин, созданных женщинами, превращая их в женщин, созданных мужчинами. Она переориентирует ту часть женского сознания, которая вышла из-под контроля после того, как женская сексуальность перестала причинять боль и мы начали робко, осторожно пробовать жить по-новому. И тут нас подвела наша готовность прислушаться к авторитетному голосу, который заявил: «Не спешите, не так быстро».

Ходячие больные

Индустрия эстетической хирургии процветает благодаря умелому манипулированию понятиями здоровья и болезни. Они, как отмечает Сьюзен Зонтаг в своей книге «Болезнь как метафора» (Illness as Metaphor), часто трактуются субъективно, и общество использует это в своих целях. На протяжении долгого времени к женщинам относились как к больным, для того чтобы общество могло держать их под контролем. То, чем сейчас, в Эру хирургии, занимаются пластические хирурги, — это очевидная попытка вернуть то, что делала медицина XIX в., когда превращала здоровых женщин в больных, а активных — в пассивных. Индустрия хирургии ради собственной выгоды взяла на вооружение теорию, которую отстаивала еще древняя медицина, а своего расцвета она достигла в викторианскую эпоху. Речь идет о культе женской неполноценности, который определяет нормальную, здоровую женскую психологию, женские стремления и желания как патологию. «В традициях западного мышления, — пишут Барбара Эренрайх и Дирдри Инглиш в книге "Недуги и расстройства: сексуальная политика болезни" (Complaints and Disorders: The Sexual Politics of Sickness), — мужчина олицетворяет собой целостность, силу и здоровье. А женщина — это "неудачно рожденный мужчина", слабый и неполноценный». Историк Жюль Мишло в свою очередь называет женщин «ходячими больными».

Отношение врачей к женщинам не всегда было таким однозначным. До начала эпохи Просвещения целительство и уход за больными были в основном женскими занятиями. Именно медицинские навыки и умения женщин стали одной из причин охоты на ведьм в Европе в период с XIV по XVIII в. Но развитие науки привело к отлучению женщин от процесса принятия родов, и появившаяся в XIX в. профессиональная медицина уже намеренно не давала им возможности выполнять их традиционную роль целительниц.

Эра хирургии пришла на смену эре женских «душевных болезней», которой, в свою очередь, предшествовала эра предписанной обществом женской истерии. В процессе развития медицины раз за разом находились все новые способы доказать женщинам, что они нездоровы. Вот как писали об этом Инглиш и Эренрайх: «Медицина внесла свой вклад в сексистскую идеологию, постоянно представляя женщин больными и потенциально неприятными для мужчин». «Жизненно важная ложь», которая ставит знак равенства между женской сущностью и болезнью, была во все времена выгодна врачам, гарантируя им наличие приносящих прибыль пациенток везде, где только можно найти представительниц среднего класса. Ситуация ненадолго изменилась, когда женщины наконец пошли учиться в медицинские колледжи, но затем благодаря специалистам по косметологии и эстетической хирургии все вновь вернулось на круги своя.

Между викторианской медициной и современной эстетической хирургией и косметологией много общего. Обе они возникли в ответ на потребность общества в идеологии, которая могла бы ослабить и дискредитировать женщин среднего класса, ведь их образованность и свобода от материальных ограничений могли бы завести их слишком далеко по опасному пути эмансипации и активного участия в общественной жизни. Период с 1848 по 1920-е гг., когда западным женщинам были предоставлены гражданские и политические права, ознаменовался феминистскими выступлениями невероятной силы. «Женский вопрос» стоял остро как никогда, и в ответ на него возник новый идеал женской «отдельной сферы» полного погружения в семейный быт. Этот идеал появился, так же как и миф о красоте, в качестве ответной реакции на достижения женщин и породил культ женской неполноценности, вызванный «ограниченной точкой зрения, которая побудила врачей с патологическим вниманием сконцентрироваться на женщинах исключительно с точки зрения их репродуктивных органов… Это искаженное восприятие, делающее основной акцент на половых органах, позволило мужчинам считать женщин отдельным видом существ».

Описывая эти процессы, Шоуолтер отмечает, что с 1870 по 1910 г. представительницы среднего класса активно добивались политических прав, возможности получать высшее образование и заниматься профессиональной деятельностью. Одновременно с этим женские нервные расстройства, такие как анорексия, истерия и неврастения, приняли характер эпидемии, и тут же появились «специалисты по нервным болезням», чтобы навязать женщинам приемлемое, по их мнению, поведение и помешать им изменить условия своей жизни.

В викторианскую эпоху женщина была репродуктивной системой, в то время как сейчас она превратилась в одну лишь «красоту». Ее репродуктивная способность, как и эстетическая привлекательность ее лица и тела в наши дни, «стала восприниматься как доверенная ей священная ценность, которую она должна неустанно беречь в интересах своей расы».

Если врачи викторианской эпохи помогали поддерживать культуру, которая нуждалась в восприятии женщин через призму овариального детерминизма, то современные эстетические хирурги делают для общества то же самое, создавая систему детерминизма красоты.

Как отмечает Шоуолтер, за последнее столетие «женщины стали основными пациентами хирургических клиник, водолечебниц, санаториев и домов отдыха. Раньше они поголовно стекались к новым специалистам по "женским заболеваниям" — истерии и неврастении, а также к врачам нетрадиционной медицины, практикующим нечто вроде "гипнотерапии", а теперь столь же активно посещают клиники красоты». Так идеология дает врачам возможность стоять в авангарде борьбы с женщинами, обманным путем навязывая им то, что выгодно обществу.

Здоровье

Обе медицинские системы — и викторианская, и современная — изменили критерии женского здоровья, превратив нормальные проявления в нечто противоестественное. Викторианская медицина трактовала беременность и менопаузу как болезнь, менструацию — как хроническое заболевание, а рождение ребенка — как хирургическую операцию. В период менструации женщину в принудительном порядке лечили при помощи слабительных средств, лекарств, ванн и пиявок. В свое время регулирование менструации осуществлялось с такой же навязчивой одержимостью, с какой сегодня регулируется женский вес: налаживание менструального цикла считалось главным фактором женского психологического здоровья, причем не только в подростковом возрасте, но и на протяжении всей жизни.

Первая менструация воспринималась так же, как сегодня воспринимается набор веса в период полового созревания, — как первый шаг, ведущий к смертельной опасности. Сохранение репродуктивности, как в наше время — сохранение «красоты», считалось важнейшей задачей женщин, выполнение которой могло оказаться под угрозой из-за их моральной слабости. Так же, как и сейчас, врачи викторианской эпохи помогали женщине сохранить стойкость перед лицом непомерных физических трудностей и навязывали ей такие качества, как самообладание и терпение, которые помогут ей справиться со стрессами, создаваемыми ее телом и слабостью женской натуры.

С появлением в викторианскую эпоху специальных женских врачей существовавшие ранее религиозные объяснения, позволявшие называть женщин *морально* ущербными, сменились на биомедицинские. А те, в свою очередь, сменились на «эстетические», завершив таким образом полный цикл. Наши современные логические обоснования еще более субъективны, чем «жизненно важная ложь» викторианских времен. Если медицинская терминология была обязана по крайней мере создавать видимость «объективности», то сегодняшние эстетические суждения относительно того, кто болен, а кто здоров, недоказуемы вовсе, и манипулировать ими так же легко, как верой в греховность женской души. Но современная идеология приносит больше прибыли. Женщина, которая думала, что больна из-за своей женственности, не могла купить подходящего лекарства от нее.

Но женщина, которая думает, что больна из-за своей женской непривлекательности, теперь убеждена, что может что-то с этим сделать.

Представления, существовавшие в XIX в., сегодня кажутся нам странными: как женщин могли заставить верить в то, что менструация, мастурбация, беременность и менопауза являются болезнями? Тем не менее теперь женщин заставляют поверить в то, что некоторые совершенно здоровые и нормальные части их тела нуждаются в коррекции, и они в это верят, и никто не желает дать трезвую оценку этому ужасающему явлению.

Новый взгляд на женское здоровье и красоту и интерпретация их как болезни и уродства укрепляет свои позиции, не встречая ни малейшего сопротивления. С XIX в. общество негласно поддерживает все усилия медиков в этом направлении, и поскольку эта деятельность так важна для общества, то в области косметической медицины и пластической хирургии проводится меньше проверок, чем в любой другой медицинской отрасли. Средства массовой информации либо открыто поддерживают эту ситуацию, либо относятся к ней толерантно.

Целью викторианского культа женской неполноценности был контроль над женщинами со стороны общества. Но в этом культе присутствовала такая же двойственность, как и в культе «красоты»: женщинам он давал возможность избавиться от тягостных сексуальных обязанностей, избежать опасностей деторождения и завладеть вниманием отзывчивых врачей, а для правящих кругов это было политическим решением проблемы, не менее удобным, чем «железная дева». Как отмечает французская писательница Катрин Клеман: «Истерия [была] позволена, потому что она не влекла за собой общественных и культурных перемен. Для патриархального уклада было гораздо безопаснее поддерживать недовольных женщин и позволять им выражать свое недовольство через психосоматическую болезнь, чем дать им возможность бороться за свои экономические и юридические права». Обществу было необходимо, чтобы праздные образованные женщины среднего класса не боролись за свои права, а превратились в «больных» и страдали от навязанной им ипохондрии как от реального заболевания. А сегодня общество хочет от женщин, чтобы они чувствовали себя уродливыми и вследствие выработавшейся у них заниженной самооценки действительно мучились из-за своего «уродства».

Эстетические хирурги извращают новое феминистское определение здоровья как красоты, превращая понятие красоты в здоровье. Благодаря этому, *что* бы они ни продавали, все продается как здоровье: голод — это здоровье, боль и потеря крови — это тоже здоровье. В XIX в. «красивыми» считались страдание и болезнь: идеалом были чахоточные женщины с их полуприкрытыми веками, жемчужно-бледной кожей и воспаленными губами. В наше время средства массовой информации поэтизируют анорексию. В викторианскую эпоху идеализировали «красивых» истеричек, падающих в обморок перед врачом-мужчиной. Теперь же книги по психиатрии учат врачей восхищаться «спокойным и красивым» лицом женщины, находящейся под наркозом и подвергшейся лечению электрошоком. Сейчас СМИ воспевают как идеал женщину после косметической операции, а журналистика викторианской эпохи ориентировалась на сентиментальный образ женской слабости, нездоровья и смерти.

В XIX столетии нормальная активная женская деятельность, особенно та, что могла привести женщин к власти, была классифицирована как «уродливая» и болезненная. Если женщина будет слишком много читать, ее матка начнет «атрофироваться». Если она все же продолжит читать, ее репродуктивная система окончательно выйдет из строя, и, согласно медицинским заключениям того времени, «мы получим омерзительный и бесполезный гибрид». Менопауза изображалась как последний удар судьбы: «смерть женщины в женщине». Окончание женской репродуктивной жизни было таким же сильным и глубоким психологическим потрясением, как и ее начало, и воспринималось женщиной так, будто «мир перевернулся с ног на голову».

В викторианскую эпоху участие в общественной жизни, получение образования и найм на работу изображались как то, что приводит женщин к болезни: «жаркие помещения, угольное отопление, газовое освещение, работа допоздна, жирная пища» должны были превратить их в инвалидов. Сегодня, как написано на этикетке от крема, «центральное отопление, загрязнение воздуха, флуоресцентное освещение и т. д.»

делают нас «некрасивыми». В викторианскую эпоху выступали против получения женщинами высшего образования, с воодушевлением придумывая, какой урон это нанесет их репродуктивным органам. Фридрих Энгельс утверждал, что «длительная работа нередко приводит к деформации таза», и считалось само собой разумеющимся, что «получение женщинами образования сделает их бесплодными» и сексуально непривлекательными: «Если женщина проявляет интерес к наукам, это значит, что с ее сексуальностью что-то не так». Люди викторианской эпохи думали, что освобождение женщин из «домашней тюрьмы» лишит их женственности, а сейчас нас призывают поверить в то, что свобода от мифа о красоте убьет нашу красоту.

«Жизненно важная ложь» очень живуча. Так, представления медиков о контрацепции менялись в зависимости от общественных настроений: врачи викторианской эпохи утверждали, что использование любого вида контрацепции ведет к «быстрому развитию раковых заболеваний, бесплодию и нимфомании». Мало того, это может привести к мании, грозящей суицидом. До 1920-х гг. считалось, что контрацепция «определенно опасна для здоровья» и влечет такие последствия, как бесплодие и «психическая дегенерация в следующем поколении». Но когда обществу понадобились сексуально доступные женщины, то вопросы безопасности и побочных эффектов контрацепции были отброшены в сторону и женские журналы стали публиковать восторженные статьи, в которых говорилось о том, что «волшебная пилюля» поможет женщинам сохранить молодость и сделает их более «сексуальными».

Точно так же хирурги — и женские журналы, зависящие от рекламодателей, — по-новому интерпретируют свободу от мифа о красоте как болезнь. Реклама «священных масел» взяла на вооружение терминологию из медицинских журналов и испытанный ими прием, когда публикуются фотографии «до» и «после»: сначала «болезнь», а затем «излечение от нее». Elizabeth Arden обладает «самой совершенной лечебной системой этого столетия», как будто старение требует применения химиотерапии. «Научно подтвержденное» ночное восстановление от Estée Lauder происходит при помощи медицинского шприца и баллонного катетера, как при переливании крови или при применении наркотиков. Vichy позволяет вашей коже «восстановиться». Clarins говорит о «рецидиве». Elancyl представляет жир как «болезнь», которая «уродует». Доктора выписывают рецепты, а Clarins предлагает «рецепт красоты», Clinique — «рекомендации». Специалисты по раковым заболеваниям говорят о «регрессе» заболевания, и то же самое делает Clinique, советуя «продолжать лечение».

В 1985 г. Евгения Чандрис в книге «Синдром Венеры» (The Venus Syndrome) назвала большие бедра и ляжки «медицинской проблемой», а описывая статуи плодородия эпохи палеолита, заявила, что «эта проблема мучает женщин еще с тех пор». «Эта проблема», разумеется, стала досаждать женщинам, но только тогда, когда ее назвали проблемой, и это произошло на нашем веку.

Женский жир изображается так, будто это не только мертвая, но еще и онкогенная субстанция. Люди, жившие в викторианскую эпоху, характеризовали любую деятельность, связанную с репродуктивностью, как нездоровую, а сегодняшние эстетические хирурги характеризуют как нездоровые любые следы репродуктивной деятельности на теле женщины — растяжки, отвисшую грудь, грудь, которая выкармливала ребенка, постнатальный вес, который в любой культуре равняется примерно 4,5 кг за одну беременность. Очевидно, что получение образования никогда и никак не влияло на женские яичники, а грудь рожавшей женщины не теряет своей чувствительности. Она также не перестает нормально функционировать, наоборот, она выполнила свою основную функцию — лактацию. Но косметические хирурги описывают грудь после родов так же, как в викторианскую эпоху описывали яичники образованных женщин — как «атрофированные» — термин, которым лечащие врачи характеризуют нефункционирующие мышцы при параличе. Они называют здоровую плоть взрослой женщины «целлюлитом» — это придуманное «состояние» женского тела, название которого американки узнали в 1973 г. благодаря журналу *Vogue*. Считается, что целлюлит «деформирует фигуру», «является непривлекательным» и «образуется в результате загрязнения организма токсинами», однако до 1973 г. проявления целлюлита были чем-то совершенно нормальным для женщины.

Здоровье удобно использовать в пропагандистских целях. Ведь кто будет оспаривать то, что хорошо для здоровья? «В XIX в. “доказательства” того, что деятельность женщин за пределами дома наносит ущерб их здоровью и благополучию, а также их семьям и стране в целом, породили культ домохозяек», — пишет Энн Оукли. Женские репродуктивные органы воспринимались не как «личное дело» каждой женщины, а как общественное достояние, и точно так же сегодня воспринимаются женское лицо и фигура.

Новая классификация красоты

При помощи новой классификации красоты институты власти, как и столетие назад, выполняют функцию полиции нравов по отношению к женщинам. В 1978 г. Американская медицинская ассоциация заявила, что озабоченность своей красотой является не чем иным, как заботой о своем здоровье. Доктор Артур Бэлин, президент Американского общества изучения возрастных изменений, связанных со старением, признался газете *The New York Times*, что «врачам выгодно рассматривать некрасивость не как косметическую проблему, а как болезнь». В профессиональных журналах по хирургии печатают фотографии, на которых невозможно различить, когда хирурги разрезают грудь, чтобы удалить раковую опухоль, а когда режут здоровую плоть. Доктор Дэниел Тостесен из Гарвардской медицинской школы, получивший на исследовательскую работу $85 млн от компании Shiseido, отрабатывает эти деньги, защищая интересы компании: он утверждает, что есть «трудноуловимая, но тем не менее четкая связь» между здоровьем и интересами медиков с одной стороны и «красотой и благополучием» с другой. Такие заявления, сделанные авторитетными специалистами, влияют больше на женщин, чем на мужчин, что и требуется: ведь именно женщины являются основными клиентами эстетических хирургов и покупателями продуктов Shiseido. (При этом внешняя привлекательность самих докторов Бэлина и Тостесена почему-то не становится предметом обсуждения.) Когда хирурги собираются на конференциях, чтобы обсудить «дефекты стареющего лица», на афишах неизменно бывает представлено женское лицо.

Мужчина считается уродливым, если у него не хватает конечности либо какой-то части лица или же если его внешность очень сильно отличается от того, к чему мы привыкли. Другое дело женщины — они становятся «уродинами», если только не отвечают идеалу «железной девы», хотя соответствовать ему, тем более всегда, просто невозможно. От женщин хотят, чтобы они ощущали себя уродливыми, даже если физически и функционально с ними абсолютно все в порядке. Выработанный мифом о красоте двойной стандарт применительно к предназначению тела играет на руку пластическим хирургам. Мужские бедра предназначены для ходьбы, а женские — для ходьбы и для того, чтобы выглядеть «красиво». Если женщины могут ходить, но при этом верят в то, что их ноги выглядят не так, как надо, они чувствуют себя словно они и в самом деле искалечены или недееспособны, точно так же, как женщины, вынужденные быть ипохондриками в викторианскую эпоху, чувствовали себя по-настоящему больными и недееспособными.

Трагедия в том, что на протяжении многих столетий женщины действительно страдали от многих заболеваний — от выпадения матки, воспаления яичников, вагинальных и венерических инфекций. Отсутствие гигиены, сексуальная безграмотность, ежегодные беременности — все это не могло пройти даром для женского организма. Поэтому можно было бы сказать, что у современных женщин дела идут хорошо, как никогда раньше, но… миф о красоте отнимает у них ощущение благополучия. Стоило закончиться эпохе физического нездоровья женщин, как всего через одно поколение их ощущение собственной полноценности было разрушено мифом о красоте.

Возвращение к публичному обсуждению женского «нездоровья» оскорбляет нас и наши тела. Современная женщина наделена благодатью иметь здоровую грудь и матку и крепкое тело, благодаря которому она может двигаться, бегать, танцевать, играть и получать оргазм. Ее продолжительность жизни в среднем в два раза больше, чем у женщины викторианской эпохи. Еды у нее в достатке, и потому нет необходимости голодать. Но именно теперь, когда она получила в подарок здоровье и благополучие, о котором могли только мечтать женщины всех предшествующих поколений, — именно теперь эра хирургии пытается отнять у нее эту невероятную удачу и помешать ее счастью. Она заставляет ее ощущать свое благословение длиною в жизнь как пожизненное проклятье.

В результате совершенно здоровые женщины порой недовольны своими телами больше, чем люди с ограниченными возможностями: «физически неполноценные люди», как свидетельствуют результаты исследований, опубликованных в *The New York Times*, «в целом выражают полную удовлетворенность своими телами», в то время как здоровые женщины, как мы видим, нет. Слово «уродливый» больше не используется в повседневной речи, кроме как для того, чтобы описывать тела и лица здоровых нормальных женщин. Неудивительно, что каждая четвертая женщина, живущая на побережье Сан-Франциско, готова пойти на пластическую операцию, появись у нее такая возможность.

«Здоровье» — полезно ли оно для здоровья?

Принесло ли наступление Эры хирургии пользу нашему здоровью? Курение стремительно теряет популярность во всех социальных группах, кроме одной — молодых женщин. При этом 39% из них говорят, что они не оставляют эту привычку из опасений располнеть. В конце концов четверть из них умрет из-за болезней, вызванных курением, но зато их трупы будут весить в среднем на 2 кг меньше, чем тела живых некурящих женщин! Сигареты «Капри» рекламируются как «наитончайшие из тонких». Муж покойной Роуз Чиполлоне, которая умерла от рака легких, подал в суд на табачную индустрию: его жена начала курить еще в подростковом возрасте. По ее собственному признанию, она думала, что если будет курить, то «станет гламурной и красивой».

В Соединенных Штатах жидкие диеты привели как минимум к 60 смертям, кроме того, они вызывают тошноту, выпадение волос, головокружение и депрессию. Чрезмерно интенсивные тренировки ведут к спортивной анемии и замедлению роста. Имплантаты груди затрудняют своевременное обнаружение рака. При этом женщины откладывают запись на маммографию, боясь лишиться груди и стать «женщиной только наполовину».

Миф наносит урон не только физическому, но и психологическому здоровью женщин. Атти и Брукс-Ганн в книге «Половая принадлежность и стресс» (Gender and Stress) утверждают, что следование диете приводит к хроническому стрессу, а он в свою очередь вызывает снижение иммунитета, повышение артериального давления, заболевания сердца и рак. Но еще опаснее то, что миф о красоте, по сути дела, внедряет в сознание женщин классические симптомы психических заболеваний.

У шизофреников бывает нарушено ощущение границ своего тела. Людям с неврозом свойственно нестабильное, переменчивое восприятие своего тела, либо чрезмерно негативное, либо, наоборот, чересчур позитивное. Люди, страдающие нарциссизмом, чувствуют, что то, что происходит с их телами, происходит не с ними, а как бы отдельно от них. У больных психозом возникает ощущение, что части их тела отделяются от них самих и распадаются. Они повторяют одни и те же навязчивые движения, наносят сами себе увечья и боятся, что превратятся в ничто и рассыплются на части.

Возможность изменить себя с помощью пластической операции и колебания веса приводят женщин к тому, что границы собственного тела также становятся для них размытыми. Стресс по поводу внешности ведет к нестабильному восприятию своего тела — чрезмерно негативному или, напротив, чрезмерно позитивному. Лавина образов, пропагандируемых в средствах массовой информации, демонстрирует женские лица и тела, разобранные по частям, с помощью чего миф о красоте заставляет женщин именно так воспринимать свое собственное тело. Ряд процедур ради красоты заставляет женщину совершать повторяющиеся движения и калечить саму себя. Когда она начинает стареть, ее вынуждают поверить в то, что без «красоты» она превратится в ничто и неизбежно канет в небытие. Возможно ли, что, испытывая подобные нездоровые ощущения, которые представляют собой симптоматику психических болезней, женщины действительно начинают страдать расстройствами психики? Неудивительно, что среди людей с психическими заболеваниями женщины составляют подавляющее большинство.

Но все эти факты не имеют для женщин никакого значения, потому что существует двойной стандарт в подходе к «здоровью» женщин и мужчин. Женщины не считают неправильным курить для того, чтобы похудеть. Ведь наше общество *действительно* скорее вознаградит внешнюю красоту, чем внутреннее здоровье. Женщин нельзя винить в том, что они выбирают короткий путь к красоте, который вредит их здоровью в долгосрочной перспективе, поскольку наши представления о жизни извращены мифом о красоте и для нас не существует какого-либо весомого социального или экономического стимула, чтобы жить долго. Худая молодая женщина с предраковыми состоянием легких ценится обществом выше, чем крепкая здоровая старушка. Представители компаний продают женщинам под видом «здоровья» «железную деву», и если бы общество было действительно обеспокоено проблемами женского здоровья, то оно бы решительно восстало против этого.

Главные десятилетия в жизни человека — от 40 до 60 лет, когда многие мужчины, и, безусловно, большинство женщин находятся на пике своих жизненных сил и достижений. Но для мужчин они считаются порой расцвета, а для женщин — периодом угасания, что можно назвать жестокой иронией судьбы, так как именно на этот период приходится пик сексуальной активности у женщин и сексуальный закат у мужчин. Этот двойной стандарт основан не на физиологических различиях в плане здоровья между мужчинами и женщинами среднего возраста, а на искусственно созданном мифе о красоте и неравенстве полов. Лицемерие, с которым слово «здоровье» используется в качестве глянцевой рекламы Эры хирургии, выдает, что на самом деле послание мифа о красоте таково: женщина должна жить голодая и умереть молодой, оставив после себя красивый труп.

Определение женского «здоровья» в Эру хирургии очень далеко от подлинного здоровья в настоящем смысле этого слова. А те аспекты, которые считаются «нездоровыми», являются ли они таковыми на самом деле?

Можно воспринимать признаки старения у женщины как болезнь, особенно если вы преследуете корыстный интерес, заставляя женщину воспринимать их так же, как и вы. Или же можно считать, что если женщина здорова, то она живет, чтобы взрослеть и стареть. Когда она расцветает, то взаимодействует с миром, говорит и выказывает эмоции, которые отражаются на ее лице. Морщинки, которые появляются у нее после долгих лет смеха, отражают ее мысли и расходятся лучиками от уголков ее глаз или сходятся вместе, как веер, когда она улыбается. Вы можете назвать эти линии «серьезными дефектами», а можете увидеть в них выгравированные временем следы напряженного внимания между ее бровями, а в горизонтальных складках на лбу — следы пережитых эмоций: удивления, удовольствия, сострадания, а также приятных бесед. Морщинки в уголках губ — это следы прошлых поцелуев, разговоров и слез, что делает их похожими на трепещущий на ветру листок. Потерявшая прежнюю упругость кожа на лице и шее облагораживает ее черты, свидетельствуя о прожитых годах. Когда у нее в волосах появляется седина, можно сказать, что это страшная тайна, а можно назвать ее серебром или отблеском лунного света. Темные круги под глазами, отяжелевшие веки и сеточка морщинок в уголках глаз свидетельствуют о сложной и насыщенной жизни, которую прожила женщина. Она стала сильнее, свободнее, выносливее, тверже характером и сексуальнее. За зрелостью женщины, которая продолжает расти и развиваться, приятно наблюдать.

Но если ваши рекламные доходы, или ваша семизначная зарплата, или ваш привилегированный сексуальный статус зависят от вашей внешности, то это может стать поводом для операции.

Если же, делая пластические операции, вы можете зарабатывать $1 млн в год — а именно такова средняя зарплата пластического хирурга в Соединенных Штатах, — то, конечно же, вы будете с готовностью называть женские жировые отложения болезнью. Но можно воспринимать их как то, чем они в действительности являются: как норму, потому что даже у самой худой здоровой женщины жира больше, чем у мужчины. Когда вы видите женственные формы тела, полные бедра и ягодицы, можно считать это аномальной деформацией. Или же можно сказать правду: 75% женщин сложены именно так, и мягкие, округлые бедра и животики всегда считались желанными и чувственными, пока женщины не получили право голоса. Можно признать, что женское тело должно быть фигуристым и плотным, и то, как жировые отложения покрывают его — тело, которое вынашивает, рожает, убаюкивает детей и открывается для секса, — это одна из наиболее привлекательных и возбуждающих его особенностей. Или же можно и это тоже сделать поводом для операции.

То, что составляет глубинную сущность женщины, — жизнь в женском ее понимании, ощущение своего тела, форма груди, изменения кожи после рождения ребенка — было переквалифицировано в уродство, а уродство — в болезнь. Причиной тому стал рост влияния женщин в обществе, обретение ими силы, которую понадобилось у них отнять. По крайней мере треть жизни женщины связана со старением и примерно треть ее тела составляет жир. Оба эти факта превращаются в повод для операции *для того, чтобы* женщины могли чувствовать себя здоровыми, только если они будут представлять собой лишь две трети от женщин, которыми они могли бы быть. Как это может быть «идеалом» женщины, если он определяет, сколько сексуальных характеристик *не должно присутствовать* в женском теле и какая часть ее жизненного пути *не должна* отражаться на ее лице?

Кому это выгодно?

Этот «идеал» не может иметь отношения к женщинам, потому что создан он не ради них, а ради денег. Главная цель пластической хирургии, как и викторианской медицинской системы, — быстрое получение прибыли. Общая стоимость услуг в этой индустрии в США составляет сейчас $300 млн в год, и эта цифра ежегодно увеличивается на 10%. Однако, постепенно привыкая к комфорту и свободе, женщины оказываются не готовы выносить страдания только потому, что они — женщины.

Поэтому, чтобы поддерживать этот коэффициент роста, значительно более высокий, чем в любой другой отрасли медицины, нужен механизм устрашения. Необходимо вновь внушить женщинам ощущение собственной уязвимости, ведь индустрии хочется получать максимальную прибыль от новых технологий, играющих на нашем старом чувстве вины. Рынок эстетической хирургии создан искусственно, потому что в лицах и телах женщин нет ничего такого, что нуждалось бы в изменениях. Единственные перемены, которые нужны женщинам, это социальные. Поэтому доходы пластических хирургов напрямую зависят от того, насколько искажено будет представление женщин о самих себе и насколько сильно они будут себя ненавидеть.

По мнению Эренрайх и Инглиш, в викторианскую эпоху «миф о женской хрупкости и болезненности и абсолютно реальный культ женской ипохондрии, который поддерживал этот миф, играли на руку финансовым интересам медицины». В XIX в. конкуренция в медицине усилилась. Врачи с бешеным рвением старались обеспечить себе стабильную практику и постоянных клиентов в лице богатых женщин, убежденных в необходимости регулярных приемов на дому и длительных периодов реабилитации после болезни. Суфражистки «раскусили» врачей и выявили истинные причины появления культа женской «инвалидизации» — это финансовый интерес врачей и противоестественные условия жизни, которые ограничивали свободу женщин. Суфражистка Мэри Ливермор протестовала против «чудовищного представления о том, что женщина от природы является неполноценным инвалидом» и осуждала «грязную армию гинекологов», которые, «казалось, жаждали только одного — убедить женщин в том, что они обладают всего лишь одним комплектом органов — да и тот вечно нездоров». Доктор Мэри Путнэм считала, что «слабость» женского здоровья вызывается «возложенной на женщин новой обязанностью быть выгодным пациентом». По словам Эренрайх и Инглиш, и сейчас «как бизнесмены, так и врачи напрямую заинтересованы в сохранении социальной роли женщин, требующей от них быть больными».

Современным пластическим хирургам выгодно, чтобы женщины чувствовали себя уродливыми. Они не просто дают рекламу для уже существующей сферы рынка — их реклама создает новые рынки. Эта стремительно развивающаяся сфера экономики умело создает спрос на свои услуги, используя двойное воздействие рекламы и статей в женских журналах.

Индустрия размещает рекламу и благодаря этому воздействует на свою целевую аудиторию. Она платит за рекламу деньги и извлекает из этого максимальную прибыль. По мере того как пластические хирурги богатеют, у них появляется возможность отхватывать все больше и больше рекламного пространства — весьма показателен в этом отношении октябрьский номер журнала *Harper's and Queen* за 1988 г.: хвалебная статья о пластической хирургии размещена в нем на тех же страницах и в таком же объеме, что и реклама хирургических клиник. В приложении о здоровье газеты *The New York Times* за июль 1989 г. реклама строгих диет, клиник для похудения, санаториев для снижения веса, пластических хирургов и специалистов по нарушениям пищевого поведения заняла больше половины всего рекламного пространства. В сентябре 1990 г. журнал *Cosmopolitan* напечатал заказную хвалебную статью о пластической хирургии и сопроводил ее рекламой во всю страницу. Ситуация с пластической хирургией стала похожа на ситуацию с рекламой сигарет: в свое время табачные компании — рекламодатели запрещали журналистам писать о борьбе с курением, пока главный хирург США не занял решительную позицию по этому вопросу. В условиях, когда у журналистов очень мало стимулов разоблачать пластических хирургов (больше того, у них есть стимул не делать этого: ассоциация пластических хирургов учредила для журналистов приз размером $500, включая два бесплатных билета на самолет), их влияние будет расти и дальше. Удовлетворяя культурные, а не биологические потребности, они будут усиливать свою власть и контроль над социальной и экономической жизнью и смертью женщин. Если так пойдет и дальше, то скоро они станут теми, кем, похоже, давно уже хотят стать: маленькими богами, которым никто не захочет идти наперекор.

Если бы женщины вдруг перестали чувствовать себя уродливыми, самая востребованная и быстроразвивающаяся медицинская специальность превратилась бы в умирающую. Во многих штатах США косметическим пластическим хирургом может стать любой врач, не имеющий конкретной медицинской специализации, — в отличие от пластических хирургов, специализирующихся на устранении врожденных дефектов внешности и последствий ожогов и травм. Это похоже на возвращение к тем временам, когда любой врач мог лечить корь и геморрой — заболевания, на которые не могла повлиять никакая реклама. Немалые доходы эстетических хирургов зависят от того, удастся ли внушить женщинам, что они уродливы. Если вы скажете женщине, что у нее рак, тем самым вы не спровоцируете болезнь и не вызовете агонию. Но если вы разъясните женщине, что она уродлива, то она станет «больной» и ее агония будет вполне реальной. Если вы разместите свою рекламу рядом со статьей в поддержку эстетической хирургии, в контексте, заставляющем женщину чувствовать себя уродливой, то она поверит в то, что другие женщины конкурируют в этом с ней, и тогда считайте, что вы заплатили за распространение болезни, которую можете излечить только вы.

Создание этого рынка, похоже, не подчиняется этическим нормам настоящей медицины. Практикующие лечащие врачи дискредитировали бы себя, если бы ради собственной выгоды пропагандировали то, что причиняет вред здоровью пациентов. Больницы отказываются инвестировать в компании, производящие табачные изделия и алкоголь. Ведь даже если подобные экономические отношения были бы выгодны для медицинских учреждений, важнее то, что они противоречат этике. Но больницы могут позволить себе добродетель, потому что количество их пациентов пополняется естественным образом. А косметическим хирургам приходится создавать себе круг пациентов там, где по законам природы их просто не существует. Поэтому они покупают целые рекламные полосы в *The New York Times*. На их рекламе изображена в полный рост известная модель в купальнике, и эти фото сопровождаются обещаниями быстрого кредита и низких ежемесячных выплат, словно женская грудь является потребительским набором для длительного пользования. Так они воплощают в жизнь свою мечту о всеобщей эпидемии этой болезни.

Этическая сторона вопроса

Эра хирургии уже началась, но до сих пор никто не исследует происходящие процессы с точки зрения социологии, этики и политики. Меньше всего нам, женщинам, нужно, чтобы кто-то говорил нам, что мы можем делать со своим телом и чего не можем, а потом еще и обвинял нас за наш выбор. Однако обсуждать эту тему никто не хочет. А подобная политика невмешательства опасна по многим причинам.

Человеческое тело защищено от опасностей экономики свободного рынка многочисленными законодательными актами. Закон признает, что, когда речь идет о покупке или продаже, наше тело кардинально отличается от неодушевленных предметов. В большинстве штатов США запрещена проституция, то есть коммерческие сделки по купле-продаже вагины, рта или ануса.

Нанесение себе увечий и суицид являются преступлением, а контракты, основанные на принятии на себя неразумных рисков (в данном случае риска смерти), признаются недействительными. Философ Иммануил Кант писал, что продажа частей тела выходит за всякие этические рамки. Всемирная организация здравоохранения осуждает продажу человеческих органов для пересадки, и это запрещено законом в США и Великобритании, а также по меньшей мере в 20 других странах. В Соединенных Штатах запрещены также опыты над эмбрионами, а в парламенте Великобритании этот вопрос вызвал яростные споры. В деле Бэби М. в США судья постановил, что продажа или сдача матки в аренду является противозаконным деянием*. В США и Великобритании покупка ребенка запрещена законом. Ведутся многочисленные дебаты на тему того, насколько это этично, когда под влиянием финансовых обстоятельств женщины вы-

---

* Суррогатное материнство в США было легализовано в 1981 г. А в 1986 г. в штате Нью-Джерси было рассмотрено судебное дело о суррогатном материнстве, благодаря которому в закон 1981 г. была внесена важная поправка. В одном из городов Нью-Джерси родилась девочка, условно названная в судебном деле Бэби М. Суррогатная мать, имевшая договор суррогатного материнства, отказалась от нее. И суд вынес решение в интересах новорожденной: он счел контракт неправомочным и признал право на материнство за биологической матерью. На данный момент суррогатное материнство в США официально разрешено в восьми штатах. Четыре штата (Аризона, Нью-Йорк, Юта и Вашингтон), а также федеральный округ Колумбия считают суррогатное материнство незаконным. В остальных штатах, как и в Нью-Джерси, решения принимаются в зависимости от обстоятельств. — *Прим. ред.*

нуждены продавать свою матку, а мужчины — почку. Идет бурное обсуждение в общенациональном масштабе темы жизни и смерти эмбриона. Нашу готовность решать подобные проблемы можно расценивать как показатель морального здоровья общества.

Но чем занимаются эстетические хирурги, как не торговлей частями человеческого тела?! И их метод продаж очень агрессивен. Ткани человеческого эмбриона, используемые для экспериментов, уже мертвы. Но женщины, подвергаемые хирургическим экспериментам, еще живы. Однако считается ли женщина живой целиком или живы только те части ее тела, которые остались молодыми и «красивыми»? Общественное мнение по поводу того, что нужно давать пожилым людям умереть, поднимает вопрос о евгенике. А как насчет социального давления на женщин, чтобы те избавились от «деформаций» своего здорового тела или уничтожили возрастные изменения? Разве это ничего не говорит о моральном состоянии общества? Разве может то, что неэтично по отношению к человеческому телу, быть не только этичным, но даже и необходимым по отношению к *женскому* телу? Разве то, что происходит, не имеет отношения к политике?

Но когда дело касается женщин и этических проблем, возникающих в связи с эстетической хирургией, то здесь не придерживаются никаких правил и этот вопрос вообще не обсуждается. Даже самые жестокие люди устанавливают для себя ограничения, чтобы подчеркнуть, что они еще не полностью утратили человеческий облик. Солдат не позволит себе убить маленького ребенка, министерство обороны проводит определенную черту в применении ядовитого газа. Женевская конвенция признает, что даже во время войны некоторые действия являются недопустимыми. Мы все считаем, что цивилизованные люди могут отличить проявление чрезмерной жестокости и осудить его. Но миф о красоте, похоже, существует вне рамок цивилизации: в нем пока нет такого понятия, как предел дозволенного.

Миф основывается на том, что красота — это одна из форм дарвинизма, естественная борьба за ограниченные ресурсы, и природа сражается за свое, пуская в ход зубы и когти. Но даже если человек может принять это заблуждение и считает, что женщины должны терпеть боль ради красоты точно так же, как генералы оправдывают войну как часть неизбежного эволюционного процесса, нам все же надо признать, что всему есть предел и не надо заходить за черту.

Клятва Гиппократа начинается со слов: «Не навреди». В книге Роберта Лифтона «Врачи-нацисты» (The Nazi Doctors) приводятся слова жертвы медицинских опытов, которая спрашивала своих врачей: «Почему вы хотите меня оперировать? Я не больна». Лечащие врачи следуют кодексу, принятому после Нюрнбергского процесса, чтобы защитить своих пациентов от безответственных экспериментов*: кодекс осуждает

* Нюрнбергский кодекс был принят Нюрнбергским трибуналом после завершения Нюрнбергского процесса над нацистскими врачами в августе 1947 г. — *Прим. ред.*

чрезмерный риск в медицинских опытах, категорически запрещает эксперименты, не имеющие терапевтических целей, и настаивает на свободе пациентов и их добровольном согласии на участие в экспериментах. Кроме того, он требует полного раскрытия данных о возможных рисках, с тем чтобы пациенты «давали осознанное согласие, будучи достаточно информированными». Действия эстетических хирургов напрямую противоречат принципам медицинской этики. Если рассматривать их с точки зрения реальности, а не риторики, становится ясно, что эти «врачи» ежедневно нарушают принципы Нюрнбергского кодекса.

Создается впечатление, что технологии эстетической хирургии появляются и совершенствуются в ходе безответственных экспериментов, в которых отчаявшиеся женщины используются в качестве подопытных кроликов. Во время первых экспериментов с липосакцией во Франции из женских тел вырывали вместе с большими кусками окровавленных тканей кишки и целые нервные узлы. Но бесстрашные экспериментаторы продолжали свои опыты. Девять француженок умерли в результате использования *усовершенствованной* технологии, *которую называли успешной* и которая позже была экспортирована в Соединенные Штаты. Специалисты по липосакции начинают практиковать, не получив за время обучения никакого практического опыта. «Мой хирург никогда раньше не проводил эту процедуру… поэтому он будет использовать меня для того, чтобы “поэкспериментировать”», — это рассказывает пациентка, зависимая от хирургии. Используя железные скобки в животе, хирурги продолжают экспериментировать, вместо того чтобы сначала придумать более совершенные технологии, а уж потом выходить с ними на рынок.

Чтобы защитить пациентов, Нюрнбергский кодекс требует сообщать пациенту обо всех возможных рисках, чтобы он давал согласие осознанно. Но, хотя пациентов и просят подписать согласие на операцию, невероятно трудно, если вообще возможно, получить надежную или объективную информацию об эстетической хирургии. В большинстве материалов подчеркивается, что женщины сами несут ответственность за сбор информации и выбор врача и косметической процедуры. Читая женские журналы, женщина может узнать об осложнениях — но не об их вероятности, и даже всесторонне и детально изучив этот вопрос, она все равно не найдет показателей уровня смертности при проведении косметических пластических операций. Те, кто должен бы обладать этой информацией, либо ничего не знают, либо не хотят раскрывать эти данные. Представитель Американского общества пластической и восстановительной хирургии говорит, что «никто не отслеживает статистические данные по уровню смертности. Данных об общем коэффициенте смертности не существует». Такая же ситуация наблюдается в Канаде. Британская Ассоциация эстетических пластических хирургов также утверждает, что предоставить подобную статистику невозможно. Один из информационных источников по эстетической хирургии признает, что смерть во время операции наступает в одном из 30 000 случаев, и это означает, что как минимум 67 американок уже мертвы — но об этом никогда не рассказывалось в популярной прессе. Как показывает случайная выборка популярных книг о косметологии, данные о вероятности осложнений в большинстве случаев не приводятся, а информация о степени болезненности процедур и вовсе отсутствует. Например, в книге «О лице» (About Face) авторы описывают пять процедур, включая липосакцию и химический пилинг, не упоминая при этом об их болезненности или каких-либо рисках. В «Книге о красивом теле» (The Beautiful Body Book) описываются операции на груди, дермабразия и липосакция и также ни слова не говорится о рисках и о болезненности, а также об уплотнениях в груди, случаях повторных операций и о том, как трудно вовремя выявить рак после подобных хирургических вмешательств. Автор описывает операции по изменению формы груди и «репозиционную» хирургию (применяемую, по ее словам, когда «сосок расположен неправильно»). Эти процедуры навсегда убивают эротическую чувствительность сосков. И автор упоминает об этом побочном эффекте, но лишь для того, чтобы закрыть на него глаза, ведь «доктор Бринк» сказал ей, что «слабая чувствительность в области сосков или ее полное отсутствие вполне обычное явление у женщин с чересчур большой грудью». Приводя «факты», которые, как это часто бывает в подобных книгах, просто-напросто недостоверны, она продолжает: липосакция, по ее словам, стала причиной «всего лишь четырех смертей» (*The New York Times* в 1987 г. сообщила об 11 смертельных случаях), и «согласно существующим данным, никаких долгосрочных негативных последствий обнаружено не было». В брошюре одной из клиник при описании операций по коррекции груди в перечне рисков не упоминаются ни боль, ни потеря чувствительности сосков, ни угроза смертельного исхода. А брошюра Хирургической консультационной службы и вовсе предоставляет заведомо ложную информацию: там написано, что образование рубцовой ткани (шрама) после операции на груди «является редкостью» и происходит «лишь иногда», тогда как на самом деле вероятность этого составляет до 70%.

Весьма показателен в этом отношении подход, практикуемый эстетическим хирургом Томасом Ризом, который считает, что для получения согласия на операцию надо «дать пациентам документ, подготовленный таким образом, чтобы предложить как можно больше практической информации, но при этом не напугать до смерти многочисленными возможными осложнениями», которые, несмотря на то что он называет их редкостью, «могут произойти».

А если говорить о беспристрастности, то английская газета *The Independent*, вполне уважаемое издание, напечатала хвалебную статью об эстетической хирургии, сопроводив ее рекламой «Независимого гида по клиникам эстетической хирургии» (стоимостью £2), в котором занижаются данные о рисках и рекламируются все сертифицированные хирурги Великобритании. Женщине просто не дают возможности узнать, каковы шансы на то, что с ней произойдет что-то ужасное, и само по себе это ее неведение является со стороны пластических хирургов грубым нарушением духа и буквы Нюрнбергского кодекса.

Обычные врачи бережно и с уважением относятся к здоровому телу и только в крайних случаях прибегают к хирургическому вмешательству, а эстетические хирурги называют здоровые тела больными для того, чтобы насильственно вторгаться в них. Обычный врач избегает делать операции членам своей семьи, а эстетические хирурги стали первыми людьми, которым новые технологии позволили воплотить в жизнь древнюю мужскую фантазию о Пигмалионе, скульпторе, влюбившемся в свое собственное творение: известен по крайней мере один хирург, который полностью переделал собственную жену. Обычные врачи сопротивляются попыткам людей с зависимостью манипулировать ими, а эстетические пластические хирурги, напротив, поощряют это. Уже появился целый класс женщин, которые приобрели зависимость от эстетической хирургии, сообщает *NewsWeek*, «рабыни скальпеля», которые «не отказывают себе в удовольствии делать пластические операции так же, как некоторые из нас поглощают шоколад — маниакально. Ни цена, ни боль, ни синяки после операции не ослабляют их желания еще что-нибудь себе отрезать». Есть хирурги, которые делают таким зависимым женщинам скидки, чтобы те приходили на операции снова и снова. Зависимые пациентки «ходят от врача к врачу в поисках многократных и совмещенных операций. Они начинают рассматривать себя под микроскопом. Они начинают жаловаться по поводу неровностей на своем теле, которые обычный человек просто не видит». И хирурги оперируют: доктор Фрэнк Дантон резал одну женщину шесть раз «и надеется продолжить свою работу по ее ремоделированию». «Я считаю, что если ее муж не против, то все в порядке», — говорит он.

Меры безопасности

Хирургическое вмешательство без прямых медицинских показаний, служащее поддержанию «жизненно важной лжи», регулируется куда меньше, чем легальная медицина. В XIX в. хирургические операции на половых органах считались рискованными и антинаучными и редко оплачивались законным путем. Вплоть до 1912 г. таких пациентов скорее калечили, чем лечили. По сравнению с сегодняшним днем тогда мало что было известно о деятельности организма, но зато были распространены странные эксперименты на женских репродуктивных органах. Американская медицинская ассоциация юридически не контролировала тех, кто мог называть себя врачом. Доктора могли фактически беспрепятственно навязывать пациентам основанные на опиатах и вызывающие зависимость бесполезные лекарства и чудодейственные средства от непонятных женских болезней.

Сегодня новые зверства процветают при полном невмешательстве институтов, призванных защищать здоровье граждан. Существует двойной стандарт: создается впечатление, что «во имя красоты» с женщинами можно делать все, что угодно. Утверждать, что какое-то средство заставит ваши волосы расти, или сделает вас выше, или вернет вам потенцию, — незаконно, если это не так. Трудно себе представить, чтобы средство от облысения «Миноксидил» осталось бы на рынке после того, как оно убило девять французов и как минимум 11 американцев. Для сравнения: последствия долгосрочного применения «Ретин-А» по-прежнему неизвестны. Доктор Стюарт Юспа из Национального института по изучению раковых заболеваний считает, что, выписывая этот препарат, врачи ставят «эксперименты на людях», а Управление по санитарному надзору за качеством пищевых продуктов и медикаментов запретило его к продаже. Тем не менее дерматологи, прописывающие его женщинам, уже получили более $150 млн прибыли.

Силиконовые инъекции 1970-х гг., которые так никогда и не были одобрены Управлением по санитарному надзору за качеством пищевых продуктов и медикаментов, по словам доктора Томаса Риза, делают грудь твердой, как «мешок с камнями». Долгосрочные последствия использования силикона с точки зрения риска возникновения раковых заболеваний до сих пор неизвестны, но хирурги по-прежнему делают женщинам лицевые инъекции. Появились «пилинговые кабинеты», где люди, не имеющие никакого медицинского образования, используют кислоту, вызывающую на лице ожог второй степени. Только в 1988 г. Управление по санитарному надзору за качеством пищевых продуктов и медикаментов запретило предназначенные для женщин шарлатанские снадобья для похудения, приносившие своим производителям по $25 млрд в год. А на протяжении 40 лет до этого доктора с сомнительной репутацией назначали в качестве «одобренной медициной» терапии для снижения веса амфетамины и другие препараты, вызывающие зависимость, высокотоксичные сердечные лекарства, инъекции урины беременных женщин, а также продолжительное голодание, операции на мозге, связывание челюстей проволокой и шунтирование тонкой кишки. И все это активно применялось врачами, хотя ни один из этих видов лечения не проверялся на животных и не проходил серьезных клинических испытаний на безопасность применения или эффективность. Диетические программы, выпускаемые на широкий рынок, по-прежнему подвергают организм опасным для здоровья стрессам при возвращении к нормальному питанию. Фенилпропаноламил, содержащийся в средствах для снижения веса на основе трав, опасен для сердца, но при этом его содержание не обязательно указывать на этикетке продукта. Женщинам все еще прописывают вызывающие зависимость лекарства для похудения, содержащие кокаин и амфетамин, но и это остается без внимания. Отсутствие регулирования этой проблемы само по себе является посланием женщинам — посланием, смысл которого мы отлично понимаем.

В Великобритании врачи, не зарегистрированные Национальной службой здравоохранения, для того чтобы заниматься эстетической хирургией, проявляют изобретательность, придумывая убедительно звучащие названия своих организаций: например, «Горячая линия по эстетической хирургии», «Медицинская информационная служба», «Хирургическая консультационная служба», — и используют в своей литературе в качестве символа крылатый жезл Меркурия и змея Асклепия, бога врачевания и покровителя медицины. Они заставляют женщин думать, что те получают достоверную информацию, но все, чем они занимаются, — это обрабатывают людей по телефону с помощью не имеющих медицинского образования «консультантов» ради привлечения новых пациентов.

В Соединенных Штатах только в 1989 г., то есть через 10 лет после начала Эры хирургии, состоялось первое слушание в конгрессе, инициированное сенатором-демократом от штата Орегон Роном Уайденом и посвященное расследованию деятельности эстетических хирургов, точнее, того, что один свидетель назвал «последним пристанищем флибустьеров, испытывающих рынок на прочность». Их реклама «часто вводит людей в заблуждение, является ложной… и обманывает доверчивых американок». Выступавшие на этом слушании свидетели обвиняли Федеральную торговую комиссию в неспособности регулировать «профессию» и осуждали ее за то, что в 1970-х гг. она разрешила рекламу эстетической хирургии, а затем отказалась нести ответственность за ее последствия. Медицинская специальность «врач — эстетический хирург» должна быть «профессиональной квалификацией», официально присвоенной Американской коллегией пластической хирургии, и эти врачи обязаны проходить обучение. Но американки, которым говорят, что это они должны заботиться о том, чтобы у врача имелась «официально присвоенная профессиональная квалификация», вряд ли знают, что существует более сотни различных «комиссий» с официально звучащими названиями, действующих безо всякого контроля. Целых 90% клиник, занимающихся эстетической хирургией, работают вне поля зрения проверяющих организаций. Наконец, согласно заявленным в конгрессе свидетельствам, «не существует стандартного метода предоперационного обследования», поэтому операцию могут сделать любой женщине. Что же предпринял конгресс, столкнувшись с такой ситуацией? Ничего: законопроект, подготовленный после того, как конгрессмены заслушали 1790 страниц шокирующих свидетельств, «еще не завершен» — так больше года спустя заявил представитель конгрессмена Уайдена доктор Стив Скотт. Почему? Потому что это происходит с женщинами во имя их красоты, а значит, все не так серьезно.

Хирургия на половых органах

И уж тем более это несерьезно, если речь идет о сексуальности.

Пластика половых органов стала бурно развиваться в 1980-х гг. под влиянием «красивой» порнографии. Угроза СПИДа заставила гетеросексуальных мужчин и женщин ограничивать свои сексуальные контакты, чтобы обезопасить себя, однако идея разнообразия в сексе уже прочно поселилась в их умах. А поскольку в сознании людей почти не осталось представлений о реальной сексуальности, благодаря которым они могли бы противостоять влиянию ее коммерческих образов, фраза «слепить свое тело» начала жить своей собственной жизнью, разобщая мужчин и женщин и толкая их к нарциссизму, уже не ставящему своей целью обольщение. Женщины стали сильнее, но ведь на самом деле это мужчины должны быть сильными, и потому «красота» необходима женщинам, чтобы оправдаться за свою мужскую силу. Когда женщины стали крепкими и сильными во всех отношениях, им начали делать разрезы под грудью и вставлять туда мешочки с гелем. Эталоном мужской физической силы считается сверхмужественный железный кулак, а искусственная грудь — это прикрывающая его сверхженственная бархатная перчатка. «Обнаженная женщина», это беззащитное создание, перестала считаться идеалом. Женская грудь, состоящая из сплошной химии, помогла от него избавиться.

От 200 000 до 1 млн американок позволили разрезать себе грудь и вставить туда мешочки с химическим гелем. Журналист Джереми Алдерсон из журнала *Self* говорит о более чем 1 млн женщин и о прибыли, составившей от $168 млн до $374 млн (стоимость операции составляет от $1800 до $4000). Он пишет, что грудь является той частью тела, которую хирурги разрезают чаще всего: 159 300 операций в год по сравнению с 67 000 операций по подтяжке лица. В семи из десяти случаев эти операции приводят к уплотнению рубцовой ткани вокруг имплантата, и тогда грудь становится твердой, как камень, и вновь требует хирургического вмешательства, чтобы удалить имплантаты. Или же хирург должен всем своим весом навалиться на грудь, чтобы руками раздавить образовавшиеся силиконовые уплотнения. Солевые имплантаты сдуваются, и их приходится вытаскивать. При этом производители заботятся о том, чтобы хирурги не несли лишних расходов при замене имплантатов (они продаются в упаковках по три пары разного размера). Силиконовые имплантаты протекают, и не известно, к каким последствиям это может привести: медицинские журналы предсказывают проблемы с иммунной системой и синдром токсического отравления. С имплантатами труднее выявить рак груди. Согласно исследованию медицинского центра в Ван-Найс, штат Калифорния, среди 20 больных раком пациенток с имплантатами ни у одной опухоль не была выявлена на ранних стадиях, и к тому времени, когда заболевание обнаружили, у 13 из них оно уже поразило лимфатические узлы. Доктор Сьюзен Чобаниан, эстетический хирург из Беверл-Хиллз, говорит, что очень «немногие женщины отказываются от операций, услышав о рисках».

Риск потери чувствительности соска никогда не упоминается в доступных большинству женщин источниках: по мнению Пенни Чорлтон, «любая операция на груди может и скорее всего приведет к неприятным ощущениям от любой эротической стимуляции, от которой раньше женщина получала удовольствие, и хирурги должны акцентировать на этом внимание в случае, *если это является важным для пациента»* (курсив автора). Поэтому пластические операции на груди в силу того, что они уничтожают эротические ощущения, являются формой нанесения сексуального увечья.

Представьте себе: имплантаты для пениса, увеличение пениса, оздоровление крайней плоти, силиконовые инъекции в яички, чтобы скорректировать их асимметричность, соляные инъекции с возможностью выбора из трех размеров, хирургические операции по исправлению угла эрекции, подтяжка мошонки, чтобы придать ей цветущий вид. Снимки до и после увеличения пениса в журнале *Esquire*. Риски: полное онемение головки, снижение сексуальной чувствительности, необратимое ухудшение сексуальных ощущений, вздутие и затвердение мошонки до состояния твердого пластика, опухание яичек, высокая вероятность повторных операций, образование уплотнений, которые хирург должен с силой разминать руками, деформация имплантата, его протекание, неизученные долгосрочные последствия и, наконец, долгие недели, необходимые для восстановления после операции, в течение которых до пениса нельзя дотрагиваться. И через все это нужно пройти, потому что это делает мужчин привлекательными для женщин — по крайней мере так говорят мужчинам.

Цивилизованные люди согласятся с тем, что все это ужасно и женщины не могут даже подумать о таком. Я испытывала отвращение, когда писала об этом.

Если вы женщина, то, наверное, читали это с содроганием, а если вы мужчина, то, несомненно, испытывали почти физическую боль.

Но нас, женщин, научили относиться с куда бóльшим состраданием к телу мужчины, или ребенка, или примата, или детеныша тюленя, чем к своему собственному, и когда мы читаем о подобных угрозах женским половым органам, то наши чувства как бы притупляются, мы словно впадаем в оцепенение. Женскую сексуальность вывернули наизнанку, так что мы больше думаем о мужском удовольствии, чем о своем собственном, и точно так же мы относимся и к боли. Кто-то может поспорить, сказав, что грудь и пенис это не одно и то же, что, несомненно, справедливо: и хирургия груди не совсем то же самое, что клитородектомия. Это клитородектомия, но только наполовину.

Кто-то может сказать, что женщины сами соглашаются на это. Но в Западной Африке мусульманские девушки с необрезанными клиторами не могут выйти замуж. И женщины племени отрезают клитор нестерилизованными разбитыми бутылками или ржавыми ножами, что часто приводит к кровотечениям и инфекциям, а порой даже к смерти. Да, женщины делают это. И по той же логике можно сказать, что «женщины делают это себе сами».

Приблизительно 25 млн женщин в Африке сексуально искалечены. Обычно это объясняют тем, что так они становятся более плодовитыми, что никак нельзя назвать правдой. Как отмечает Андреа Дуоркин, обычай бинтовать девочкам ноги в Китае также имел в своей основе сексуальное объяснение: считалось, что это влияет на вагину и дает возможность получать «сверхъестественное удовольствие» во время секса, поэтому, как объяснил один китайский дипломат, эта практика «не была такой уж суровой и жестокой». Но как пишет Дуоркин, «мышечная ткань под бинтами часто начинала гнить, и части ступни отслаивались», а «иногда это приводило к потере одного или больше пальцев ног». Но все это приходилось терпеть ради того, чтобы быть желанной: ни одна китаянка «не могла выдержать насмешек, прозвища "большеногий демон" и позора от невозможности из-за этого выйти замуж». Пластические операции на груди также объясняют сексуальным желанием и желанностью.

Как и пластика груди, нанесение увечий половым органам было превращено в банальность: чудовищные изуверства, которым подвергаются женщины, носят «сексуальный, а не политический» характер, поэтому Госдепартамент США, Всемирная организация здравоохранения и ЮНИСЕФ назвали их «социальными и культурными явлениями» и не приняли в связи с этим никаких мер. Правда, в конце концов ВОЗ все-таки занялась этим вопросом. В 1982 г. президент Кении Дэниел Арап Мои запретил в своей стране обрезание клитора, узнав о смерти 14 девушек.

На Западе операции на половых органах тоже имеют свою историю. В XIX в. нормальная женская сексуальность считалась болезнью так же, как сегодня нормальная грудь считается поводом для операции. Роль гинеколога XIX в. заключалась в том, чтобы «распознавать, осуждать и наказывать» эту болезнь и «преступления против общества». Хирургические вмешательства стали «реакцией общества» на то, что «оргазм был болезнью, и его надо было уничтожить».

Викторианская клитородектомия заставляла женщин вести себя хорошо. «Пациентки излечиваются... их моральные качества улучшаются... Они становится мягкими, послушными, трудолюбивыми и целомудренными». Современные хирурги утверждают, что помогают женщинам чувствовать себя лучше, и это, несомненно, правда: викторианские женщины среднего класса настолько хорошо усвоили идею о том, что их сексуальность является нездоровой, что для них гинекологи тоже стали «ответом на их молитвы». Как сказала одна из пациенток доктора Томаса Риза, сделавшая подтяжку лица, «я испытала огромное облегчение». А пациентка викторианского доктора Кашинга, избавившаяся благодаря скальпелю от «навязчивого желания» мастурбировать, писала: «Для меня открылось окно в рай». «Это изменило мою жизнь, — говорит еще одна пациентка доктора Томаса Риза, сделавшая ринопластику, — вот так просто».

Медики викторианской эпохи расходились во мнении относительно того, насколько кастрация женщин работала и возвращала их к «нормальной» жизни. Доктор Уорнер полагал, как и современные хирурги, что результаты были скорее психологическими, чем физиологическими. А доктор Симингтон-Браун допускал это, но настаивал на том, что операции все же нужны, потому что дают «эффект шока». Расцвет Эры хирургии привел к тому, что женщины также возвращаются к «нормальной» жизни, покоряясь мифу о красоте, ведь в их жизни всегда присутствует тайный, невысказанный страх: если вести себя плохо, то придется делать операцию.

В современной эстетической хирургии показания для операции — это не более чем маркетинговый трюк, когда пациентки, которым еще нет и 30, делают подтяжку лица в качестве «профилактики». Точно так же и показания для клитородектомии, которые поначалу были строго ограничены, вскоре расширились, и она стала восприниматься как лекарство от всех женских болезней. Доктор Симингтон-Браун начал практиковать клитородектомию в 1859 г. В 1860-х он стал также удалять малые половые губы. Постепенно он становился все смелее, проводя операции 10-летним девочкам, пациенткам, больным идиотизмом, эпилепсией, параличом, имеющим проблемы со зрением… Как сказала одна из зависимых от пластических операций пациенток журналу *She*: «Стóит однажды начать, и возникает эффект домино». Он прооперировал пять женщин, которые хотели развода, каждый раз возвращая жену мужу. «Хирургия… была церемонией клеймения женщин, которая настолько пугала большинство из них, что они становились покорными. Похоже, калечение, успокоение и психологическое устрашение… были действенной, пусть и безжалостной, формой перепрограммирования». «Клитородектомия, — пишет Шоуолтер, — стала орудием в руках идеологии, которая ограничивала женскую сексуальность деторождением». И точно так же пластика груди — это орудие идеологии, которая удерживает женскую сексуальность в рамках «красоты». Женщины викторианской эпохи жаловались на то, что их «обманом принудили» к лечению, а несколько американок на ток-шоу Опры Уинфри в 1989 г. рассказывали, что хирург, обещавший при помощи пластики половых органов усилить их оргазм, покалечил их без их согласия.

Это не случайно, что индустрия пластики груди стала бурно развиваться именно в то время, когда женская сексуальность начала представлять угрозу обществу. То же самое происходило в викторианскую эпоху, когда доктора лечили аменорею (отсутствие месячных), помещая пиявок прямо в вагину или шейку матки, и пытались вызвать маточное кровотечение при помощи хромовой кислоты. «Сама операция... не так важна», — говорит пациентка, сделавшая ринопластику, и точно так же психическая агония и физические мучения женщин викторианской эпохи не считались чем-то важным. В наши дни пластические хирурги становятся медиазвездами. В нашем сознании они соседствуют с понятиями «гламур» и «престиж», и врачи часто рекомендуют хирургическое вмешательство там, где было бы вполне достаточно менее радикальных мер. В викторианскую эпоху овариотомия (удаление яичников) стала модной операцией, несмотря на то что коэффициент смертности от нее время от времени достигал 40%. *Не только больные, но и нормальные здоровые яичники становились добычей хирургов*. Что же касается современной эстетической хирургии, то достаточно просто открыть любую брошюру по ней, чтобы увидеть, насколько нормальна и здорова грудь, на которую «охотятся» специалисты по пластике.

Современные хирурги, делающие операции на половых органах, демонстрируют свою работу с гордостью. В книге Фэй Уэлдон «Жизнь и любовь дьяволицы»* воспроизведена распространенная сегодня фантазия о полностью переделанной женщине, которой хирург хвастается на коктейльной вечеринке перед своими коллегами. В свою очередь викторианские врачи хвастались количеством сделанных ими овариотомий и демонстрировали удаленные яичники, лежавшие на серебряных тарелках, вызывая восторг аудитории на собраниях Американского гинекологического общества.

Операция по удалению яичников была разработана в 1872 г. В следующем году она уже была рекомендована для «медицинских случаев, не связанных с яичниками», и в первую очередь для отучения от мастурбации, так что к 1906 г. около 150 000 американок остались без яичников. «Медицинские случаи, не связанные с яичниками» были общественным приговором, нацеленным на предотвращение размножения «негодных» и осквернения ими официальной политики по отношению к телу. Под словом «негодная» подразумевалась любая женщина, «развращенная» мастурбацией, контрацепцией или абортом.

* Уэлдон Ф. Жизнь и любовь дьяволицы. — СПб.: Ред Фиш; Амфора, 2005.

С 1890-х гг. и вплоть до Второй мировой войны душевнобольные женщины также «кастрировались».

В 1925 г. Хирургическое гинекологическое общество предложило провести ряд мероприятий по обучению врачей клитородектомии и инфибуляции, «поскольку это могло бы избавить слабый пол от огромного количества заболеваний и страданий». В 1970-х гинеколог из Огайо предложил операцию «точка Z» по реконструированию вагины стоимостью $1500, «чтобы сделать клитор более доступным для прямой стимуляции пенисом». Современным эстетическим хирургам тоже свойственно гордиться тем, что их работа спасает женщин от жизни, полной страданий и несчастья.

Существует порнографический жанр, в котором женщинам причиняют боль и отрезают им грудь. В эстетической хирургии пугает не то, что она эротизирует натуральную женскую грудь, которая должна быть больше и лучше, — никто даже не пытается притворяться, что она выглядит натурально; и не то, что женщина выглядит более «женственно», и даже не то, что в результате операции грудь становится более «совершенной». Пугает то, что эротизируется *хирургия сама по себе*. Венгерский журнал разместил фотографии грудей местных красоток вместе с фотографиями хирургов, которые их «сделали». Журнал *Playboy* напечатал фотографии операций Мэриел Хемингуэй и Джессики Хан — не столько результат, сколько сам процесс. Пугает осознание того, что теперь, с наступлением эры страха перед женщинами, мысль о том, что врачи разрезают женскую грудь, вторгаются в нее и искусственным образом ее переделывают, начинает восприниматься как эротический триумф высшей степени.

Похоже, что хирургическая коррекция груди начала эротизироваться и женщинами. Прошло всего два десятилетия после того, как «красивая» порнография лишила их сексуальности, а сексуально мертвая грудь уже может казаться «лучше», чем сексуально живая. Та же негласная цензура, что обрабатывает изображения женских лиц и формы их тел, редактирует изображения женской груди, скрывая от женщин, что она на самом деле собой представляет. Проводится тщательный отбор, и нам почти никогда не показывают неупругую, мягкую грудь, или асимметричную, или зрелую, или изменившуюся после беременности. Глядя на изображения груди в нашей культуре, мало кто хоть немного осознает, что реальная грудь может иметь такие же разнообразные формы и размеры, как и сами женщины. Большинство женщин редко, если вообще когда-либо, видят или трогают грудь других женщин, и потому они не знают, какова она на ощупь, как она двигается и меняется при движении тела или как она на самом деле выглядит во время занятий любовью. Женщины всех возрастов зациклились — что особенно грустно на фоне того разнообразия, которое встречается в реальной жизни — на «упругости» и «твердости». Многие молодые женщины страдают от стыда, будучи убежденными в том, что только у них на груди есть растяжки. Держа женщин в полном неведении относительно того, как выглядят тела других, цензура красоты способна почти любую из нас заставить чувствовать, что только ее грудь является чересчур дряблой, низкой, отвисшей, маленькой или большой, или странной, или неправильной формы, и благодаря этому полностью лишить ее всего утонченного эротизма ее сосков.

Тенденция прибегать к хирургической коррекции создана культурой, которая отрицает любую грудь, кроме той, что является «официально признанной». Эта культура называет то, что осталось от образа женской груди после цензурирования, «сексуальным», скрывает от женщин правду об их собственных телах и предлагает им за несколько тысяч долларов («Одну грудь?» — «Нет, обе») некачественные услуги по замене их груди на ту, что одобрена обществом.

В телевизионной рекламе американского пластического хирурга актриса на экране мурлычет с улыбкой женщины, довольной собой. Ничто в ее лице не выглядит необычно. Понятно, что она говорит не о своем лице. Женщины, как правило, режут свою грудь не ради конкретного мужчины, а для того, чтобы почувствовать свою сексуальность. В условиях нашего нездорового общества они *действительно* делают это «для себя». Большинство из них замужем или имеют постоянные отношения. Более трети из них — матери, и их грудь, как говорят хирурги, «атрофировалась» после беременности. Их партнеры «категорически отрицают» то, что это они уговорили своих жен сделать операцию, и заявляют, что никогда не критиковали грудь своей любимой.

Это сексуальное калечение происходит не из-за отношений между реальными мужчинами и женщинами. Оно происходит из-за того, что женская сексуальность попалась в ловушку мифа о красоте, никак не связанную с мужчинами, которые, возможно, действительно любят своих женщин. Но в скором времени даже самый любящий партнер не сможет спасти свою возлюбленную от скальпеля хирурга. Сегодня женщина не должна обращать внимания на свое отражение в глазах любимого — она должна искать восхищение во взгляде бога красоты, для которого она никогда не будет полноценной.

Что же такого особенного в официальной груди, что позволяет ей отрицать любую другую грудь? От природы такую грудь можно иметь разве что в юности. У совсем молоденьких девушек, естественно, очень маленькая грудь, как и у многих зрелых женщин. Некоторые женщины в зрелом возрасте имеют большую грудь, но она не такая «твердая» и «упругая». Высокой и при этом большой и упругой грудью чаще всего обладают девушки-тинейджеры. В культуре, которая страшится цены, которую ей придется заплатить за женскую уверенность в своей сексуальности, грудь является обнадеживающей гарантией экстремальной юности — сексуальной неграмотности и бесплодия.

Фрейд считал, что наша цивилизация была создана в результате угнетения либидо. В настоящий момент судьба цивилизации зависит от угнетения женского либидо: в 1973 г. журнал *Psychology Today* опубликовал данные о том, что четверть опрошенных женщин недовольны размером или формой своей груди. К 1986 г. их число увеличилось до трети — и это не грудь изменилась за прошедшие годы.

Вот почему многим женщинам все равно, что операция на груди может привести к исчезновению у них естественного, чисто человеческого интереса к сексу, к ее затвердению, к тому, что она станет похожа на пластиковую. Женщины рассказывают (по крайней мере так пишут в статьях об эстетической хирургии) о новом, возникшем у них после операции ощущении сексуального удовлетворения, даже если их грудь потеряла чувствительность и стала твердой как камень. Как такое возможно? Благодаря «красивой» порнографии сексуальность многих женщин стала настолько зависеть от внешности, что они действительно могут быть в восторге от своих половых органов, которые хотя и являются мертвыми или неподвижными, зато визуально соответствуют порнографическим образам.

Поэтому имплантаты, даже если из-за них грудь утрачивает чувствительность и кажется странной на ощупь, могут сексуально «раскрепостить» женщину. Они выглядят «правильно», они хорошо смотрятся на фотографиях. Они стали предметом материальной культуры — не-женщиной — и остаются неизменными, что и является главной целью мифа о красоте.

От хирургов не ожидают, что они сделают женщину красивой в ее собственных глазах, но зато они могут воплотить в ее теле официальную мечту современной культуры. И, похоже, у них нет иллюзий относительно своей роли. В рекламе одного хирургического журнала изображена волосатая мужская рука, сжимающая имплантат. Гель сочится между пальцами. Подпись под фотографией утверждает, что продукт «кажется натуральным на ощупь».

Медицинская этика подразумевает, что вмешательство в мужскую сексуальность является грубым нарушением. «Депо-Провера», препарат, используемый для снижения либидо у мужчин-преступников, вызывает противоречивое отношение, потому что вторжение в мужскую сексуальность считается варварством. Но к женской сексуальности до сих пор принято относиться как к чему-то гипотетическому. Угрозу женской сексуальности представляет не только произведенная на фабриках грудь, ей наносят вред и многие другие процедуры. (Например, противозачаточные таблетки, которые должны были сделать женщин «сексуальнее», на самом деле снижают либидо, но об этом побочном эффекте мало кого информируют.) Те, кому делают операцию на веки, рискуют ослепнуть, при ринопластике можно потерять обоняние, а подтяжка лица грозит параличом. Если идеал пластической хирургии является чувственным, то должны существовать какие-то другие чувства, помимо обычных пяти.

Потеря чувствительности

Сильная боль приводит к потере чувствительности. Взгляните на разодетую женщину, идущую по улице в зимнюю ветреную погоду, когда ветви деревьев грозно шумят у нее над головой. Она одета в костюм, отчасти напоминающий наряд танцора фламенко, отчасти — Кармен. Созданный ею образ собственного «Я» — яркий и бросается в глаза. Она рисовала свое лицо в течение часа, накладывая тени и румяна, подчеркивая и ретушируя свои черты, и теперь несет себя так, словно является произведением искусства. Ее ноги, обтянутые черными колготками, окоченели на морозе. Глубокий вырез ее платья открыт порывам ветра, который поднимает маленькие волоски на ее коже. Ее ахиллесовы сухожилия измучены черно-красными туфлями на шпильках и беспрестанно пульсируют от боли. Но на нее все время оборачиваются люди: *кто* это? Каждый быстрый взгляд в ее сторону действует на нее как инъекция лекарства, вводимого под кожу. И пока люди продолжают оборачиваться, ей и в самом деле не будет холодно.

Рефлексы здорового тела заставляют его стремиться избегать боли. Но мышление в рамках мифа о красоте действует как анестезия, притупляющая чувствительность, и делает женщин похожими на неодушевленный предмет. «Квалификация красоты» повышает болевой порог, чтобы поддерживать хирургические технологии. Чтобы пережить Эру хирургии, нам нужно не перестать понимать, *что* мы чувствуем. Чем больше мы страдаем, тем сильнее мы сопротивляемся открытию ментальных каналов, которые нам пришлось закрыть. Во время экспериментов Милгрэма в 1950-х гг. исследователи просили участников положить руки на рычаг, который, как им объяснили, подвергнет удару электрического тока людей, которых они не видели. Затем ученые велели им увеличивать силу электрического разряда. Участники эксперимента, вынужденные подчиниться авторитету ученых, говорящих им, что это правильно, и отрезанные от своих «жертв», увеличивали силу тока до критического уровня. На заре Эры хирургии женщина учится относиться к своему телу так же, как участники эксперимента относились к жертвам электрошока. Будучи отрезанной от своего тела, не имея возможности видеть или чувствовать его как человеческое, она с подачи научных авторитетов обучается причинять ему максимальный вред.

Удар электрического тока — не просто метафора. Это было и остается частью системы контроля над женщинами с тех пор, как начали использовать электричество. Инвалиды викторианской эпохи подвергались воздействию электрошока. Электрошоковая терапия традиционно применяется к женщинам — пациенткам психиатрических лечебниц, и она очень похожа на церемонию умирания и возрождения, практикуемую в эстетической хирургии. Элейн Шоуолтер в книге «Женская болезнь» пишет о том, что электрошок был «атрибутом могущественного религиозного ритуала, проводимого под руководством мужественной фигуры священнослужителя… [Его магия] объясняется тем, что он имитирует церемонию смерти и возрождения. Для пациента он олицетворяет собой образ посвящения, в котором доктор убивает “плохую” сумасшедшую часть его сущности и воскрешает “хорошую” часть — в видении поэтессы Сильвии Плат электрошок возрождает хорошую, уже "не женскую", сущность». «По этой причине пациенты, склонные к суициду, часто успокаиваются при помощи ЭШТ. Просыпаясь после этого, они чувствуют себя так, как будто умерли и родились вновь, а те части их самих, которые они ненавидели, теперь уничтожены — в буквальном смысле убиты электрошоком». Джеральд Макнайт описывает антивозрастную «терапию» лица, в которой применяется электрошок. Lancóme производит «продукт, очерчивающий контуры (тела) с предельной точностью» и обещающий «бороться с нежелательными неровностями»: это «первое средство, подтягивающее контуры тела» при помощи термического шока. Наконец, электрошок повсюду, от Советского Союза до Чили, использовался для того, чтобы усмирять политических диссидентов.

Теперь женщинам предлагают вести себя так, как если бы они применяли электрошок сами к себе. Нет смысла вдаваться в подробности судебных дел, по которым были вынесены возмутительно несправедливые решения, или снова говорить о том, что эстетическая хирургия дорогостояща и очень-очень болезненна и что очень велика вероятность того, что вы доверитесь никем не контролируемому, неквалифицированному специалисту, который явно находится не на вашей стороне... И точно так же нет смысла говорить о возможности смертельного исхода.

Эта апатия является настоящей проблемой: анестезия действует уже в мировом масштабе. С каждой статьей, которая во всех деталях описывает ужасы пластической хирургии — а многие из них делают именно это, — женщины по иронии судьбы теряют еще немножко способности чувствовать свои собственные тела, осознавать свою собственную боль и идентифицировать себя с нею — а ведь это навык, необходимый для выживания. Ведь с каждой такой статьей усиливается давление общества на женщин, толкающее их на то, чтобы пройти через все эти ужасы. Мы, женщины, знаем об этих зверствах, но мы уже ничего не чувствуем.

По мере того как будут повышаться требования к «красоте», а хирургические технологии будут становиться сложнее и изощреннее, процесс потери чувствительности будет ускоряться. Миф продвигается на восток: процедуры, которые в Америке считаются вполне приемлемыми, по-прежнему кажутся отвратительными в Великобритании и возмутительными в Нидерландах, но в следующем году британские женщины уже смогут сдержать свой позыв к рвоте, а голландок будет всего лишь слегка подташнивать. Те части нашего тела, которыми мы сейчас восхищаемся, в следующем году будут переквалифицированы в дефекты. Требуемый от нас болевой порог будет постоянно расти. Этот прогноз продиктован простой арифметикой: эстетическая хирургия в США удваивала свои показатели каждые пять лет, а затем утроила их за два года. В Великобритании показатели этой отрасли увеличиваются вдвое каждые 10 лет. В США каждый год операции подвергается целый город женщин размером с Сан-Франциско, а в Великобритании — город размером с Бат.

Дело в том, что в нашей потере чувствительности мы стремимся угнаться за уровнем, которого требует от нас квалификация красоты. Читательница заканчивает статью и смотрит на фотографии: лицо женщины выглядит так, словно ее били по скулам железной трубой... У нее синяки вокруг глаз. Кожа на бедрах — сплошное месиво из кровоподтеков. Ее грудь опухла и стала желтой и неподвижной. Под швами запеклась кровь. Два или три года назад читательница думала, что эти фотографии всего лишь делают из мухи слона. А сегодня ее вдруг осеняет, что это реклама. От нее больше не ждут, что она, как раньше, испытает отвращение, увидев это. Женские журналы устанавливают стандарты красоты. Они активно пишут о хирургии, отчасти потому, что очень мало из того, что происходит в мире «красоты», является по-настоящему новым. Эти статьи заставляют читательниц поверить, что теперь мы не должны ничему сопротивляться, потому что другие читательницы — наши конкурентки — принимают этот вызов. Типичная статья, детально описывающая недели ужасной боли, но заканчивающаяся на счастливой ноте красоты, вызывает у женщин ажиотаж.

Обитательница приюта для женщин, подвергшихся домашнему насилию, однажды описала свои ноги как «один большой синяк, на который словно надеты багровые колготы». В случайно услышанном мною в кофейне на Манхэттене интервью для книги, рекламирующей эстетическую хирургию, женщина, сделавшая липосакцию, использовала схожий образ. Так что писать нужно не о тех увечьях, которые наносят нам пластические хирурги, а об атмосфере, в которой мы живем и благодаря которой нам все это уже стало безразлично.

Мы вступили в новый век вместе с эстетической хирургией. Все границы разрушены. Никакие страдания или угроза остаться искалеченными больше не пугают нас. Это похоже на то, что происходит сейчас с жизнью на нашей планете: мы находимся на поворотном моменте истории.

Рассвет Эры хирургии в 1980-х гг. действительно стал результатом технологических достижений в области медицины, но куда больший импульс ей придал миф о красоте в его борьбе против феминизма. Эти две движущие силы — технические возможности и, что гораздо важнее, *стремление* полностью переделать женщину — привели нас к невероятному перевороту в сознании. С тех пор как боль и увечья стали описывать в выражениях, умаляющих их истинное значение, женскому сознанию пришлось свыкнуться с тем, что прежние правила полностью разрушены, и это сравнимо с изменением человеческого сознания, произошедшим, когда впервые был расщеплен атом. Невероятный рост возможностей привел к тому, что и опасностей стало несоизмеримо больше.

Если что-то в женском теле может быть изменено, значит, в параллельном мире мифа о красоте произошла революция. Значит ли это, что прежняя экономическая модель полностью разрушена? Что наука действительно открыла новые горизонты красоты для всех женщин, которые могут себе это позволить? Значит ли это, что жестко регламентированная кастовая система, в которой кто-то уже рождается «лучшим», чем другие, умерла и теперь женщины свободны?

Именно такова была популярная интерпретация происходящего: Эра хирургии — это безусловное благо. Она является воплощением американской мечты: человек может заново создать себя «лучшего» в смелом новом мире. Эра хирургии по вполне понятным причинам интерпретировалась даже как женское освобождение: журнал *Ms.* приветствовал ее как «трансформацию себя», а в журнале *Lear's* женщина-хирург заявила: «Вот! Наконец-то! Вы пришли к свободе!» Желание женщин получить волшебную технологию, которая разрушит миф о красоте и его несправедливость — благодаря «красоте», которая может быть получена почти справедливым путем, потому что вы можете заработать ее болью или купить за деньги — исполнилось, но это оказалось мучительным и недальновидным решением проблемы.

Это можно сравнить с теми надеждами, которые общество питало в 1950-е гг. в отношении атомной бомбы. Изобретенная в конце Второй мировой войны, она, казалось, могла магическим образом уравнять возможности неравных наций. И точно так же эстетическую хирургию представляют как чудесного миротворца в поединке женщин за красоту. Потребовались десятилетия, чтобы люди осознали действительное влияние ядерной эры на человеческое сознание. Даже если ядерное оружие никогда больше не будет использовано, оно навсегда изменило наши представления о мире.

С наступлением Эры хирургии мы оказались на гребне гигантской волны, масштаб которой не можем даже оценить. Радость, с которой мы приняли это новшество, говорит о нашей недальновидности, как и в свое время оптимизм по поводу изобретения бомбы, когда рынок наводнили «атомные» купальники* и мультяшные персонажи. Благодаря эстетической хирургии женское сознание трансформируется, и мы утрачиваем границы тела, которые лишь недавно определили и которые защищали.

Нас волнует бомба, не важно, сдетонировала она или нет. И не важно, прибегала ли женщина к услугам пластических хирургов или нет, но ее сознание формируется под влиянием того, что такая возможность существует. Ожидания от хирургии будут только возрастать. И как только достаточное количество женщин будут переделаны и их число достигнет критической массы, то есть слишком много женщин будут выглядеть «идеально», «идеал» обязательно изменится. От женщин, если они захотят сохранить свою сексуальность и свой образ жизни, потребуют отрезать или зашить что-то совершенно другое.

В 1945 г. мы лишились роскоши принимать как должное то, что мир будет существовать вечно. Технологии

---

* Купальники бикини получили свое название в честь атолла Бикини, на котором США проводили ядерные испытания. — *Прим. ред.*

сделали возможным его разрушение. В 1990-х гг. технологии положили конец пониманию того, что женское тело принадлежит женщине. Она стала утрачивать роскошь принимать как должное то, что у нее есть ее собственные тело и лицо, с которыми она могла бы прожить всю жизнь.

Годы, прошедшие между изобретением бомбы и моментом, когда Эйнштейн провозгласил «новый образ мышления», необходимый человечеству для выживания, были самыми опасными. Человечество обрело средства, с помощью которых оно могло разрушить весь мир, используя новую военную технологию, но еще не достигло такого уровня сознания, чтобы понять, что война не является чем-то неизбежным. Сегодня женщины получили доступ к технологическим достижениям, с помощью которых они могут сделать все что угодно во имя «красоты», но они еще не сформировали мировосприятие вне старых правил, которое позволило бы им представить, что противостояния с другими женщинами можно избежать. Хирурги могут сотворить все что угодно, но еще не пришло то время, когда мы будем уже не готовы пойти на «все что угодно» ради «красоты».

Мы живем в опасное время.

Новые возможности, открывшиеся перед женщинами, очень скоро превратились в новые обязательства. Лишь маленький шаг отделяет «можно сделать все ради красоты» от «нужно сделать все ради красоты». И прежде чем мы начнем думать о своей безопасности, нам предстоит признать, что женщины сами свободно выбирают эту боль. Мы должны задаться вопросом, что значат слова «выбор» и «боль» применительно к женщинам в Эру хирургии.

Боль

Что вызывает боль? Теоретик права Сьюзен Левитт утверждает, что в суде для того, чтобы доказать, что вам нанесли ущерб, вы должны привести доказательства того, что оказались в худшем положении, чем были до произошедшего. Но, по ее словам, так как жизнь женщин проходит в атмосфере постоянного унижения, их не воспринимают как пострадавшую сторону, даже если им действительно нанесли ущерб. Кажется, такой же принцип применяется и при признании ущерба, нанесенного женщинам ради красоты: с того времени, как стало принято считать, что женщины должны быть помешаны на «красоте», это опасное для жизни помешательство перестало считаться чем-то значимым. С тех пор как общественное мнение решило, что женщины должны страдать во имя красоты, боль, которую мы испытываем, превратилась в простой «дискомфорт». Из-за того, что средства, имеющиеся у женщины, не воспринимаются как нечто реальное, а лишь как деньги на карманные расходы, и из-за того, что женщины сходят с ума ради «красоты», а сумасшедшим деньги ни к чему, практика мошенничества по отношению к женщинам перестала считаться мошенничеством и превратилась в «честную игру на деньги». Из-за того, что женщины изначально «сделаны не так, как надо», они не могут по-настоящему пострадать, если их «неудачно переделали». И наконец, из-за того, что мы по своей натуре доверчивы, если речь идет о надежде на обретение «красоты», никакой обман не является преступлением.

Боль реальна, если можно заставить других людей поверить в нее. Но если никто, кроме вас, в нее не верит, ваша боль становится безумием, или истерией, или проявлением вашей личной женской несостоятельности. Женщины научились покоряться боли, слушая тех, кто считается авторитетом, — врачей, священников, психиатров, говорящих нам, что то, что мы чувствуем, вовсе не является болью.

Женщин убеждают проявлять стойкость перед лицом боли во время операций, такую же, как при деторождении. Андреа Дуоркин, автор книги-исследования «Ненависть к женщине» (Woman Hating), пишет о том, что средневековая церковь претворила в жизнь проклятие Евы, отказываясь разрешить любое облегчение боли при родах. А «запрещая аборты, католическая церковь, — говорит Дуоркин, — делает упор на библейское проклятие, сделавшее деторождение болезненным наказанием. Этот запрет никак не связан с "правом на жизнь" нерожденного младенца». Поэтесса Адриенна Рич напоминает женщинам: «Патриархальное общество сказало женщине, что у страданий, которые она испытывает во время родов, есть определенная цель — это и *есть* цель ее бытия, и новая жизнь, которую она производит на свет (особенно если это мальчик), представляет собой ценность, а ее собственная ценность напрямую зависит от этого». То же самое справедливо и для «новой жизни», сотворенной хирургами «красоты». В родильном отделении, утверждают члены Брайтонской женской научной группы в книге «Алиса под микроскопом» (Alice Through the Microscope), от будущей матери, как правило, ожидают, что она «дистанцируется от своего тела и его реакций, чтобы сохранить контроль над собой и продолжать вести себя "хорошо". Женщину, которая кричит при родах или плачет после них, часто заставляют почувствовать, что она *не выполнила свой моральный долг*, что она потеряла контроль над собой и что ее собственные чувства не являются естественными или что она не должна давать им волю». Женщины, сделавшие косметическую операцию, говорят, что они пережили аналогичный опыт.

Большинство женщин могут вспомнить много случаев, когда им говорили, что то, что они принимают за боль, на самом деле болью не является. Я помню одного гинеколога с толстыми грубыми пальцами, который резко раскрыл мне влагалище медицинским зеркалом, отчего меня пронзила острая боль в нижней части позвоночника. Меня словно окатило ледяной водой. «Перестаньте морщиться, — резко сказал он. — Это не больно». А одна женщина рассказывала мне о косметологе, который спросил ее: «Вы когда-нибудь делали электроэпиляцию?» — «Да», — ответила женщина. «И как?» — «Это адски больно». — «Нет, это не больно», — возразил он ей. Другая женщина вспоминала о разговоре по горячей линии, на которую звонят в случае изнасилования: «Они сказали, что не понимают, почему я так переживаю. Синяков не осталось. Словно он не причинил мне никакого вреда!» Наконец, одна бизнес-леди рассказывала мне про свой опыт ринопластики: «Я сделала ее после неудачного романа, то есть я действительно отрезала нос назло самой себе. Они сказали, что, если я буду хорошей пациенткой, мне не будет больно, будет всего лишь небольшое кровотечение. Но я не могла больше терпеть. Я сказала, что мне больно. Они ответили, что я слишком остро реагирую. Было столько крови, что моя сестра упала в обморок, когда увидела меня. А мне сказали: "Смотрите, что вы наделали"».

В журнале *She* «рабыня» своей внешности так описала пилинг лица: «По существу, он ничем не отличается от ожога второй степени… [Он] поджаривает кожу и делает ее хрустящей, затем образуется корка, которая потом отваливается… [Он] длится несколько часов, потому что процедура настолько токсична, что нельзя допустить, чтобы эти вещества попали в кровь». А доктор Томас Риз называет вещи своими именами, ничего не приукрашивая: «Абразивная чистка лица и пилинг — обе эти процедуры в равной степени травмируют кожу [таким образом], что слишком глубокие слои кожи могут повредиться, в результате чего может образоваться открытая рана. После химического пилинга были случаи остановки сердца с летальным исходом… Для процедуры дермабразии кожа замораживается до такой степени, что приобретает твердость доски, что облегчает ее чистку при помощи вращающейся металлической щетки с алмазным напылением». («Шлифовка кожи, — информирует читателя доктор, — была изобретена во время Второй мировой войны и делалась с помощью наждачной бумаги, чтобы удалить куски шрапнели, врезавшиеся в кожу». А пластическая хирургия появилась после Первой мировой войны, чтобы бороться с невиданными ранее увечьями.) Женщина, увидевшая процесс шлифовки кожи, сказала журналисту, бравшему у нее интервью, что, если бы такое творили с людьми в тюрьме, это вызвало бы протест международной общественности, потому что было бы воспринято как ужасные пытки и привело бы к обращениям в «Международную амнистию». Однако популярность этой «пыточной» процедуры, по данным доктора Риза, неуклонно растет.

Нелегко описать физическую боль, и слова, которыми мы условились ее описывать, редко передают то, что человек на самом деле испытывает. Чтобы облегчить боль, общество должно признать, что она все-таки существует. То, что испытывают женщины в операционной, находясь под маской из кислоты, лежа без движения под общим наркозом, потеряв сознание от холода, в ожидании того, как им сломают переносицу, все это по-прежнему остается личным делом каждой из них, и пока еще не найдены подходящие слова, чтобы описать то, что они в этот момент чувствуют.

Боль, которую испытывают женщины, отрицается по причине ее тривиальности. «Это может быть неприятно». «Будет некоторый дискомфорт». «Появится небольшой синяк, и совсем немножко распухнет». Пока еще никому не позволено сравнивать боль, которую американские и европейские женщины терпят ради красоты, с реальной болью, с болью, признаваемой «Международной амнистией». Такое сравнение назвали бы кощунственным. Но оно необходимо, ведь от того, что их страдания преуменьшают, женщины умирают.

Эстетическая хирургия причиняет боль. Они держат вас под водой до тех пор, пока вы не перестанете сопротивляться. Вы дышите только что разрезанными жабрами. Они вытаскивают вас обратно на берег, согнувшуюся и наглотавшуюся воды, и кладут лицом вниз, на берег, куда еще не ступала нога человека. Под воздействием препаратов ваше сознание затуманено, а они аккуратно переезжают танком ваше неподвижное тело.

Пробуждение болезненно, и возвращение к жизни тоже причиняет ужасную боль. В больнице, хотя ее и называют «шикарной» и говорят, что в ней о вас «позаботятся», вас унижают: так же, как в тюрьме или в сумасшедшем доме, то есть везде, где ваша прежняя личность означала для вас и окружающих одни лишь неприятности, у вас забирают вашу одежду и кладут вас на пронумерованную кровать.

За то время, пока вы были под наркозом, вы потеряли часы своей жизни, и вы их уже никогда не вернете. Вас навещают посетители, но вы видите их сквозь толщу воды, которой вас накрыло с головой, словно со дна колодца, будто они представляют собой какой-то другой вид живых существ. Если вас разрезали хотя бы однажды, никакая последующая хорошая жизнь не сотрет ваших воспоминаний о том, как близка и гостеприимна смерть.

В эстетической хирургии нет ничего эстетичного, а человеческое тело — это не пластик. Даже сами эти слова превращают все в банальность. Это не то же самое, что разгладить складки на ткани, или тюнинговать автомобиль, или перешить одежду устаревшего фасона, но сейчас в ходу именно такие метафоры. Когда хирурги говорят с женщинами, они используют такой язык, словно обращаются к детям или говорят о пустяках: «сделаем укольчик», «подтянем животик». Описывая кислотный ожог второй степени, Риз пишет: «Помните, как в школьные годы, когда вы падали и обдирали коленку, на ней потом образовывалась корочка?» Такое обращение к женщинам как к детям искажает реальность. Хирургическая операция меняет человека навсегда, причем не только его тело, но и сознание. Если мы не начнем говорить об этом как о чем-то серьезном, наступит эпоха женщин, сделанных мужчинами, и тогда у нас уже точно не останется возможностей для выбора.

Выбор

Боль во имя красоты воспринимается как нечто тривиальное, потому что предполагается, что женщины сами выбирают такой путь. Это убеждение не дает людям увидеть: все, что Эра хирургии творит с женщинами, — это нарушение прав человека. Голод, рвота, хирургические вмешательства — все эти орудия мифа о красоте на самом деле являются политическим оружием. С его помощью женщин подвергают массовым пыткам. Когда определенному классу людей отказывают в пище, или его регулярно вынуждают искусственно вызывать рвоту, или неоднократно разрезают и зашивают без каких-либо медицинских показаний, мы называем это пыткой. Но страдают ли женщины от голода или кровопотери меньше, если становятся собственными палачами?

Большинство людей скажет: «Да, ведь они делают это сами и поступают так, как обязаны поступать». Но не странно ли считать, что голод, кровь и ожог второй степени перестают быть тем, чем они являются, просто потому, что мы «выбираем» это сами? Нервные окончания не могут сказать, кто заплатил за то, что их порезали на куски; содранную кожу нельзя утешить, объяснив ей причину, по которой ее решили сжечь. Люди реагируют нелогично, когда речь идет о боли во имя красоты, так как они верят, что мазохисты заслуживают страданий, потому что получают от них удовольствие.

Но ведь женщины усваивают, что от них требуется, от своего социального окружения. Женщины чувствительны к сигналам, которые посылает им общество, а общественные институты четко дают нам понять, что, когда речь идет о красоте, они одобряют любую жестокость. Если битва за красоту — это война, то женщины, которые в ней не участвуют, трусихи и предательницы. «Кто боится эстетической хирургии?» — с издевкой спрашивает хирург. В Эру хирургии выбор женщин никак нельзя назвать свободным, и поэтому непростительно то, что общество до сих пор отказывается видеть реальность наших страданий.

Выбор в вопросах эстетической хирургии и косметологии у нас появится только тогда, когда:

- *Мы сможем сохранить работу и, соответственно, свой источник дохода, не прибегая к пластике и косметологии.* Мы видели, что перекраивание тела стало необходимым условием найма женщин на работу и продвижения по службе. В хирургических брошюрах подчеркивается необходимость выглядеть «молодо» для карьерного роста. Но, по сути, это абсолютно незаконно. Согласно Закону об охране труда и технике безопасности 1970 г., «работодатели больше не имеют права... получать от работников согласие на деятельность, которая подвергает их жизнь опасности или наносит вред их здоровью». Пластические операции, «Ретин-А» и постоянная нехватка калорий — что это, как не вредные для здоровья условия труда?! Однако у женщин, постоянно сталкивающихся с требованиями квалификации красоты, нет возможности противостоять этому, не потеряв при этом источника дохода.
- *Мы сможем сохранять свою индивидуальность, не прибегая к хирургии.* Слово «выбор» не значит ничего, когда это выбор между жизнью и смертью. Для животного, пойманного в капкан, отгрызть себе лапу, чтобы выбраться, — это не вопрос выбора. «Железная дева» грозит захлоп-

нуться, изранив нас своими острыми, как бритва, краями. То, что с возрастом стало выходить за очерченные границы, безжалостно отрезается. Когда женщины обсуждают хирургию, они говорят о «дефектах», с которыми «невозможно жить», но это не делает их истеричками. Их журналы задаются вопросами: «Есть ли жизнь после 40? Можно ли жить с размером больше 16-го?», и они спрашивают это вовсе не в шутку. Женщины выбирают хирургию, когда их убеждают в том, что без нее они не могут быть тем, кем они уже являются. Если бы все женщины могли выбрать жизнь, в которой они могли бы оставаться *самими собой*, большинство из них, скорее всего, сделали бы именно такой выбор. Женский страх потерять свою индивидуальность вполне оправдан. Мы «выбираем» маленькую смерть вместо того, что преподносят нам как жизнь, которой невозможно жить. Мы решаемся почти умереть, чтобы потом родиться вновь.

- *Мы сможем сохранять свое положение в обществе, не прибегая к хирургии.* В странах с традиционной культурой, таких как Греция и Турция, для женщин среднего возраста считается неприличным носить одежду ярких «молодежных» цветов. Но есть и «современные» культуры — в Палм-Спрингс, Беверли-Хиллз и в Верхнем Ист-Сайде для пожилой женщины считается шокирующе неприличным не делать подтяжку шеи.

Мужчины обычно воспринимают принуждение как угрозу своей независимости. Женщины воспринимают его иначе: для них это значит невозможность сформировать отношения с другими людьми, быть любимыми и оставаться желанными. Мужчины думают, что принуждение происходит в основном через физическое насилие, но женщины считают физические страдания терпимыми по сравнению с болью, которую они испытывают, когда теряют любовь. Угроза утратить любовь может отшвырнуть назад с большей силой, чем поднятый на нас кулак. И если мы считаем, что женщины готовы прыгнуть через горящий обруч, чтобы сохранить свою любовь, то это только потому, что угрозу жизни без любви использовали чаще против женщин, чем против мужчин, в качестве формы массового политического контроля.

Отчаянные поступки, совершаемые женщинами во имя красоты, высмеиваются как нарциссизм, но женщины идут на отчаянные меры, чтобы сохранить свою сексуальную жизнь, которую никто не угрожает забрать у мужчин, не утрачивающих свою сексуальную индивидуальность, несмотря на физические недостатки и возраст. Мужчинам не твердят со всех сторон о том, что их время истекает, что их никогда больше не будут ласкать, они никогда больше не будут вызывать восхищение и радовать глаз. Пусть мужчина только представит себе жизнь в условиях такой угрозы, нависшей над ним, прежде чем он назовет женщин самовлюбленными нарциссами. По вполне понятным причинам многие из нас верят, что борьба за красоту — это борьба за жизнь, согретую сексуальной любовью.

С угрозой потери любви приходит угроза стать невидимой. Преклонные годы — это апофеоз неравенства полов: мужчины в возрасте правят миром, а женщины в возрасте исчезают из поля зрения нашей культуры. Отверженный или подвергшийся остракизму человек перестает быть человеком. Быть отверженным обществом — это страшнее тюрьмы. Южноафриканский активист Бейерс Ноде во время выступления на британском телевидении сказал: «Если человек попадает "под запрет", это запросто может сломить его». Мало кто может выдержать, когда к нему относятся как к невидимке. И женщины решаются на подтяжку лица, потому что если они этого не сделают, то перестанут существовать для общества, в котором живут.

Подтяжка лица может повлечь за собой нервный паралич, инфекции, образование язв на коже, ее отмирание, нарастание рубцовой ткани и послеоперационную депрессию. «Какой ужас! Я выглядела так, словно меня переехал грузовик! У меня был жуткий вид, вся опухшая, в синяках, жалкое зрелище… Я выглядела чудовищно… Мне тогда сказали, что многие женщины в такой момент начинают безудержно рыдать». «После операции испытываешь достаточно болезненные ощущения, потому что кажется, что у тебя вывихнута челюсть. Ты не можешь улыбаться, потому что у тебя болит все лицо… У меня был ужасный желтый синяк и ссадины». «Злостная инфекция… гематома … полукруглый синяк и три отчетливые шишки, одна из которых была размером с гигантский кулак… Зато теперь я крашусь с радостью!» Это цитаты из женских журналов, высказывания женщин, сделавших подтяжку лица.

Я бы очень хотела забыть вид человека, которого я люблю, лежащего в больнице Святого Винсента с повязками на глазах, испачканными зеленовато-желтым гноем. В ее вену была вставлена иголка капельницы. Еще не отойдя от наркоза, она мотала головой, как слепой теленок. В таком состоянии она не могла видеть людей, которые переживали за нее, в смущении столпившись вокруг ее кровати. По ее великолепным скулам, по ее знаменитому рту стекала струйка алой крови. Казалось, она оказалась здесь, потому что была серьезно больна или потому что ее избили, но это было не так. Она попала туда ради того, чтобы никто не заметил, что она стала не так красива, как раньше.

Женщин учат реагировать на подобные истории злой усмешкой, потому что иначе, как нас убеждают, наша жизнь станет просто невыносимой. Старые женщины перестают существовать для общества. Матери наших матерей исчезли, они утратили всякую ценность после того, как воспитали и вырастили детей.

Но какому бы давлению мы ни подвергались в настоящем, если мы допустим хирургическое будущее, в нем у нас уже точно не останется выбора.

Хирургическое будущее

В викторианскую эпоху список показаний для операции продолжал расширяться. Как пишет Элейн Шоуолтер, «аморальность», так же как и уродство, стало «понятием, которое можно было применить почти к любому поведению, воспринимавшемуся обществом как ненормальное или разрушительное». Были созданы психиатрические лечебницы для «молодых женщин с неукротимым нравом, строптивых, непокорных, озлобленных, не подчинявшихся никакому домашнему контролю; или для тех, кто хотел, чтобы им помогли обуздать свои страсти, без которых они бы потеряли свою женскую сущность». То же самое происходит и в наши дни: показаний для операций становится все больше и по тем же самым причинам. В 1970-х было изобретено шунтирование тонкой кишки (когда для потери веса кишечник запаивают), и к 1983 г. проводилось уже по 50 000 таких операций ежегодно. Челюстные зажимы (когда челюсти сцепляются ради невозможности нормально есть и потери веса) тоже начали использоваться в феминистские 1970-е, а операции по уменьшению объема желудка начали практиковать в 1976 г. «Со временем, — пишет *Radiance*, — критерии для назначения операции становились все более размытыми, и в результате сегодня каждый, кто имеет хотя бы незначительный лишний вес, может найти хирурга, готового прооперировать его». Женщинам, весящим всего 70 кг, сшивали кишки. Несмотря на то, что врач, который изобрел эту процедуру, рекомендовал ее для пациентов с лишним весом, превышающим 45 кг, Управление по санитарному надзору за качеством пищевых продуктов и медикаментов одобрило проведение этой операции почти для всех, кто этого захочет.

Сшивание кишечника может привести к развитию 37 осложнений, включая истощение, печеночную недостаточность, аритмию, заболевания нервной системы, рак желудка, иммунодефицит, анемию и смерть. У каждого десятого пациента в течение полугода развивается язва желудка. Показатель смертности от этой процедуры в девять раз выше, чем у человека, отказавшегося от хирургического вмешательства: от 2 до 4% пациентов умирают в течение первых нескольких дней, но окончательное число погибших может быть значительно больше. Хирурги «агрессивно выискивают» пациентов и «без проблем получают их официальное письменное согласие на операцию и подпись на документах, подтверждающих, что они ознакомились с информацией о вероятности серьезных осложнений и даже смерти вследствие операции». Сейчас уже никто не удивится, узнав, что от 80 до 90% пациентов, которым сшивают кишки и ушивают желудок, — женщины.

В конце концов все женщины стали операбельными. Липосакция является самой быстроразвивающейся областью эстетической хирургии: 130 000 американок прошли через эту процедуру в прошлом году, и хирурги выкачали из их организмов 90 т плоти. Как мы уже знаем, согласно данным *The New York Times*, в результате этой процедуры умерли 11 женщин. Как минимум еще трое умерли после того, как эта статья была написана.

Но я бы никогда не узнала об этом из бесед с «консультантами», к которым я приходила в качестве потенциального клиента:

— Существуют ли риски при липосакции?

— Риски несущественны. Всегда есть риск подцепить инфекцию, он небольшой, также есть риск осложнений, связанных с анестезией, но он тоже весьма невелик.

— Кто-нибудь когда-нибудь умирал от липосакции?

— Ну, может быть, лет десять назад такое случалось с очень полными людьми.

— Бывают ли смертельные исходы в наши дни?

— О, *нет*.

— Каковы риски при липосакции?

— Рисков нет, вообще никаких.

— Я читала, что бывали смертельные случаи.

— О боже! Где вы такое прочитали?

— В *The New York Times*.

— Я ничего не знаю об этом. Я ничего не знаю о *The New York Times*. Я уверен, что, если бы это было правдой, все газеты пестрели бы заголовками об этом. Они раздувают из мухи слона.

— Предполагает ли липосакция какие-либо риски?

— Нет-нет, что вы! В целом нет никаких рисков, вообще никаких, никаких. Никаких проблем, никаких.

— Я читала, что было несколько смертей.

— М-м-м, я что-то слышал об этом. Но если вы находитесь в руках опытного профессионала, у вас не должно возникнуть никаких проблем, никаких проблем.

— Какие риски предполагает липосакция?

— Существуют очень незначительные риски, очень незначительные.

— Бывают ли смертельные исходы?

— Я так не думаю.

— Какие риски предполагает липосакция?

— Они очень-очень малы, просто малюсенькие. Они абсолютно минимальны, один случай на миллион или что-то вроде того. Это очень простая операция, и очень мало что может пойти не так, с точки зрения долговременных побочных эффектов — очень-очень маловероятно, что что-то может пойти не так.

— А возможен ли смертельный исход?

— Нет-нет, что вы… Я никогда не слышал о подобном осложнении.

Можно, конечно, назвать смерть долговременным побочным эффектом. Определенно можно назвать ее осложнением. Если пойти еще дальше, можно сказать, что рисковать своей жизнью — это самое меньшее, о чем стоит переживать, очень-очень маленький риск, малюсенький, очень маленький, абсолютно минимальный. Смерти в результате липосакции не являются реальными — таково утешение для семей усопших. Хирурги говорят, что «преимущества существенно перевешивают риски», и эта фраза показывает, как они оценивают значимость своей версии красоты в сравнении с жизнью женщины.

Хирург может сказать, что акцентировать внимание на этом крохотном, малюсеньком смертельном риске — значит поднимать бурю в стакане воды: ведь количество смертельных исходов после липосакции так незначительно на фоне общего количества смертей. Смертей во время операций, необходимых по медицинским показаниям. Но если речь идет о переделке молодой и здоровой женщины? Сколько женщин должно умереть, чтобы мы решили, что это уже слишком, чтобы мы начали защищаться? Четырнадцать умерших женщин, и у каждой из них было имя, был дом и было будущее. У каждой из них было здоровое тело, а жировая прослойка под кожей была лишь показателем отличия женского тела от мужского. Они все поставили на карту — пан или пропал, и для всех 14 женщин теперь все потеряно. Когда же мы захотим заметить, что у врачей руки в крови? Когда умерших будет 20? Или 30? Или нам нужно, чтобы 50 здоровых женщин умерли от липосакции, и тогда мы почувствуем, что настало время сопротивляться? Когда же мы зададимся вопросом, почему случилось так, что женщины играют своими жизнями во имя красоты, которая не имеет к нам никакого отношения? Новые смерти — это всего лишь вопрос времени. Липосакция — это самая быстроразвивающаяся область эстетической хирургии, и число операций утраивается каждые два года. Может быть, сейчас самое время оглянуться назад и обратить внимание на эти 14 мертвых женских тел, реальных, человеческих. Четырнадцати умерших девочек было достаточно для Кении, но не для Соединенных Штатов.

Что представляет собой липосакция (при условии, что вы останетесь после нее живы)? В брошюре одной из клиник она описывается так:

> «УЛУЧШЕНИЕ ФИГУРЫ ПУТЕМ НЕМЕДЛЕННОГО УДАЛЕНИЯ ЖИРОВЫХ ОТЛОЖЕНИЙ. Одна

из наиболее успешных технологий, разработанная для того, чтобы сделать вашу фигуру более изящной и подтянутой. При помощи технологии липоэктомии и липолиза делаются небольшие надрезы в каждой проблемной зоне с избытком жира. Затем вставляется тонкая трубка, и плавными, отработанными движениями производится мощная равномерная откачка. В результате этот нежелательный (и часто неприглядный на вид) жир удален — навсегда».

Но если прочесть записи очевидца, журналистки Джил Неймарк, эта процедура предстанет в другом свете:

«Мужчина с силой впихивает пластиковую трубку в горло обнаженной женщины. Он соединяет трубку с помпой так, чтобы в течение последующих двух часов она могла дышать через нее. Ее глаза плотно залеплены пластырем, руки вытянуты вдоль тела, а голова немного склоняется набок. Она находится в искусственной коме, известной как общий наркоз… То, что следует дальше, выглядит невероятно жестоко. Доктор Лей Лачман начинает быстро тыкать в ее ногу полую иглу, разрывая при этом слой жира, нервов и тканей. Наконец врач готов наложить швы. Из нее было выкачано примерно 2000 мл плоти и крови. Еще немного, и она подвергалась бы смертельному риску.…Он снимает пластырь с ее век, и она смотрит на него невидящим взглядом: “Многим пациентам тяжело приходить в себя. Выход из наркоза — самая опасная часть операции”. Операции, которая может привести к общему заражению организма, сильному повреждению капилляров и гиповолемии, а в результате — к коме».

Липосакция показывает нам путь в будущее: это первая из множества процедур, через которые в перспективе придется пройти всем женщинам просто потому, что они — женщины.

Евгеника

Женщины являются кандидатами на операцию потому, что нас рассматривают как людей низшего сорта и таким образом причисляют к «отверженным». Расовые отличия тоже считаются дефектами: та же косметологическая клиника в своей рекламной брошюре предлагает «западный разрез глаз» для людей «с веками азиатского типа». Она выражает восхищение «европейским, или западным носом», насмехаясь над «азиатскими и афрокарибскими носами» («с толстым круглым кончиком, нуждающимся в коррекции») и над «восточными носами» («приплюснутыми, кончик которых находится слишком близко к лицу»). Даже «западный нос, которому необходима коррекция, неизменно обладает некоторыми характеристиками небелых носов... хотя требуемые улучшения не столь значительны». Белые женщины вместе чернокожими и азиатками идут на операцию не из соображений тщеславия, а из-за того, что подвергаются дискриминации.

Если мы изучим язык Эры хирургии, то услышим в его звучании отголоски не столь далекого прошлого. В 1938 г. в Германии родственники детей с врожденными дефектами требовали убивать их из чувства сострадания к ним. Как пишет Роберт Лифтон, это происходило в атмосфере Третьего рейха, в котором акцент делался на «моральном долге быть здоровым» и который требовал от людей «отказаться от старого индивидуалистского права каждого человека на свое собственное тело» и называл больных и слабых «бесполезными иждивенцами».

Вспомните, как развивался этот процесс: жестокость, начавшись с малого, со временем становится массовой. Нацистские врачи начали со стерилизации людей с хроническими заболеваниями, затем перешли на людей с небольшими дефектами, далее на «нежелательных личностей», пока наконец не взялись за здоровых еврейских детей, потому что их национальная принадлежность была достаточным основанием для того, чтобы считать их больными. Определение больного, чья жизнь ничего не стоит, постоянно расширяло свои границы. «Бесполезных иждивенцев» просто сажали на «обезжиренную диету» до тех пор, пока те не умирали от голода. Их и раньше кормили недостаточно, и идея того, что их вообще не сто́ит кормить, витала в воздухе. «Эти люди», как открыто говорили нацистские врачи о «нежелательных личностях», «уже мертвы». Язык, который характеризовал «негодных» как уже почти мертвых, успокаивал совесть этих врачей: они называли их «человеческим балластом», «жизнью, не заслуживающей жить», «пустыми оболочками человеческих существ». Вспомните, как использовали слово «здоровье», чтобы дать логическое обоснование этому кровопролитию: мировоззрение врачей было основано на том, что Роберт Лифтон называет «подменой лечения убийством». Они подчеркивали терапевтическую функцию убийства слабых и дефективных детей в качестве средства для оздоровления политики по отношению к телу, «чтобы обеспечить осознание людьми всего потенциала своего расового и генетического фонда» и чтобы «остановить загнивание расы».

Вспомните язык, на котором говорят пластические хирурги. Когда немецкие врачи умерщвляли детей при помощи инъекций, это было не убийством, а лишь «погружением в сон». Вспомните бюрократическую путаницу, связанную с неквалифицированными хирургами. По словам Лифтона, комитет Третьего рейха по регистрации наследственных и врожденных заболеваний «создавал видимость внушительного регистрационного научно-медицинского совета, хотя его руководитель… имел диплом в сфере аграрной экономики… Эти "исследовательские" институты… создавали видимость медицинских проверок, хотя на самом деле никаких реальных исследований или экспертиз не проводилось». Медицинские эксперименты были оправданы тем, что они проводились «на существах, которые являются неполноценными людьми, поэтому их можно было изучать, видоизменять, ими можно манипулировать, их можно калечить или убивать — в конечном счете все это делалось во имя преобразования человечества». Вспомните потерю чувствительности: и жертвы, и экспериментаторы существовали в состоянии «полной потери чувствительности», поскольку в «атмосфере Освенцима были допустимы любые эксперименты».

Как пишет Лифтон, «врач, если он не живет по законам морали с четко очерченными границами, очень опасен».

Прогрессирующая дегуманизация имеет четкую и документально подтвержденную модель. Чтобы решиться на пластическую операцию, человек должен чувствовать, и общество должно с этим согласиться, что какие-то части человеческого тела не достойны жизни, хотя они по-прежнему остаются живыми. Такие идеи просачиваются в общую атмосферу общества, и от них отвратительно пахнет евгеникой. Для эстетического хирурга мир основан на принципе биологического превосходства, который, казалось бы, не должен вызывать восхищения у западных демократий.

«Железная дева» вырывается на свободу

Женщины находятся в опасности, потому что не понимают, что представляет собой «железная дева». Мы по-прежнему верим, что есть естественные рамки, которые ограничивают хирургию, то есть очертания «идеального» женского тела. Но этой грани больше нет. «Идеал» никогда не имел ничего общего с реальными женщинами, и отныне технологии могут позволить «идеалу» делать то, к чему он все время стремился: полностью отказаться от реального женского тела, чтобы клонировать лишь его мутации. Реальная женщина больше не является точкой отсчета.

В конце концов «идеал» полностью потерял человеческий облик. Одна модель в интервью журналу *Cosmopolitan* подчеркивает, что «современный идеал — это мускулистое тело с большой грудью. Природа не создает таких женщин». И, по сути дела, женщины больше не видят версий «железной девы», представляющих естественное женское тело. «Сегодня, — говорит доктор Стефен Герман из больницы Медицинского колледжа им. Альберта Эйнштейна, — я думаю, почти каждая известная модель перенесла какую-нибудь операцию по увеличению груди». «Многие модели, — признает женский журнал, — воспринимают сессию с пластическим хирургом как часть своих профессиональных обязанностей». Ежегодно 50 млн американцев смотрят конкурс красоты на звание «Мисс Америка». В 1989 г. пять конкурсанток, включая Мисс Флориду, Мисс Аляску и Мисс Орегон, сделали пластические операции у одного и того же хирурга из Арканзаса. Женщины сравнивают себя друг с другом, и молодые люди сравнивают девушек и молодых женщин с новым поколением гибридных неженщин. Естественная женская привлекательность никогда не была целью мифа о красоте, и технология наконец окончательно порвала какую бы то ни было связь с ней. Женщина говорит: «Мне это не нравится», — и хирург отрезает. Она говорит: «А как насчет еще вот этого?» И он режет.

Угроза будущего заключается не в том, что женщины превратятся в рабынь, а в том, что они станут роботами. Во-первых, мы будем зависеть от гораздо более высококачественных технологий самоконтроля, таких как Futurex-5000, или портативный анализатор жира с инфракрасным излучением, или карманный компьютер, который подключает электрический ток через электроды, расположенные на запястьях и лодыжках. Затем появятся новые извращенные изображения «идеала» в СМИ: «виртуальная реальность» и «Фотошоп» сделают «совершенство» еще более сюрреалистичным. Затем мы перейдем к технологиям, которые по кусочкам заменят несовершенное смертное женское тело его «совершенной» подделкой. И это не научная фантастика: этот процесс начался с открытия репродуктивных технологий. В Великобритании и США активно ведутся исследования в этой области с целью создания искусственной плаценты, и согласно трудам некоторых ученых, «мы сейчас движемся к эре, когда будем обладать достаточными научными и техническими знаниями для того, чтобы у женщин появилась возможность отказаться от своей женской репродуктивной функции или прибегать к ней только при условии использования генетического материала других людей». Так, например, существует технология, разработанная для состоятельных белых пар, когда они арендуют матку бедных женщин любой расы, чтобы те вынашивали их белых детей. Так как рождение ребенка «портит» фигуру, сценарий, в котором богатые женщины нанимают бедных, чтобы те выполняли за них этот неприглядный репродуктивный труд, неизбежен. И эстетическая хирургия не дает нам повода усомниться в том, что, едва такая технология появится, на малообеспеченных женщин будут оказывать давление, с тем чтобы они продавали наиболее востребованные части своих тел — грудь, кожу, волосы или жир, — которые послужат материалом для пластической реконструкции богатых женщин, подобно тому как сегодня люди продают свою кровь и органы. Если это кажется вам неправдоподобным, то перенеситесь хотя бы на 10 лет назад и представьте себе, что вам рассказали бы о том, что совсем скоро женщины начнут массово делать пластические операции, чтобы изменить свои грудь и бедра.

Развитие медицинских технологий приведет к тому, что ценность женского тела в глазах общества будет неуклонно снижаться. Уже сейчас разрабатываются методы предопределения пола будущего ребенка с вероятностью 70–80%, а когда такие технологии станут доступны, можно ожидать, основываясь на гендерных предпочтениях, отмечаемых повсеместно, что в соотношении мужчин и женщин произойдет резкий перелом — последних будет становиться все меньше. Некоторые ученые предостерегают, что в ближайшем будущем «женщин начнут выводить ради таких специфических качеств, как пассивность и красота». Имплантаты груди, размер которых можно регулировать, уже стали реальностью — они позволяют женщине адаптироваться к предпочтениям каждого нового партнера. А японцы уже создали человекоподобного робота-гейшу с искусственной кожей.

Но предвестники будущего массового производства женских тел пока все-таки встречаются нечасто, тогда как массовая обработка женского сознания происходит повсеместно. Женщины — пол, который подвергается зомбированию: с 1957 по 1967 г. потребление психотропных лекарств (седативных препаратов, транквилизаторов, антидепрессантов, регуляторов аппетита) выросло на 80%, и 75% потребителей составили женщины. К 1979 г. было выписано 160 млн рецептов на транквилизаторы, из которых свыше 60 млн — только на «Валиум». От 60 до 80% этих рецептов предназначались женщинам, а злоупотребление «Валиумом», по данным медицинских служб экстренной помощи, наиболее часто приводит к лекарственной передозировке. Сегодня в США и Великобритании женщины принимают в два раза больше транквилизаторов, чем мужчины. В Канаде произошел скандал из-за того, что женщинам выписывали слишком много рецептов на такие лекарства. В этих трех странах женщины составляют большинство пациентов, проходящих лечение электрошоковой терапией, психохирургией и психотропными препаратами.

Все это положило начало новой эре «фармацевтической косметики», среди которой есть, например, антидепрессант «Флуоксетин» производства Lilly Industries, который ожидает одобрения со стороны Управления по санитарному надзору за качеством пищевых продуктов и медикаментов и будет позиционироваться как препарат для потери веса. Газета *The Guardian* сообщает и о других подобных препаратах: в частности, эфедрине, ускоряющем обмен веществ, и еще одном препарате для похудения DRL26830A, который в период его приема вызывает «кратковременные судороги». Конечно, «у представителей фармацевтической промышленности есть опасения, что эти препараты могут создать серьезные этические проблемы», но они собираются «подготовить почву для производства этих препаратов в качестве средств скорее косметического, чем медикаментозного назначения». Как сообщается в этой статье со ссылкой на одно медицинское агентство, женщины принимают лекарства, «чтобы их воспринимали как женщин. “Женственная” женщина… стройна, пассивна, почтительна по отношению к мужчинам и не проявляет таких эмоций, как злость или отчаяние, и таких качеств, как настойчивость или упорство».

Итак, новая волна препаратов косметической направленности для улучшения настроения может решить проблемы женщин раз и навсегда: приняв такое лекарство, мы погрузимся в состояние перманентной жизнерадостности, пассивности, почтительности и хронически спокойной стройности.

Словом, что бы ни ждало нас в будущем, мы можем быть уверены лишь в одном: женщин в их «необработанном», или «естественном» виде будут продолжать перемещать из категории «женщина» в категорию «уродина», заставляя их стыдиться своих тел и стремиться к внешнему единообразию, будто они сошли с одного конвейера. А поскольку любой человек реагирует на оказываемое на него давление, то оно будет только расти, и обязательно наступит момент, когда ни одна уважающая себя женщина не рискнет выйти из дома с лицом, не измененным скальпелем пластического хирурга. Свободный рынок будет конкурировать, предлагая перекраивать женские тела дешевле, хотя и менее качественно, примитивно и без излишеств в дешевых клиниках, расположенных в подвальных помещениях. В такой атмосфере будет лишь вопросом времени, когда начнут менять расположение клитора, зашивать вагину, чтобы она лучше подходила для члена сексуального партнера, ослаблять глотательные мышцы, чтобы уничтожить рвотный рефлекс. В Лос-Анджелесе хирурги уже создали и вживили прозрачную кожу, через которую можно видеть внутренние органы. Это, по словам одного из очевидцев, «последняя степень вуайеризма».

Эта дьявольская машина уже ждет у дверей. Неужели же она станет нашим будущим?

8

Жизнь без мифа о красоте

Можем ли мы создать другое будущее, в котором миф о красоте умрет, а мы будем счастливо жить дальше?

Этот миф противостоит новообретенной женской свободе: благодаря ему те ограничения, которые раньше общество налагало на жизнь женщин, теперь наложены на их лица и тела. В ответ на это мы должны задаться вопросом о том, каково наше место в наших собственных телах, подобно тому, как женщины прошлого поколения задавались вопросом о своем месте в обществе.

Что такое женщина? Является ли она тем, кем ее представляют? Имеют ли ценность женская жизнь и женский жизненный опыт? И если да, то должна ли женщина стыдиться демонстрировать их? *Что такого* замечательного в том, чтобы выглядеть вечно молодой?

Идея о том, что у женского тела есть определенные границы, которые нельзя нарушать, появилась относительно недавно. Совершенно очевидно, что мы ее еще недостаточно осмыслили. Можем ли мы выйти за границы этого представления? Или мы по своей природе настолько податливы, что из нас можно лепить все что угодно, как из пластилина, придавая нам нужные формы и нарушая нашу физическую целостность? Разве женское тело не заслуживает такой же целостности и неприкосновенности, как мужское? Есть ли разница между модой на одежду и модой на женские тела? Если предположить, что когда-нибудь формы женского тела можно будет видоизменять недорого, безболезненно и без риска для жизни и здоровья, должны ли мы хотеть для себя именно этого? Должна ли исчезнуть выразительность зрелости и старости? И если она исчезнет, будет ли это для нас потерей?

Имеет ли значение женская индивидуальность? Нужно ли заставлять нас стремиться быть похожими на кого-то другого? Есть ли что-то изначально неприемлемое в текстуре женской плоти? В наше время идея о несовершенстве женского тела пришла на смену прежним представлениям о несовершенстве женского ума. Женщины доказали, что в умственном отношении они нисколько не уступают мужчинам. Но являются ли наши тела менее совершенными, чем мужские?

Можно ли поставить знак равенства между красотой и сексом? Зависит ли сексуальность женщины от ее внешности? Имеет ли она право на сексуальное удовольствие и самоуважение просто потому, что она личность, или она должна заслужить это право своей красотой, как в свое время она могла заслужить его, только выйдя замуж? Что представляет собой женская сексуальность, как она выглядит? Имеет ли она какое-либо отношение к тому, как ее представляют в коммерческих целях? Является ли она тем, что женщины должны покупать как продукт? И что именно действительно притягивает мужчин и женщин друг к другу?

Красивы женщины или нет?

Конечно же, мы красивы. Но мы никогда по-настоящему не поверим в это, по крайней мере не поверим так, как должны бы верить, до тех пор, пока не сделаем первый шаг за рамки мифа о красоте.

Означает ли это, что мы не можем красить губы помадой, не терзаясь при этом чувством вины?

Как раз наоборот. Это означает, что мы должны отделить от мифа все то, что он взял в заложники: женскую сексуальность, чувство сопричастности и единения между женщинами, получение удовольствия от зрительного восприятия форм и цветов, чувственного удовольствия от осязания тканей — женские удовольствия, как «чистые», так и «грязные». Мы можем уничтожить миф, не только сохранив при этом нетронутыми секс, любовь, привлекательность и стиль, но и позволив им расцвести еще ярче. Я не нападаю ни на что, что позволяет женщинам чувствовать себя хорошо, — только на то, что делает нас несчастными. Нам всем нравится быть красивыми и желанными. Но вот уже больше полутора веков западные образованные женщины среднего класса находятся под гнетом идеала женского совершенства, который периодически изменяется. С помощью этого старого испытанного приема у нас отнимают все лучшее, что есть в женской культуре, и навязывают нам требования общества, в котором господствуют мужчины. В 1920-х эти требования предъявлялись к женскому оргазму, в 1950-х — к поддержанию домашнего очага, в 1980-х — к нашей внешности. И каждое поколение женщин попусту теряет время, обсуждая симптомы болезни гораздо активнее, чем саму болезнь.

Это *навязывание идеала в корыстных целях* наглядно описано Барбарой Эренрайх и Дирдри Инглиш. На протяжении всей нашей новейшей истории мы наблюдаем действие этого стереотипа. Но чтобы разделаться с ним раз и навсегда, мы должны соотнести его с мифом о красоте. Если же мы не сделаем этого, то стоит нам развенчать миф о красоте, как его место тут же займет какая-нибудь новая идеология. По своей сути миф о красоте связан с внешностью, диетами, эстетической хирургией или косметикой не больше, чем «тайна женственности» была связана с работой по дому. Тем, кто в разные эпохи придумывал мифы о женственности, было глубоко наплевать на симптомы.

Создатели «тайны женственности», конечно, на самом деле не думали, что натертый до блеска пол, в который можно смотреться как в зеркало, являет собой главную женскую добродетель. И точно так же никто никогда не верил в то, что менструальный цикл *как таковой* делает женщин недееспособными, хотя я застала то время, когда в стремлении дать отпор женскому движению предпринимались неуклюжие попытки возродить идею о женском психическом нездоровье. Наконец, мифу о красоте совершенно безразлично, сколько женщины весят, какие у них волосы и достаточно ли у них гладкая кожа. И все мы интуитивно понимаем, что стоит нам завтра дружно бросить работу и вернуться в свои дома, заявив, что мы можем обойтись без карьеры, независимости, оргазмов и денег, как миф о красоте сразу же ослабит свое давление и станет куда менее требовательным и более комфортным.

Осознавая это, мы можем проанализировать, какие проблемы в действительности кроются за внешними симптомами. Итак, мифу о красоте совершенно безразлично, как на самом деле выглядят женщины, при условии, что они чувствуют себя некрасивыми. Но мы должны понимать, что совершенно не важно, как в действительности выглядит женщина, если она ощущает себя красавицей.

Подлинная проблема не имеет ничего общего с тем, пользуется ли женщина косметикой или нет, набирает ли она вес или худеет, идет на пластическую операцию или отказывается от нее, одевается броско и вызывающе или скромно, превращает ли свое лицо и тело в произведение искусства или вообще не пользуется никакими украшениями и косметикой. *Настоящая проблема заключается в том, что у нас нет выбора*.

В эпоху «тайны женственности» почти все женщины среднего класса были вынуждены сидеть дома, независимо от их личных предпочтений и устремлений. Сегодня, когда эта идея в целом потеряла свою актуальность, женщины, склонные быть домохозяйками и заниматься домом, так и поступают, а женщины, которых подобный образ жизни не привлекает, могут выбрать иной путь. Мы отодвинули в сторону свои домашние обязанности, и мир от этого не рухнул. А когда мы развенчаем миф о красоте, то же самое неизбежно произойдет и с нашим отношением к культуре красоты.

Проблема с косметикой существует только тогда, когда без нее женщины чувствуют себя неприметными и не отвечающими ожиданиям общества. Проблема с физическими упражнениями возникает только в том случае, если женщины ненавидят себя за то, что не занимаются ими. Если женщина вынуждена краситься и наряжаться, чтобы попасть на собеседование с работодателем, если она обязана ухаживать за собой и следить за своей внешностью, чтобы защитить свою индивидуальность, если она голодает, чтобы не потерять работу, и если она должна быть привлекательной для своего сексуального партнера, чтобы прокормить своих детей, то тогда красота приносит боль и страдания. Ведь миф о красоте причиняет женщинам боль не тем, что требует от них украшать себя, или подчеркивать свою сексуальность, или уделять время уходу за собой, или стремиться найти себе возлюбленного. Многие млекопитающие ухаживают за собой, и в каждой культуре используются разного рода украшения. Речь идет не о том, что является «естественным» или «неестественным». Настоящий конфликт возникает между болью и удовольствием, свободой и принуждением.

Когда личность женщины свободна, красивая одежда и всякого рода «женские штучки» могут доставлять ей массу удовольствия. И мы с радостью станем носить наряды, подчеркивающие нашу сексуальность, если эта сексуальность будет под нашим контролем, если она будет признана нашим законным правом, чем-то внутренне нам присущим, если мы сможем направлять ее на объект наших желаний без осуждения со стороны общества. Тогда и одежда, и поведение, подчеркивающие нашу сексуальность, не смогут быть использованы для того, чтобы вызвать в нас чувство стыда, осудить нас или надавить на нас с помощью мифа о красоте.

Этот миф предлагает женщинам ложный выбор: какой быть — умной или сексуально привлекательной? Но мы должны отказаться от этой навязанной нам дилеммы. Считается, что мужчину ум делает привлекательнее: быть одновременно умным и сексуальным — значит быть человеком в полной мере. Так давайте оттолкнем тех, кто предлагает нам эту дьявольскую сделку, и откажемся верить в то, что, выбирая один аспект нашей личности, мы должны непременно пожертвовать другим. Только имея настоящую свободу выбора, женщины смогут выбирать все, что касается их внешности, не придавая этому чрезмерного значения.

Женщины смогут смело наряжаться в красивые вещи, когда никто не будет воспринимать *их самих* как вещи. Женщины будут свободны от влияния мифа о красоте, когда у них будет возможность использовать свое лицо и тело просто как одну из возможностей самовыражения среди массы других. Мы можем красиво одеваться ради своего собственного удовольствия, но мы также должны отстаивать свои права.

Многие авторы пытались решить эту проблему, изгоняя из женской утопии удовольствия и гламур. Но сам по себе гламур не является чем-то разрушительным. Пусть он присутствует в нашей жизни — но только в переосмысленном виде. Невозможно уничтожить эксплуататорскую религию красоты, проповедуя аскетизм, точно так же, как невозможно извести плохую поэзию, отказавшись от стихов вовсе. Мы можем бороться с удовольствием, которое причиняет нам боль и страдания, только при помощи чистого удовольствия.

Однако не будем наивны. Мы пытаемся дать красоте новое определение в мире, который не желает, чтобы мы в этом преуспели. И чтобы выглядеть так, как мы хотим, чтобы быть услышанными, как мы того заслуживаем, мы должны оказаться на гребне третьей волны феминизма.

Обсуждение

Любые попытки публичной дискуссии на тему мифа о красоте разбиваются о стандартную реакцию: миф наказывает любую женщину, поднявшую этот вопрос, тем, что подвергает детальному разбору ее собственную внешность. Удивительно, что мы отлично знаем: такое наказание неизбежно. И знаем, как это работает: независимо от внешних данных женщины они будут использоваться для того, чтобы нивелировать значение того, *что* она говорит, и перевести разговор на личность выступающей — представить любую критику мифа о красоте как ее личную проблему.

К сожалению, обсуждение женской внешности средствами массовой информации в подобном ключе является обычной практикой, и потому женщины, читающие прессу или смотрящие телевизор, не испытывают ни малейшего желания идентифицировать себя с этими особами, находящимися под прицелом общественного мнения. Именно это и надо мифу о красоте. Всякий раз, когда мы дистанцируемся от женщины, выступающей по телевидению или в печати, или не слышим ее, потому что наше внимание отвлекается на ее фигуру, на то, как она накрашена, на ее одежду или прическу, миф о красоте работает максимально эффективно.

Для женщины появиться на публике означает, что ее будет пристально разглядывать широкая аудитория, а как мы уже поняли, выдержать это испытание не по силам ни одной из нас. Если женщина заговаривает о мифе о красоте или о женских проблемах в целом, это означает, что *она не может выглядеть так, как надо. К ее внешности обязательно придерутся*. В подобной ситуации у женщины не остается возможности остаться незапятнанной и сохранить «нейтралитет»: она оказывается либо слишком «страшной», либо слишком «красивой», но в любом случае ее словам нельзя верить. Этот рефлекс срабатывает очень хорошо. Когда женщины говорят о причинах, по которым они не участвуют в женском движении, они часто акцентируются не столько на несогласии с поднимаемыми проблемами, сколько на эстетическом аспекте. И если мы хотим противостоять мифу, нам нужно помнить об этой ловушке. Если мы перестанем думать, что внешность женщины *и есть то, что она говорит*, если мы начнем слышать друг друга вне рамок мифа о красоте, это само по себе уже будет большим шагом вперед.

Осуждение

Осуждение — это именно то, что питает миф о красоте, и чтобы развенчать его, нам надо перестать осуждать самих себя и других женщин за то, за что он осуждает нас. И если когда-нибудь в будущем кто-то попытается использовать миф о красоте против нас, мы больше не будем смотреться в зеркало, чтобы понять, что мы сделали не так. Чтобы бороться с дискриминацией по признаку внешности при приеме на работу, нам нужно научиться не реагировать на подобные попытки: «Ну почему ты надела такой облегающий свитер?» или «Почему бы тебе не сделать что-нибудь со своей внешностью?» Мы должны выработать в себе глубокое внутреннее убеждение в том, что в мифе нет ничего объективного: когда о женщинах говорят, что они слишком уродливы или слишком красивы, чтобы делать то, что они хотят, это на самом деле не имеет никакого отношения к их внешности. Женщины могут набраться смелости и заговорить о мифе открыто, если они будут помнить о том, что публичные атаки на их внешность или открытая лесть по поводу того, как хорошо они выглядят, тут вообще ни при чем. Ничего личного, только политика.

Реакции, отработанные на уровне рефлекса и призванные заставить нас замолчать, хорошо известны: «Вам легко говорить», «Вы слишком красивы, чтобы быть феминисткой», «Неудивительно, что она феминистка, вы только посмотрите на нее», «А чего она хочет, если она так одевается?», «Вот к чему приводит тщеславие», «А почему вы думаете, что свистели именно вам?», «Во что она была одета?», «И не мечтайте», «Не обольщайтесь», «У женщин больше нет оправдания, чтобы не выглядеть моложе своих лет», «Красотка», «Безмозглая», «Она использует это по максимуму» и т. д. Но понимая *истинную природу* подобных замечаний, проще переносить и навязчивую лесть, и оскорбления или и то и другое вместе.

Конечно, нам придется нелегко. Разговоры о мифе о красоте затрагивают в большинстве из нас «больные» струны души. Нам нужно будет с состраданием отнестись к самим себе и к другим женщинам, у которых «красота» вызывает столь сильные чувства. Если миф о красоте — это религия, то лишь потому, что у женщин до сих пор нет своих собственных ритуалов. Если за ним стоит экономика, то потому, что наш труд до сих пор оплачивается несправедливо. Если он подчинил себе сексуальность, то это потому, что женская сексуальность все еще плохо изучена и представляет собой белое пятно на карте. Если это борьба, то потому, что женщинам не дают возможности быть в их собственных глазах героинями, смельчаками, стоиками и бунтовщиками. Если же это женская культура, то только потому, что мужская культура все еще не принимает нас. Когда мы признаем, что могущество мифа основано на том, что он завладел сознанием лучших из нас, мы сможем отвернуться от него и внимательно, незамутненным взглядом посмотреть на все то, что он пытается собой заменить.

Третья волна феминизма

Вот так обстоят дела. И что же нам делать?

В первую очередь — избавиться от ПКК (профессиональной квалификации красоты), добиться объединения в профсоюзы женских профессий и того, чтобы требования к внешности, дискриминацию по возрастному признаку, небезопасные условия труда, например навязывание пластической операции, можно было обсуждать с работодателями при заключении трудового соглашения. Для этого женщины, работающие на телевидении и в других профессиях, где мы подвергаемся дискриминации, должны поднимать одну волну судебных процессов за другой. Нам нужно настоять на официальном закреплении равных прав относительно дресс-кода, а затем сделать глубокий вдох и рассказать свои истории.

Многие говорят, что мы должны добиться того, чтобы реклама и модная индустрия представляли образы реальных женщин. Но эти предложения строятся на опасном в своем неоправданном оптимизме непонимании того, как функционирует рынок. Реклама, рассчитанная на женщин, работает за счет занижения нашей самооценки. Если же она будет льстить нам, то перестанет быть эффективной. Давайте оставим надежду на то, что официально признанный канон красоты будет соответствовать тому, что мы действительно собой представляем. Этого не произойдет, иначе он перестанет выполнять свою функцию. Пока определение «красоты» навязывается женщинам извне, оно будет манипулировать нами и дальше.

Мы добились для себя свободы стареть, оставаясь сексуальными, но это вылилось в жесткое условие: стареть, оставаясь молодой. Мы начали носить удобную одежду, но это обернулось против наших тел. «Естественная» красота 1970-х так и осталась в том десятилетии. «Здоровая» красота 1980-х привела к эпидемии новых болезней, а лозунг «Красота — это сила» сделал женщин рабынями фитнеса. И нечто подобное будет происходить и дальше при каждой попытке женщин изменить канон красоты до тех пор, пока мы не изменим свое отношение к нему.

Существующий рынок не готов заниматься изменением сознания, поэтому нападать на создаваемые им образы — значит тратить силы впустую.

Но пусть мы не можем повлиять на сами образы, зато мы можем лишить их силы. Мы можем отвернуться от них, начать смотреть друг на друга и находить альтернативные образы красоты в женской субкультуре. Находить спектакли, музыку и фильмы, которые показывают женщину во всех трех измерениях. Находить биографии женщин, свидетельства женской истории, героинь каждого поколения, которых от нас намеренно скрывали, и заполнять пустоты и пробелы. Мы можем освободить себя и других женщин от гнета мифа, но только в том случае, если мы действительно готовы искать, поддерживать и рассматривать альтернативные решения. Раз наше образное мышление и воображение подводят нас, когда мы пытаемся мыслить вне рамок мифа, значит, нам нужно обратиться за поддержкой к культуре.

На протяжении большей части нашей истории представление женщин, нашей сексуальности и нашей истинной красоты находилось не в наших руках. После 20 лет прорыва, когда женщины стремились сами определить для себя эти понятия, рынок, являющийся более могущественной силой, чем любой отдельно взятый художник, украл у нас и взял на себя формулирование наших желаний. Стóит ли нам позволять, чтобы женоненавистнические образы заменили нашу сексуальность ради извлечения прибыли? Мы должны настаивать на создании своей собственной культуры, основанной на наших желаниях: писать картины, сочинять романы, пьесы, снимать фильмы, которые помогут сразить «железную деву».

Конечно, нам нужно будет помнить о том, что реклама красоты подвергает нашу массовую культуру жесткой цензуре. До тех пор, пока телевидение и ведущие женские издания спонсируются индустрией красоты, миф будет диктовать свои правила. Истории, в которых с восхищением описывается «необработанная» женщина, будут появляться на экране и на страницах журналов крайне редко. Если бы мы могли видеть в качестве диктора 60-летнюю женщину, которая выглядит на свой возраст, миф о красоте дал бы трещину. Но пока мы можем четко уяснить для себя, что миф управляет эфиром *только* потому, что реклама его продуктов оплачивает эфирное время.

И, наконец, мы можем всегда быть начеку и четко анализировать ситуацию, не забывая о том, что формы «железной девы» могут влиять на то, как мы видим, впитываем в себя и реагируем на ее образы. При таком подходе они моментально будут выглядеть в наших глазах такими, какими они на самом деле и являются, — двухмерными. Они станут в буквальном смысле слова плоскими и начнут казаться нам скучными, и тогда им придется трансформироваться, чтобы *адаптироваться* к резкой смене нашего настроения и вернуть аудиторию. В ответ на явное отсутствие интереса со стороны женщин деятели культуры будут вынуждены начать представлять трехмерные женские образы, чтобы вновь заинтересовать нас. Так, демонстрируя отсутствие интереса к «железной деве», женщины будут способствовать созданию новой массовой культуры, относящейся к нам по-человечески.

Особую роль в преобразовании культурного пространства предстоит сыграть женщинам, работающим в ведущих средствах массовой информации. Я знаю, что многие из них недовольны невозможностью поднимать вопросы, связанные с мифом о красоте, и жалуются на отсутствие понимания, когда речь заходит о снятии подобных ограничений. Возможно, возобновление дебатов об обсуждении мифа о красоте в прессе могло бы стать важной поддержкой для журналисток, готовых вступить в борьбу с ним.

Когда мы создаем свою альтернативную культуру значимых образов красоты, «железная дева» быстро теряет свою привлекательность, и становится видна вся ее жестокость. И сразу же появляются альтернативные способы ви́дения.

«Розмари Фелл не была по-настоящему красивой. Нет, ее нельзя было назвать красивой. Симпатичной? Ну, если разложить ее по частям… Но зачем поступать так жестоко и разбирать кого бы то ни было на части?» (Кэтрин Мэнсфилд). «Ее собственная красота казалась Лили бессмысленной, потому что не давала ей ничего, если говорить о страсти, освобождении, ощущении родства душ или интимной близости…» (Джейн Смайли). «Она была удивительно красивой… Но красота несла в себе наказание, которое следовало незамедлительно. Она [красота] останавливала жизнь — замораживала ее. Человек забывал о мелких тревогах и волнениях; румянец, бледность, странная неправильность черт лица, игра света и тени, которые на одно мгновение делали лицо неузнаваемым и в то же время добавляли ему какое-то свойство, которое уже нельзя было забыть никогда. Было проще скрыть все это под маской красоты…» (Вирджиния Вульф). «Если за внешностью стоит что-то большее, такое лицо с возрастом становится только лучше. Морщинки являются отражением отличительных черт характера, они говорят о том, что человек пережил, что он кое-что знает о жизни» (Карен де Кроу). «Хотя на тот момент ей было уже за 50, легко было поверить в рассказы о страстных чувствах, которые она в свое время вызывала. Люди, которых сильно и много любили, даже в старости сохраняют вокруг себя сияние, которое трудно описать, но которое не вызывает сомнений. Даже камень, который целый день грело солнце, сохраняет тепло после наступления ночи… такое теплое свечение» (Дейм Смит).

Существование культа красоты свидетельствует о духовном голоде, вызываемом недостатком женских ритуалов и обрядов посвящения. Нам необходимо создавать и развивать более совершенные женские ритуалы, чтобы заполнить эту пустоту. Можем ли мы делать это среди друзей, а также среди друзей наших друзей? Можем ли мы, например, устраивать праздники по случаю наступления разных этапов женской жизни? У нас есть ритуалы купания ребенка и ритуал купания перед свадьбой, а как насчет обрядов очищения, конфирмации, выздоровления и церемоний по случаю рождения ребенка, прихода первой менструации, потери девственности, получения диплома, получения первой работы, свадьбы, выхода из кризиса после разрыва отношений или развода, присуждения ученой степени, наступления менопаузы? Независимо от форм их физического проявления нам необходимы новые позитивные, а не негативные праздничные церемонии, чтобы приветствовать наступление различных этапов жизни женщины.

Для того чтобы защитить нашу сексуальность от мифа о красоте, мы должны поверить в то, что важно ценить ее, заботиться о ней и уделять ей внимание так же, как мы заботимся о животных и детях. Сексуальность — это не что-то инертное, безжизненное или заданное раз и навсегда. Подобно человеческому существу, она меняется в зависимости от того, что ее подпитывает. Нам надо держаться в стороне от неоправданно жестоких и эксплуататорских образов сексуальности, а если мы сталкиваемся с ними — относиться к ним только так, как они того заслуживают. Мы можем стремиться к таким мечтам и фантазиям, в которых сексуальность свободна от насилия и эксплуатации, и стараться осознанно подходить к тому, *что* мы впускаем в свое воображение, как сейчас мы относимся к тому, что входит в наши тела.

Сегодня, возможно, трудно представить себе, что равенство полов может быть эротичным. Критические статьи о сексуальности обычно останавливаются на предположении, что сексуальность не может развиваться. Но у большинства женщин фантазии о превращении их самих в сексуальный объект или о насилии усваиваются поверхностно сквозь патину образов. Я уверена, что от них легко можно отучиться, если осознанно выработать у себя условный рефлекс ассоциировать удовольствие со взаимностью. У наших представлений о сексуальной красоте есть значительно бо́льший потенциал для трансформации, чем мы можем себе представить сейчас. Нам, особенно поколению анорексии и «красивой» порнографии, необходимо «сблизиться» и «сдружиться» с обнаженностью. Многие женщины описывают как поразительное откровение опыт даже одного события, связанного с коллективным обнажением множества женщин. Это легко поднять на смех, но быстрее всего снять завесу тайны с обнаженной «железной девы» мы можем, поощряя такие мероприятия, как поездки на природу, туда, где можно уединиться, фестивали и т. п., предполагающие коллективную обнаженность, неважно, во время купания ли, загорания, посещения турецкой бани или релаксации. Мужские сообщества, начиная от университетских братств до спортивных клубов, понимают ценность таких моментов, их способность объединять людей и воспитывать уважение к своему полу. Простое осознание того, что наша красота может принимать самые разнообразные формы, сто́ит множества слов. Одного такого опыта, возможно, окажется вполне достаточно, особенно для молодой девушки, чтобы понять лживость «железной девы».

Когда мы сталкиваемся лицом к лицу с мифом о красоте, нужно поднимать вопросы не о женских лицах и телах, а о соотношении сил в сложившейся ситуации. Чьим интересам это служит? Кто это говорит? Кто получает от этого выгоду? В каком контексте это происходит? Когда кто-то обсуждает внешность женщины в ее присутствии, она может спросить себя: какое этому человеку дело до моей внешности? В равном ли мы с ним положении? Почувствую ли я себя более комфортно, если начну делать подобные замечания личного характера в ответ?

Женщин заставляют обращать столько внимания на внешность чаще по политическим соображениям, чем потому, что это может сделать их более желанными. Нам надо научиться понимать эту разницу, и это уже само по себе будет полезным навыком, дающим ощущение свободы. И вовсе не нужно осуждать сексуальное влечение, соблазнительность и физическую привлекательность, тем более что это намного более демократичные и субъективные свойства, чем рынку хотелось бы, чтобы мы думали, — следует отвергать лишь политическое манипулирование нами.

Ирония заключается в том, что обещания бóльшей красоты — это то, что может дать только бóльшая женская сплоченность. Миф о красоте можно победить только путем возрождения мощной женской политической активности 1970-х — при помощи третьей волны женского движения, которая учла бы новые проблемы, возникшие в 1990-х, и взялась бы за их решение. За последнее десятилетие наши враги стали умнее и научились вести себя тише, так что их стало труднее распознать, особенно молодым женщинам. И для того чтобы завербовать молодых женщин в наши ряды, нам нужно объявить женскую самооценку вопросом политической важности, поставив его в один ряд с проблемами денег, работы, социального обеспечения детей и безопасности, представить ее как жизненно важный для женщин ресурс, который *намеренно* скрывают от нас и которого нам не очень хватает.

Я не претендую на то, что у меня есть четкий план или программа действий. Я знаю только, что некоторые проблемы женского движения видоизменились. И я уверена, что есть тысячи молодых женщин, готовых присоединиться к третьей волне феминистского движения, которая возьмется за решение не только традиционных женских вопросов, но и этих новых проблем. Так, женскому движению придется взяться за решение противоречивой проблемы ассимиляции. Молодые женщины говорят о том, что им страшно, что они чувствуют себя изолированными «инсайдерами», стоящими в оппозиции к злому и сплоченному внешнему миру. Лучший способ остановить революцию — это дать людям то, что им будет жалко терять. Необходимо будет придать статус политической проблемы нарушениям пищевого поведения, необычайно сильной зависимости молодых женщин от зрительных образов и от воздействия этих образов на их сексуальность. Нужно будет сделать заявление о том, что у тебя не может быть прав на свое собственное тело, если ты не можешь есть. Нужно будет проанализировать антифеминистскую пропаганду, пришедшую из прошлого, и вооружить женщин средствами борьбы против нее, одними из которых могут стать приведенные выше аргументы, помогающие увидеть корень проблемы. Мы готовы передать молодым женщинам наследие феминизма в целости и сохранности, но эта третья волна, так же как и предыдущие, должна будет стать движением нового поколения. Независимо от того, насколько мудры советы наших матерей, мы прислушиваемся к мнению только своих сверстников. Радость, безудержное веселье и разгульные праздники должны быть такой же неотъемлемой частью нашего женского движения, как и тяжелая работа и суровая борьба, и мы можем начать этот проект с того, что отвергнем разрушительную ложь, калечащую молодых женщин, ложь, которая называется постфеминизмом, благочестивую надежду на то, что все битвы уже выиграны. Это страшное слово «постфеминизм» заставляет молодых женщин, которые сталкиваются со многими из существовавших ранее проблем, снова винить во всем лишь себя, поскольку все уже было решено, не правда ли? Оно лишает их оружия теории и заставляет опять чувствовать себя одинокими и брошенными. Мы никогда не говорим самодовольно о постдемократической эре. Мы знаем, что демократия — это нечто живое и уязвимое и каждое последующее поколение должно укреплять и развивать ее. То же самое относится и к феминизму как одному из аспектов демократии. Так что давайте возьмемся за дело и будем продолжать его.

Женщины научились стремиться к красоте в ее современном понимании, потому что мы осознавали, что феминистская борьба будет намного труднее, чем мы себе раньше представляли. Идеология красоты была самым простым способом, требующим наименьших затрат времени и сил, чтобы возбудить в женщинах интерес и пообещать им — в качестве исторического плацебо — возможность быть уверенными в себе, ценимыми и уважаемыми, теми, к кому будут прислушиваться и кто сможет смело заявлять свои права. (В сущности, наше желание обрести красоту вообще вызывает большие сомнения. Женщины могут стремиться к красоте, чтобы получить возможность вновь вернуться в свое тело и, обретя совершенство, наконец забыть обо всей этой чертовщине. При наличии выбора большинство женщин в глубине души, возможно, предпочли бы быть сексуальными и смелыми сами по себе, а не следовать обобщенным образам красивой Другой.)

Рекламные статьи обещают такого рода смелость и свободу — «Пляжная одежда для красивых и смелых»,

«Новый бесстрашный вид», «Чувственное бесстрашие», «Мыслите радикально», «Борцы за свободу — для женщины, которая не боится смело высказывать свое мнение или выделяться из толпы». Но эта смелость и уверенность в себе будут оставаться лишь декларацией, пока их не подкрепят реальные завоевания, которых можно добиться, только если мы будем видеть в других женщинах не конкуренток, а союзниц.

В 1980-е нас пытались соблазнить и подкупить обещаниями индивидуальных решений. Мы исчерпали возможности того, что может сделать индивидуалистская версия женского прогресса в рамках мифа о красоте, и нам этого недостаточно. Мы будем вынуждены вечно мириться с тем, что составляем 2% топ-менеджмента, 5% профессорского состава и 5% основных партнеров компаний, если не объединимся для нового мощного рывка вперед. Высокие скулы и более упругая грудь определенно не дадут нам того, что необходимо для подлинной уверенности в себе и для того, чтобы нас по-настоящему увидели и оценили. В этом нам может помочь только возобновление нашего преданного служения фундаментальным основам женского политического прогресса — социальным программам по уходу за детьми, действенным законам против дискриминации, отстаиванию отпуска по уходу за ребенком, выбору в вопросах рождения детей, справедливой оплате труда и справедливому наказанию за сексуальное насилие. Мы не получим всего этого до тех пор, пока не научимся соотносить наши собственные интересы с интересами других женщин, пока женская солидарность не преодолеет барьеры, создаваемые нашим соперничеством друг с другом и намеренно поддерживаемые мифом о красоте.

Ужасно сознавать то, что, хотя рыночная экономика и поддерживает миф о красоте, он был бы бессилен, если бы женщины не использовали его друг против друга. Для того чтобы перерасти миф, любой женщине нужна поддержка других женщин. Самые сложные, но при этом самые необходимые перемены должны будут проводить не мужчины и не средства массовой информации, а сами женщины, и заключаться они должны в том, *как* мы смотрим на других женщин и ведем себя по отношению друг к другу.

Связь поколений

Если мы хотим спасти друга друга от мифа о красоте, а также уберечь женское движение от ошибок прошлого, то есть от того, чтобы каждый раз заново изобретать колесо, нам нужно наладить связи женщин разных поколений друг с другом. Джил Хадсон, редактор *Company*, раскрывает нам глаза на то, в какой степени миф о красоте промыл мозги молодому поколению. Она пишет, что «молодые женщины абсолютно не хотят, чтобы их считали феминистками», потому что «феминизм — это не сексуально». Было бы глупо и печально, если бы женщинам в ближайшем будущем пришлось снова, с самого начала, вести все ту же старую войну только потому, что они утратили связь с представительницами прежних поколений. Было бы очень жаль, если бы молодым женщинам пришлось вернуться назад и начать все с нуля, потому что они поверили этой длившейся 20 лет кампании, которая изображала женское движение как «несексуальное», кампании, целью которой было помочь молодым женщинам забыть о том, благодаря чьей борьбе сам секс стал сексуальным.

Наши общественные институты никогда не станут поощрять установление связей между разными поколениями женщин, поэтому мы можем одолеть миф о красоте и оставить его в прошлом, только если сами будем активнее осваивать новые ролевые модели, более полезные нам, чем те, что предлагают глянцевые издания. Мы очень нуждаемся в укреплении связей и сотрудничестве между поколениями. Мы должны видеть лица женщин, благодаря которым пользуемся завоеванными ими правами и свободами, а им необходимо услышать от нас слова благодарности за это. Лишенные «материнской заботы» молодые женщины находятся в опасности — в отсутствие защиты и опеки со стороны институтов власти они нуждаются в ролевых моделях и наставницах. Жизненный опыт женщин старшего поколения обретает размах и влияние, только если они имеют возможность передавать его своим студенткам, ученицам, последовательницам. При этом оба поколения должны преодолеть нежелание и внутреннее сопротивление сотрудничеству, навязанные им извне. Нас отлично вымуштровали: молодые не хотят идентифицировать себя с женщинами постарше, а женщины постарше относятся к молодым нетерпимо и пренебрежительно. Миф о красоте был задуман как раз для того, чтобы разобщить разные поколения женщин, создать между ними пропасть и настроить друг против друга. Но если мы будем осознанно укреплять связи между поколениями, то обретем внутреннюю целостность, чему и стремится помешать миф о красоте.

Разделяй и властвуй

В действительности женщины не представляют друг для друга никакой опасности. Вне рамок мифа о красоте другие представительницы своего пола воспринимаются скорее как естественные союзницы. Для того чтобы женщины научились бояться друг друга, нас нужно было убедить в том, что наши сестры обладают каким-то таинственным, мощным секретным оружием, которое они используют против нас, и этим придуманным оружием стала красота.

Суть мифа, а также причина, по которой он был так полезен в борьбе против феминизма, заключается в его способности разобщать. Мы видим и слышим это повсюду: «Не стóит ненавидеть меня просто за то, что я красива» (*L'Oreal*), «Я реально ненавижу своего инструктора по аэробике и думаю, что ненависть — это хорошая мотивация», «Ты бы ее возненавидела — у нее есть все», «Меня страшно раздражают женщины, которые выглядят красавицами, когда встают с постели», «Разве ты не ненавидишь женщин, которые могут есть все, что хотят?», «Никаких пор на лице — меня от этого тошнит», «Высокая блондинка — тебе не хочется убить ее?!». Соперничество, обида и враждебность, которые провоцирует в нас миф о красоте, имеют очень глубокие корни. Сестры обычно помнят детскую обиду от того, что только одну из них называли «очаровашкой». У матерей, как правило, возникают проблемы, когда их дочери расцветают и превращаются в девушек. Ревность к лучшей подруге — это жестокая реальность женской любви. Даже женщины, которые любят друг друга, соперничают из-за внешности. Женщинам больно говорить о красоте, потому что в соответствии с мифом тело одной женщины используется для того, чтобы сделать больно другой. Наши лица и тела становятся инструментами для наказания других женщин, причем зачастую — без нашего участия и против нашей воли. В настоящее время красота — это экономика, а женщины оказались в ситуации, когда «ценность» их лиц и тел невольно вторгается в жизнь других женщин, причем независимо от них самих. Это постоянное сравнение, при котором ценность одной женщины меняется в зависимости от присутствия другой, разделяет нас и властвует над нами. Оно заставляет женщин резко критиковать выбор, который делают другие женщины применительно к своей внешности. Но такая экономика, разобщающая женщин и вбивающая между ними клин, не является чем-то неизбежным.

Чтобы преодолеть разобщенность, женщинам придется нарушить много табу, запрещающих им говорить об этом. В том числе — запрет рассказывать о негативных моментах, связанных с отношением к ним как к красивой вещи. Десятки рассказов, которые я слышала от женщин, свидетельствуют о том, что боль, которую испытывает конкретная женщина из-за мифа о красоте, не связана с тем, как она выглядит с точки зрения ее соответствия культурному идеалу. Вот слова одной топ-модели: «Когда я оказалась на обложке итальянского журнала *Vogue*, все говорили мне, как я прекрасно выгляжу. А я думала: "Неужели вы не видите все эти морщины?!"» Женщины, которые олицетворяют собой «железную деву», тоже становятся жертвами мифа о красоте и страдают не меньше тех, кто подвергается воздействию создаваемых ими образов. Миф требует от женщин, чтобы они со слепой враждебностью относились к красоте других женщин и одновременно с этим слепо завидовали им. И враждебное отношение, и зависть играют на руку мифу о красоте, причиняя боль всем женщинам. Конечно, красавица какое-то время находится на пьедестале, но то, что она при этом испытывает, далеко от того божественного чувства благодати, которое обещает нам миф. Удовольствие, получаемое от превращения себя в живое произведение искусства, головокружение от успеха и получаемое ею поверхностное внимание и уважение, основанное исключительно на внешности, дают определенную силу, но только за неимением других возможностей. И все это — ничто по сравнению с радостью возвращения в свое тело навсегда, с удовольствием открытия в себе сексуальной гордости, с ликованием от ощущения всеобщей женской сексуальности, которая уничтожает все правила, диктуемые красотой. Сила, даруемая мифом о красоте, ничего не стоит в сравнении с удовольствием от того, что ты сбросила с себя кольчугу застенчивости, нарциссизма и чувства вины, с возможностью обрести свободу и забыть обо всем этом.

Женщины должны открыто заговорить о том, что действительно несет в себе красота: внимание со стороны незнакомых тебе людей, награды за то, что ты не заработала, секс с мужчинами, которые тянутся к тебе как к ярмарочному призу, враждебное и скептическое отношение со стороны других женщин, инфантильность, драма старения и долгая тяжелая борьба за свою индивидуальность. И мы поймем, что то хорошее, что есть в красоте, — обещание уверенности в себе, сексуальности и уважения к нашей личности — не имеет никакого отношения к ней как таковой. Но это как раз то, чего достойны все женщины, и после развенчания мифа все это станет доступно каждой из нас. Лучшее из того, что предлагает нам красота, и так принадлежит всем нам по праву, просто потому что мы — женщины. Когда мы отделим красоту от сексуальности, когда научимся радоваться индивидуальности и неповторимости нашей внешности и наших черт характера, мы получим возможность получать удовольствие от своих тел, которое будет объединять, а не разъединять нас. И тогда миф о красоте уйдет в прошлое.

Но до тех пор, пока мы будем относиться друг к другу с недоверием, красота с ее ореолом таинственности продолжит служить тем, кто хочет держать женщин под контролем. Мы до сих пор живем в условиях кастовой системы, и это совершенно неприемлемо. Она не присуща нам от природы, не является ни разумной, ни неизменной. Она не основана ни на сексе, ни на божественном предписании. Она может и должна измениться. Но кольцо вокруг нас сжимается, и у нас остается слишком мало времени, чтобы откладывать этот разговор на потом.

Когда возникнет этот разговор, созданные мифом искусственные барьеры начнут рушиться. Мы все узнаем о том, что, если женщина выглядит «красивой», это не значит, что она так себя чувствует и что она может чувствовать себя красивой, даже если, на первый взгляд, о ней этого не скажешь. Худые женщины могут чувствовать себя толстыми, а молодые обязательно состарятся. Когда одна женщина смотрит на другую, она не может догадаться о том, как та представляет себе свой собственный образ. Может казаться, что она на удивление хорошо себя контролирует, но при этом, возможно, на самом деле она голодает. Женщина может быть такой полной, что кажется, ее одежда вот-вот затрещит по швам, но при этом не испытывать никаких разочарований в своей сексуальной жизни. Женщина может иметь избыточный вес в результате как высокой, так и низкой самооценки, она может нанести на свое лицо килограмм косметики из желания безудержно погулять и повеселиться или для того, чтобы спрятаться от всех под этой маской. Все женщины знают по себе, что мир благоволит к ним или нет в зависимости от их места в рейтинге в тот или иной день. Все это мешает нам разобраться в том, *что* мы представляем собой как личности, но также и показывает, что наш жизненный опыт и представление о себе и друг друге не должно ограничиваться рамками, диктуемыми мифом о красоте. Наши оценки внешности других женщин мало что говорят нам о них, и независимо от того, кто из нас как выглядит, мы испытываем одни и те же чувства: иногда привлекательные, иногда нет, но все мы женщины, несмотря на преграды, которые миф о красоте пытается возвести между нами.

Мы, женщины, часто обвиняем мужчин в том, что они смотрят на нас, но не слушают. Но ведь и мы ведем себя друг с другом точно так же и даже еще хуже. Мы должны перестать прочитывать внешность других женщин так, словно она является языком, показателем их политической лояльности, их ценности или агрессивности. Наверняка то, что одна женщина хочет сказать *другим женщинам,* намного сложнее и значительнее, чем то невнятное послание, которое позволяет передать ее внешность.

Давайте начнем с переосмысления красоты и с ее новой интерпретации как чего-то, не связанного с конкуренцией, иерархическими отношениями и жестокостью. Почему удовольствие и гордость одной женщины должны оборачиваться болью для другой? Мужчины конкурируют друг с другом с точки зрения сексуальности только в сфере секса, не перенося это соперничество на все остальные сферы жизни. Но женщин миф ставит в условия «сексуальной» конкуренции в любой жизненной ситуации. При этом соперничество за конкретного сексуального партнера встречается редко, и это доказывает, что такая конкуренция не является биологически обусловленной.

Таким образом, женщины соревнуются друг с другом не из-за мужчин, а из-за *других женщин*, отчасти потому, что мы является членами одной секты, а отчасти для того, чтобы заполнить, хотя бы на время, черную дыру, созданную мифом о красоте. Жесткое соперничество может служить доказательством того, что подавляется нашими современными сексуальными традициями, а именно — нашей физической привлекательности друг для друга. И если женщины дадут новое определение сексуальности, которое узаконит и включит в себя нашу привлекательность друг для друга, миф больше не будет причинять нам столько страданий. Тогда красота другой женщины перестанет быть угрозой или оскорблением, а станет восприниматься как удовольствие и дар. Мы сможем красиво одеваться и пользоваться украшениями, не боясь причинить этим боль другим женщинам, или почувствовать себя предательницами по отношению к ним, или подвергнуться осуждению за предательство. Мы сможем наряжаться, чтобы вместе радоваться красоте женского тела и своей привлекательности.

И когда мы позволим себе ощущать эту физическую привлекательность друг друга, рынок больше не сможет извлечь выгоду из того, как он представляет мужские желания: тогда мы, зная из первых рук, что женская привлекательность может принимать самые разнообразные формы, больше не станем верить, что качества, которые делают нас желанными, представляют собой тайну, приносящую кому-то прибыль.

Отказ от предвзятого отношения друг к другу поможет нам обрести новый опыт отношения к красоте, опыт, который не имеет ничего общего с конкуренцией. Миф о красоте представляет «другую женщину» как угрозу. «Познакомьтесь с другой женщиной», — читаем мы в брошюре о средствах для окраски волос компании Wella, где под «другой женщиной» подразумевается та, которой предназначена эта реклама, но уже «после» [окрашивания]. Дело в том, что «красота» создает *другую* женщину, даже если речь идет о твоем собственном идеализированном образе, и превращает тебя в существо настолько чуждое, что тебе надо заново с ним знакомиться. Эта фраза таит в себе угрозу и заставляет вспомнить о других женщинах — опасных искусительницах и обольстительницах.

Но мы можем разрушить миф, познакомившись с другой женщиной ближе. В повседневной жизни мы сталкиваемся в основном с флиртом и игривым вниманием со стороны мужчин, реагирующих на нашу красоту, и неудивительно, что молчаливые женщины, которые за нами наблюдают, могут казаться нам враждебными антагонистками.

Но мы можем растопить лед подозрительности и уничтожить дистанцию между нами. Почему бы нам не вести себя галантно по отношению друг к другу? Почему не дарить друг другу заинтересованное внимание, которое обычно мы приберегаем для мужчин: не говорить друг другу комплименты, не выказывать свое восхищение? Мы можем вступить в общение с другой женщиной — встретиться с ней взглядом, подвезти ее, когда она голосует на дороге, открыть ей дверь, когда у нее заняты руки. Сталкиваясь с ней на улице, мы окидываем ее с ног до головы настороженным взглядом и ловим на себе такой же ответный взгляд, но что если мы встретимся с ней взглядом как женщина с женщиной, что если мы улыбнемся ей?

Это движение в сторону красоты без духа соперничества уже началось. Миф всегда отказывал нам в почете и уважении. Чтобы защитить себя от него, время от времени женщины создают свои собственные кодексы чести. Мы воздерживаемся от критики. Мы расточаем искренние похвалы. Мы избегаем публичных ситуаций, в которых наша красота используется для того, чтобы оставить других женщин в тени. Мы отказываемся локтями пробивать себе дорогу, чтобы добиться мимолетного мужского внимания. В 1989 г. участница конкурса красоты на звание «Мисс Калифорния» достала из своего купальника лозунг, на котором было написано: «КОНКУРСЫ КРАСОТЫ ПРИЧИНЯЮТ БОЛЬ ВСЕМ ЖЕНЩИНАМ». А одна киноактриса рассказала, что, когда ей предстояло сниматься в сцене обнаженной, она из солидарности со своими зрительницами отказалась специально для съемок «приводить свое тело в порядок». Мы уже начинаем находить способы избегать соперничества, чтобы не быть инструментами в чужих руках.

Этот новый подход меняет не наш внешний вид, а наши взгляды на жизнь. Мы начинаем видеть и воспринимать лица и тела других женщин такими, какие они есть, не поддаваясь влиянию «железной девы». У нас захватывает дыхание, когда мы видим смеющуюся женщину. Мы внутренне радуемся, когда видим женщину, идущую с гордо поднятой головой. Мы улыбаемся себе в зеркале и наблюдаем, как в уголках наших глаз образуются морщинки, и, довольные тем, что делаем, мы улыбаемся еще шире.

Женщины могут делиться этим новым взглядом на жизнь друг с другом, но и участие мужчин в низвержении мифа о красоте только приветствуется. Конечно же, некоторые мужчины использовали его против женщин и во вред им точно так же, как некоторые другие мужчины пользуются своими кулаками. Но представители обоих полов осознают, что миф насаждается не отдельными мужчинами, не конкретными мужьями или любовниками, а общественными институтами, существование которых зависит от сохранения мужского господства. Похоже, что представители обоих полов понимают: сила мифа основана не столько на реальном опыте взаимоотношений полов, сколько на культурных и экономических пережитках в общественной жизни. И мужчины, и женщины все больше понимают, что их обманывают.

Но есть и еще одна причина, по которой помочь женщинам развенчать миф — в интересах самих мужчин: они будут его следующей жертвой. Ведь рекламные компании уже обнаружили, что подрыв сексуальной уверенности в себе работает вне зависимости от пола. По мнению газеты *The Guardian*, «сегодня мужчины смотрятся в зеркало вместо того, чтобы смотреть на девушек... Сегодня можно увидеть красивых мужчин, которые продают все что угодно». Используя образы из гомосексуальной субкультуры, реклама начала изображать мужское тело в контексте новой версии мифа о красоте. По мере того как эти образы будут все больше фокусироваться на мужской сексуальности, они будут все сильнее подрывать сексуальную самооценку мужчин в целом. А поскольку среди мужчин больше развит дух соревновательности, можно предположить, что они пострадают от мужской версии мифа о красоте еще больше, чем женщины страдают от женской.

Психиатры ожидают, что у мужчин будут активно прогрессировать нарушения пищевого поведения. Перспективы создания нового рынка, построенного на ненависти мужчин к себе, ведут к тому, что гетеросексуальным представителям мужского пола уже начали внушать полуправду о том, чего хотят женщины, — ту самую полуправду, которую традиционно говорили гетеросексуальным женщинам о мужчинах. Но если мужчины поверят этому и попадутся в ловушку, это не будет победой женщин. От этого не выиграет никто.

Развенчать миф о красоте в интересах мужчин еще и потому, что от этого зависит выживание нашей планеты. Земля больше не может позволить себе потребительскую идеологию, которая основана на расточительстве, вызванном сексуальным и материальным неудовлетворением. Нам необходимо начать получать длительное удовлетворение от того, что мы потребляем. Мы долго воспринимали нашу планету как женщину, как отдающую всю себя мать-природу, так же как мы воспринимали женское тело, которое поддается бесконечным изменениям со стороны мужчин и ради них. Мы сослужим хорошую службу самим себе и будущему нашей планеты, если начнем настаивать на новой женской реальности, на которой будет основана новая метафора для Земли — женское тело в его естественной целостности, к которой надо относиться с уважением. Экологический кризис, вызванный загрязнением окружающей среды, требует нового типа мышления — коллективного, совместного, а не состязательного, и оно необходимо нам уже сейчас. Мы можем молиться и надеяться на то, что мужские общественные институты разовьют этот сложный и непривычный для них тип мышления в течение нескольких ближайших лет. Или же мы можем обратиться к женской традиции, которая развивала и совершенствовала его в течение пяти тысячелетий, и адаптировать его для общества. А поскольку миф о красоте разрушает женскую традицию, то, сопротивляясь ему, мы боремся за жизнь на нашей планете.

И конечно, мы боремся за свое спасение. Нам не нужно менять свои тела, нам нужно изменить правила игры. Даже вне рамок мифа все, кто испытывают потребность обвинять нас, все равно будут ставить нам в укор нашу внешность. Поэтому давайте прекратим обвинять сами себя, перестанем убегать от проблем и извиняться, давайте отныне и вовеки доставлять себе удовольствие. В рамках мифа красивая женщина не выигрывает — не выигрывает никто. Женщина, перед которой преклоняются незнакомые, чужие для нее люди, не может оказаться победительницей, как не может быть ею женщина, которая отказывает себе во внимании. Женщина, которая носит униформу, не может победить, как не может победить и женщина, надевающая дизайнерскую одежду все 365 дней в году. Нельзя победить, карабкаясь на вершину кастовой системы, но можно отказаться играть по этим правилам. Побеждает женщина, которая называет себя красивой и бросает вызов всему миру, чтобы он изменился и увидел ее такой, какая она есть.

Женщина побеждает, когда разрешает себе и другим женщинам есть что и когда хочется, быть сексуальной, стареть, носить рабочий комбинезон, диадему из стразов, платье от Balenciaga, манто из магазина секонд-хенд или военные ботинки; наряжаться или ходить почти голой; делать все, что заблагорассудится, следуя своим собственным представлениям об эстетике или игнорируя их. Женщина побеждает, когда она чувствует, что то, что каждая женщина делает со своим телом — без насилия и принуждения, — это ее личное дело. Когда множество женщин, каждая из которых чувствует себя личностью, перестанут быть зависимыми от экономики, она начнет разрушаться. Общественные институты, отдельные мужчины и некоторые женщины будут и дальше пытаться использовать нашу внешность против нас. Но мы не будем обращать на это внимания.

Можно ли дать такое определение красоты, которое отражало бы интересы женщин? Конечно, можно. Чего нам не хватает, так это игры. Миф о красоте губителен, эффектен и влиятелен, потому что от него так много, слишком много, зависит. Прелесть игривости заключается в том, что тебе все равно. Как только ты начинаешь играть на деньги, неважно какие, игра превращается в военные действия или в игровую зависимость. В игре, которую предлагает миф о красоте, ставкой становится жизнь, сомнительная любовь, отчаянная и нечестная сексуальность, и при этом у нас нет выбора — играть по чужим правилам или нет. А когда нет выбора, нет свободы воли, нет справедливости, то нет и настоящей игры.

Но чтобы спасти себя, мы можем в своем воображении представить себе жизнь в теле, на которое не навешивают ярлык с ценой. Это своего рода маскарад, театральная импровизация, которая рождается в результате любви к себе. Новое определение красоты, созданное в интересах женщин, отражает наше новое понимание того, что такое сила. Кто сказал, что нам нужна иерархия? Мое восприятие красоты может отличаться от твоего. Некоторые люди кажутся мне более желанными, чем тебе. Мое восприятие не имеет власти над твоим. Восхищение может включать в себя так много. Почему все редкое впечатляет? Ценность того, что редко встречается, придумана мужчинами и связана скорее с капиталистическими отношениями, чем с сексуальным желанием. Какая радость в том, чтобы желать нечто, не встречающееся в природе? Дети, например, не являются редкостью, но от этого они не становятся для нас менее ценными.

Как будут жить женщины вне рамок мифа? Кто может это сказать? Возможно, мы позволим нашим телам становиться толще или худее, наслаждаясь этими изменениями, и будем избегать боли, потому что, когда что-то заставляет нас страдать, мы начинаем ненавидеть это. Возможно, мы будем украшать себя с искренним удовольствием, с ощущением того, что мы стараемся улучшить то, что и без того достаточно красиво. Возможно, что чем меньше боли мы будем причинять себе, тем более красивыми будут казаться нам наши тела. Может быть, мы перестанем добиваться восхищения незнакомцев и обнаружим, что прекрасно без этого обходимся. Возможно, мы будем с нетерпением ожидать момента, когда увидим свое лицо в зрелом возрасте. И перестанем воспринимать свои тела как скопление недостатков, потому что в нас нет ничего, что не было бы дорого нам. Возможно, мы больше не захотим быть теми, в кого мы превращаемся «после».

С чего начать? Давайте избавимся от стыда. Будем жадными. Будем стремиться к удовольствию. Избегать боли. Носить, и трогать, и есть, и пить то, что нам хочется. Терпимо относиться к выбору, который делают другие женщины. Искать секс, которого мы хотим, и яростно бороться против секса, который нам не нужен. Выбирать свой собственный путь и ставить свои собственные цели. И когда мы прорвемся и изменим правила игры и наше ощущение своей собственной красоты станет непоколебимым, мы начнем воспевать эту красоту, одевать ее в красивые одежды, выставлять ее напоказ, щеголять и наслаждаться ею.

Определение красоты, основанное на любви к женщинам, заменяет отчаяние игрой, нарциссизм — любовью к себе, расчленение на части — целостностью, отсутствие — наличием, неподвижность — живостью. В такой красоте есть сияние: свет, который излучают лицо и тело, вместо искусственного освещения, которое оставляет в тени личность женщины. Такого рода красота сексуальна, разнообразна и удивительна. Мы сможем увидеть ее в других и не бояться ее, и мы сможем наконец увидеть ее в самих себе.

В прошлом поколении Жермен Грир с интересом размышляла: что вы *будете* делать? То, что женщины сделали, привело к социальной революции, которая длилась четверть столетия. Следующий этап нашего продвижения вперед как отдельных личностей, как всего женского сообщества, как обитательниц своих тел и нашей планеты теперь зависит от того, что мы решим увидеть, когда в следующий раз будем смотреть на себя в зеркало.

Что же мы там увидим?

Благодарности

Рождением этой книги я обязана поддержке моей семьи — Леонарда, Деборы и Аарона Вульф, Дэниела Гоулмана, Тары Беннет-Гоулман, Анасуи и Тома Уэйлов. Особую благодарность хочется высказать моей бабушке — Фэй Гоулман. Я всегда могла рассчитывать на ее поддержку, а ее жизнь — профессора, жены, матери и одной из первых феминисток — никогда не перестанет воодушевлять меня. Я благодарна Рут Салливан, Эстер Боунер, Флоренс Льюис, Патрисии Пирс, Алану Шоуфу, Полли Шульман, Элизабет Александер, Ронде Гарелик, Амруте Сли и Барбаре Браунинг за их вклад в мою работу. Джейн Меара и Джим Ландис вдумчиво и внимательно редактировали эту книгу. Колин Трауп служил для меня источником утешения и поддержки, а если надо — мог и покритиковать, и развлечь меня. Я также признательна теоретикам второй волны феминизма — их борьба за решение женских вопросов вдохновила меня на то, чтобы начать свою собственную.

Примечания

1. Миф о красоте

С. 26 **Эстетическая хирургия:** см. *Standard and Poor's Industry Surveys* (Нью-Йорк: Standard and Poor's Corp., 1988).

С. 26 **...порнография превратилась в самое влиятельное средство массовой информации:** см. «Ограничение порнографии: заранее проигранная битва», *U. S. News and World Report*, 4 июня 1984 г. Ассоциация моды и имидж-консультантов утроила свой количественный состав только между 1984 и 1989 гг. (А. Миллер и Д. Циантар, *Newsweek*, 22 мая, 1989 г.) На протяжении пяти-шести лет, предшествовавших 1986 г., потребительские расходы выросли с $300 млрд до $600 млрд.

С. 26 **33 000 американок:** Медицинский колледж университета Цинциннати, 1984 г.; С. Оули и О. Оули «Ожирение и женщины: внимательный взгляд на факты», *Women's Studies International Quartery*, т. 2 (1979), с. 66–79. Данные повторно использованы в статье «33 000 женщин рассказывают, как они на самом деле относятся к своим телам», *Glamour*, февраль 1984 г.

С. 27 **Результаты последних социологических исследований показывают:** см. Т. Кэш, Д. Кэш, Д. Баттерс «Свет мой, зеркальце, скажи: явление контраста и самооценка физической привлекательности», *Personality and Social Psychology Bulletin*, сентябрь 1983 г., ч. 9, № 3.

Исследования доктора Кэша выявляют очень слабую связь между тем, «насколько женщины сами по себе привлекательны», и тем, «насколько привлекательными они себя чувствуют». Все женщины, которых он лечил, по его словам, были «невероятно привлекательны», но его пациентки сравнивали себя исключительно с моделями, а не с другими обыкновенными женщинами.

С. 29 **«Мне недостаточно иметь право голоса...»:** Люси Стоун процитирована в книге А. Дуоркин «Порнография: Мужчины, владеющие женщинами» (Pornography: Men Possessing Women) (Нью-Йорк: Putnam, 1981), с. 11.

С. 30 **«...Она — кукла»:** см. Ж. Грир «Женская кастрация» (The Female Eunuch) (Лондон: Paladin Grafton Books, 1970), с. 55, 60.

С. 30 **Миф:** см. также определение Ролана Барта: «Он [миф] преобразует историю в мир....У мифа есть задача: дать исторической концепции логическое обоснование и сделать так, чтобы случайный ход событий предстал как извечный закон». Р. Барт «Миф сегодня»; «Мифологии» (Нью-Йорк: Hill and Wang, 1972), с. 129.

Определение «мифа о происхождении» антрополога Братислава Малиновского имеет отношение к мифу о красоте: как пишет Энн Оукли, «миф о происхождении, как правило, работает лучше всего во времена социальной напряженности, когда положение дел, отображенное в мифе, подвергается сомнению». Э. Оукли «Домохозяйка: Высокое качество/низкая цена» (Housewife: High Value/Low Cost) (Лондон: Penguin Books, 1987 г.), с. 163.

С. 31 **Платоновский идеал женщины:** см. беседу о красоте в произведении Платона «Пир». О меняющихся стандартах красоты см. Т. Полхемус «Стили тел» (Body-Styles) (Лютон, Англия: Lennard Publishing, 1988 г.).

С. 31 **Дарвин не был до конца убежден:** см. С. Руссет «Волосатые мужчины и красивые женщины», «Сексуальная наука: структура женственности в викторианскую эпоху» (Sexual Science: The Victorian Construction of Womanhood) (Cambrige Mass.: Harvard University Press, 1989) с. 78–103.

На с. 84 Руссет цитирует Дарвина: «Мужчина умом и телом сильнее женщины, и в первобытные времена он держал ее в гораздо более униженном и зависимом положении, чем самец любого другого животного, поэтому неудивительно, что он завоевал власть в процессе естественного отбора...Так как женщин долго отбирали по признаку красоты, неудивительно, что часть этих последовательных изменений должна была доставаться по наследству непосредственно тому же полу; вследствие этого красота должна доставаться по наследству в несколько более высокой степени скорее потомству женского пола, чем мужского, таким образом, женщины, согласно общему мнению, в целом стали более красивыми, чем мужчины». Как отмечает Руссет, Дарвин сам заметил в этой идее противоречие эволюционной теории: «Произошла забавная вещь на пути вверх по лестнице: среди людей женщины больше не выбирали, выбирали их». Эта теория «подразумевает резкий сбой в последовательном эволюционном развитии». Она замечает:

«По словам самого Дарвина, это означало довольно пугающее изменение направления развития эволюции».

См. также Н. Анжиер «Женщины, которым трудно угодить, могут быть эволюционной силой, которую недооценивали», *The New York Times*, 8 мая 1990 г., и Н. Анжиер «Спаривание, чтобы выжить? Это относится не только к пчелкам и птичкам», *The New York Times*, 21 августа 1990 г.

С. 31 **Естественный отбор:** см. Э. Рид «Эволюция женщины: От матриархального клана до патриархальной семьи» (Woman's Evolution: From Matriarchal Clan to Patriarchal Family) (Нью-Йорк: Pathfinder Press, 1986) и Э. Морган «Происхождение женщин» (The Descent of Woman) (Нью-Йорк: Bantam Books, 1979). В особенности см. «Высшие приматы», с. 91.

С. 32 **Богиня:** см. Р. Майлз «Женская история мира» (The Women's History of the World) (Лондон: Paladin Grafton Books, 1988 г.), с. 43. См. также М. Стоун «Когда Богом была женщина» (When God Was a Woman) (Сан-Диего: Harvest Books, 1976).

С. 33 **Племя водаабе:** см. Л. Вудхэд «Денди пустыни», *The Guardian*, июль 1988 г.

В Западной Африке молодые девушки племени фулани выбирают себе мужей на основании их красоты: «Претенденты… участвуют в представлении, во время которого они поют и танцуют, стоят цыпочках и строят рожи, вращая глазами и скашивая их к переносице, а также гримасничая, чтобы продемонстрировать судьям свои зубы. Они делают это в течение нескольких часов, процессу содействуют стимулирующие наркотики, принятые перед этим. В течение всего конкурса пожилые дамы из толпы выкрикивают оскорбления в адрес тех, кто не соответствует представлениям женщин племени фулани о красоте» [Полхемус, цит. соч., с. 21].

См. также К. Бэквит и М. ван Оффелен «Кочевники Нигерии» (Лондон: William Collins Sons & Co. Ltd., 1984 г.), цит. в статье К. Бэквит «Нигерийские водаабе: люди табу», *National Geographic*, ч. 164, № 4, октябрь 1983 г., с. 483–509.

При раскопках предметов эпохи палеолита обнаружилось, что в доисторические времена украшения предназначались больше для мужчин, чем для женщин. В современных племенных сообществах мужчины, как правило, украшают себя не меньше, чем женщины, и часто имеют «фактически монопольное право» на украшения. В суданском племени нуба, австралийском валиджиджи и в племени маунт хаген в Новой Гвинее мужчины часами разрисовывают себя и доводят до совершенства свои прически, чтобы быть привлекательными для женщин, чей туалет занимает всего лишь несколько минут [см. Полхемус, цит. соч. с. 54–55].

С. 35 **До появления новых технологий:** см., например, Б. Ньюхолл «История фотографии с 1839 г. до наших дней» (Лондон: Seeker & Warburg, 1986), с. 31.

С. 40 **Самые доходные и могущественные индустрии:** оборот индустрии диетических продуктов составляет $74 млрд в год в США, что в сумме равняется одной трети годовых национальных затрат на продукты питания. См. Д. Брэнт «Нация здоровых мнительных людей», *Time*, 25 июля 1988 г.

С. 40 **Индустрия похудания с ежегодным доходом $33 млрд:** см. М. О'Нилл «Конгресс обсуждает диетический бизнес», *The New York Times*, 28 марта 1990 г.

С. 40 **Индустрия эстетической хирургии с доходом $300 млн в год:** см. *Standard and Poor's Industry Surveys*, 1988.

С. 40 **Индустрия порнографии с доходом $7 млрд в год:** см. «Ограничение порнографии: заранее проигранная битва».

С. 40 **Генрик Ибсен называл их «жизненно важной ложью»:** см. Д. Гоулман «Жизненно важная ложь, простая правда: Психология самообмана» (Vital Lies, Simple Truths: The Psychology of Self-Deception) (Нью-Йорк: Simon and Schuster, 1983), с. 16–17, цит. Генрика Ибсена: «Жизненно важная ложь продолжит оставаться нераскрытой, прячась за молчание, оправдания и полное отрицание ее семьей».

С. 42 **...«высшее предназначение» женщины:** Д. Гэлбрайт, цит. в книге М. Минтона совм. с Ж. Блоком «Сколько стоит жена?» (What is a Wife Worth?) (Нью-Йорк: McGraw-Hill, 1984), с. 134–135.

С. 43 **...образ «уродливой феминистки»:** см. М. Кохен «Союз сестер: Настоящая история женского движения и его лидеры, благодаря которым оно создано» (The Sisterhood: The Inside Story of the Women's Movement and the Leaders Who Made It Happen) (Нью-йорк: Ballantine Books, 1988), с. 205, 206, 287, 290, 322, 332.

С. 43 …**ругается, как сапожник:** Б. Фридан «Тайна женственности» (The Feminine Mystique) (Лондон: Penguin Books, 1982 г.), с. 79, цит. Элинор Хэйс «Утренняя звезда: Биография Люси Стоун» (Morning Star: a biography of Lucy Stone) (Нью-Йорк: Harcourt, 1961), с. 83.

2. Работа

С. 46 …**после Второй мировой войны в США работали:** см. Р. Сайдэл «Женщины и дети в последнюю очередь: нищенствующее положение бедных женщин в благополучной Америке» (Women and Children Last: The Plight of Poor Women in Affluent America) (Нью-Йорк: Penguin Books, 1987), с. 60.

С. 48 …**во времена первобытно-общинного строя:** см. Р. Майлз «Женская история мира», с. 152.

С. 49…**герцогиня Ньюкасл:** полная цитата: «Женщины живут, как летучие мыши или совы, трудятся, как пчелы, и мрут, как черви», там же, с. 192.

С. 49 **Институт Хамфри:** Институт Хамфри при Миннесотском университете, «Глядя в будущее: Равноправные отношения между женщинами и мужчинами в XXI в.», цитируется в книге Д. Тейлор и др. «Женщины: всемирный отчет» (Oxford University Press, 1985), с. 82.

С. 48 …**работают в два раза больше, чем мужчины:** см. отчет международной конференции ООН по «Десятилетия женщин», Копенгаген, 1980 г., A/Conf. 94/35.

С. 50 **Пакистанские женщины**: см. Тейлор и др., цит. соч., с. 3.

С. 50 ...**замужним неработающим женщинам:** см. Э. Оукли «Домохозяйка: Высокое качество/низкая цена», с. 53.

С. 50 ...**добровольный женский труд:** см. И. Робертс «Поднимаемся, чтобы с нами считались», *The Guardian* (Лондон) 1989 г., интервью с Мэрилин Уоринг.

С. 50 **Нэнси Бэррет:** см. «Obstacles to Economic Parity for Women», *The American Economic Review*, т. 72 (май 1982 г.), с. 160–165.

С. 50–51 ...**мужья работающих женщин:** см. К. Уоллис «Женщины, вперед!», *Time International*, 4 декабря 1989 г.

С. 51 **Chase Manhattan Bank:** см. Минтон и Блок, цит. соч., с. 59–60.

С. 53 **Мэрилин Уоринг:** см. цит. в книге Робертс, цит. соч.

С. 54 **Патрисия Айлэнд:** см. цит. в книге Уоллис, цит. соч.

С. 55 **Марвин Харрис:** см. цит. в книге Минтон и Блок, цит. соч.

С. 64 **Хелен Браун:** см. Х. Браун «Секс и одинокая девушка» (Sex and the Single Girl) (Нью-Йорк: Bernard Geis, 1962).

С. 67 **«Все женщины — “зайки”»:** см. Г. Стайнем «Оскорбительное поведение и ежедневное сопротивление» (Outrageous Acts and Everyday Rebellions) (Нью-Йорк: Holt, Rinehart & Winston, 1983), с. 69.

С. 70 **«женщины, которые не выглядят на свой возраст»:** см. К. Крафт «Слишком стара, слишком уродлива и непочтительна к мужчинам» (Too Old,

Too Ugly and Not Deferential to men) (Нью-Йорк: Dell, 1988).

С. 86 **Моллоу:** см. Д. Моллоу «Женская одежда, ведущая к успеху» (The Woman's Dress for Success Book) (Нью-Йорк: Warner Books, 1977).

С. 90 **Барбара Гутек:** «В моих исследованиях нашлось мало доказательств того, что в повседневной жизни, даже эпизодически, женщины используют свою сексуальность для достижения своих карьерных целей. Мнение о том, что женщины добились успеха или получили продвижение по службе, используя свою сексуальность, получает гораздо меньше поддержки… По сравнению с женщинами мужчины, возможно, не только чаще используют свою сексуальность на работе, но они даже могут быть более успешны в этом!» [Херн и др., цит. соч., с. 63–64].

С. 98 **Кэтрин Маккиннон:** см. К. Маккиннон «Немодифицированный феминизм: Дискурс о жизни и законодательстве» (Feminism Unmodified: Discourses of Life and Law) (Cambridge, Mass.: Harvard University Press, 1987), с. 24–25

3. Культура

С.112 **Марина Уорнер:** см. М. Уорнер «Памятники и женщины» (Monuments and Maidens) (Лондон: Weidenfield and Nicholson, 1985).

С. 112 **«Мужчины смотрят на женщин»:** см. Д. Бергер «Разные взгляды» (Ways of Seeing) (Лондон: Penguin Books, 1988), с. 47.

С. 118 **обсуждение со знанием дела техники орального секса и невероятную, тошнотворную сентиментальность:** см. *Private Eye*, 19 января 1989 г.

С. 120 **Джон Костелло:** см. Д. Костелло «Любовь, секс и война, 1939–1945» (Love, Sex and War, 1939–1945) (Лондон: Collins, 1985).

С. 124 **Бетти Фридан:** см. Б. Фридан «Тайна женственности», с. 13–29.

С. 132 **Пит Хэмилл:** цит. в книге Кохен, с. 287.

С. 132 **Норман Майлер:** цит. в книге Кохен, с. 290.

С. 155 **Гламур станет одной из них:** см. Д. Ремник «Из России с лайкрой» (*Gentlemen's Quarterly*, ноябрь 1988 г.).

С. 156 **Такому умалчиванию:** см. Дж. Уиншип, цит. соч., с. 40.

С. 156 **По мнению Глории Стайнем:** см. Г. Стайнем «Возмутительное поведение и ежедневное сопротивление», с. 4.

С. 158 **…президенты косметических компаний:** см. Л. Лебовиц «Моложе с каждым днем», *Harper's Bazaar*, август 1988 г.

4. Религия

С. 168 **«Избавься от лишнего веса при помощи молитвы»:** см. Р. Сайд «Всегда недостаточно худая» (Never Too Thin) (Нью-Йорк: Prentice-Hall, 1988), с. 107.

С. 172 **…женской традиции:** см. К. Гиллиган «Иным голосом» (In a Different Voice) (Cambridge, Mass.: Harvard University Press, 1982).

С. 175 **Нэнси Котт:** см. Н. Котт «Узы женственности» (The Bonds of Womanhood) (Нью-Хейвен: Yale University Press, 1977), с. 126.

С. 176 **Энн Дуглас:** см. Э. Дуглас «Феминизация американской культуры» (The Feminization of American Culture) (Нью-Йорк: Knopf, 1977).

С. 176 **Харриет Мартино:** см. Н. Котт, цит. соч., с. 138.

С. 179 **«Под вторым сортом…»:** см. О. Уальд «Лекция об искусстве», цит. в книге Р. Эллмена «Оскар Уальд» (Oscar Wilde) (Лондон: H. Hamilton, 1987 г.).

С. 180 **…мужчины, наоборот, в своем воображении видят свое тело скорее в позитивном ключе:** см. Д. Гоулман «Научные времена», *The New York Times*, 15 марта 1989 г., цит. у Э. Фэллон и П. Розина «Половые различия в восприятии размеров тела», *Journal of Abnormal Psychology*, ч. 4 (1983). См. также Дж. Коллинз и др. «Изменения в представлениях о своем теле у полных женщин после терапии по снижению веса», *Journal of Clinical Psychology*, ч. 39 (1983): «Все из 68 женщин в возрасте от 18 до 65 считали себя толще, чем на самом деле являлись».

С. 182 **Рональд Фраген:** см. Р. Фраген «Священный Грааль красивой внешности», *The New York Times*, 29 июня 1988 г.

С. 182 **Томас Риз:** см. Т. Риз, С. Симмонс «Больше, чем просто красивое лицо: Как эстетическая хирургия может улучшить твою внешность и твою жизнь» (More than Just a Pretty Face: How Cosmetic Surgery Can Improve Your Looks and Your Life) (Бостон: Little, Brown, 1987), с. 63.

С. 185 **Ким Чернин:** см. К. Чернин «Одержимость» (The Obsession) (Нью-Йорк: Harper & Row, 1981), с. 39.

С. 186 **Табу, связанные с менструальным циклом:** см. Р. Майлз «Женская история мира», с. 108–109.

С. 190 **Чувство, что за тобой постоянно наблюдают:** см. Э. Шоуолтер «Женская болезнь: женщины, сумасшествие и английская культура, 1830–1980» (The Female Malady: Women, Madness and English Culture, 1830–1980) (Нью-Йорк: Pantheon Books, 1985), с. 212.

С. 193 **«…неофит должен сначала стать ничем»:** см. У. Эппель «Культы Америки: запрограммированные на рай» (Cults in America: Programmed for Paradise) (Нью-Йорк: Holt, Rinehart & Winston, 1983).

С. 204 **Дейл Спендер:** см. Д. Спендер «Язык, придуманный мужчинами» (Man Made Language) (Лондон и Нью-Йорк: Routledge and Kegan Paul, 1985 г.).

С. 209 **Джеральд Макнайт пишет:** см. Д. Макнайт «Мошенничество: Разоблачение международных компаний индустрии красоты» (The Skin Game: The International Beauty Business Brutally Exposed) (Лондон: Sidgwick and Jackson, 1989 г.).

С. 210 **Моррис Херштайн, который работал в компании Laboratoires Serobiologiques и сам себя называл «псевдоученым», заявил:** см. Д. Макнайт, цит. соч., с. 24–25.

С. 212 **Антея Дисней:** цит. там же, с. 17.

С. 212 **Сугияма:** цит. там же, с. 4

С. 213 **Альберт Клигман:** цит. там же, с. 39.

С. 216 **«Мы не хотим никого наказывать»:** Д. Блументайль «Менее навязчивая продажа в рекламе продуктов красоты», *The New York Times*, 23 апреля 1988 г., с. 56.

С. 233...**последователи милленаристских культов:** здесь и далее о культах см. У. Эппель, цит. соч.

С. 238 **Есть также ритуал:** см. К. Чернин, цит. соч., с. 35–36.

С. 247 **Кристофер Лаш**: см. К. Лаш «Культура нарциссизма» (The Culture of Narcissism) (Нью-Йорк: Warner Books, 1979).

5. Секс

С. 249 **Альфред Кинси:** см. А. Кинси и др. «Сексуальное поведение человеческой особи женского пола» (Sexual Behavior in the Human Female) (Филадельфия: W. B. Saunders Co., 1953); цит. в книге Дебби Тейлор и др. «Женщины: всемирный отчет» (Women: A World Report) (Оксфорд: Oxford University Press, 1985), с. 62.

С. 249 **«...путем уничтожения самой сексуальности»:** Р. Майлз «Женская история мира», с. 115.

С. 258 **Джек Салливан:** цит. в книге Д. Капути «Век сексуальных преступлений» (The Age of Sex Crime) (Боулинг-Грин, Огайо: *Bowling Green State University Popular Press*, 1987), с. 63.

С. 259 **Джин Сискел и Роджер Эберт:** цит. там же, с. 84.

С. 260 **Исследование, проведенное Гильдией актеров кино**: см. *San Francisco Chronicle*, 2 августа 1990 г.

С. 262 **Сьюзен Коул:** см. С. Коул «Порнография и сексуальный кризис» (Pornography and the Sex Crisis) (Торонто: Amanita Enterprises, 1989), с. 37.

С. 268 **Венди Сток:** см. В. Сток «Влияние порнографии на женщин» (The Effects of Pornography on Women), свидетельства Комиссии по вопросам порнографии при Генеральном прокуроре, 1985 г.

С. 268 **Кэрол Крафка:** «Сексуальная откровенность, сексуальная агрессия и агрессия в СМИ: последствия многократного показа натуралистических образов и итоги опроса относительно их влияния на зрителей женского пола», докторская диссертация, Университет Висконсина, 1985 г.

С. 271 **Барбара Эренрайх, Элизабет Хесс и Глория Джэкобс:** см. Б. Эренрайх, Э. Хесс, Г. Джэкобс «Преобразование любви» (Re-Making Love) (Лондон: Fontana/Collins, 1986), с. 110.

С. 276 **В случае с женщинами сексуальное удовлетворение:** статистические данные относительно оргазмов см. Ш. Хайт «Отчет Хайт» (Лондон: Pandora Press, 1989), с. 225–270.

С. 282 **Нэнси Фрайди:** см. Н. Фрайди «Мой тайный сад» (My Secret Garden) (Лондон: Quartet Books, 1985), с. 147.

С. 283 **Моника Хатчинсон:** см. Д. Броуди, «Личное здоровье», *The New York Times*, 20 октября 1988 г.

С. 289 **«Старик поцеловал ее»:** Р. Майлз, цит. соч., с. 97, 141.

С. 299 **Кэрол Кэссел**: см. К. Кэссел «Отброшенные: Почему женщины путают любовь и секс» (Swept away:

Why Women Confuse Love and Sex) (Нью-Йорк: Simon & Schuster, 1984).

С. 300 **Проведенный Дианой Рассел в 1983 г. в Сан-Франциско опрос:** цит. в книге А. Броун «Когда избитые женщины убивают» (When Buttered Women Kill) (Нью-Йорк: Free Press, 1987 г.), с. 100. См. также Д. Рассел «Изнасилование в браке» (Rape in Marriage) (Блумингтон: *Indiana University Press*, 1982), с. 66.

С. 300 **В Голландии:** см. Geweld tegen vrouwen in heteroseksuele relaties (Renee Romkers, 1989 г.) Sexueel misbruik van meisjes door verwanten (Nel Draijer, 1988 г.).

С. 300 **В Швеции:** см. исследование Г. Бьярсдал (Gunilla Bjarsdal).

С. 301 **В Канаде:** см. Капути, цит. соч., с. 54.

С. 301 **Harris Interactive**: см. Броун, цит. соч.

С. 305 **Глория Стайнем и Сьюзен Гриффин:** см. С. Гриффин «Порнография и молчание» (Pornography and Silence) (Лондон: The Women's Press, 1988); Г. Стайнем, «Эротика *против* порнографии» в книги «Возмутительное поведение и ежедневное сопротивление», с. 219–232.

С. 310 **Нил Маламут:** см. Д. Бриер и Н. Маламут «Самоанализ вероятности сексуально агрессивного поведения», *Journal of Research in Personality*, № 37 (1983), с. 315–318.

С. 311 **«Мне нравится доминировать над женщиной»:** исследование было проведено Вирджинией Грин-Лингер, Уильямом Колледжем и Донной Берн, SUNY-Albany; цит. в книге Уоршоу, с. 93.

6. Голод

С. 343 **Джоан Брумберг:** см. Д. Брумберг «Голодающие девушки: нервная анорексия как болезнь современности» (Fasting Girls: The Emergence of Anorexia Nervosa as a Modern Disease) (Cambridge, Mass: Harvard University Press, 1988).

С. 345 **Хильда Брух:** см. Х. Брух «Золотая клетка: загадка нервной анорексии» (The Golden Cage) (Нью-Йорк: Random House, 1979), цит. в книге К. Чернин «Одержимость», с. 101.

С. 354 **Исследователи Дж. Поливи и С. Херман:** см. Дж. Поливи и С. Херман «Клиническая депрессия и изменение веса: сложная связь», *Journal of Abnormal Psychology*, № 85 (1976), с. 338–340.

С.355 **Энн Холландер:** см. Э. Холландер «Взгляд сквозь одежду» (Seeing Through Clothes) (Нью-Йорк: Viking Penguin, 1988), с. 151.

С. 356 **Рудольф Белл:** см. Р. Белл «Священная анорексия» (Holy Anorexia) (Чикаго и Лондон: The University of Chicago Press, 1985).

С. 365 **Метте Бергстром:** см. М. Бергстром «Сладости и кислинка», *The Guardian*, 3 октября 1989 г.

С. 366 **В Университете Миннесоты:** см. Р. Сайд, цит. соч., с. 266.

С. 369 **Магнус Пайк:** см. М. Пайк «Мужчина и еда» (Man and Food) (Лондон: Weidenfeld and Nicolson, 1970), с. 129–130.

С. 371 **...проблемы с едой у женщин:** см. Р. Сайд, цит. соч., с. 266.

С. 371 **«Значительная часть поведенческих проявлений...»:** Атти и Брукс-Ганн, цит. соч., с. 243.

С. 404 **Робин Лакофф:** см. Р. Лакофф, Р. Шер «Номинальная стоимость» (Face Value) (Лондон и Бостон: Routledge and Kegan Paul, 1984), с. 141–142, 168–169.

С. 406 **«Дети в стране косметики»:** см. Л. Уэллс «Дети в стране косметики», *The New York Times Magazine*, 13 августа 1989 г.

7. Насилие

С. 412 **К 1988 г.:** см. *Standard and Poor's Industry Surveys* и М. Уолкер «Мир красоты сходит с ума», *The Guardian*, 20 сентября 1989 г.

С. 416 **Как отмечает Сьюзен Зонтаг:** см. С. Зонтаг «Болезнь как метафора» (Illness as Metaphor) (Нью-Йорк: Schocken Books, 1988).

С. 417 **«В традициях западного мышления...»:** см. Б. Эренрайх, Д. Инглиш «Недуги и расстройства: сексуальная политика болезни» (Complaints and Disorders: The Sexual Politics of Sickness) (Нью-Йорк: The Feminist Press, 1973).

С. 417 **Жюль Мишло:** цит. в книге П. Гая «Буржуазный опыт, часть II: нежная страсть» (The Bourgeois Experience, Volume II: The Tender Passion) (Нью-Йорк: Oxford University Press, 1986), с. 82.

С. 418 **...идеал женской «отдельной сферы»:** см. С. Стейдж «Женские недуги» (Female Complaints) (Нью-Йорк: W. W. Norton, 1979), с. 68.

С. 419 ...**представительницы среднего класса активно добивались политических прав:** см. Э. Шоуолтер «Женские болезни», с. 18.

С. 420...**женщины стали основными пациентами:** см. Э. Шоуолтер, цит. соч., с. 56.

С. 423 **Катрин Клеман:** см. К. Клеман «Анклав порабощенных» в изд. Э. Маркс, И. де Куртиврон «Новые французские феминистки: Антология» (New French Feminism: The Antology) (Нью-Йорк: Schocken Books, 1981), с. 59.

С. 426 **Евгения Чандрис:** см. Е. Чандрис «Синдром Венеры» (The Venus Syndrome) (Лондон: Chatto & Windus, 1985).

С. 428 **Бэлин:** см. «Несмотря на риски, пластическая хирургия процветает», *The New York Times*, 29 июня 1988 г.

С. 428 **Тостесен:** см. «Гарвард и японские производители косметики проводят совместное исследование кожи», *The New York Times*, 4 августа 1989 г.

С. 431 **...«физически неполноценные люди»:** см. Д. Гоулман «Нелюбовь к собственному телу стала обычным явлением среди женщин», *The New York Times*, 19 марта 1985 г.

С. 445 ...**в книге Роберта Лифтона:** см. Р. Лифтон «Врачи-нацисты» (The Nazi Doctors) (Нью-Йорк: Basic Books, 1986).

С. 459–460 ...**обычай бинтовать девочкам ноги в Китае:** см. А. Дуоркин «Ненависть к женщине» (Woman Hating), с. 95–116.

С. 461 **Симингтон-Браун:** см. С. Стейдж «Женские недуги», с. 77.

С. 463 **Овариотомия:** см. Стэйдж, цит. соч.; также Эренрайх и Инглиш, цит. соч, с. 35.

С. 472 **Электрошоковая терапия:** см. Э. Шоуолтер, цит. соч, с. 217.

С. 480 **Сьюзен Левитт:** см. «Переосмысление вреда: феминистская точка зрения», юридический факультет Йельского университета, неопубликованная докторская диссертация, 1989 г.

С. 481 …**никак не связан с «правом на жизнь»:** см. А. Дуоркин, цит. соч., с. 140.

С. 481 **Адриенна Рич:** см. А. Рич «Рожденные от женщины: материнство как жизненный опыт и социальный институт» (Of Woman Born) (Лондон: Virago Press, 1977).

С. 503 **Стефен Герман:** цит. в *Glamour*, сентябрь 1987 г.

С. 506 **«Валиум»**: см. Р. Сайдел «Современные женщины и дети: Бедственное положение женщин в богатой Америке», с. 144.

Предметно-именной указатель

Н

О

П

Р

С

Т

У

Ф

Х

Ч

Ш

Э

Вульф Наоми

МИФ О КРАСОТЕ

Стереотипы против женщин

Издатель *П. Подкосов*
Руководитель проекта *И. Серёгина*
Ассистент редакции *М. Короченская*
Корректоры *С. Мозалёва, Е. Аксёнова*
Компьютерная верстка *А. Фоминов*
Художественное оформление и макет *Ю. Буга*

Подписано в печать 15.04.2022. Формат 70×100/32.
Бумага офсетная № 1. Печать офсетная.
Объем 18 печ. л. Тираж 4000 экз. Заказ № 3118.

ООО «Альпина нон-фикшн»
123007, г. Москва, ул. 4-я Магистральная, д. 5,
строение 1, офис 13
Тел. +7 (495) 980-5354
www.nonfiction.ru

Интернет-магазин издательской группы «Альпина»
ООО «Альпина Диджитал»,
123007, г. Москва, ул. 4-я Магистральная, д. 5, стр. 1, этаж 3,
пом. XIII, ком. 106; ОГРН 1137746300768
www.alpina.ru
e-mail: info@alpina.ru

Отпечатано с готовых файлов заказчика
в АО «Первая Образцовая типография»,
филиал «УЛЬЯНОВСКИЙ ДОМ ПЕЧАТИ».
432980, Россия, г. Ульяновск, ул. Гончарова, 14

Знак информационной продукции
(Федеральный закон № 436-ФЗ от 29.12.2010 г.) 16+